# ARCHITEKTUR
IN DER
# DEUTSCHEN SCHWEIZ
# 1980
# 1990

L'ARCHITECTURE RÉCENTE EN SUISSE ALÉMANIQUE
L'ARCHITETTURA RECENTE NELLA SVIZZERA TEDESCA

EIN KATALOG UND ARCHITEKTURFÜHRER

**Architektur in der Deutschen Schweiz 1980-1990**

Konzept und verantwortliche Bearbeitung
Peter Disch, Architekt SIA SWB, Novaggio TI

mit der Mitarbeit von

Willi Egli, Architekt BSA SIA, Zürich
Regina Gonthier, Architektin SIA, Bern
Jacques Herzog, Architekt BSA SIA, Basel
Roman Lüscher, Architekt BSA SIA SWB, Luzern
Claus Niederberger, Architekt SWB, Oberdorf-Stans
Luca Maraini, Architekt BSA SIA, Baden
Peter und Jörg Quarella, Architekten BSA SIA SWB, St. Gallen
Arthur Rüegg, Architekt BSA SIA, Zürich

Textbeiträge von

Martin Steinmann, Architekturkritiker und Prof. ETH, Lausanne
Dolf Schnebli, Architekt BSA SIA SWB, Prof. ETH, Zürich
Luigi Snozzi, Architekt BSA SIA, Locarno, Prof. ETH Lausanne
Marcel Meili, Architekt ETH, Zürich

Verlag
ADV Advertising Company & Publishing house SA Lugano, Via Besso 42

Grafisches Konzept und Layout
Peter Disch

Fotolithos, Satz und Druck
Società d'arti grafiche già Veladini & Co. SA. Lugano

© 1991 by Verlag ADV Advertising Company & Publishing house SA CH-6903 Lugano
Alle Rechte vorbehalten
2. Auflage 1991

ISBN 88-7922-000-4

Printed in Switzerland

# Inhalt

- 6 Eine kurze Einleitung und ein unvollständiger Rückblick
  Peter Disch
- 10 Neuere Architektur in der Deutschen Schweiz
  Martin Steinmann
- 18 Architektur in der Deutschen Schweiz der achtziger Jahre
  Dolf Schnebli
- 20 Intelligente Kompromisse
  Luigi Snozzi
- 22 Ein paar Bauten, viele Pläne
  Marcel Meili
- 28 Informationen zur Darstellung der Bauten
- 29 Region Basel - Nord Jura
- 65 Region Jura Süd
- 75 Region Bern
- 109 Region Aargau
- 143 Region Zentralschweiz
- 175 Region Zürich Stadt - Albis
- 215 Region Zürich Oberland - See
- 227 Region Winterthur - Schaffhausen
- 239 Region Ostschweiz
- 255 Region Glarus - Graubünden
- 274 Architekten-Verzeichnis

Graue Seiten / pages grises / pagine grige

Übersetzung ins Französische und Italienische der oben genannten Texte

Traduction des textes susmentionnés en français et en italien

Traduzione dei testi suddetti in francese e in italiano

# Eine kurze Einleitung und ein unvollständiger Rückblick

Peter Disch

In der Schweiz mit ihren verschiedenen Sprach- und Kulturbereichen, der kosmopolitischen Tradition, hat es stets regionale Tendenzen gegeben. Doch ein Wechselspiel von Abweisung und Aufnahme hat einerseits die Entstehung dichter Ausdrucksformen gefördert, andererseits aber auch das Eindringen fremder Einflüsse und Ideen erleichtert.[1]
Die Schweiz steht auch im Zentrum Europas, also im Schnittpunkt verschiedener Kulturen. Die Zusammenfassung dreier Sprach- und Kulturregionen schafft auch Probleme der Findung einer eigenen Identität der einzelnen. So ist die Charakteristik und die Produktion der Architektur in den jeweiligen Regionen teilweise unterschiedlich, verschieden, aber auch gewisse gegenseitige Einflüsse sind erkennbar.
Im Vordergrund des Interesses und der schweizerischen Architekturdiskussion der letzten fünfzehn Jahre stand zweifellos die Architektur im Tessin. Namen wie Botta, Snozzi, Campi, Galfetti, um nur einige Exponenten zu nennen, wurden und werden noch in ganz Europa und Übersee beachtet. Sie unterrichten an den Architekturschulen und machen so ihren Einfluss geltend. Diese Konfrontationen wirkten sich auch kritisch aus auf die jüngere Generation in der Deutschen Schweiz, welche zwischen der Tessiner Architektur (der «Meister», denn die Nachkommen liegen in ihrem Schatten und es zeichnet sich noch keine Eigenständigkeit der neuen Generation ab) und den Erfahrungen mit dem internationalen Durcheinander und der Ratlosigkeit des Postmodernismus und Dekonstruktivismus einen eigenen Weg suchte.

Nach den zahlreichen Publikationen über die Tessiner-Architektur der letzten Jahre ist es angebracht, ja notwendig, die jüngste Entwicklung der Architektur in der Deutschen Schweiz aufzuzeigen (später auch diejenige in der Französischen Schweiz), wo sich eine neue Identität zu bilden begann nach den stagnierenden 60er und 70er Jahren.
«Wie kaum andernorts blieb die Deutschschweizer Architektur von den hastigen Polemiken der vergangenen zehn Jahre verschont. Vielmehr scheint sie geprägt von verschiedenen Untersuchungen zu einer modernen Subjektivität, die zu beschreiben hier weder der Ort noch die Zeit ist».[2]
Aldo Rossis Lehre an der ETH (1972-1974/1976) – und davon sprechen all die folgenden Texte in dieser Publikation von Autoren verschiedener Generationen – hatte einen wesentlichen Einfluss auf die damaligen Studenten, heute die bauenden, in den 40er Jahren stehenden Architekten. Es ist als ihre besondere Stärke zu bezeichnen, dass nicht die Architektur Rossis, sondern seine Theorien, seine Entwurfsmethode, die daraus resultierende *Haltung*, die entscheidende Rolle spielte.
So gibt es in der Deutschen Schweiz seit einigen Jahren eine Architektur, welche die Lehre der «architettura razionale» in den eigenen kulturellen Bedingungen, in ihren Typen und Bildern zu verwirklichen vermag, schreibt Martin Steinmann.[3] (In diesem Zusammenhang spricht Miroslav Šik von der Deutschschweizer Tendenza).[4]
In erster Linie interessiert das Typische, d.h. typische Bilder der architektonischen und konstruktiven Tradition, die Moderne eingeschlossen, werden als beständige Elemente einbezogen. Dabei spielt der Umgang mit der Geschichte der Moderne eine nicht unbedeutende Rolle, wie z.B. das Anknüpfen an die Schweizer Moderne der Vor- und Nachkriegsjahre, der 50er Jahre (Artaria, Schmidt, Haefeli-Moser-Steiger, Roth, Egender, Bill, u.a.m.).
Martin Steinmann als einer der kompetentesten Architekturkritiker in der Schweiz setzt sich anschliessend in seinem Text mit der Entwicklung der neueren Architektur in der Deutschen Schweiz auseinander, mit der «einfachen», der «gewöhnlichen» Architektur, der Bedeutung der Bilder in der Architektur, der «konstruktivistischen» Tradition, dem Weiterbauen der Stadt, bis zur Abstraktion, dem Zurückführen der Mittel auf ihre allgemeinste Form.
Dolf Schnebli und Luigi Snozzi, beides erfahrene Architekten, welche selbst die Architektur-Szene beeinflusst haben und noch weiter tun, beide Lehrer an den Architekturschulen (ETH) Zürich und Lausanne, interpretieren ihre Sicht auch als Lehrer zum Stand der Dinge. Abschliessend schreibt Marcel Meili als Vertreter der jüngeren Generation seinen Aspekt einer Standortbestimmung.
Die folgenden Abschnitte wollen kurz auf einige Probleme und Ereignisse hinweisen, welche nicht Gegenstand der anderen Textbeiträge sind, aber einer Erwähnung bedürfen, gehören sie doch ebenfalls zur Architekturszene des vergangenen Jahrzehnts – Probleme in Form von Beispielen, welche allgemeine Bedeutung haben.

Zürich z.B., als die grösste Stadt der Schweiz, Handels- und Industriezentrum und Sitz von Hochschulen, zeigt ein eigenartiges Bild im Umgang mit Architektur: einerseits das Fehlen eines Willens für Erneuerung, einer allgemeinen Sensibilität für Architektur der Auftraggeber, von städtebaulichen Lösungen (Stadelhofen bildet die seltene Ausnahme). Anderseits eine aktive Tätigkeit in geistig-theoretischer Dimension. Vielleicht liegt hier die Wurzel für künftige Entwicklungen?

Der neue Führer durch die Architektur in der Stadt Zürich (1980-1990)[5] mit 100 ausgewählten Objekten «... von unterschiedlicher Grösse aber nicht von unterschiedlicher Qualität»(!) – wie die Herausgeber selbst schreiben, zeigt eine mehrdeutige Haltung. «Diese bewusst weit gefasste Definition von Architektur macht es möglich, in unserer in den vergangenen zwei Jahrzehnten nur selten durch baukünstlerischen Mut oder gar Innovation hervorgetretenen Stadt eine stolze Zahl von beachtenswerten Objekten zu finden. Allerdings hat sich in diese Blütenlese auch manch eine drittrangige Architektur eingeschlichen».[6]
Vermehrt wird man in Zukunft die übergreifenden städtebaulichen Aufgaben ins Zentrum stellen müssen.

Erhalten, konservieren (nicht transformieren) ist ein hohes denkmalpflegerisches Gebot. Schützenswerte Gebäude werden ausgekernt, dem Inhalt beraubt und neuen Nutzungen zugeführt – was bleibt ist die Fassade als Kulisse, als Attrappe. Die Einheit ist zerstört.

Zürich könnte auch als Stadt der unrealisierten Projekte oder der verpassten Chancen bezeichnet werden. Erinnert wird z.B. an die früheren Verkehrskonzepte, an die Wettbewerbe für das neue Schauspielhaus (J. Utzon), für das neue Opernhaus (W. Dunkel) u.a.m.
Das Projekt für die Erweiterung der Universität Zentrum, am Anfang der 80er Jahre, bedeutete einen ausserordentlichen, als seltene Einheit konzipierter Entwurf eines jungen Architekten, Marcel Meili, einen Entwurf, dessen eindeutiger Wille eine städtebauliche Absicht dokumentiert. Die Architektur, mit einfachen *strukturellen* Mitteln und einer subtilen Sensibilität vorgetragen, wurde mit dem 1. Preis ausgezeichnet, aber dann durch undurchsichtige Machenschaften zu Fall gebracht. Realisiert wurde in der Folge nichts...

Der Wettbewerb für das Papierwerdareal (Globus-Insel) an städtebaulich empfindlicher Lage mitten in der Stadt am Fluss: die besten und innovativsten Projekte wurden nicht berücksichtigt. Gebaut wurde gar nichts...

**1-3**
Marcel Meili, Axel Fickert
Erweiterung Universität Zürich
Wettbewerbsprojekt 1981 (1. Preis)

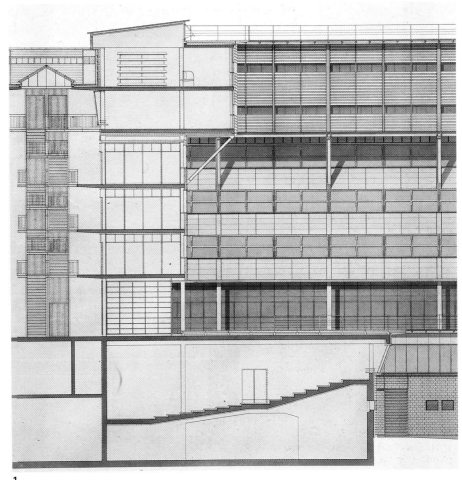

1

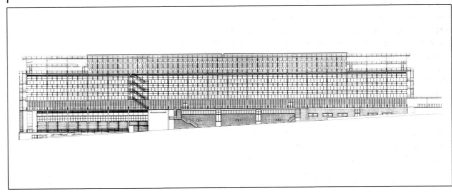

2

### Anmerkungen

[1] Kenneth Frampton, *Die Architektur der Moderne, Eine kritische Baugeschichte*, DVA 1983 (S. 257).

Marcel Meili, *Ein paar Bauten, viele Pläne*, Seite 22 in dieser Publikation.

[3] Martin Steinmann, *Neuere Architektur in der Deutschen Schweiz*, Seite 10 in dieser Publikation.

[4] Miroslav Šik, *Inszenierungen der 50er Jahre*, in archithese 5-86.

[5] *Architektur in Zürich 1980-1990*, herausgegeben vom Bauamt II der Stadt Zürich.
Ein Vergleich mit einer Publikation des kant. Hochbauamtes Basel-Stadt *Bauten für Basel*, 1988, drängt sich auf und spricht für sich.
Carl Fingerhuth, Kantonbaumeister Basel-Stadt schreibt im Vorwort: «Wir meinen, dass (...) zwei Voraussetzungen gegeben sein müssen. Es braucht eine Haltung, und es braucht Handlungen. Die Haltung möchten wir mit Architekturkultur umschreiben, die Handlungen unter Architekturpolitik zusammenfassen.»

[6] Roman Hollenstein, *Schöne neue Stadt*, NZZ Nr. 270, 20. Nov. 1990.

3

Das Gebiet Hauptbahnhof: eine grosse Chance für die Stadt – schlussendlich eine verfahrene Situation, mit HB-Süd-West, «das Unding über den Geleisen», eine architektonische Lüge und *gegen* die Stadt[7]...

Luzern im Vergleich wusste sich durchzusetzen, hier ist zeitlich gedrängt eine architektonisch-urbanistisch einheitliche und prägnante Anlage entstanden, an der auch viele junge und fähige Architekten mitgearbeitet haben. Andererseits wurden auch in dieser Stadt hervorragende Projekte für kulturelle Bedürfnisse nach viel Aufwand spurlos begraben: das Kunstmuseum von Kreis-Kreis-Schaad, und das Kultur- und Kongresszentrum von Jean Nouvel-Emmanuel Cattani, Paris (1990)[8]...
Eine positive Erwähnung finden muss die Gründung der Architekturgalerie Luzern (1983), wo mit viel Enthusiasmus Ausstellungen gezeigt werden, welche über die Innerschweiz hinaus ein reges Interesse finden.

Auch Basel – traditionsgemäss kulturbewusster – plant ebenfalls im Bahnhofgebiet. Wettbewerbe über einzelne Abschnitte ergeben die Möglichkeit, Entwürfe von führenden Architekten wie Herzog & de Meuron und Diener-Diener entstehen zu lassen – neuerdings auch vom Amerikaner Richard Meier für die Volksbank.
Für den Neubau der Wettstein-Brücke wurde aber einem konservativen, typischen Ingenieur-Projekt nach langem Zögern der Vorzug gegeben gegenüber dem einzigartigen Vorschlag von Santiago Calatrava...
Um bei Basel zu bleiben: 1984 wurde das erste und einzige Architekturmuseum in der Schweiz eröffnet, ein wichtiges Ereignis; eine private Institution, welche eine vielfältige Aktivität entfaltet.[9]

Andererseits ist Zürich der Sitz von Hochschulen, der Architektur-Schule mit Tradition (ETH), der Universität mit einem Lehrstuhl für moderne und zeitgenössische Kunst: Stanislaus von Moos, Gründer und Redaktor der Architektur-Zeitschrift «archithese» (1970-1980), in der Folge weitergeführt von Martin Steinmann mit Irma Noseda, eine Zeitschrift mit einer selten eindeutigen und kritischen, kulturellen *Haltung*. Diese Redaktion wurde 1986 unvermittelt aufs hohe Meer hinausgeschickt und damit *diese* «archithese» versenkt... (Verlag A. Niggli, Teufen)

Neue Kräfte regen sich. Junge Architekten der gleichen Generation (um 1950 geb.) debattieren miteinander, sind Assistenten an der ETH. Durch gemeinsame Arbeiten und Interessen, verwandte berufliche Biografien verbunden, gründen sie in Zürich die Lynx-Gruppe[10] (1986): Max Bosshard, Marianne Burkhalter, Axel Fickert, Patrik Huber, Kaschka Knapkiewicz, Bernhard Klein, Christoph Luchsinger, Kurt Lustenberger, Marcel Meili, Franz Romero, Markus Schaefle, Sara Spiro, Christian Sumi, Ueli Zbinden. Sie haben zweifellos schon wichtige Spuren hinterlassen. Sie beschäftigen sich heute mit der Realisation ihrer ersten Bauten.

Danach, 1987 (als Gegenreaktion), erhitzt ein Manifest als Ausstellung die Gemüter: Miroslav Šik präsentiert die «Analoge Architektur».
Sie versteht sich als radikal im Gegensatz zur gewohnten, gängigen Architektur, versteht sich aber andererseits gerade als Alltagsarchitektur, «als authentische Populärkunst statt Insiderkunst».[11] Aus Vorbildern wird Neues entwickelt, nicht zitiert, der Bild-Bezug ist inhaltlicher Bezug.

Im gleichen Jahr wurde das Architektur-Forum eröffnet – ein Ausstellungs- und Debattierort, eine Notwendigkeit. Aus den gleichen Kreisen (Benedikt Loderer) kam die Gründung einer neuen Zeitschrift für Design, Architektur und Umwelt: «Hochparterre», eine monatlich erscheinende Publikation, eine Mischung von Fachzeitschrift und Zeitung – ihre Chance. Sie hat sich heute etabliert (beschäftigt sich leider stets weniger mit Architektur).[12]

Der Einfluss und die kreative Tätigkeit von kompetenten Fachleuten an öffentlichen Stellen, sowie die Zusammensetzung und das Verantwortungsbewusstsein der Preisgerichte für Wettbewerbe ist von grosser und entscheidender Wichtigkeit.[13]

In diesem Zusammenhang ist ein jüngster Entscheid interessant, vielleicht auch nicht unbedeutend für die nächste Zeit: Der Wettbewerb für die Überbauung des Röntgenareals in Zürich mit Wohnungen, Büros und Schulungsräumen für die SBB, ein Areal zwischen Geleisefeldern und einer Blockrandbebauungs-Struktur des 19. Jahrhunderts, im Industriequartier gelegen. Architekten im Preisgericht: Arnold Amsler, Winterthur; Adrian Meyer, Baden; Alfredo Pini Atelier 5, Bern; Peter Zumthor, Chur, führende Exponenten des heutigen Architekturschaffens. Der Wettbewerb wurde von 65 jungen Architekten bestritten. Die Stellungnahme der Jury war radikal – entsprechend auch die darauffolgenden Reaktionen. Das erstprämierte Projekt der Architekten Isa Stürm und Urs Wolf, Zürich präsentiert ein sehr klares, neues städtebauliches Muster. Kein «Weiterbauen» der bestehenden Struktur (an diesem Ort), sondern ein offenes Feld mit additiven Einzelbauten, mit durchsichtigen Zwischenräumen und einem den Strassenraum abgrenzenden Kopfbau für Büros. Die Architektur zeigt eine präzise heutige Haltung. Eine neue Chance für Zürich...

Mit dieser skizzenhaften Erwähnung von Charakteristiken einer Entwicklung und den folgenden Textbeiträgen ist auch der allgemeine Rahmen abgesteckt, in der sich die Auswahl der Bauten in dieser Publikation bewegt. Jede Auswahl besitzt subjektive Züge. Die Zusammenstellung kann und will nicht vollständig sein. Sicher fehlen einige Namen oder Bauten. Der Bogen ist nicht weit gespannt, doch weit genug, um nicht nur elitäre Architektur zu zeigen (252 Bauten von 105 Architekten – eine erstaunlich hohe Zahl!). Es sind Bauten, welche einen qualitativen Beitrag zur neuesten Architekturentwicklung darstellen, Zeichen setzen, wobei junge Autoren, auch mit Erstlingswerken, ebenso präsent sind wie die (junggebliebenen) Altmeister.
Die Gliederung in geografische Regionen ist im Sinne eines Architekturführers vorgenommen worden. Dabei sind gewisse Eigenheiten der Regionen festzustellen, die sich weniger auf regionale Einflüsse beziehen, sondern vielmehr auf starke, eine Region prägende Architekturen, resp. Architekten, deren «Schüler» ebenfalls schon zu bauen begonnen haben, die Linie fortsetzen. Gewisse Bilder und Formen sind über die Regionen hinaus wieder anzutreffen. Die Grösse der Bauten ist nicht von Bedeutung. So sind Architekturen präsentiert, welche von grösseren Wohnbebauungen bis zu kleineren Ladeneinbauten und Velounterständen reichen. Es sind grösstenteils Einzelobjekte, gebaut in der Periferie der Stadt, des Dorfes. Andererseits sind die inhaltlichen und kontextuellen Beziehungen in der gezeigten Form nur schwer lesbar.
Positiv zu erwähnen ist die Feststellung, dass ein grosser Teil der Projekte aus Wettbewerben entstanden ist, was die Wichtigkeit dieses Mittels unterstreicht und die Gelegenheit bietet, Inhalte und Formen der Architektur zu untersuchen und kritisch zu überprüfen.
Die Wirtschaft entwickelte sich im vergangenen Jahrzehnt gut. Es wurde viel gebaut. Die gezeigten Bauten sind aber nur die sog. Spitze des Eisberges, ein sehr kleiner Teil der gesamten, gebauten Masse. Doch ist es dieser kleine Teil, der in erster Linie repräsentativ ist für eine qualitative Auseinandersetzung mit der neueren Architektur einer Kulturregion, deren Schaffen bestimmt über ihre Grenzen hinaus ein Interesse weckt.
In diesem Sinne ist die vorliegende Publikation ein Beitrag dazu und für alle an Architektur Interessierten gedacht.

*Zusammenfassend wird an dieser Stelle allen, die in verschiedener Art und Weise am Zustandekommen dieser Publikation mitgewirkt haben – den Mitarbeitern, den Architekten, welche das Material zur Verfügung gestellt haben, dem Verlag – grosser Dank ausgesprochen.*

**4**
Dolf Schnebli, Sara Spiro, Miroslav Šik
Opéra de la Bastille, Paris
Wettbewerbsprojekt 1983

**5**
Miroslav Šik
Wohnüberbauung Zürich-Selnau II
Wettbewerbsprojekt 1985-1987

**6**
Isa Stürm - Urs Wolf
Überbauung Röntgenareal Zürich
Wettbewerbsprojekt 1990 (1. Preis)
(Foto Peter Grünert)

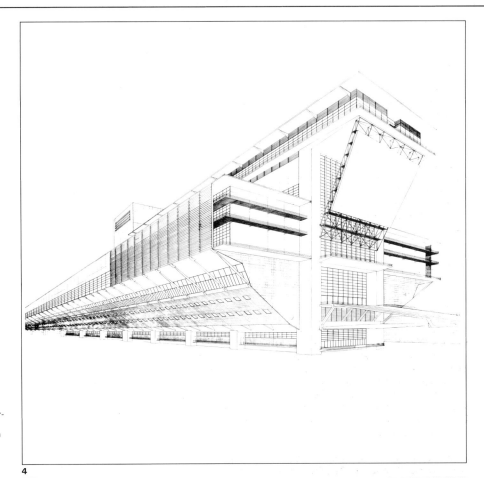

4

[7] Luigi Snozzi, *Das Unding über den Geleisen,* Vortrag vom 13. Mai 1987 im Kunsthaus Zürich. «Dieses Projekt (HB-Süd-West) wird grosse Folgen für die Stadt Zürich haben. Und die Stadt Zürich gehört nicht nur den Zürchern, sie ist wie alle Städte der Welt ein universeller Wert.»
Es drängt sich heute und in naher Zukunft eine Umstrukturierung der Bahnhofanlagen in der ganzen Schweiz auf, was zweifellos Lösungen in einem engem städtebaulichen Bezug erfordert und folglich auch neue Chancen für die Um- und Weitergestaltung der Stadt bietet.
Bisherige Wettbewerbs-Projekte lassen berechtigte Hoffnung in diesem Sinne aufkommen (z.B. Chur, Uster, Baden, u.a.).

[8] Architekturgalerie Luzern, Denkmalstrasse 5. Gegründet und geleitet von einem kleinen Team: Toni Häfliger, Heinz Hüsler, Roman Lüscher, Heinz Wirz. Bisher 14 Einzelausstellungen über Architekten des In- und Auslandes.

[9] Architekturmuseum Basel, Pfluggässlein 3. Geleitet von der Kunsthistorikerin und vormaligen Redaktorin der Architekturzeitschrift «Werk, Bauen + Wohnen», Ulrike Jehle-Schulte Strathaus. Organisation von Ausstellungen, Vorträgen und Buchherausgaben.

[10] Lynx Architekturgruppe Zürich. Publikation eines Doppelfaltblattes *Hat Klarheit Perspektive?,* Juli 1987, u.a. eine kritische Stellungnahme zur «neuen» archithese.

[11] *Analoge Architektur,* herausgegeben von Miroslav Šik, 1987, Doppelblätter in Kassette. Ausstellung im Architektur-Forum Zürich (Wanderausstellung). Die Entwürfe entstanden innerhalb des Lehrprogramms von Prof. Fabio Reinhart an der ETH oder im Rahmen grösserer Wettbewerbe.

[12] *Hochparterre,* Zeitschrift für Design, Architektur und Umwelt, erschien erstmals im November 1988, Format 26×37 cm, Chefredaktor Benedikt Loderer. (Loderer sprach schon Jahre zuvor von der Idee einer Gründung einer neuen Zeitschrift als eine Art «Blick» der Architektur).

[13] «Wir haben eine analytische Zeit hinter uns. Man hat die Städte auseinander dividiert, horizontal, vertikal und in der Zeit. Man hat auch den Begriff der Architektur immer enger gefasst. Wenn wir von Architekturkultur sprechen, meinen wir eine Haltung, die sich auf die gestaltete Umwelt als Ganzes bezieht, bei der die gleichen Prinzipien im Kleinen wie im Grossen, für die Tramwartehalle wie für die städtebaulichen Grundsätze, gelten.» Carl Fingerhuth, Kantonsbaumeister Basel-Stadt, im Vorwort zu «Bauten für Basel», siehe Anm.[5]

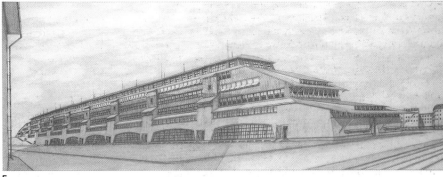

5

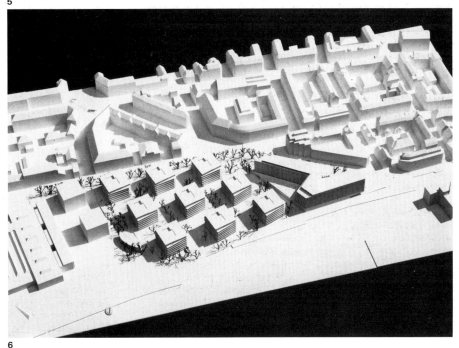

6

# Neuere Architektur in der Deutschen Schweiz

Martin Steinmann

Die Entwicklungen, die mit der Jahreszahl 1968 verbunden werden, brachten vielen Architekten die gesellschaftliche Grundlage ihrer Arbeit ins Bewusstsein zurück. Die Architekten der 20er Jahre hatten geglaubt, sie könnten ihrer Verantwortung gegenüber der Gesellschaft – die in der «Erklärung von La Sarraz» festgestellt wurde – auf technischem Weg entsprechen; sie hatten aber feststellen müssen, dass dieser Weg vom Kapitalismus kontrolliert wurde. Die Folge war der Funktionalismus der Bauwirtschaft in der Nachkriegszeit, gegen den sich das neue – politische – Bewusstsein an der ETH seit Ende der 60er Jahre richtete, etwa in Form einer Untersuchung über den Bau bestimmter Siedlungen am Rande von Zürich: Göhnerswil.

Die Antworten gingen in zwei entgegengesetzte Richtungen: Auf der einen Seite führte das Bedürfnis, die verschiedenen, technischen und wirtschaftlichen, gesellschaftlichen und politischen, aber auch soziologischen und biologischen Grundlagen zu durchdringen, zur Auflösung der Architektur in diesen «anderen» Disziplinen. An der ETH wurde für kurze Zeit mehr geschrieben als gezeichnet. Auf der anderen Seite stand die Auffassung, dass die Architektur die Ergebnisse dieser «fremden» Disziplinen nur aufnehmen könne, wenn sie sich als autonom versteht und auf sich selbst aufbaut. «Die Architektur, das sind die Werke der Architektur» war ein Satz von Aldo Rossi, der diese Vorstellung auf den Punkt brachte. Autonom heisst dabei nicht, dass Architektur ausserhalb der Gesellschaft steht; es heisst, dass sie diese nur mit *ihren* Mitteln spiegeln kann.

## Architettura razionale

Während die eine Haltung, den Rationalismus der Bauwirtschaft im Visier, die ganze Entwicklung seit den 20er Jahren verwarf – und dabei ihre Analyse der geschichtlichen Bedingungen eigentlich nicht zu Ende führte –, bezog sich die andere auf den Rationalismus jener Jahre als Bemühung, diese Bedingungen in der Form sichtbar zu machen. Diese Beziehung war aber eine kritische. Das bedeutet, dass der Rationalismus in seiner Geschichtlichkeit verstanden wurde. Das bedeutet weiter, dass Geschichte – und Erinnerung – zu Grundlagen der Architektur wurden: nicht als *dopo lavoro*, sondern als Mittel, um arbeiten zu können. An die Stelle von Entwürfen, die Formen eines Ortes «weiterentwickelten», wie man sagte, traten solche, die hinter diesen Formen die Strukturen suchten, die den Ort bestimmen: die sein Grund – und seine Wirklichkeit – sind.

Diese Auseinandersetzung entwickelte sich in Italien, wobei das Wort *tendenza* zum Ausdruck brachte, dass es eine Auseinandersetzung war, die in der Geschichte die rationalen Grundlagen der Architektur suchte als Grundlagen, die eine Haltung bezeichneten: die Haltung der *architettura razionale*. Vermittelt anfänglich durch die Entwurfszeichnungen und -beschreibungen von Aldo Rossi, nach 1972 durch seinen Unterricht an der ETH, hatte diese Tendenz in der Deutschen Schweiz eine wachsende Wirkung. Sie traf dabei auf neues Interesse für den Rationalismus vor allem der Siedlungen des Neuen Bauens in Deutschland, Holland und der Schweiz. Die Entwürfe, die damals an der ETH entstanden, blieben allerdings in den Formen von Rossi gefangen. In der Italienischen Schweiz dagegen war in den 60er Jahren eine Architektur entstanden, der es gelang, verschiedene Arten von rationaler Architektur – vor allem Le Corbusiers – mit der Architektur des Ortes – mit den Gewohnheiten, deren Ausdruck sie ist – zu verbinden. Das schönste Beispiel dafür ist wahrscheinlich die Schule in Riva San Vitale von Aurelio Galfetti, Flora Ruchat, Ivo Truempy (erster Teil 1962-64). Diese Architektur wurde 1975 an der ETH erstmals zusammenhängend gezeigt in der Ausstellung «Neuere Architektur im Tessin». [1] Das Aufsehen, das sie weit über die Schweiz hinaus erregte, legte für Jahre das Bild der rationalen Architektur fest, obschon es sich in der Italienischen Schweiz von Anfang an um ein Bild mit verschwimmenden Rändern handelte. Deswegen war in der Ausstellung auch nicht von *tendenza* die Rede.

1

2

## ... eine Sache der Notwendigkeit

Warum von dieser Entwicklung sprechen? Um sie von der Architektur in der Deutschen Schweiz zu unterscheiden. Die Architektur in der Italienischen Schweiz setzt zwar – unter anderem – bei Le Corbusier an, wie etwa die Entwürfe des Atelier 5 in Bern auch, sie entwickelt sich aber entsprechend ihrer eigenen lokalen Bedingungen. Diese Architektur kann nicht exportiert werden. So führte die Auseinandersetzung mit der Geschichte, so lange sie an bestimmte Formen gebunden war, zu keinen brauchbaren Ergebnissen. Sie musste sich erst von den «Fällen» lösen, an denen sie sich entwickelt hatte. Die Architekten in der Deutschen Schweiz mussten erst ihre Geschichte schreiben, bevor sie sich auf sie beziehen konnten. (Geschichte ist nicht eine unveränderliche Ansammlung von Fakten; jede Zeit ordnet diese neu und macht sie zu Fakten *ihrer* Geschichte.)
Dieser Punkt ist seit einigen Jahren erreicht, seit einigen Jahren gibt es in der Deutschen Schweiz eine Architektur, die die Lehren der *architettura razionale* in den eigenen kulturellen Bedingungen, in ihren Typen und Bildern zu verwirklichen vermag: seit einigen Jahren hat sich die Deutschschweizer Architektur emanzipiert.
Wesentlich dabei war die Wiederentdeckung des Neuen Bauens. Die Architektur des 20. Jahrhunderts wurde noch 1968 in den engen Grenzen wahrgenommen, die Sigfried Giedion mit seiner Inszenierung von wenigen grossen Namen abgesteckt hatte. Gerade die gesellschaftspolitische Linie aber, die Siedlungen in Berlin oder in Frankfurt, Taut, May, die «Gruppe May», Stam, Schmidt waren vergessen: das, was der letzte als der radikalste Vertreter des Neuen Bauens in der Schweiz als Bauen bestimmt hatte wurde erst aktuell: «Bauen ist nicht Architektur, sondern eine Sache der Notwendigkeit ...». Die Kritik an der Verwertung des Neuen Bauens durch das Kapital hätte sich 1968 auf eine Tradition berufen können, wenn sie diese gekannt hätte: auf die Vorstellungen der Sachlichkeit.
Diese Tradition hat viel zu tun mit dem Wesen der Deutschen Schweiz. Auch wenn es heikel ist, dieses Wort zu gebrauchen, ist nicht zu bestreiten, dass die geschichtliche Entwicklung das Wesen einer Gesellschaft bestimmt – oder dass ihr Wesen eine geschichtliche Entwicklung bewirkt. In diesem Sinn ist die Sachlichkeit des Protestantismus ein allgemeines Merkmal der Deutschen Schweiz – eine Sachlichkeit, die nach Max Weber im Kapitalismus auch dem wirtschaftlichen Handeln zugrunde liegt. Das Atelier 5 ist, gerade in seinem Realismus – das Wort ist in dem pragmatischen Sinn verstanden, den es hier hat – typisch für dieses Wesen. Seine Mitglieder sprechen nicht gerne von Form, sondern beschränken das Sprechen über Architektur auf praktische Fragen. Das ist noch die Haltung des Neuen Bauens, eine Haltung, die der Theorie misstraut und sich lieber an die Sache = res hält. Und auch Bernhard Hoesli, der wichtigste Lehrer an der ETH in den 60er Jahren, spielte im Unterricht oft den «Bauer». Damit wollte er die Architektur auf die Notwendigkeit zurückführen: «wenn einer für sein Schwein einen Stall bauen will...» Diese Ausrichtung auf eine Architektur, die elementare Bedürfnisse mit elementaren Mitteln befriedigt, hat nur zum Teil materielle Gründe. Sie ist auch Ausdruck der Hoffnung, in der Notwendigkeit die Gründe einer rationalen – oder besser: wahren – Architektur zu finden oder wiederzufinden.

### Der Grund der Form

In diesem Sinn führt der Weg, den Michael Alder mit seinen Entwürfen absteckt, zu «Adams Haus» zurück, dass heisst zum Haus, auf das sich in den Vorstellungen der Aufklärer alle Erfahrungen mit Architektur zurückführen lassen (zum Haus, wie es auch auf den Zeichnungen des Kindes erscheint, z.B. das Haus in Itingen, 1983-84). Aber dieser Weg ist schwierig: das Einfache und das Banale liegen unmittelbar nebeneinander. Dieses Bemühen um eine elementare Architektur ist oft mit Untersuchungen von einfachen Bauten von Bauern und Arbeitern verbunden. Hoesli hat in seinen Vorlesungen solche Beispiele gezeigt, und Alder hat mit seinen Schülern mehrere Jahre hindurch Scheunen in den südlichen Alpen zeichnerisch aufgenommen. Dabei gilt die Aufmerksamkeit nicht der Form der Bauten, sondern der Konstruktion. Sie ist nicht romantischer Art – im Sinne der Auseinandersetzung um 1970, für die die neuen Bauten im Dorfkern von Muttenz zum Modell wurden –, im Gegenteil, sie ist realistisch. Sie richtet sich auf das, was Loos den «Grund der Form» genannt hat, nicht auf die Form. Alder treibt in seiner Architektur die Beschränkung über die materielle Notwendigkeit hinaus. Während verschiedene Architekten, die die Kritik an der Bauwirtschaft zur Grundlage ihrer Arbeit machten, eine Architektur zurückwiesen, die sich nicht auf diese Notwendigkeit beschränkte, übersteigt sie seine Architektur: Notwendigkeit

1
Michael Alder
Haus Reicke, Bottmingen BL, 1987-1988

2
Metron-Architekten
Siedlung Löh, Mülligen AG, 1985-1987

3
Daniele Marques - Bruno Zurkirchen
Haus Hodel, Meggen LU, 1984-1985

3

als Ästhetik. Die Siedlungen, welche beispielsweise die Metron in den 70er Jahren baute (in denen sie die Anliegen der 60er Jahre: Partizipation, Veränderung usw. verwirklichte) sollten ihre Form aus der Notwendigkeit gewinnen. In der Folge hat diese Vorstellung in ein Niemandsland geführt, als die Fensterwände aus Gründen der Wärmehaltung von Fenstern *trou dans le mur* abgelöst wurden, deren Form und Grösse nicht durch die Struktur gegeben waren. «Das zwingt uns, den zum Teil verdrängten [...] Begriff der Gestaltung [...] wieder in den Entwurf aufzunehmen», schreiben zwei Architekten der Metron über deren neuere Siedlungen. [2]

Das verlangt ein bewussteres Verhältnis zur Form und weiter zur Bedeutung, denn wenn sich die Notwendigkeit nicht «von selber» zum Ausdruck bringen kann, muss sie – soweit die Architektur an ihr als ethischem Wert festhält – vermittelt werden durch eine Aesthetik der Notwendigkeit. (In diesem Sinn war auch der einfache bürgerliche Klassizismus am Anfang des 19. Jahreshunderts eine solche Aesthetik, die die Ethik des in Enstehung begriffenen Bürgertums sichtbar machte.)

Alder weist in seinen Bauten Anspielungen auf geschichtliche Beispiele entschieden zurück; wenn sie dennoch älteren Beispielen glichen, so wäre das die Folge eines ähnlichen Denkens, nicht eines Denkens, das Ähnlichkeit anstrebt.

Aber es ist schwierig, der Geschichte zu entkommen. Sie formt auch unser Denken. Wir machen Erfahrungen an Bauten, die in der Folge zur Form unserer Erfahrungen werden, und mit der Form können wir die Erfahrungen – als deren Bedeutung – ins Spiel bringen. In einer Beschreibung der Siedlung, die Dolf Schnebli 1984-87 in Würenlingen gebaut hat, bezieht er diese ausdrücklich auf den Wohnungsbau der 20er Jahre. Dabei ist diese Beziehung nicht einfach die Folge einer gleich gestellten Aufgabe; sie ist angestrebt als Teil einer Bilderwelt, die die Siedlungen jener Zeit erfasst, aber auch die Kosthäuser [3], die Baracken auf den Baustellen in den Bergen, die Siedlungen der 40er Jahre ... Kurz, es handelt sich um die Bilderwelt, die die Tradition der Notwendigkeit anschaulich macht.

## «Einfache» und «gewöhnliche» Architektur

Die Aufmerksamkeit für diese namenlose Architektur hat eine zweite Seite. 1980 habe ich versucht, die Haltungen, die sich in der Deutschen Schweiz abzeichneten, mit den Wörtern «einfach» und «gewöhnlich» zu benennen. [4] Mit dem zweiten meinte ich eine Architektur, die auf die Zeichen von Gewöhnlichkeit zurückgreift. Sie geht von Venturi aus, gibt seinen Vorstellungen aber eine kritische Wendung. Es ging nicht darum, diese Zeichen einfach zu wiederholen, auch nicht in einem populistischen Sinn; es ging um *répétition différente*, um Wiederholung, die Verschiedenheit hervorbringt: das Ergebnis soll zu gleicher Zeit die Sache und die Kritik der Sache sein. Allerdings hatte diese «gewöhnliche» Architektur ausser in der theoretischen Auseinandersetzung nur geringe Auswirkungen. Man kann das Blaue Haus von Jacques Herzog & Pierre de Meuron (1979)-80 so verstehen, wichtiger ist aber eine andere Seite der gewöhnlichen Dinge, die diese Architekten verwenden: Holztafeln, Betonbretter, Eternit ..., nämlich die Macht dieser Dinge, Stimmungen zu wecken, gerade weil sie *nicht* in ihrer Bedeutung kodiert sind. ([5] Auf diese Annahme ist zurückzukommen.

Durch Referenzen zum Neuen Bauen stellt sich die Architektur in der Deutschen Schweiz als Fortsetzung einer bestimmten Tradition dar. Das bedeutet aber eine wesentliche Veränderung im «Grund der Form»: Die Assoziationen, die sie weckt, sind Teil dieses Grundes. Das heisst, dass man in den Formen der 20er Jahre die Vorstellungen von damals mitmeint, bzw. konnotiert, und dass man, um diese zu vermitteln, die Formen des Rationalismus benützt. Diese Formen entwickelten sich von einer blossen «Folge» – wie sie es im spätfunktionalistischen Unterricht noch gewesen waren – zu einer Sprache, mit der sich Bedeutungen «sagen» lassen.

Dabei beziehen sich die Architekten weniger auf die Architektur des Neuen Bauens – Roger Diener bildet hier eine Ausnahme –, als auf die Architektur, die man mit dem Namen einer in den 30er Jahren erschienenen Zeitschrift *Weiterbauen* nennen kann. Damals entstanden Häuser aus Holz, das sich für Standardisierung, Herstellung von Elementen in der Werkstatt und *montage è sec* auf dem Bauplatz anbietet. [6] *Weiterbauen* bezeichnet so das Festhalten an den Vorstellungen des Neuen Bauens – über die Rationalisierung des Bauens – unter den Bedingungen der Krise. An dieser Architektur interessiert namentlich die Möglichkeit, durch die Art, wie das einfache Material verwendet ist – neben Holz auch Eternit – einen bestimmten

4
Fritz Haller, Alfons Barth, Hans Zaugg
Ausbildungszentrum SBB, Murten FR, 1980-1982

5
Theo Hotz
Buchbinderei BUBU, Mönchaltorf ZH, 1983-1985

6
Peter Zumthor
Schutzbauten, Chur GR, 1986

Ausdruck zu erreichen. In diese Auseinandersetzung mit der neueren Geschichte wird auch die Architektur nach dem 2. Weltkrieg einbezogen.
Es handelt sich aber nicht darum, die eine oder andere Sprache zu rekonstruieren, ausser im Fall einer Sanierung, wie ihn die Siedlung Zürich-Neubühl von 1928-31 darstellt [7], weder die «weisse» Architektur der 20er Jahre noch die Holzarchitektur der 30er Jahre noch eine andere Architektur, die man zur Tradition der Sachlichkeit rechnen kann. An ihnen wird vielmehr ein Entwerfen untersucht, das Konstruktion, Form und Bedeutung in eine dialektische Beziehung bringt. So verbindet das kleine Haus in Eglisau von Marianne Burkhalter (1984-85) unterschiedliche Arten, mit Holz zu bauen, um die zwei Teile dieses Hauses zu charakterisieren. Und auch der Aspekt der Bedeutung macht nach und nach einer anderen Suche – im Sinn von *recherche* – Platz, nämlich der Suche nach der sinnlichen Erscheinung von Bauweisen ausserhalb geschichtlicher Anspielungen. Sie bestimmt in besonderem Mass die Architektur von Peter Zumthor.

### Stadt in Stücken
Für die Auseinandersetzung mit der Stadt – und mit der Geschichte, die sich in der Stadt verdinglicht – war der Unterricht von Aldo Rossi wesentlich – auch das, was man aus den Beschreibungen seiner Entwürfe lernte. Es ist eine Auseinandersetzung, in der sich wissenschaftliche Darstellung und Erfindung verbinden in jenem Bild von Canaletto, das zum Ausgangspunkt eines Entwerfens geworden ist, welches die Wirklichkeit auf analoge Weise bestimmt. Dieses Bild [8] stellt gebaute und nicht gebaute Entwürfe von Andrea Palladio zusammen zu einer Stadt, die uns vertraut ist, auch wenn es sie nicht gibt ausser in unserem Kopf (der für André Malraux ein *musée imaginaire* ist). Ein solches Vorgehen bezeichnet die Möglichkeit, die Stadt weiterzubauen und dabei die Geschichte als Material des Entwerfens zu verwenden, ohne in Historismus zu verfallen.
Die Wohnanlage an der Hammerstrasse in Basel, die Roger Diener zusammen mit Lorenz Guetg, Dieter Righetti und Wolfgang Schett 1979-81 bauten, verwirklicht diese Vorstellung. Sie folgt dem Typ der Randbebauung, wie sie in diesem Quartier aus der Jahrhundertwende üblich ist. Elemente des damaligen Mietshauses mit markiertem Sockel bestimmen die Strasse als städtischen Raum. Der Hof dagegen wird von Elementen, die zum Mietshaus des Neuen Bauens gehören, als «Siedlungsraum» bestimmt [9]. Die Architekten verbinden verschiedene Bilder, um die Wohnanlage in Beziehung zur Geschichte, aber auch zur Erinnerung des einzelnen zu setzen. Dabei entziehen sich die Bilder der Festlegung auf *eine* Bedeutung. Die Veranden verweisen auch auf die Höfe der bürgerlichen Quartiere um 1850 in Basel und anderswo, und die Bilder verdichten sich in der Weise, in der Rossi später in seiner *autobiografia scientifica* seine eigenen Werke beschreibt: als «*recherche du temps perdu*».
Zu dieser Architektur, die mit Bildern der Architektur der Stadt arbeitet, gehört auch die Wohnanlage von Ueli Marbach und Arthur Rüegg in Zürich (1979-84). Sie stellt einerseits eine Stellungnahme für die «Steinerne Stadt» dar, andererseits zeigt sie durch die Verbindung gegensätzlicher Codes, wie es heisst, diese Stadt weiterzubauen – unter ganz anderen Bedingungen: In ihrer Dekoration entspricht die Fassade den Gewohnheiten des späten 19. Jahrhunderts; die Wohnräume aber liegen nicht zur Strasse, sondern zum Hof, die Nebenräume zur Strasse, wo sie in einer zweiten Schicht erkennbar sind. So werden in der Verschiebung von Typologie und Morphologie des städtischen Mietshauses die Brüche in der Geschichte der Stadt thematisiert.

### Das schwierige Ganze
Solche Beispiele reflektieren die Feststellung, dass die Architektur eine Form nicht anders annehmen kann, als in Beziehung zu den Dingen, die gegeben sind. Es wäre allerdings eine Abstraktion, diese Dinge auf ein Ganzes zurückzuführen. «Sie bestehen als Wirklichkeiten nebeneinander», sagt Siza von den Stücken der Stadt, und «Ich versuche, sie zu versammeln, ohne ihre Wirklichkeit zu verbergen.» [10] Nur in dieser Weise kann die Architektur der Stadt einer Erfahrung gerecht werden, in der sich die verschiedensten Bilder, anwesende und abwesende (die aber in unserem «*musée imaginaire*» anwesend sind) durchdringen. So bezieht sich Roger Diener in der zweiten Wohnanlage in Basel (1981-85) auf sehr verschiedene Dinge: Wohnhäuser der 20er Jahre, Bürogebäude der 60er Jahre, Lagerhäuser und anderes, und wenn man um diese auf einem früheren Industrieareal gelegene Wohnanlage herumgeht, fallen die einzelnen Stücke wie in einem

5

6

Kaleidoskop zu immer neuen Bildern zusammen. Zu Bildern aber, die immer das gleiche aussagen: Stadt.
Die Äusserung von Pierre-Alain Croset, die Basler – ausser Diener auch Herzog und de Meuron – würden dem Kontext der Stadt Referenzen des «schlechten Geschmacks» entnehmen, ist nicht ganz von der Hand zu weisen. [11] Oder sagen wir, Referenzen der gewöhnlichen spätmodernen Architektur, wie sie in den 50er Jahren und noch in den 60er Jahren in bemerkenswerter Qualität entstanden ist. Auch in anderen Fällen ist festzustellen, dass es gerade die Serie B-Architektur ist, die für das Entwerfen die Bilder liefert: Da die Wahrnehmung dieser Bauten nicht durch die vielen Darstellungen der «Architektur im 20. Jahrhundert» festgelegt ist, fügen sich ihre Bilder unseren Absichten leichter. Die Versammlung verschiedener Dinge bedeutet nicht, dass es das Ganze – als Vorstellung – nicht mehr gibt, sondern dass es sich um das «schwierige» Ganze handelt, von dem Venturi spricht. Die Architektur von Daniele Marques und Bruno Zurkirchen erscheint in besonderem Masse als Auseinandersetzung mit dieser Vorstellung. Im Zusammenhang mit dem Haus in Meggen (1984-85) haben die Architekten auf das «Sich-nach-der-Decke-strecken» der Serie B-Architektur verwiesen. Diese verwirklicht ihre Formen mit anderen Mitteln als sie den Formen der Moderne zugrunde liegen. So verbinden Marques und Zurkirchen in dem genannten Haus die auseinanderstrebenden Bedingungen von Bauaufgabe, Ort und Baureglement (was durchaus nicht das gleiche ist wie der Ort, gerade da, wo sich das Baureglement auf ihn bezieht) in einer Sprache, in der sich die Moderne in den 50er Jahren selbst neue Formen angeeignet hat. [12]
In einem öffentlichen Gespräch über das Entwerfen hat Michael Alder geäussert, dass er 90% seiner Arbeit für die Idee aufwende. Das bedeutet, dass diese die Entscheidungen über Material, Materialverarbeitung usw. vorwegnimmt. Im Unterschied dazu nimmt die Idee bei Marques und Zurkirchen eine genaue Form erst in Verbindung mit den Materialentscheidungen an. Darum wenden sie, wie sie, die Zahlen von Alder polemisch vertauschend, sagen, nur 10% der Arbeit für die Idee auf. «Wir sind für das Material, das die richtigen Entscheidungen bringt. [...] Wir kennen diese Entscheidungen nicht, wenn wir anfangen. Das Entwerfen stellt keine mechanische Entfaltung von etwas dar, was von Anfang an da ist.» [13] Mit «etwas» meinen sie eben die Idee. In diesem Sinn ist ihre Art zu entwerfen pragmatisch – im Unterschied zur dogmatischen Art von anderen, die versuchen, unserer «Kultur in Stücken» ein einfaches Ganzes abzutrotzen.

### weiss – grau – silber

Die einfache Architektur – wegen ihrer häufigen Verwendung von Kalksandstein kann man sie auch die graue nennen – wie die weisse Architektur (insbesondere die von Diener) lassen sich zur modernen bzw. modernistischen Tradition zählen, wobei im ersten Fall vor allem die ethischen, im zweiten Fall vor allem die ästhetischen Momente aufgenommen werden. Als dritte Architektur dieser Tradition kommt die «konstruktivistische» hinzu, die man wegen ihrer Vorliebe für Aluminium silberne Architektur nennen kann. (Damit sind alle Bereiche der modernen Tradition einerseits unterschieden, andererseits durch ihre Benennung durch Nicht-Farben in ihrer Verwandtschaft sichtbar gemacht.)
In einer Ausstellung hat Heinrich Klotz diese konstruktivistische bzw. neokonstruktivistische Architektur zur Fortsetzung der Moderne erklärt. Man könne von «wahrer Moderne» nur sprechen, wenn die Architektur ihre konstruktiven Grundlagen sichtbar mache. Diese Meinung setzt den Konstruktivismus der 20er Jahre polemisch gegen den Rationalismus. In unserer Zeit sei nur der Konstruktivismus in der Lage, sich zu erneuern, wobei die Konstruktion nicht nur erste, sondern auch zweite Funktionen (im Sinne von Umberto Eco) hat: «erzählende», wie Klotz sie nennt, bzw. Zeichen-Funktionen. [14]
In der Architektur der Deutschen Schweiz ist es vor allem Theo Hotz, der diese Richtung vertritt. Dabei wird nicht die ganze Konstruktion den Bedingungen einer solchen Zeichenhaftigkeit unterworfen. Der «Konstruktivismus» beschränkt sich auf die Konstruktion der Fassaden. Er ist aus deren ersten Funktionen gewonnen (Regelung des Lichtes z.B.) und benützt technische Mittel (wie Blenden) um architektonische Wirkungen zu erzielen: ein Spiel von Licht und Schatten, von durchsichtig und undurchsichtig, von fest und beweglich ... Dabei werden Formen verwendet, die durch den Zusammenhang, aus dem sie stammen, die Assoziationen von Leichtigkeit oder Beweglichkeit verstärken. Es ist der Zusammenhang des Flugzeug- und Fahrzeugbaus. Davon ist noch zu sprechen.

7

8

Diese Architektur bezieht – wie die Moderne – ihre Zeichen aus dem Ingenieurbau. Ausdrucksträger der Moderne waren konstruktive Teile erster Ordnung wie Stützen und Platten; hier dagegen sind es solche zweiter Ordnung. «So spricht der BUBU-Bau zwar eine Sprache des Zwecks, aber nicht die der nackten Notwendigkeit», schreiben Bruno Jenni und Irma Noseda über einen Bau von Hotz (1983-85). [15] Sie ist ausserdem verfremdet, in der Absicht, die Aufmerksamkeit auf die *Mittel* der Aussage zu lenken. Bei dieser Poetisierung der Sprache des Zwecks kommt dem Detail grosses Gewicht zu. Darin liegt etwas Schweizerisch-Genaues; Unschweizerisch dagegen ist das Leichte, Elegante, das ebenfalls vorhanden ist. Allerdings, in einigen Fabriken kommt es vor: ich denke an die Werkhalle, die Hans Fischli 1953 in Horgen für die Feller AG gebaut hat, oder, in der neueren Architektur, an die 1979-81 von Marie-Claude Bétrix, Eraldo Consolascio, Bruno Reichlin und Patrick Huber gebaute Werkhalle in Cortaillod. Ich könnte auch auf die Fabriken von Fritz Haller hinweisen. Seine Bauten sind aber auf andere Art genau: Alles, was nicht notwendig ist – was nicht zur Sache gehört – ist dort ausgeschieden. Sie bezeichnen die letzte Annäherung von Konstruktion – als Wesen – und Form, aber auch den Moment, in dem diese Konstruktion zu sprechen aufhört: Die einfache und allgemeine Lösung, die Haller in einer Konstruktion anstrebt, die alle Installationen in sich aufnehmen kann, lässt keine andere Aussage als eben eine allgemeine zu. Demgegenüber scheint sich die Architektur von Hotz auf die Konstruktion als Bild zu richten (was nicht heissen soll, dass sie im Sinne Venturis zum blossen Zeichen wird; sie behält ihren technischen Grund an). Gerade diese Bildhaftigkeit wird ihr denn auch von den «Solothurnern» [16] vorgeworfen. Sie verkennen dabei aber die ganz anderen Anliegen, die sich in diesen schleierartigen Fassaden verwirklichen.

### techne

Gerhard Auer hat vor kurzem den Schleier als Merkmal des neuen Konstruktivismus beschrieben. Von allen seinen Listen – so zu tun, als würde er dem Blick verweigern, was er zu schauen gibt, oder umgekehrt: so zu tun, als würde er zu schauen geben, was er dem Blick verweigert – sei diese die schrecklichste: «Sie vernichtet ihr Subjekt. Der Schleier wird selber zum Objekt der Begierde.» [17] Man kann es auch so sehen, dass es gar nichts gibt, auf das der Blick zu lenken wäre. Gilt das nicht für viele Bauten: dass sie nur Hüllen sind? Ich denke beispielsweise an das Lager von Herzog & de Meuron in Laufen (1986-87), aber auch an zahllose Bureaubauten.

Damit ist aber die Unterscheidung in «einfache» und «technische» Architektur aufgehoben, denn die Architektur, die sich auf die Arbeit mit den «alten» Materialien wie Stein bzw. Beton und Holz stützt, ist in den letzten Jahren selbst zur Poesie dieser Arbeit vorgedrungen. Es handelt sich um eine Poesie, die nicht einfach die Folge gut gemachter Arbeit ist. In ihr laufen vielmehr technische und ästhetische Gründe in der dialektischen Beziehung zusammen, die das Wort «techne» bei den Griechen meint. [18]

Diese Poetisierung wird namentlich in den neueren Bauten von Peter Zumthor anschaulich, in denen die Wand in verschiedenem Grad durchlässig ist. Im Bau zum Schutz der römischen Ausgrabungen von 1986 in Chur werden die Wände durch Lamellen gebildet, durch die das Licht ins Innere der Räume dringt. Der Bau gleicht darin Stadeln, durch deren Latten der Wind streicht, um das Heu trocken zu halten. Und sicher bilden solche ländliche Bauten ein Bild, das in den Entwurf einggegangen ist als Erfahrung von Schutz (auch als Erfahrung von Entdeckungen, die man als Kind im dämmerigen Inneren von Stadeln gemacht hat). Die Wand ist im wörtlichen Sinn ein Schleier. Das gilt auch für das Atelier von Peter Zumthor (1986) oder für das Haus in Bottmingen von Michael Alder (1988), wo der Blick zwischen die Latten der Verkleidung dringen kann.

### Bilder

Die Architekten sprechen seit einigen Jahren von Bildern, um ihre Arbeit zu erklären. Das Bild scheint die Instanz zu sein, die den Zusammenhang der Entscheidungen beim Entwerfen sichert, nachdem der Stil durch die Fragmentierung der Gesellschaft seine Grundlage verloren hat. (Stil – als innerer Zusammenhang – hat vor Styling abgedankt, das den Zusammenhang äusserlich herstellt.)

«Es beschäftigen uns [...] die Formen, in denen ein alltäglicher Gebrauch im Laufe der Zeit seine Bedeutungen abgelagert hat» [19], schreibt Marcel Meili. Gerade diese abgelagerten Bedeutungen aber machen die Formen zu dem, was ich Bilder nenne. Diese schliessen die Erfahrung ein, die wir mit den Formen gemacht haben, die Erfahrung eines Gebrauchs – umfassend verstanden –, der 1. oder 2.

7
Peter Zumthor
Schutzbauten, Chur GR, 1986

8
Diener-Diener
Verteilzentrum Manor, Rebgasse, Basel
1986-1990

9
Jacques Herzog - Pierre de Meuron
Haus Voegtlin, Therwil BL, 1985-1986

9

Funktionen gleichermassen meint.
In diesem Sinn hat Zumthor geschrieben, dass er beim Entwerfen in seinem Kopf nach Bildern suche, die stimmen, und dass er versuche, sie zu verstehen: ihre Form zu verstehen. [20] Dabei geht es nicht um die Geschichten, die in der eigenen Erinnerung damit verbunden sind. Wim Wenders hat verschiedentlich vom Verhältnis von Bildern – oder allgemeiner: Form – und Geschichten gesprochen und davon, dass Geschichten ein Mittel sind, um Bilder zu finden. [21] Darin liegt ihre Bedeutung auch in der Architektur: sie geben den Dingen eine Form. Dabei zeigt beispielsweise die Kirche in Sogn Benedetg (1987-88), dass die Bilder versagen, wenn man sie als unmittelbare Referenzen zu verstehen versucht. Sie verstricken sich in Widersprüche, die sich erst auflösen, wenn man von der Wirklichkeit des Baues ausgeht.
Die Arbeit mit Bildern, die nicht, oder nicht in erster Linie, wegen ihrer erzählerischen Funktionen verwendet werden, schafft eine entwerferische Freiheit hinter den Bildern – eine Freiheit, die sich nicht auf die Bedeutung der Bilder bezieht, sondern auf die Wirkung: Diese erscheint – im Sinne der *poésie pure* – als etwas von Bedeutung verschiedenes: Die Bilder wären blosse Materie, wie die Wörter, die eine alltägliche Bedeutung haben (leider, wie Paul Valéry bedauert), die andererseits gerade dadurch eine andere Wirkung haben können: die Wirkung als Form, die nicht in der Bedeutung verschwindet.

### Leere Zeichen

Das scheint den Entwürfen von Jacques Herzog und Pierre de Meuron da zu widersprechen, wo sie stark kodierte Formen verwenden, wie es die Betonplanken des Hauses in Therwil von 1985-86 sind. Diese verweisen auf die Welt der Baracken (wie sie z.B. im Bahnhofgelände von Basel anzutreffen sind). Der Entwurf scheint sich in einer gegebenen Form- und Bedeutungsstruktur einzurichten. In Wirklichkeit tut er es als Parasit: Er zersetzt diese Struktur durch die offenkundige «Sinnlosigkeit», die er schafft; er bringt den Kode der Betonplanken in Krise (einen Kode unserer Erfahrung). Indem diese das eine Mal Baracke, das andere Mal etwas anderes bedeuten können, entziehen sie sich der allgemeinen semiotischen Verpflichtung. [22]
Diese Blockierung des Mechanismus, der laufend Formen in Bedeutungen verwandelt, ist auch in einem neuen Bürohaus von Roger Diener in Basel (1986-89) zu finden. Er bringt Vorstellungen ins Spiel, die einander eigentlich ausschliessen. Um diese Feststellung an einem Punkt zu belegen: Die dunkelgraue Farbe des Beton – durch Beimengen von Eisenoxyd erzielt – gibt dem Bau einen ärmlichen Ausdruck, wie er einem Quartier «hinter den Geleisen» entspricht – oder genauer: unserer Erfahrung eines solchen Quartiers, dessen Mauern vom Flugrost verfärbt sind. Das war auch der Grund für diese Farbgebung. Diesem Ausdruck wird aber von den Fenstern widersprochen, die breite Rahmen aus Bronze aufweisen. In der dunklen Farbe verbinden sich die Materialien, im Wert aber bilden sie einen scharfen Gegensatz, dessen Begriffe man nur schwer in einer letzten Bedeutung zusammenführen kann. Und darum geht es gerade: die Bedeutung in der Schwebe zu halten.
Dieser Bau ist nicht gewöhnlich. Zeigt er also die Merkmale von Gewöhnlichkeit vor? Oder lässt er sich mit diesem Begriff – im Sinne von Venturi – gar nicht erfassen. Handelt es sich um eine Architektur, die in der Gewöhnlichkeit nicht die Anwesenheit von Zeichen sucht, sondern im Gegenteil ihre Abwesenheit? oder besser: die Anwesenheit von leeren Zeichen? [23]
Um nochmals auf das Haus aus Beton zurückzukommen: Die Baracke ist schliesslich nicht wichtig als Bedeutung, sie ist es als Form. Dabei hilft die Erfahrung allenfalls, die Bedingungen der Form genauer zu sehen: das was sie *als Form* zur Baracke macht. Mit anderen Worten: die Wirklichkeit des Bildes muss nicht aufgedeckt werden; sie liegt nicht unter dem Bild. Die Wirklichkeit ist das Bild selber. Sie zu verstehen, heisst zu verstehen, was innerhalb des Bildes geschieht oder nicht geschieht, nicht, was ausserhalb des Bildes geschieht, um mir einen Satz von Ernst Jandl anzueignen.

### Abstraktion

Der Postmodernismus bezeichnet eine Auflösung der Wirklichkeit: ein Bau ist «da», soweit er auf etwas anderes verweist, das aber nicht «da» ist. Wir befinden uns in einem Spiegelkabinett, in dem sich Dinge und Bilder mehr und mehr vermischen, und die Bilder zur Wirklichkeit der Dinge werden. Es ist das eine allgemeine Erscheinung unserer Zeit, die Jean Baudrillard mit grosser Schärfe beschrieben hat als

10

11

die Verflüchtigung der Wirklichkeit. Die Entwicklung von Herzog & de Meuron, von Diener und von anderen ist als Bestreben zu sehen, diese verweisende Funktion des Bildes aufzugeben. Ihre Entwürfe «verlassen [...] das Feld des Bildes in Richtung einer umfassenden Abstraktion», wie Meili mit Blick auf eigene Entwürfe schreibt. (Der Satz, der dann folgt, erinnert an einen, der im Keller gegen seine Angst anredet: «das Unternehmen ist [...] weniger ahistorisch, als zu vermuten wäre;» – gegen die Angst vor dem Vorwurf mangelnder Geschichtlichkeit).

Dabei scheint es ein Merkmal der Deutschschweizer Architektur zu sein, dass die Bilder die Verbindung mit der «Wirklichkeit der Baustelle» nicht aufgeben, sondern im Gegenteil in dieser begründet sind; sie werden kaum zu den blossen Zeichen, die etwa die Architektur gewisser amerikanischer «Realisten» bestimmen. Gerade diese Wirklichkeit der Baustelle ist es, die einer Abstraktion unterworfen wird. Die Mittel werden dabei auf ihre allgemeinste Form zurückgeführt, so dass sie selbst zum Gegenstand der Architektur werden, wie bei Mondrian die Farben gelb, blau, rot, die Flächen weiss und schwarz, die Balken ... Diese Architektur ist *architecture parlante*, soweit sie *von sich* spricht, von ihrem (technischen) Wesen. Dabei ist es nicht verwunderlich, dass die scheinbar nicht gestaltete Wirklichkeit gewöhnlicher Dinge im Vordergrund eines Entwerfens steht, das sie nun erst – auf einer anderen Ebene – gestaltet.

Das gilt, auf andere Weise, auch für die Minimal Art, die ebenfalls Dinge vorzeigt, die gewöhnlich sind, Eisenplatten z.B. entlang der Wände (Donald Judd: *Gallvanized Iron Wall*, 1974) oder in einer Wiese (Carl Andre: *Cataract*, 1980), und die uns so veranlasst, uns auf die Dinge einzulassen, uns auf die *Wirkung* der Dinge einzulassen ...

Ich bin davon überzeugt, dass die Auseinandersetzung mit Architektur sich solchen Fragen stellen muss: Fragen der Zeichen als Form, nicht als Bedeutung: Fragen deren leeren Zeichen. Und die Geschichtlichkeit? – Sie ist in der Erfahrung des Betrachters zu suchen: die Sinne sind, das hat schon Karl Marx gesagt, ein Werk der Geschichte. Die Minimal Art – der Ausdruck ist hier in einem sehr weiten Sinn verstanden – stellt sich diese Frage nicht anders: «Der Betrachter macht eine Erfahrung, deren Gegenstand die Erfahrung selber oder die Erfahrungsweise ist», wie Celant schreibt. △

## Anmerkungen

1. s. Thomas Boga, Martin Steinmann: Tendenzen - Neuere Architektur im Tessin, Katalog der Ausstellung an der ETH, Zürich 1975
2. Felix Kuhn, Toni Fässler: Neuere Entwicklungen im Siedlungsbau der Metron, in *archithese*, H.2, 1985, S. 18-32
3. Kosthäuser = der in der deutschen Schweiz gebräuchliche Name für fabrikeigene Arbeiterhäuser; vgl. Martin Steinmann: Die Kosthäuser, in *archithese*, H.5, 1980, S. 48-52
4. s. Martin Steinmann: Von «einfacher» und «gewöhnlicher» Architektur, in *archithese*, H.1, 1980, S. 8-13
5. s. Martin Steinmann: Haus in Oberwil BL, Architekten Jacques Herzog und Pierre de Meuron, in *archithese*, H.1, 1982, S. 30-31
6. s. Jean Bingesser: Die Tradition des Neuen Bauens, Einleitung zum Reprint von *weiterbauen...*, Zürich 1977, S. V-XIX
7. Diese Sanierung wurde von Ueli Marbach und Arthur Rüegg durchgeführt; s. *Werk, Bauen + Wohnen*, H.5, 1984, S. 40-47
8. Das 1755-59 entstandene Bild wird beschrieben als «Capriccio mit der Basilika von Vicenza, dem Entwurf für die Rialto-Brücke in Venedig und einem Stück des Palazzo Chiericati in Vicenza».
9. *Werk, Bauen + Wohnen*, H.12, 1981, S. 36-43
10. Alvaro Siza im Gespräch, in *Architecture, Mouvement, Continuité*, H.1, 1984
11. Pierre-Alain Croset: Das Privileg, zu bauen, in *archithese*, H.1, 1986, S. 3-8
12. s. Martin Steinmann: Mit Blick auf die zweite Moderne, in *archithese*, H.5, 1985
13. Marques & Zurkirchen Arbeiten 1980-1990, Katalog der Ausstellung Zürich 1990, S. 14-21
14. Heinrich Klotz: Vision der Moderne, München 1986; es handelt sich um ein Buch, das in Verbindung mit der genannten Ausstellung erschienen ist.
15. Bruno Jenni und Irma Noseda: Licht zum Arbeiten ..., in *archithese*, H.4, 1986, S. 49-56
16. So werden die Architekten genannt, die in ihren Bauten die Suche von Mies van der Rohe nach dem reinen konstruktiven Ausdruck weiterführen; ausser Haller gehören auch Barth und Zaugg sowie Füeg zu den «Solothurnern».
17. Gerhard Auer: Begehrlicher Blick ..., in *Daidalos*, H.33, 1989, S. 36-53
18. s. Partituren und Bilder - Architektonische Arbeiten aus dem Atelier Peter Zumthor 1985-1988, Luzern 1989
19. Marcel Meili: Ein paar Bauten, viele Pläne, in *Werk, Bauen + Wohnen*, H.12, 1989, S. 26-31
20. Peter Zumthor: Eine Anschauung der Dinge, in *Werk, Bauen + Wohnen*, H.10, 1987, S. 34-42
21. s. verschiedene Texte in Wim Wenders: Die Logik der Bilder, Frankfurt 1988
22. s. Martin Steinmann: Die Form der Baracke - Zum Haus Voegtlin, in *Werk, Bauen + Wohnen*, H.10, 1987, S. 50-57. Zum Werk der Architekten s. Herzog & de Meuron: Architektur Denkform, Basel 1988
23. s. Martin Steinmann: Le sens du banal - Un immeuble de bureaux de Diener & Diener à Bâle, in *Faces*, H.13, 1989, S. 6-11

**10**
Jacques Herzog - Pierre de Meuron
Wohn- und Geschäftshaus, Allschwilerstrasse, Basel, 1987-1988

**11**
Diener-Diener
Geschäftshaus, Hochstrasse, Basel, 1986-1988

**12**
Peter Märkli
Wohnhaus, Trübbach SG, 1988-1989

(Alle Fotografien Martin Steinmann)

# Architektur in der Deutschen Schweiz der achtziger Jahre

Dolf Schnebli

Es ist ein Verdienst der Rivista Tecnica, seit manchen Jahren durch ihre Publikationen von Bauten im Tessin, den Sinn für Qualität in Architektur zu schärfen.
Ich betrachte es als einen verständlichen Nebeneffekt zum Hauptziel, dass vielleicht der Begriff der «Tessiner Architektur», von Betrachtern wie von Machern, etwas zu schnell und zu unreflektiert gezeugt wurde. Ich schätze es sehr, dass ein Wahltessiner, das ehemalige Redaktionsmitglied der «Rivista Tecnica» Peter Disch es jetzt unternimmt auch unseren Tessiner Kollegen zu zeigen, dass auch in der Deutschen Schweiz Architektur geschaffen wird. Im Artikel «L'Unità e la Diversità» zeigen Flora Ruchat Roncati und Paolo Fumagalli (Parametro n. 140, ottobre 1985) wie sich die Architektur in der Schweiz immer, als eingespannt ins internationale Geschehen und verändert durch die regional so unterschiedlichen Gegebenheiten, betrachten lässt. Ich habe es in meiner persönlichen Arbeit recht hautnah erfahren, was der Unterschied ist, ob etwas von Innen her, oder von Aussen betrachtet wird. Wenn ich im Tessin arbeite, werde ich von den Tessinern als Deutschschweizer betrachtet, in der Deutschen Schweiz betrachtet man mich gerne als Tessiner, in Italien bin ich Architetto Svizzero und lediglich in den USA interessierte sich niemand um das Herkommen, dort war ich einfach «Architect».
Ich finde es also richtig, nicht von Deutschschweizer Architektur sondern von Architektur in der Deutschen Schweiz zu sprechen. Gerne würde ich es sehen, wenn in nicht allzu ferner Zukunft die Rivista, auch die neuere Architektur in der Französischen Schweiz, vorstellen würde. Erst beim Betrachten des Schaffens in den drei Sprachgebieten, liesse sich auch «Einheit und die Verschiedenheit» die das politische Gebilde Schweiz prägt, auch bildhaft erkennen. Vor dem letzten Kriege war die neue Architektur, Teil einer mitteleuropäischen Bewegung. Sie schien den betrachtenden Zeitgenossen vielleicht einheitlich obschon sie von allem Anfang an aus recht verschiedenen Wurzeln spross. Adolf Behne's «der moderne Zweckbau» (Bauwelt Fundamente) zeigte schon 1923 wenigstens zwei der Wurzeln. Das politische Geschehen in Europa verschüttete auch die kulturelle Entwicklung.
Es half dem Geschehen in der Architektur nicht, dass äusserliche Zeichen wie die Dachform mit politischen Werten besetzt wurden. Wer ein Steildach baute, wurde als politisch regressiv, wer hingegen ein Flachdach baute wurde als politisch progressiv eingestuft. Diese Vereinfachung machte eine vernünftige Architekturkritik unmöglich. Die Deutsche Schweiz bezog ihre Igelstellung und begann sich auf sich selbst zu beziehen — was nach meiner Ansicht immer verheerend ist. Ohne den Einfluss der Hochschule zu überschätzen, meine ich, dass die Lehre an der ETH nach dem Tode von Salvisberg stark von dieser Igelstellung der Schweiz beeinflusst war. Ich möchte nicht von der Architekturschule an der Universität Genf sprechen, da ihr Einfluss auf das Geschehen in der Deutschen Schweiz nach meiner Ansicht damals, vielleicht leider, eher gering war. Der Entwurfsunterricht an der ETH in Zürich, wurde von den 3 Persönlichkeiten, Friedrich Hess, Wiliam Dunkel und Hans Hofmann geprägt. Es kann hier nicht untersucht werden, welchen Einfluss auf die Architektur in der Schweiz, dieser Entwurfsunterricht hatte, das wären Themen für Historiker. Ich kann aber aus ganz persönlicher Erfahrung mitteilen, wie ich diesen Einfluss zuerst als Student und nachher als praktizierender Architekt empfand. Als Student zwang mich dieser Unterricht, selbst zu suchen, wo ich mich am Denken über Architektur orientieren soll. Grundlagefächer, wie Baustatik, Mathematik, vorallen aber die Diskussionen mit einigen Studenten und die daraus entwickelten und verarbeiteten Gedanken, umgesetzt in die Semesterarbeit, gaben mir das Rüstzeug um in praktischer Arbeit in einem Architekturbüro, gleichzeitig nützlich zu sein und mich weiter zu bilden. Als selbständig praktizierender Architekt befand ich mich etwas abseits. Mit wenigen Ausnahmen empfand ich die Architektur, die von den Architekten gebaut wurde, die dieselbe ETH Lehre wie ich durchliefen, als zufällig. Die ETH in Zürich änderte sich damals. Im Tessin traf ich junge Kollegen die bei Rino Tami studierten, selbst war ich neben meiner beruflichen Tätigkeit als Teilzeitassistent ein Jahr bei Werner Moser, den ich Jahre zuvor in Harvard kennenlernte. Bald kamen die ersten Praktikanten in unser Büro in Agno, die bei Bernhard Hoesli den Grundkurs besuchten oder bei Alfred Roth studierten.
Das Architekturgespräch begann sich zu öffnen, was in den USA, in England aber auch in Italien vor sich ging, wurde an der Schule wahrgenommen. Ernst Gisel, der nie an der ETH studierte, setzte seine ersten Zeichen zuerst als Architekt, dann bald auch als Preisrichter in Wettbewerben. Doch der grösste Teil der Praxis, die damals begann auf Hochtouren zu laufen, wurde von den Architekten des Zufalls bestritten. Wohl via USA und Deutschland wurde dem Unbehagen mit der Bauerei, die Hinterfragung mit soziologischen Argumenten entgegen gestellt. Die damaligen Debatten zwischen Casabella und Architectural Review, die sich auf die Kontinuität der Moderne bezogen, wurden in der deutschen Schweiz kaum vermerkt. Ich frage mich oft, was Kollege xy aus Zürich wohl dachte als er beim «shopping» in

Mailand, den frisch gebauten «Torre Velascua» sah. Ich erlebte als junger Architekt, wie die Verkehrsingenieure, den Architekten Städtebau beibrachten, wie sie abgelöst wurden von den Bausystemvertretern, wie diese wiederum von den Soziologen überrundet wurden. Älter werdend begann ich dann die Macht der Denkmalpfleger zu spüren, die aber bereits auch ihrerseits mit den Bauphysikern oft einen schweren Stand haben. Die zuvor erwähnte Öffnung der Schule in Zürich, bereitete eine neue Generation vor. Seit ich Anfang der 70er Jahre selbst an der ETH unterrichte, konnte ich immer auch auf die Mitarbeit von Assistenten zählen, die von der ETH kamen, und denen die Zufallsarchitektur weit entfernt war.
Seit Aldo Rossi 1972 als Gastdozent an die Architekurabteilung eingeladen wurde, folgten Gastdozenten aus dem italienischsprachigen Kulturraum. Ich glaube, das half alles mit, um auch in der Deutschen Schweiz, die Debatte um Architektur als Disziplin zu verstärken. Die Generation, die Anfang der 60er Jahre und während der 70er Jahre diplomierte, ist seit einigen Jahren an der Arbeit. Auch die Architektur in der Deutschschweiz ist im Wandel. Da und dort beginnen das auch Politiker und Finanzleute zu verstehen.
Ich meine, die Öffnung der Schule in Zürich war ein guter Anfang. Ich hoffe, dass die Zweiteilung der ETH in Zürich und Lausanne, eher mithelfen werde den Einfluss des französisch sprachigen Kulturraumes auch in der Deutschen Schweiz zu verbreiten.
Ich bin davon überzeugt, dass die Schweiz als politische Konstruktion nur einen Sinn haben kann, wenn die geistige Auseinandersetzung mit den je zwei andersartigen Kulturräumen unser Denken anregt.
Die in der vorliegenden Publikation gezeigten Beiträge zur Architektur in der Deutschen Schweiz der 80er Jahre wurde zusammen mit jüngeren Kollegen ausgewählt. Ich glaube, die meisten erlebten die ETH in Zürich nach deren Öffnung. Es ist sicher ein Anliegen unserer Schule, die Öffnung zu erhalten, darob aber nicht zu vergessen, dass wir in der Deutschen Schweiz auch aus starken Wurzeln schöpfen können. Ich denke auch an die Tradition der Architekturschule an der ETH selbst. Mir scheint davon die wichtigste und kontinuierlichste Komponente diejenige, dass in Bautechnik immer solide Grundlagen vermittelt wurden.
Ich glaube nicht, dass es je eine «Deutschschweizer Architektur» geben kann oder soll, aber ich habe berechtigte Hoffnungen, dass auch in der Deutschen Schweiz noch viel gute Architektur geschaffen wird. △

# Intelligente Kompromisse

Luigi Snozzi

Anderthalb Jahrzehnte nach Erscheinen des nun schon Geschichte gewordenen Katalogs von Steinmann und Boga zur Ausstellung «Neue Tendenzen im Tessin» an der ETH Zürich, der das Interesse der schweizerischen und der internationalen Kritik auf die sogenannte «Tessiner Schule» richtete und nach den Jahren der Hochkonjunktur das Wiedererstehen der Architektur in der Schweiz markierte, beginnt sich nun die Fachpresse für die Entwicklung der Architektur in der Deutschen und Französischen Schweiz zu interessieren.

Diese von Peter Disch betreute Publikation aus dem Verlag der «Rivista Tecnica», einem Katalog und Führer für die Architektur in den verschiedenen Regionen der Deutschschweiz und Graubündens, schliesst eine grosse Lücke und bietet den Architekten und allen interessierten ihres Faches eine Dokumentation, die die neuste Produktion von jenseits der Alpen erschliesst. Meine hier folgenden kurzen Überlegungen nehmen diese Publikation zum Anlass für einen Versuch, die Situation zu analysieren.

Die Art dieser Dokumentation, eine breite Auswahl von über 200 Werken, die auf notgedrungen subjektiven «Qualitätskriterien» beruht, ihre Unterteilung nach Regionen, die grosse Zahl vertretener Architekten und Büros mit äusserst unterschiedlichen Positionen (der Bogen reicht, um nur die bekanntesten Namen zu nennen, von Gisel, Haller, Atelier 5, Metron-Gruppe, über Hotz, Diener und Schett bis zu Herzog-de Meuron, Marques-Zurkirchen, Alder, Zumthor, Consolascio und Betrix), verunmöglicht es mir im vorgesehenen Rahmen, eine Bewertung der verschiedenen Beiträge im Einzelnen vorzunehmen. Ich muss mich also auf einige Überlegungen allgemeiner Art beschränken.

Gerade in einem Moment, da neue Theorien zur Architektur formuliert werden – ich beziehe mich hier etwa auf Framptons «Kritischen Regionalismus» – drängt sich bei der geographischen, politischen und kulturellen Struktur der Schweiz ein Vergleich ihrer Architektur nach Regionen geradezu auf, um die Grenzen und Aussichten der verschiedenen regionalistischen Einflüsse zu überprüfen. Freilich würde eine solche Annäherung eine Werkauswahl erfordern, die nach anderen Kriterien als denjenigen dieses Katalogs vorgehen müsste. Ohne diese Grundlage würde ein Vergleichsverfahren Gefahr laufen, auf regressive Positionen eines eindeutigen Nationalismus oder schlimmer noch auf einen engstirnigen Provinzialismus zurückzufallen.

Da ich mich hier vor allem mit den Beiträgen der neuen Generation auseinandersetzen will, ist ein Hinweis auf die Situation der Architekturschulen unausweichlich. Gleichzeitig möchte ich den kulturpolitischen Rahmen erwähnen, in dem die Architekten arbeiten müssen: ein Land des «Wohlstands», des «sozialen Friedens» und der «politischen» Ruhe. Derartige Rahmenbedingungen sind für die Entfaltung eines kritischen Geistes gewiss nicht die günstigsten, im Gegenteil, sie fördern eher dessen Einschläferung.

Die günstige wirtschaftliche Situation und der häufige Einsatz von Architekturwettbewerben für öffentliche und private Bauten gestattet es auch den jüngsten Generationen, ohne allzu grosse Schwierigkeiten ihre Vorstellungen zu formulieren. Im Vergleich zur Situation in vielen anderen Nachbarländern, ich denke vorallem an Italien, wo die überwiegende Mehrheit der Architekturstudenten von der Praxis ausgeschlossen bleibt, ist dies ein grosses Privileg. Gerade deshalb meine ich, dass die Architekten in der Schweiz eine grössere kulturpolitische Verantwortung übernehmen müssten. Dieses allgemeine Klima reflektiert sich natürlich auch in der Schule – ich beziehe mich hier besonders auf die Architekturabteilung der ETH Zürich, deren pragmatische Tradition – in allererster Linie Entwerfen – die theoretische Auseinandersetzung zugunsten eines «Künstlerprofessionalismus» allzu lange in den Hintergrund geschoben hat.

Diese Ausrichtung hatte zur Folge, dass die grossen Debatten, die an den fremden Universitäten stattfanden und immer noch stattfinden – ich beziehe mich wiederum auf die Situation in Italien in den 60er Jahren, wo die verschiedenen Probleme des Bezugs von Politik und Kultur, die Fragen der historischen Stadt, der Autonomie der Architektur, des Bezugs von Entwurf und Unterricht usw. erörtert wurden, die Schweizer Hochschule nur am Rande berührt haben.

In diesem Kontext ist der Erfolg von Aldo Rossi und der verschiedenen ihm folgenden Tessiner Lehrer zu sehen. Tatsächlich schlug hier ein Lehrer zum ersten Mal einen Unterricht vor, der auf einem präzisen Architekturentwurf basierte: auf der sogenannten «Tendenz», die von einer präzisen und erklärten Architekturtheorie gestützt wurde; diese Theorie stand im deutlichen Widerspruch zu einer professionalistischen Auffassung der Schule und war klar auf ein neues kohärentes System von Werten bezogen, das mit der politischen und gesellschaftlichen Wirklichkeit verwurzelt war.

In diesem Moment wurde in der Person Paul Hofers die Figur des Historikers, dessen Platz bisher eher am Rande angesiedelt war, stark aufgewertet.

Auch wenn es ein reiner Zufall war, scheint es mir ziemlich bezeichnend, dass der Abschied von Rossi, der in der architektonischen Entwicklung in der Schweiz ein markantes Zeichen gesetzt hat, mit der Verlegung der Architekturabteilung vom prestigeträchtigen Hauptgebäude Gottfried Sempers im Zentrum der Stadt in die anonymen Gebäulichkeiten am Stadtrand des Hönggerbergs zusammenfiel. In diesem Sachverhalt scheint sich mir das

Zeichen eines beginnenden Involutionsprozesses zu konkretisieren, der sich auf der Ebene der wirklichen Architektur auswirken wird.
Es ist somit kein Zufall, dass gerade die Interessantesten unter den Architekten, die in der Nordschweiz tätig sind, direkt mit dem Unterricht von Aldo Rossi und der ihm folgenden Gastdozenten in Berührung kamen.
Vor allem möchte ich hier die Rolle unterstreichen, die Rossis Mitarbeiter spielten und immer noch spielen, weil sie grösstenteils nördlich der Alpen arbeiten: Ich denke vor allem an Reinhart, Reichlin und Consolascio, die eigentliche Vermittlungsglieder der neuen Entwurfstechniken und -praktiken sind: für die Neudiplomierten werden sie zu Bezugspunkten. Als Beispiele nenne ich Architekten wie Diener und Schett, Herzog und de Meuron, die sicher zu den interessantesten gehören, auch wenn ihre Positionen ziemlich unterschiedlich sind. In dieser Periode setzte im Rahmen der neuen Zeitschrift «Archithese» und des Instituts für Geschichte und Theorie der Architektur auch ein Wiederbeginn der Architekturkritik ein.
Nach dem Weggang Rossis wird sein Beitrag relativiert, und in einem gewissen Sinne kehrt man zum Status ante quo zurück. Der begonnene Versuch, das Problem des Bezugs von Architektur und Stadt damit zu verbinden, den Unterricht innerhalb eines exakten Architekturentwurfs zu rationalisieren, wird von neuem zugunsten eines mehr oder weniger brillanten Entwurfs mit gehobener konstruktiver Qualität und einer Spur von künstlerischem Empfinden aufgegeben. Der mit leichter Hand maskierte «Professionalismus» übernimmt wiederum die Oberhand. Mein Urteil mag übermässig streng erscheinen, doch sprechen meines Erachtens einige Indizien dafür: so zum Beispiel die Diplomarbeiten der letzten Jahre, das beinahe vollständige Fehlen von freien Arbeiten zugunsten der offiziellen Aufgabenstellung, was kein gutes Licht auf den Experimentier- und Forscherwillen der jungen Architekten wirft. Für diese Situation schien mir auch der Inhalt der im Werk/Bauen & Wohnen veröffentlichten Debatte symptomatisch, die sich mit der Situation an der Architekturabteilung auseinandersetzte. Dabei schlossen sich Professoren unterschiedlicher, ja ich würde sogar meinen gegensätzlicher Ausrichtung zusammen, um gegen Reinhart gemeinsame Front zu machen, der im heutigen Kontext als einer der wenigen versucht, auf Rossis Spur einen kohärent mit dem eigenen Architekturentwurf verbundenen Unterricht zu entwickeln.
Dieser Stand der Dinge innerhalb der Schule wird nicht ohne Auswirkungen auf die neuen Generationen bleiben; er wird sich auch nicht auf die Region der Deutschschweiz beschränken, sondern auch weitere Gruppen betreffen, so mit Sicherheit auch die Tessiner Studenten.

Die Wirksamkeit von Rossis Unterricht ist deutlich an den besten Resultaten der Architekturproduktion nördlich der Alpen abzulesen. Es ist dabei zu betonen, dass sich die Architekten nicht wie sonst allzu oft von einer oberflächlichen Nachahmung von Rossis Architektursprache verleiten liessen; sie haben sich vielmehr auf der Grundlage der neuen Theorien und der neuen Annäherungen an den Entwurf ernsthaft mit der neuen architektonischen Wirklichkeit auseinandergesetzt und dabei mit Erfolg einen neuen Weg gefunden. In diesem Sinne scheint mir der Versuch interessant, an bestimmten Werten anzuknüpfen, die die Architektur der ersten Nachkriegszeit auszeichneten, als bedeutende Architekten tätig waren (so unter anderem Salvisberg, der mit seinen Werken versucht hatte, die Avantgarde-Architektur der Moderne in einem intelligenten Kompromiss einem lokalen Bürgertum zu vermitteln. Wer sich ernsthaft mit der Architektur der 50er Jahre auseinandersetzt, vermag damit die spezifische Kenntnis des eigenen Interventionsfeld für einen möglichen neuen städtischen Eingriff ohne Zweifel zu vertiefen. Aus den bereits erwähnten Gründen jedoch läuft das Interesse für diese Architektur jedoch Gefahr, mit einer akritischen und direkten Wiederaufnahme konstruktiver Elemente, Materialien usw. zum rein formalen Bezug zu verkommen. Davon zeugen gewisse Bauten, die fachlich tadellos sind, mit ziemlich gekonnten Detaillösungen aufwarten und mehr oder weniger verhüllte und geschickte Reprisen von gewissen Bauten aus einer nicht allzu fernen Vergangenheit darstellen; sie bleiben jedoch reiner Selbstzweck ohne jeden strukturellen Bezug zur Stadt. Eine ziemlich konformistische Architektur, die alle gerne akzeptieren; gerade mit genügend künstlerischem Anstrich, um sich von der gewöhnlichen Bauproduktion abzuheben. In dieser Weise kodifiziert man den Status quo, indem man den vorgefundenen Wohlstand passiv akzeptiert. Doch damit verrät man unsere wichtigste Rolle als Intellektuelle, die wichtiger ist als diejenige der Professionisten und Künstler. Max Frisch rief in seiner Rede zu seinem 70. Geburtstag in Solothurn die Intellektuellen zu einer neuen Aufklärung auf, geisselte die schwerwiegende Verantwortung unseres Landes für die internationale Situation und forderte zum Widerstand auf, ohne den das Ende der Menschengeschichte nicht aufzuhalten sei. Solange sich die Schule vor der politischen und gesellschaftlichen Wirklichkeit verschliesst, solange sie versucht, durch Verhinderung von Experimenten den Konflikten auszuweichen, und solange die Architekten fortfahren, nur unter sich zu sprechen und ihre Rolle als Intellektuelle nicht wahrzunehmen, sehe ich keinen Grund zu grosser Hoffnung für unser Fach; doch diese Bemerkung überschreitet die engen Grenzen einer einzelnen Schweizer Region und betrifft die ganze Schweiz, auch den Tessin. △

(Übersetzung aus dem Italienischen: Heinrich Helfenstein)

Jüngere Deutschschweizer Architektur, eine Standortbestimmung

# Ein paar Bauten, viele Pläne

Marcel Meili

Im Augenblick des achtlosen Hinwerfens komme mehr vom Wesen des Gegenstandes zum Ausdruck als in seiner neuen, beabsichtigten Form, schreibt Roland Barthes. Es mag sein, dass diese Hypothese durch viele unserer Projekte um 1980 hindurchschimmert. Tatsächlich suchen wir nach einer Art «Wahrheit des Gebrauchs», welche wir in der Nähe einer funktionellen Betrachtung vermuten und gleichzeitig im völligen Gegensatz dazu. Es beschäftigt uns nämlich nicht mehr die Optimierung der Verwendungsarten der Architekturen, sondern die Form, in denen ein alltäglicher Gebrauch im Laufe der Zeit sein Bedeutungen abgelagert hat. Sie liegen, natürlich, ausserhalb jener Bereiche, wo die Architekten als Strategen des sozialen Wohlbefindens die Gebrauchskultur der Bauten festzuschreiben suchen, und sie verbinden uns mit den gemiedenen Territorien, wo die achtlose und beiläufige Benützung der Gebäude alle erhabenen Absichten etwas lächerlich erscheinen lässt: in den Bauten der Industrie, in den Vorstädten oder bei den Provisorien etwa.

Dieses Interesse steht, denke ich, in engem Zusammenhang mit der Wirkung, welche die Präsenz von Aldo Rossi und den Tessinern an der ETH Zürich in den 70er Jahren auf uns ausgeübt hat. Nach einer Zeit scholastischer Kopien werden sehr bald die Schwierigkeiten klar, welche uns das Umdeuten rationalistischer Kategorien auf die Deutschschweizer Kultur bereiten würde. Jenseits von Quadratfenstern und Portici bilden die Thesen von Rossi, unter anderem, den Anlass zu intensiven Grabungen in unseren eigenen Verhältnissen. «Kollektive Erinnerung», «die Stadt», «der Typ», die ganze Kette von Reizwörtern müsste einen genauen, auf die hiesige Tradition bezogenen Sinn erhalten. Der Langeweile und der Unverständlichkeit spätmoderner Dogmen, all den sozialen oder technischen Teleologien, wäre eine Architektur entgegenzusetzen, der eine allgemeinere kulturelle Bedeutung zukommt. Eine Zentrierung des Entwurfes um die Probleme der Form, so unsere Vermutung, würde nur dann gelingen, wenn unsere Vorschläge ein umfassenderes Verständnis von deren «Gebrauch» entwickelten als die verpönten modernen Vorgänger... Zuallererst sind unsere Streifzüge in die Welt des Gewöhnlichen und Gewohnten eine Suche nach kollektiven Bedeutungen. Diese Forschungen finden unter den Bedingungen zersetzter nationaler Mythen und territorialer Ordnungen statt, als Versuche gleichsam, in der beflissenen Beweglichkeit unserer jetzigen Kultur die Spuren einer Identität auszumachen. Von Anfang an vermuten wir eine solche weniger in irgendwelchen tradierten Bautypen, sondern viel eher hinter den alltäglichen Handlungen der gegenwärtigen Lebensweisen in der Schweiz. Der nichturbane Charakter unserer Städte, die geschichtslose Modernität der Dienstleistungsgesellschaft, deren Alltagsrationalität, diese Erfahrungen trennen uns vom historischen Pathos des lateinischen Rationalismus, und sie bewirken, dass wir mit dessen Begriff *ambiente* besser umzugehen verstehen als mit dem *tipo*. Nicht die Rekonstruktion des Ortes oder die Komplettierung der Stadt stehen im Vordergrund der Untersuchungen, sondern die Zeichen und die Atmosphären von allgemeinem, «typischem» Charakter.

Durch die Bilder hinter unseren Projekten isolieren wir also jene Figuren, in denen sich eine unspektakuläre, übliche Verwendung der Architekturen spiegelt. Wir gebrauchen sie als eine Art morphologische Konstante, als anonyme, aber spezifische Manifestationen unserer Tradition. Als szenische Absichten oder dramaturgische Skizzen formulieren die Bilder das Thema des Entwurfes. Im Projekt Klösterliareal (Abb. 1) wird das ambivalente Verhältnis zur Stadt und ihrem gängigen, gegenwärtigen Verständnis voll ausgespielt. Am Rande des Bilderbuchmonuments «Berner Altstadt» schlagen die Autoren ein Hotel vor, dessen Dimensionen die Umgebung und deren beschauliche Räume sprengen, indem es auf die Berghotels und die Provisorien der Alpen anspielt, am steilen Hang deren topographische Verhalten interpretiert und damit das Vorland der Touristenstadt Bern bis zur alten Stadtgrenze hin erweitert. Das stilistische Material und die Konstruktionen sind eindeutig: Sie erzählen ein Stück

Schweiz, das jeder kennt, und welches durch die räumlichen und volumetrischen Verfremdungen nicht tangiert wird. Viele Projekte dieser Zeit sind von einem antimodernen Grundreflex getragen, weniger in den ikonographischen Quellen als in der mimetischen Verwendung der Materialien. Sie öffnen den Blick auf die Architekturen im Schatten der modernen Monumente und weiten das Feld aus in jene Bereiche, wo die heutige Schweiz in ihren charakteristischen Zügen vorbereitet wurde: die Strassen und Verkehrsbauten, die Architekturen des Tourismus und der Industrie, die Ingenieursbauten des 19. Jahrhunderts. Oft sind es unreine Bilder, Blicke auf zusammengeschusterte Bauten oder die skurrilen Manifestationen pragmatisch hintereinandergeschachtelter Bauprozesse im Laufe der Zeit. Gemeinsam ist ihnen das Interesse an einer figurativen Expressivität: Man verarbeitet das sprechende, symbolische Material der Schweizer Architektur seit der Industriellen Revolution.
Natürlich sind die malerischen Momente und die erzählerische Sentimentalität der Anspielungen in diesen Arbeiten nicht zu übersehen, auch wenn sie gerade in die Härte und Schroffheit verlorener vorstädtischer Landschaften oder heruntergekommener Materialien gekleidet sind. Jenseits der Vorlieben verfolgt diese Annäherung aber allgemeinere Absichten. Das Vorgehen richtet sich gegen eine erneute Trennung der verschiedenen Abstraktionsebenen des Entwurfes, sei es in den Begriffen des Typs, der Konstruktion oder des Stils. In den verwendeten Bildern erscheinen diese Aspekte untrennbar verbunden. Sie vermitteln weniger eine Aussage nach einem geschlossenen und einheitlichen Kriterium, denn eine umfassende Interpretation der Bauaufgabe durch ein Szenarium. Damit setzen sich die Entwürfe in einen scharfen Widerspruch zu den akademischen Begründungsritualen, wie sie sich auch hierzulande breitzumachen drohen: Logik der Geschichte, Rekonstruktion des Ortes, typologische Einpassung. Diese Eigenschaften sind es auch, welche schliesslich den Projekten in den Wettbewerben oft zum Verhängnis werden. Die Börse Selnau (Abb. 2) etwa wird dort kritisiert, wo sie eine überspitzte, aber mehrdeutige Aussage machen will. Als isolierter Körper in einem Gürtel von Kollektivbauten des 19. Jahrhunderts gelegen, schafft sie ambivalente Aussenräume ohne *rue corridor* oder Platz (den es in Zürich gar nicht gibt...) und wendet sich der düsteren Expressivität der Hallen und Stadienkonstruktionen zu: ein Bild, aber wohl kein Image für die Zürcher Börse.

**Versatzstücke und Manipulationen**
In diesen Projekten führt das Bild keineswegs nur Regie über den Ausdruck der Fassade, sondern erfasst den gesamten strukturellen Aufbau des Gebäudes. In durchaus subversiver, sperriger Absicht kleiden die Entwürfe ihre Aussagen in eine Art Fotorealismus, der das Material oder die Räume mit einschliesst, der selbst den Benützer wie einen Aktanten in die Szenerie projiziert und somit eine genaue Vorstellung von der Gebrauchskultur des Gegenstandes entwickelt. Nicht die Wahl der Bilder, sondern diese geschlossene, symbolische Erzählweise ist es, wo sich unser zunehmendes Missbehagen mit diesen Verfahren bildet.
Die Schweiz als Diorama des Profanen: Die Nachdrücklichkeit und Eindeutigkeit der Bilder steht mit einem Grundzug unserer Kultur im Widerspruch. Das symbolische und methaphorische Pathos ist es gerade nicht, welches das Brummeln unserer Sprache prägt. Hinter allem Manifesten schwingt eine Welt von Bedeutungen im Beiläufigen, Unterschwelligen und Selbstverständlichen mit, eine Mentalität des Unausgesprochenen, wie sie von unseren architektonischen Geschichten kaum beschrieben werden kann.
Einen nicht unwesentlichen Zugang zu dieser Welt öffnen uns die historischen Forschungen zur Geschichte der Schweizer Moderne, wie sie von einigen Kollegen geführt werden. Bezeichnenderweise sind es vorerst nicht Mies oder Le Corbusier, die im Vordergrund des Interesses stehen, sondern die fast lückenlose Aufarbeitung der eigenen Tradition seit den 30er Jahren bis in die Nachkriegszeit hinein. Methodisch gesehen halten sich die positivistischen Elemente, welche das Material in archivalischem Eifer sichern, und die semiologischen die Waage, welche eine Rekonstruktion der modernen Sprache und ihrer Bedeutungen beabsichtigen. Gerade die letzteren Versuche sind für uns wichtig, weil sie insgesamt eine Art Dialekt der hiesigen modernen Entwurfstradition zu umreissen versuchen. In den abstrakten Momenten dieser Tradition lässt sich exemplarisch diese Welt von Werten freilegen, welche unausgesprochen die Kultur prägt. Die Arbeiten fördern schliesslich beides zutage, ein Vokabular von kompositorischem Verhalten und eine spezifische Mentalität: die Selbstverständlichkeit im Zusammenhang zwischen Licht und Raum, die Akribie statisch-konstruktiver Durcharbeitungen, einen ausgeprägten Pragmatismus im Umgang mit den Anforderungen, den Qualitätsbegriff in einer dienenden, unprätentiösen Technik, bis hin zur oft kleinlichen

1
Wettbewerbsentwurf Klösterliareal, Bern, 1981.
Architekten: Max Bossard, Edi Imhof, Christoph Luchsinger, Karl Lustenberger

2
Wettbewerbsentwurf Börse Selnau, Zürich, 1980.
Architekten: Axel Fickert, Marcel Meili, Miroslav Sik

3
Atelierwohnhaus bei Langnau a.A., 1987.
Architekten: Marianne Burkhalter, Christian Sumi

4
Buchbinderei in Mönchaltorf, 1984-1985.
Architekten: Theo Hotz
Mitarbeiter: Axel Fickert, Markus Schäfle

Reflexion der nationalen Kultur.
Die Art, wie diese Erkenntnisse ins Projekt einfliessen, erscheint zunächst fast paradox. In einem ikonographischen Raubzug, als Geschichte gewordene Bilder, werden etwa der Empirismus von Häfeli-Moser-Steiger oder die Holzarchitekturen der 30er Jahre beerbt. Ähnlich wie in der anonymen Architektur treten diese Zeichen aber in unspezifischer Form auf, als Träger von allgemeinen Werten. Auf der anderen Seite ist es aber zunehmend die besondere Mentalität der Schweizer Modernen, welche in unseren Entwürfen reinterpretiert wird. Der kritische Umgang mit der Mittelmässigkeit des Landes durch Salvisberg, der Antiintellektualismus eines Egender oder die kühle Disziplin eines Emil Roth, deren Haltung ist es wohl, welche eine Verbindung schafft zwischen der bildlichen Wahrnehmung der Schweiz und unserer eigenen Tradition. Jenseits ihrer stilistischen Vorschläge vermitteln sie eine genaue Vorstellung vom Ausmass der Experimentierfelder unter den Bedingungen der hiesigen Kultur.
In dieser Spannung zwischen den ikonographischen und den strukturellen Aspekten der Moderne begründen sich eine ganze Reihe von unterschiedlichen Verfahrensvorschlägen. Ihnen gemeinsam ist allenfalls das Interesse, den Abstand zu den geschichtlichen Referenzen im Entwurf zu definieren, mehr noch: in der Art des Sprengens der Nachahmung das Terrain für das Entwurfsthema zu gewinnen.
Im Wohnhaus in Langnau (Abb. 3) geben die Bilder der Holzbautradition nur noch den allgemeinverständlichen rhetorischen Rahmen für Manipulationen ab. In gewisser Weise dienen sie als Katalysatoren für Experimente an der Plastik des Körpers und am Raum, welche im Zentrum des Interesses stehen. Hinter der Unauffälligkeit der Erscheinung verbirgt sich in einem überlangen Hauptraum oder in der Stellung zum Gelände die heimliche Lust an einer Zerstörung des Kanons. Das Bild selbst wird von diesen Verzerrungen kaum in Mitleidenschaft gezogen. Im Gegenteil: Mit archäologischer Akribie rekonstruiert man die ausgeklügelte Bauweise eines Fischli oder Roth. Dort ist es auch, wo das Verfahren sich seine Schwierigkeiten auflädt. In der Kollision mit der heutigen Zimmermannstechnik werden die Konstruktionen in Anführungszeichen desavouiert. Offen bleibt dann, inwieweit die räumlichen und volumetrischen Aussagen der stilistischen Reinheit des Bildes überhaupt noch bedürfen.
Das Zitieren, um eine entwerferische Freiheit hinter den Zeichen zu gewinnen, ist das eine. Ein zweiter Vorschlag liegt in einem veränderten Verständnis des Bildes selbst. Die

Unverfrorenheit und kritische Distanz, die einst in der Wahl unorthodoxer Referenzen zum Ausdruck kam, erscheint in der Fabrik von Mönchaltorf (Abb. 4) in verschobener Form wieder. In der Härte und Direktheit der Verwendung des Betons, in der unerbittlichen Sparsamkeit der Mittel und ihrer nackten Beschränkung auf Proportionen, Licht und Schatten werden stilistische Andeutungen bewusst verwischt. Vielmehr verschärft der Bau ein Klima schnörkelloser Rigorosität als abstrakte Bezugnahme auf spröde, moderne Traditionen. Das Selbstverständliche und seine kritische Übersteigerung liegen unmittelbar nebeneinander. Die Erwartungen des industriellen Bauherrn werden geschlagen, indem sie formal verschärft werden...
Eine dritte Linie hat die Verfahren selbst zum Thema, welche den brüchigen Zustand des Bildes zum Ausdruck bringen. Im Habis-Royal beim Bahnhof Zürich (Abb. 10) bleiben die Quellen, ein 19.-Jahrhundert-Remake und eine Baracke, erkennbar. Das Interesse gilt den verfremdenden Operationen der Verschmelzung und der Montage, der Art und Weise, wie die Bilder aufeinanderprallen. Nicht die referentielle, erzählende Funktion der einzelnen Elemente steht im Vordergrund des Entwurfes, sondern die Gewalttätigkeit innerstädtischer Veränderungen, wie sie in der Nachbarschaft fremder Architekturen, in den skurrilen Nahtstellen und aufgerissenen Zwischen- und Resträumen zum Ausdruck kommt. Die moderne Erfahrung spielt dabei weniger auf der Ebene der Form eine Rolle als auf jener der Sichtweisen. Das Verfahren rechnet mit der Selbstverständlichkeit eines modernen, zusammensetzenden Blickes, wie er im Kino, in der Fotografie oder im Comic längst Allgemeingut geworden ist. Die zerhackte Wahrnehmung aus der Bewegung heraus soll den asynchronen Gegenstand aus den verschiedenen Perspektiven ständig neu zusammenmontieren können.

**Verschwindende Bilder**
Der Versuch, die analoge Funktion des Bildes zu unterdrücken, prägt die meisten unserer Projekte der letzten Zeit. Im Extremfall verlassen die Entwürfe das Feld des Bildes in Richtung einer umfassenden Abstraktion. In ihnen verliert die Modernität ihren eindeutigen Bezug zur eigenen Kultur. In Anknüpfung an die Arbeit der Meister – und darin mit den historischen Kenntnissen über deren kompositorische Operationen ausgerüstet – scheinen sie sich, vorbei an allen eklektischen Erfahrungen, in reduktiven Gebärden erneut der Bestimmung der «wesentlichen

**5**
Wettbewerbsentwurf Wohnüberbauung Selnau, Zürich, 1987. Architekten: Steiger Partner, Mitarbeiter: Axel Fickert, K. Knapkiewicz

**6**
Wettbewerbsentwurf Wohn- und Geschäftshaus Kreuzplatz, Zürich, 1986. Architekten: Christoph Luchsinger, Franz Romero, Markus Schäfle

Eigenschaften» der Architektur zuzuwenden: Raum, Körper, Licht, Struktur (Abb. 5). Das Unternehmen ist aber genauer fokussiert und weniger ahistorisch, als zu vermuten wäre. Im Selnau wird die Stelle gesucht, wo sich eine heutige weiterführende Auseinandersetzung mit diesen Eigenschaften gar nicht mehr von der Erinnerung an jene Architekturen abspalten lässt, in denen diese Eigenschaften einst ausgearbeitet wurden. Dieser feine Unterschied scheidet das Projekt von seinen Vorbildern. Es operiert mit einer Empfindung für ein halbes Jahrhundert moderner Erfahrung. Die Bedeutung, welche die Zeit in diesen Architekturen abgelagert hat, werden im Entwurf gezielt eingesetzt.

Der Grat ist schmal: Das Bild ist – oder war – in unseren Entwürfen die Metapher für die Erinnerung, oder schärfer ausgedrückt, jenes Element, in das wir die Erkenntnis gekleidet haben, Nachfolger von etwas zu sein und nicht Vorreiter. An dieser Erkenntnis hat sich nichts verändert. Aber die Erfahrungen mit dem formalen Lärm der Gegenwartsarchitekturen haben schliesslich das Vertrauen in die Überzeugungskraft erzählender Zeichen in Mitleidenschaft gezogen. Die architektonischen Geschichten heben sich gegenseitig auf, im Verschleiss erzeugen sie ein unspezifisches Rauschen, in dem sich die Vorlieben und die Abneigungen zu lähmen scheinen. Die Hoffnungen, «doch noch verstanden zu werden», sie haben sich unter den babylonischen Bedingungen aufgelöst. Selnau verspricht nicht die avantgardistische neue Stadt, aber sie versöhnt sich auch nicht mit der bestehenden. Wie «China Town» steht «Modern Town» fragmentarisch zur Stadt, in seinem Anliegen vielleicht von seinen Bewohnern verstanden, und im übrigen darauf bedacht, die stumme Konfrontation der Teile der Stadt nicht zum Skandal werden zu lassen...

Hinter den Bildern konturiert sich also eine Art «moderne Erbschaft». Von der entwerferischen Erfahrung mit dem Bild ist vielleicht ein abstraktes Interesse zurückgeblieben, das 20. Jahrhundert als Geschichte zu beerben und nicht als Programm. Damit ist ein Feld von Versuchen umrissen, die nur noch lose untereinander verbunden sind. Als Vorschläge zu einer «Kunst des Erbens» bezeichnen sie die Spanne unserer gegenwärtigen Auseinandersetzungen.

Versuchen wir, darin ein paar Knotenpunkte zu bestimmen. Der Rückzug auf professionelle Forschungsfelder findet seinen Niederschlag in einem Experimentalismus der Verfahren. Die Bedingungen des Entwerfens, und seien sie noch so einengend, werden zum Anlass genommen, die Entwurfsoperationen aus den Einschnürungen heraus ohne allzugrosse ideologische Skrupel ständig neu zu formulieren. So steht dann die geometrische Eleganz beim Kreuzplatz (Abb. 6) in direktem Verhältnis zu den komplizierten städtebaulichen Gegebenheiten des Wettbewerbs. Mit einem Minimum an Linien werden die Zufälligkeiten des Areales in eine Selbstverständlichkeit verwandelt, um das Terrain für das eigentliche Thema freizumachen: Befestigung eines alten Strassenzuges, Frontalität gegen den Platz, fliessende Räume zum Park hin. In der Beweglichkeit hinter solchen Operationen werden die manieristischen Züge des Experimentierens sichtbar und die zunehmende Konzentrierung auf die Fragen und Probleme des Mediums selbst. Das geschichtliche Wissen um die Summe moderner Entwurfsverfahren verwandelt die Verfahren selbst in Ready-mades unserer Arbeit. Auf dieses Wissen wird freimütig, manchmal fast anarchisch, zurückgegriffen. Zuweilen sind es nur noch minimale Manipulationen, kleine Verstösse gegen den geordneten Gang des Verfahrens, welche in der beinahe zu erwartenden Gewöhnlichkeit des Vorschlages die experimentelle Absicht einschreiben (Abb. 7, 8).

Im Zusammenhang mit diesen Absichten hat die stilistische Beschränkung, um nicht zu sagen Askese, in vielen Projekten eine Bedeutung. Aber die linguistische Rigorosität legt kaum nur den Blick auf die Verfahren frei. Es bleibt schliesslich doch noch ein Moralismus der Form, in welchem sich die Aversionen gegen das Exquisite und Originelle mit der Faszination an einer schroffen Direktheit trifft. Das formale Material, wie es in der Binz (Abb. 9) oder in Horgen (Abb. 11) verwendet wird, ist unauffällig bis an die Grenze zur Indifferenz, dort, wo ihm kaum noch irgendwelche Bedeutung als Zeichen zukommt. Dieser antisymbolische Reflex, auch er ist natürlich ein modernes Erbstück, aber nicht nur das. Im pragmatischen Charakter dieser Materialien, so unsere Vermutung, haben sich die Eigenheiten unserer Kultur im Umgang mit den physischen Gegenständen verallgemeinert. Durch den entwerferischen Eingriff auf diese Dinge versuchen wir die Werte, wie sie in diesem Umgang eingebunden sind, zum Sprechen zu bringen.

Vielleicht gibt es doch eine Klammer zwischen den verschiedenen Vorschlägen: die unübersehbaren Versuche, die spezifischen Bedingungen der eigenen Modernität interpretieren zu wollen. Der Schweiz ist es, so liesse sich behaupten, wie kaum einem andern Land gelungen, alles

7
Flugplatz Agno, Semesterarbeit ETH Zürich, 1987.
Architekturstudent Thomas Hasler

8
Projekt Ausstellungsinstallation Aarau, 1987.
Architekten: K, Knapkiewicz, Marcel Meili

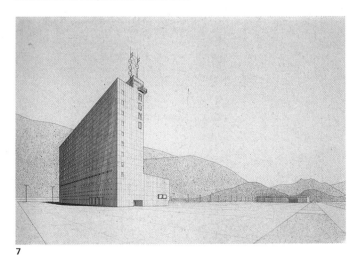

7

8

Aufgeregte und Schillernde der *modern times* in die
Normalität des Alltages überzuführen. Die ganze
Doppelbödigkeit dieser Lebensweisen, die seltsame
Mischung aus fortschreitender Agilität und behäbiger
Biederkeit, sie wäre dann beides: Teil der Verhältnisse, die
wir interpretieren, und Teil der eigenen Biographie.

### Eine Nachbemerkung

Wie viele Ideen veralten, bevor sie gebaut werden oder nur
noch als Stammeln in den Trendarchitekturen begraben
werden? «Ein paar Bauten - viele Pläne» ist das Manuskript
zu einem Vortrag von 1987, und er ist keine
Geschichtsschreibung und keine Enzyklopädie. Er ist
eingeschrieben gewesen in die Debatten eines Zirkels von
jüngeren Architekten aus Zürich und Luzern, Studien- und
sonstige Kollegen, die sich über gemeinsame Erfahrungen
stritten, um sie zu verarbeiten. Vor allem andern zeichnet der
Text den Weg von Ideen nach, wie sie uns in den 70er
Jahren an der ETH auseinandergesetzt wurden, von den
Tessiner Lehrern, von Van Eyck, von Rossi und anderen, und
er schildert unsere Versuche, diese Ideen mit der
Deutschschweizer Realität zu konfrontieren.

Aus grösserem zeitlichem Abstand lassen sich die Konturen
genauer bestimmten. Jene Arbeiten erscheinen eingebettet
in eine viel breitere Auseinandersetzung, die auch anderswo
und von anderen geführt wurde. Gemeinsam ist ihnen
einiges, vor allem aber, dass wenige gebaut wurden. Die
frühen 80er Jahre waren in der Deutschen Schweiz eine Zeit
intensiver Auseinandersetzungen unter Architekten, die vor
allem die Sprache als Medium der Reflexion nachhaltig
verändert hat und mehr als zuvor ein Ghetto des Papieres,
der Zeichnung geschaffen hat. Es liesse sich eine kleine
Antologie von Ideen schreiben, die dieses Ghetto nie
verlassen hat, und nicht alle scheiterten an mangelnder
Reife.

Zehn Jahre später hat sich die Situation stark gewandelt.
Einiges, was die Wurzeln in jenen Debatten hatte, ist
inzwischen gebaut worden oder liegt als Projekt vor. Es sind
neue Namen in den Vordergrund gerückt, deren Arbeiten
nicht nur als Objekte eine Resonanz erhalten, sondern als
eine Haltung, und es ist wohl dieser Haltung geschuldet,
dass diese Arbeiten die Diskussion auch ausserhalb des
Landes suchen- und finden. Gerade dieser Widerhall macht
deutlich, wie viele Merkmale die Entwürfe bei allen
Unterschieden verbindet. Wie kaum wo andernorts blieb die
Deutschschweizer Architektur von den hastigen Polemiken
der vergangenen zehn Jahren verschont. Vielmehr scheint
sie geprägt von verschiedenen Untersuchungen zu einer
modernen Subjektivität, die zu beschreiben hier weder der
Ort noch die Zeit ist.

Wichtiger ist, dass die zunehmende Verkrallung der Arbeit
mit den Verhältnissen ausserhalb des beruflichen Diskurses
eine Verschärfung der Tendenzen provoziert hat, das Projekt
als Ausdruck einer kritischen Moralität gegenüber der
hiesigen Kultur zu verstehen, als eine beharrliche Archäologie
an der schon gebauten modernen Stadt. Wie anderswo auch
sind die Architekten konfrontiert mit einer Kultur, für welche
sich gute Architektur vor allem an ihrer Fähigkeit misst, der
Pflege des Bildes im Gefolge eines Wirtschaftsbooms zu
dienen, der die Mittel zur Selbstdarstellung frei macht.
«Kunst», eines der Schlüsselworte aus der Debatte der
letzten Jahre, hat durchaus einen doppeldeutigen Klang. Aus
anderer Warte gesehen verselbständigt es die Architektur als
Objekt des ausgewählten Genusses.

Ein paar Hinweise auf neuere, weniger bekannte Arbeiten
müssen genügen, um die Änderung des Klimas zu
illustrieren. Gemeinsam ist ihnen die Abneigung gegenüber
allem Anekdotischen, und der neu gewonnene Spielraum
fördert weniger die Spekulation der Form als vielmehr eine

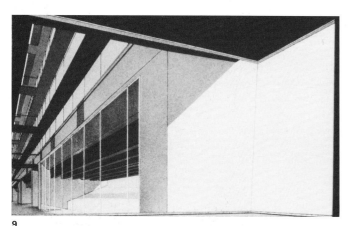
9

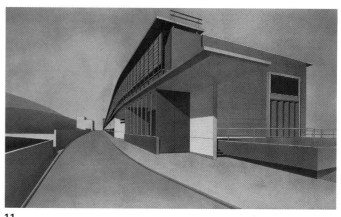
11

**9**
Wettbewerbsentwurf Fernmeldezentrale Binz,
Zürich, 1986. Architekten: Christian Gautschi,
Markus Peter

**10**
Studienprojekt Habis-Royal, Zürich, 1984.
Architekten: Marcel Meili, Miroslav Sik

**11**
Projekt Industriegebäude Horgen, 1985.
Architekt: Marcel Meili

10

rigide Beschränkung auf die Freilegung prinzipieller Eigenschaften des Entwurfes zutage, als Gegenzug zur zunehmenden Popularisierung und Manierierung der Architektur. Auf eindringliche Art wird dies Peter Märkli in seinem Haus für Reliefs und Halbfiguren von Josephson gelingen (Abb. 12): Fast ohne Geld errichtet, ein Haus ohne Installationen und Ausstattungen. Die Auseinandersetzung mit den Skulpturen trifft sich mit der Beschränkung auf die Wand, das Licht und den Raum, eine Polemik gegen die alles verschleifende Synthetisierung des heutigen Bauens. In verwandter Absicht setzt sich Axel Fickert mit den Standarts des Bürobaues auseinander (Abb. 13). Im Geflecht von Axiomen und Vorurteilen eines spekulativen Bürobaues sucht das Projekt die Architektur hinter den Anforderungen, indem es diese radikalisiert. Der Form zum Trotz ist das Projekt nicht Ausdruck einer planerischen Rationalität, sondern eher ihr autonomes Gegenstück.

Bei allen Unterschieden: bei einigen jüngeren Architekten findet sich heute ein Reflex, der darauf ausgerichtet ist, das «Wesentliche» in der Aufgabe zu isolieren, um es neu zusammenzusetzen. Gigon und Guyer gelangen auf der Suche nach den besten Bedingungen für Kirchners Bilder mit Zauggs Hilfe wieder beim Museumssaal des 19. Jh. an (Abb. 14). Aus dessen Elementen wird eine Aggregation aufgebaut, welche die Hierarchie dieser Gattung sprengt und ein fast vollständiges Gleichgewicht der Räume und der Wege schafft. Und selbst Verkehrsbauten, mittlererweile zum Vorzeigeobjekt einer grässlichen Möblierungsmentalität degradiert, erscheinen in den Entwürfen von Bräm und Wassmer in bemerkenswerter Weise zerlegt (Abb. 15). Mit einiger Strenge werden Konstruktionsteile und Anforderungen gegeneinander ausgespielt, ein Entwurf eben und kein Design.

Auch diese Beispiele sind ohne antologischen Anspruch aufgeführt. Vielmehr verfolgen sie die Gedanken des Referates bis in gegenwärtige Entwürfe hinein weiter. Was dort als Auseinandersetzung mit der Schweiz beschrieben wurde, zeigt heute ein allgemeineres und abstrakteres Gesicht. Die vielen Hinweise auf moderne Errungenschaften, auf den Raum, den Körper und die Konstruktion, sie erscheinen heute oft in labilen Zusammenhängen wie ein Beharren auf bedrohten Qualitäten einer auslaufenden Kultur. Man kann sich fragen, ob der surreale Aspekt, der einigen der besten neuen Entwürfe eigen ist, eine Eigenschaft der Projekte ist oder eine der Verhältnisse, die sie interpretieren. △

Dieser Beitrag ist das Manuskript zu einem Vortrag, welcher 1987 an der internationalen Sommerakademie in Berlin gehalten wurde.
Das Nachwort wurde 1990 für diese Publikation geschrieben.

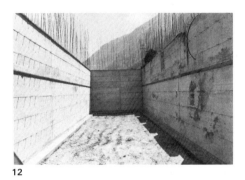
12

13

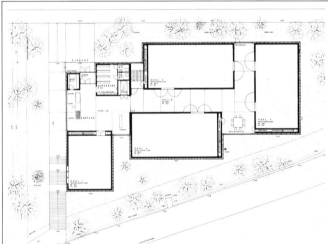
14

**12**
Haus für Reliefs und Halbfiguren von Josephson, Giornico TI, 1990. Architekt: Peter Märkli

**13**
Bürogebäude Dietlikon, 1990.
Architekten: Burckhardt & Partner, Axel Fickert

**14**
Kirchner-Museum Davos, 1989.
Architekten: Annette Gigon, Mike Guyer

**15**
Prototyp Velounterstand für die Stadt Zürich, 1990. Architekten: Matthias Bräm, Markus Wassmer

15

# Architektur in der Deutschen Schweiz 1980-1990

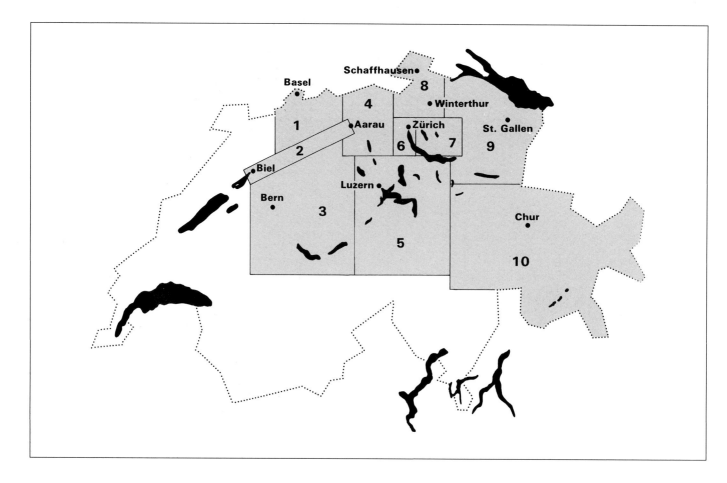

**Informationen zur Darstellung der Bauten**

Die Bauten sind im Sinne eines Architekturführers nach geografischen Regionen geordnet, wobei nach Möglichkeit Bauten derselben Architekten zueinander geordnet sind.

Grundsätzlich sind nur realisierte Projekte dargestellt – Eingang gefunden haben auch solche Projekte, welche zur Zeit in der Ausführungsfase sind oder unmittelbar davor stehen.

Als sog. Hinweise werden Projekte in Kurzform gezeigt, deren Interesse einen Hinweis rechtfertigen und deren Realisation in nächster Zeit bevorsteht.

In der Regel sind die Bauten nach folgendem katalogartigen Schema dargestellt:
Grössere und mittlere Bauten auf einer Seite, kleinere (wie Einfamilienhäuser usw.) auf einer halben Seite, grosse Überbauungen oder Bauten auf 1½ oder 2 Seiten. Ausnahmen von dieser Regel ergaben sich aus dem grafischen Konzept und dem zur Verarbeitung verfügten Material.

Alle Bauten sind bezeichnet mit Ort, Strasse oder Quartier. Die Jahreszahlen beziehen sich auf den Zeitpunkt des Projektes, resp. auf die Fertigstellung des Baues.

Die aufgeführten Namen bezeichnen den oder die verantwortlichen Architekten.

Die Kurztexte zu den Bauten wurden verfasst
– mit □ bezeichnet: Originaltext des Architekten, vollständig oder von der Redaktion gekürzt bearbeitet
– ohne Bezeichnung: von der Redaktion.

Ein Architekten-Verzeichnis am Schluss soll Anhaltspunkte vermitteln über «Herkunft» und Generationen-Zugehörigkeit der Architekten.

Die Vorbereitung dieser Publikation geht auf das Jahr 1985/86 zurück (ursprünglicher Titel: Architektur in der Deutschen Schweiz um 1980), musste infolge verschiedener Gründe eingestellt werden und wurde 1990 wieder aufgenommen, überarbeitet und ergänzt. Eventuelle Ungenauigkeiten – etwa besonders im Architekten-Verzeichnis – sind auf diesen zeitlich bedingten Entstehungsprozess zurückzuführen. P.D.

# 1 REGION BASEL – NORD JURA

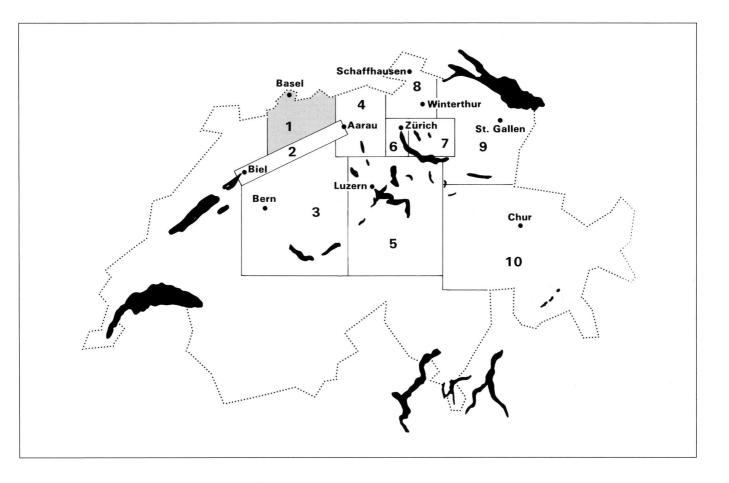

**In dieser Region sind Bauten von folgenden Architekten dargestellt:**

**Diener - Diener**
– Wohnhaus mit Bankfiliale, Missionsstrasse Basel
– Wohnbebauung Hammerstrasse, Bläsiring Basel
– Wohn- und Gewerbebauten, Riehenring-Amerbachstrasse Basel
– Wohnhäuser mit Atelier, St. Alban-Rheinweg Basel
– Bürogebäude, Hochstrasse Basel
– Architekturmuseum, Pfluggässlein Basel
– Bebauung Steinentorberg Basel
– Wohnhaus, Allschwilerstrasse Basel
– Geschäftshaus, Rebgasse Basel

**Felix Schwarz - Rolf Gutmann**
– Wegmarkierung Bahnhof SBB - Innerstadt, Basel

**Peter Fierz - Stefan Baader**
– Arbeitsamt, Utengasse Basel
– Umbau Kirche St. Joseph, Amerbachstrasse Basel
– Fünf Wohnhäuser, Arlesheim BL
– Einfamilienhaus, Rodersdorf SO
– Einfamilienhaus, Liestal

**Jacques Herzog - Pierre de Meuron**
– Wohn- und Geschäftshaus, Allschwilerstrasse Basel
– Wohnhaus in Hinterhof, Hebelstrasse Basel
– Einfamilienhaus, Oberwil BL
– Wohn-Theater, Bottmingen BL
– Fotostudio, Weil (D)
– Einfamilienhaus, Therwil BL
– Gartenpavillon, Rheinfelden AG
– Lagerhaus «Ricola», Laufen

**Silvia Gmür**
– Umbau Engelhof (mit Vischer AG), Stiftstrasse Basel
– Ausbau Wohnhaus, Riehen

**Ueli Marbach - Arthur Rüegg**
– Wohn- und Geschäftshaus, Spalenvorstadt Basel

**Martin und Elisabeth Boesch**
– Zwei Schuhläden, Gerbergasse und Schneidergasse Basel

**Wilfrid + Katharina Steib**
– Umbau Haus «auf Burg», Münsterplatz Basel
– Wohnsiedlung Wiesendamm Basel
– Altersheim, Riehen
– Einfamilienhaus, Himmelried SO

**Michael Alder**
– Umbau Industriegebäude, St. Alban-Tal Basel
– Werkstätten-Atelier, St. Alban-Tal
– Wohnhaus, Bottmingen
– Wohnhaus, Itingen BL

**Michael Alder - Klaus Vogt**
– Genossenschaftssiedlung, Riehen

**Max Alioth - Urs Remund**
– Bürogebäude, Höhenweg Basel

**Meinrad Morger - Heinrich Degelo - Gerard Prêtre**
– Kindergarten, Zähringerstrasse Basel

**Jean-Claude + Elisabeth Steinegger**
– Turnhalle, Binningen BL

**Rainer Senn - Felix Meier**
– Jugendhaus, Reinach BL

**Martin Erny**
– Umbau Ökonomiegebäude, Reigoldswil BL

## Wohnhaus mit Bankfiliale, Basel

Missionsstrasse / St. Johanns-Ring
1982-1985
Diener-Diener, Basel

Mitarbeiter: Roger Diener, Dieter Righetti, Andreas Rüedi, Paul Langlotz, Markus Stingelin

Der Neubau der Basler Kantonalbank liegt am Burgfelderplatz, an einem Verkehrsknotenpunkt an dem die Einfallsstrasse aus Frankreich auf die Peripherie der Innenstadt trifft. Das Bauvolumen Ecke Missionsstrasse/St. Johanns-Ring wird primär durch die zurückversetzte Baulinie bestimmt. Die Fassaden an beiden Strassen sind verschieden ausgebildet und reagieren auf die spezielle, vielfältige stadträumliche Situation. Am St. Johanns-Ring mit einer verputzten Fassade mit einfachen Fenstern und an der Missionsstrasse mit einer horizontal mehrschichtig strukturierten Fassade (Isolations-Bedingungen). Die zwei unterschiedlich gekrümmten Schilder der Hauptfassade öffnen sich zum Platz und beschreiben die Bewegung der Strasse. Die Bankfiliale ist sehr einfach ausgebildet ohne raffiniert detaillierte Ausführung. Raumprogramm: Bankfiliale, Laden, Arztpraxis, Büros, 10 Wohnungen.

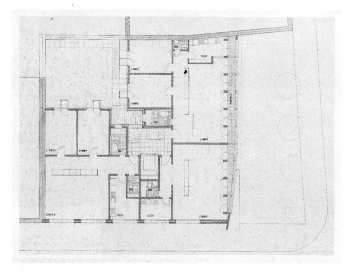

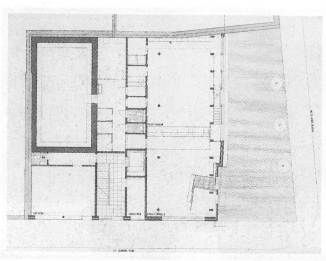

## Subventionierter Wohnungsbau, Basel

Hammerstrasse, Bläsiring, Efringerstrasse
1978-1981

Diener - Diener, Basel
Mitarbeiter: Roger Diener, Lorenz Guetg, Dieter Righetti, Wolfgang Schett

Die Wohnbauten entstanden als Ergänzung der Blockrandbebauung auf einem ehmaligen Fabrikareal in einem dicht besiedelten Quartier des späten 19. Jahrhunderts.
Die neuen Häuserzeilen wurden jedoch von den bestehenden abgesetzt: einmal um den Bereich des Eingriffs deutlich abzugrenzen, zum andern entstand dadurch zwischen den rückwärtigen Fronten der Gewerbebauten und den neuen Hofbauten ein öffentlicher Freiraum mit Baumallee.
Einer Tradition des Siedlungsbaues folgend, sind die Ecken der Bauten als markante Zeichen ausgebildet. Die Beziehungen der Wohnhäuser zum Aussenraum sind hofseitig und strassenseitig unterschiedlich. Die Strassenfassaden sind mauerhaft und geschlossen ohne ausladende Teile, als klare Begrenzung des Strassenraumes. Anders die Hoffassaden, welche sich mit grossen Fenstern und verglasten Balkonen (Veranden) bewusst zum Hof öffnen. Gewisse Merkmale der umliegenden Bauten wurden übernommen und mit modernen Mitteln umgesetzt (Sockel, Fenster, Backstein gestrichen). Die Veranden entsprechen einem Element der Tradition wie auch der modernen Architektur.

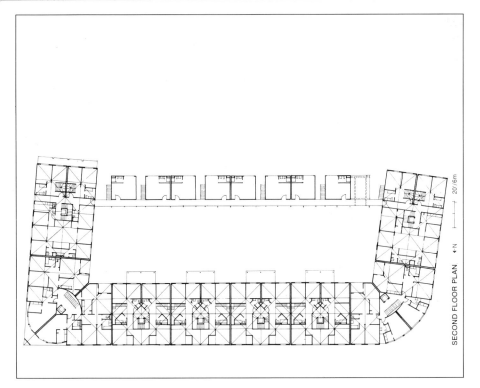

SECOND FLOOR PLAN

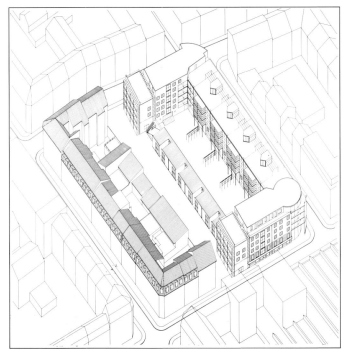

## Subventionierte Wohn-, Büro- und Gewerbebauten, Basel

Riehenring, Amerbachstrasse,
Efringerstrasse
1980-1985
Diener - Diener, Basel
Mitarbeiter: Massimo Corradi, Roger Diener, Lorenz Guetg, Dieter Righetti, Emil Rysler, Wolfgang Schett, Christian Stamm

Die Überbauung – unmittelbar an den vier Jahre früher gebauten Teil an der Hammerstrasse angrenzend – nimmt die Struktur der Hofrandbebauung auf in diesem mit Wohnbauten und Industrie geprägten Quartier. Die beiden Anlagen sind durch einen Fussgängerweg als Fortsetzung der Allee miteinander verbunden. Das neue Zentrum mit Wohnungen, Büros, Läden und Gewerbebauten erstreckt sich in U-Form entlang den Quartierstrassen, einen grossen Hof bildend als Kernstück der Anlage. Der Rasen und die Bäume vermitteln das Bild eines Parkes, einen Ort für viele. Über der Garage-Einfahrt befindet sich ein Ballspielfeld. Die Besonderheiten der Situation und des Programms haben zu einer Differenzierung der Typologie und der architektonischen Formulierung der Bauten an den einzelnen Strassenzügen geführt. Die Anlehnung an die Tradition der Moderne ist unverkennbar, wie auch ein Bekenntnis zur industriellen Zivilisation (z.B. Materialverwendung). Den Wohnungstypen liegt das Prinzip zugrunde, die allgemeinen und privaten Zonen der Wohnung sowohl räumlich wie auch strukturell zu unterscheiden. Wohn- und Sanitärräume sind auf einem freien Grundriss organisiert mit gezielten Durchblicken nach innen und aussen.

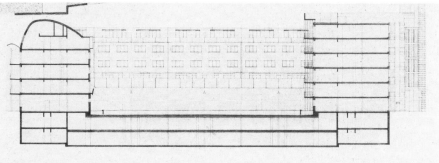

Querschnitt

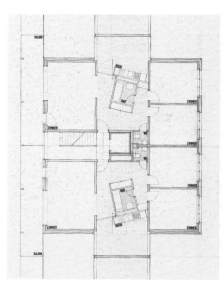

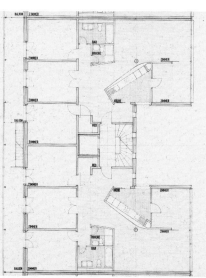

Wohnungstypen

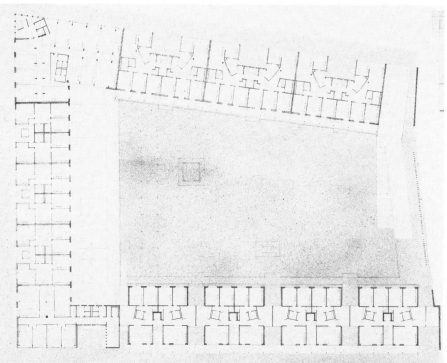

Gesamtgrundriss

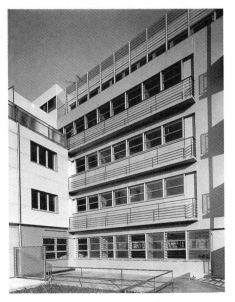

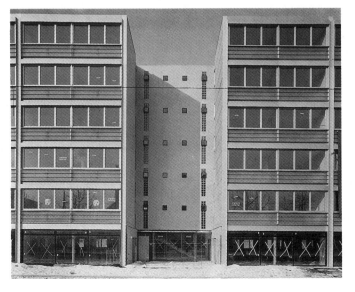

## Wohnhäuser mit Ateliers, Basel

St. Alban-Rheinweg
1982-1986

Diener-Diener, Basel
Mathias Buser, Roger Diener,
Dieter Righetti, Emil Rysler

Die beiden Wohnhäuser sind anstelle eines vor Jahren abgebrochenen Mühlepaares in einem mittelalterlichen Gewerbequartier entstanden. Sie füllen eine empfindliche Lücke in seiner baulichen Struktur wie auch in der Front des Baslerischen Rheinbords.
Die einfach gerichteten Baukörper nehmen in ihrer Struktur Bezug auf die quartierprägenden Bauten des Mittelalters und 19. Jahrhunderts. Die Konstruktion der beiden Bauten folgt dem Prinzip der Mehrschichtigkeit als Ausdruck verschiedener morphologischer und typologischer Bezüge. So ist das Westgebäude, längs des Kanals, als Skelettbau konzipiert und verfeinert sich zum Platz hin zu einem vom Tragwerk gelösten Grundriss mit nichttragender Fassade. Die Gebäude enthalten Wohnungen, Ateliers und Gewerberäume. □
Das Projekt ging aus einem Wettbewerb hervor.

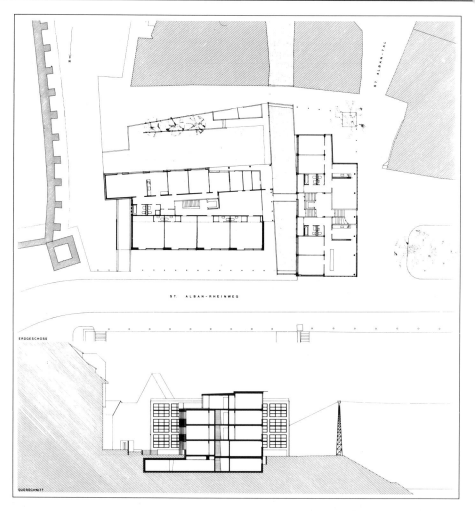

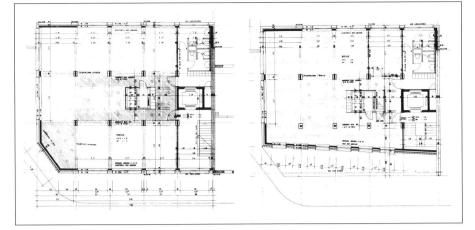

## Bürogebäude, Basel
Hochstrasse 31
1986-1989
Diener - Diener, Basel
Roger Diener, Paul Langlotz,
Andréas Rüedi

In einem Quartier «hinter den Geleisen» liegt dieser Bürobau am Ende einer Strassenzeile, einer Bebauung entstanden am Ende des 19. Jahrhunderts. Aufbau und Struktur folgen den bestehenden, fast banalen Bauten als gewollten Bezug zum Kontext: fünf Geschosse gegen die Hochstrasse, das sechste zurückgesetzt auf die Mansarden der alten Dächer (quadratische Einzelfenster und dunkle Backsteinverkleidung). Der Bezug geschieht auch gegenteilig einfache Formen, glatte Fassaden gegenüber Gewänden und Einfassungen – Horizontalität in der Fensterordnung; gegenüber dem etwas «schmutzigen» dunkelgrauen Beton sind die Fensterrahmen in Bronze; die Eckausbildung des Gebäudes gegenüber der regelmässigen Ordnung der Öffnungen (voll und leer) der Fassaden. Gegen das Geleise erweitert sich das Untergeschoss als Sockel aus dem Gebäudevolumen hinaus.

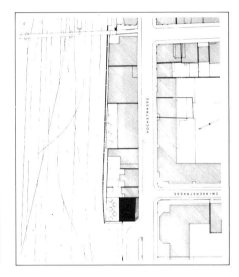

## Architekturmuseum, Basel

Pfluggässlein 3
1984
Diener - Diener, Basel
Mitarbeiter: Roger Diener, Dieter Righetti, Wolfgang Schett

 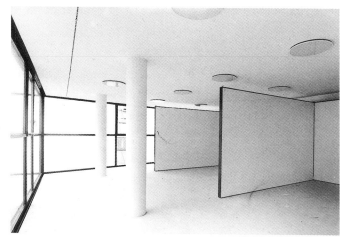

Das 1959 gebaute sog. Domus-Haus (Arch. Rasser und Vadi, Basel) ist ein gutes Beispiel moderner Schweizer Architektur nach dem Krieg.
Die architektonische Qualität kommt einem besonderen Anliegen des Architekturmuseum in anschaulicher Weise entgegen — es wird selbst zur konkreten Manifestation dieser Institution. Der freie Grundriss erfordert keine einschneidenden Eingriffe. Einmal wurden neue Elemente bewusst den andern «beigefügt» — andererseits die beweglichen Ausstellungswände, welche der Pfeiler-Geometrie folgen und diese fortsetzt.

## Bebauung Steinentorberg, Basel

Steinentorberg - Innere Margarethenstrasse 1984-1990

Diener-Diener, Basel
Roger Diener, Jens Erb, Dieter Righetti, Andréas Rüedi, Wolfgang Schett

Durch den Bau des Heuwaage-Viaduktes wurde die städtebauliche Situation des Markthalle-Dreiecks wesentlich verändert und beziehungslos gemacht. Das neue Gebäude (anstelle von Altbauten) führt als markanter Eckbau mit zwei ungleichen Flügeln die Randbebauung der Markthalle sinngemäss weiter und schafft eine verständliche städtebauliche Struktur. Höhenentwicklung und Ausbildung der Volumen orientieren sich an den Nachbarbauten. Der ungebrochene Sockel in rötlichem Beton dramatisiert das Gefälle des Steinentorberg, während die Rundung der Ecke einen kontinuierlichen Übergang der Fassaden zu einem einzigen Baukörper schafft (Fassadenverkleidung in grünlich gefärbtem Kunststein). Die Dimension der Fensteröffnungen ist unterschiedlich ausgebildet in den beiden Strassenfassaden.
Fotos: Heinrich Helfenstein, Zürich und Redaktion

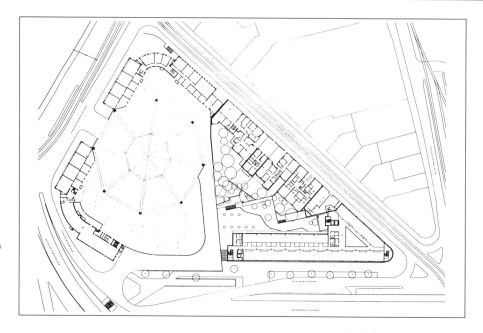

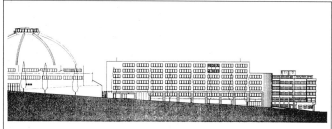

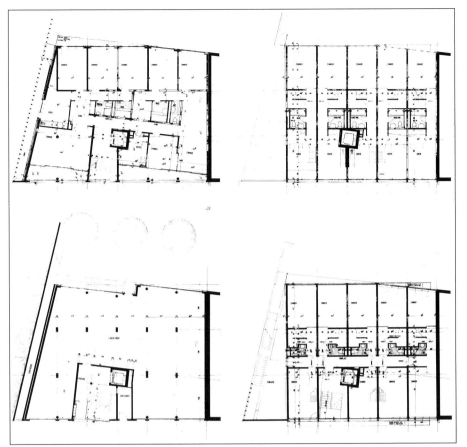

## Wohnhaus, Basel
Allschwilerstrasse 106
1984-1986

Diener-Diener, Basel
Andrea Baumgartner, Roger Diener,
Lorenzo Guetg

In einem Aussenquartier, in der Nähe des Allschwilerplatzes gelegen, unmittelbar am Rande des eingegrabenen Trasse der französischen Bahn, ist das Wohnhaus eine «Montage» von zwei sehr verschiedenen Typologien des modernen Wohnungsbaues: Die untere ist eine konventionelle Ausbildung der Etagenwohnung, folgt aber geometrisch der spitzwinkligen Form des Grundstückes.
Die obere, geometrisch ausgebildet, aber unkonventionell angeordnet: mehrgeschossige Wohnungen mit Einbezug des Dachgeschosses durch eine «innere Strasse» erreichbar. Diese ist an der Westfassade (gegen Bahntrasse) durch eine Treppenanlage mit dem Hof des Gebäudes verbunden.
Die verschiedenen Teile des Gebäudes sind so einfach wie möglich ausgebildet, um sie wirksam werden zu lassen. □

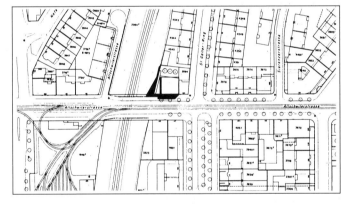

## Geschäftshaus, Basel
Rebgasse
1983-1990
Diener - Diener, Basel
A. Baumgartner, R. Diener,
J. Gebert, D. Righetti, J. Verwjinen

Die Geometrie der Parzelle ist ein schiefwinkliges Viereck, auf drei Seiten von hohen Brandmauern umgeben. Die neue Teilung in vier gleiche Quadrate lässt durch das Weglassen eines Quadranten einen Hof entstehen, mit dem bestehenden Wohnhaus. Der Hofraum wird vom Gebäude abgesetzt. Die obersten zwei Geschosse springen zurück.
Dem Wechsel der verschiedenen Fassaden und ihrer Bedeutung entspricht ihre unterschiedliche Materialisierung.

## Wegmarkierung und Licht-Stele, Basel
Bahnof SBB - Innerstadt
1979-1981

Felix Schwarz - Rolf Gutmann, Basel

Die ursprünglich für den Theaterplatz entwickelten Lichtstelen sind als Merkzeichen und Wegweiser vom Ausgang der Bahnhofunterführung in der Elisabethenanlage, durch die Elisabethenstrasse und über die verschiedenen Ebenen des Theaterplatzes hinunter bis zum Barfüsserplatz aufgestellt worden, um die wichtige Verbindung zwischen dem Bahnhof und der Innerstadt auszuzeichnen und zu markieren. Die Leuchten verbinden damit auch die zwei benachbarten, aber funktionell und gestalterisch unterschiedlichen und aus sehr verschiedenen Epochen stammenden Plätze zu kommunizierenden städtischen Erlebnisräumen.
Fotos: Chr. Bauer, L. Bernauer

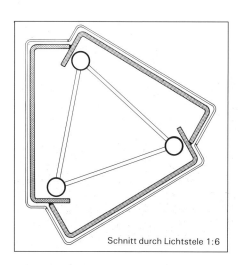

Schnitt durch Lichtstele 1:6

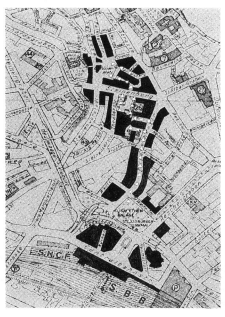

## Umbau und Renovation Arbeitsamt, Basel

Utengasse 36
1981-1985

Stefan Baader - Peter Fierz, Basel

Das nach dem Vorbild des Dessauer Arbeitsamtes (Walter Gropius) 1930-32 erstellte Gebäude mit vielen Eingängen und Treppen wurde den heutigen Bedürfnissen angepasst, ohne die ursprüngliche Bauidee zu verändern. Der Lichthof ist als zentraler Wartebereich eingerichtet, um den sich die Büros gruppieren. □
Fotos: N. Bräunig, Basel

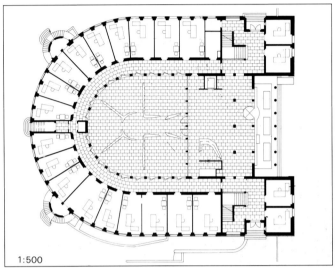

1:500

## Renovation Kirche St. Joseph, Basel

Amerbachstrasse-Klybackstrasse
1985-1988

Stefan Baader - Peter Fierz, Basel

Die dreischiffige Hallenkirche mit Kuppelgewölbe (1900) wurde nicht zu einem Mehrzweckraum umfunktioniert, sie bleibt Kultraum. Der Eingriff in die bestehende Struktur geschieht mit klaren, heutigen Mitteln. Die zu erhaltenden Elemente werden inhaltlich und architektonisch in die neue Konzeption einbezogen. Neu gestaltet sind die lithurgischen Träger wie Zelebrationsaltar, Ambo, Leuchter, Andachtsnischen usw. Die neuen Bänke sind auf das Hauptschiff beschränkt (Wegkirche) und das umfassende Wandtäfer ist in Birkenholz geschaffen. □
Projekt durch Wettbewerb entstanden.

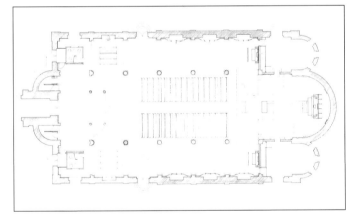

## Wohn- und Geschäftshaus, Basel
Allschwilerstrasse 90
1985-1988
Jacques Herzog - Pierre de Meuron, Basel

Die Krümmung der strassenseitigen Gebäudefassade wird überlagert durch die kreisförmig auskragenden Balkonscheiben (Interferenz-Wirkung). Das Zentrum dieser Kreisform liegt im Innern der Wohnanlage, wo stegartige Laubengänge die Wohnungen erschliessen und einen begrünten Innenhof umringen. Die Fassade ist ein Betonskelett mit eingelagerten, gefärbten Betonplatten. Auf der Westseite bleibt dieses Skelett dort unverkleidet, wo eine Loggia den Innenhof gegen aussen abschliesst. □
Fotos: Margherita Krischanitz, Wien

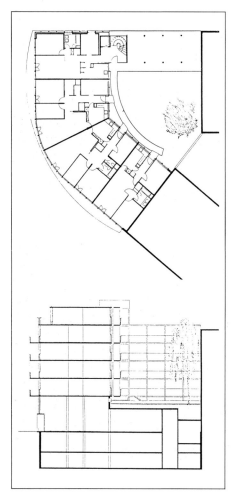

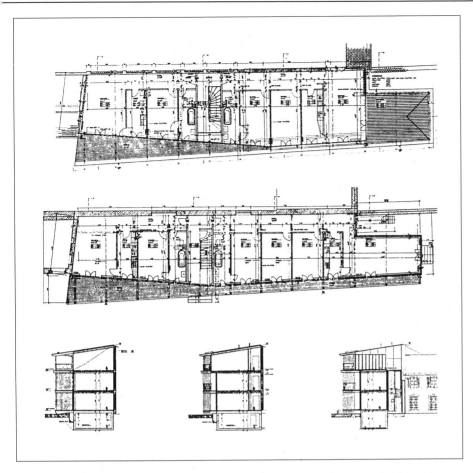

## Wohnhaus in Hinterhof, Basel

Hebelstrasse 11
1984-1988

Jacques Herzog - Pierre de Meuron, Basel
Mitarbeiter: Mario Meier

Das Wohnhaus ist geprägt durch seine Lage entlang einer Scheidemauer im parkähnlichen Hinterhof eines Stadtteils, dessen Strukturen ins 13. Jahrhundert zurückreichen. Die Fassade des länglichen Baukörpers ist in den beiden Untergeschossen mit massiven Eichenverkleidungen ausgestattet; darüber liegt – in der Art einer Aufstockung – ein drittes Geschoss mit Stahlkonstruktion und grossflächiger Verglasung. □
Fotos: Margherita Krischanitz, Wien

## Umbau Engelhof, Basel
Stiftstrasse 1
1987-1990
Silvia Gmür, Basel
Mitarbeit: Ch. Butscher, B. Bucher und N. Haari

Der Engelhof (14. Jahrh.) ist im Besitze der Universität und enthält heute das Deutsche, das Slavische und das Nordische Seminar. Es führt somit die Tradition als Ausbildungsstätte weiter. Das Sanierungskonzept ging von einer möglichst weitgehenden Erhaltung der bestehenden Bausubstanz aus, welche nach über 700 Jahre Geschichte nicht zerstört werden sollte. Die neuen Ergänzungen sind als Bauteile der heutigen Zeit erkennbar. Die neue Bibliotheksgalerie wird mittels eines sog. Stahltisches abgestützt, wobei die historische Mittelachse und der alte Dachstuhl nicht zusätzlich belastet werden.
Fotos: Christian Lichtenberg, Basel

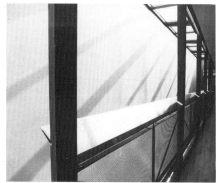

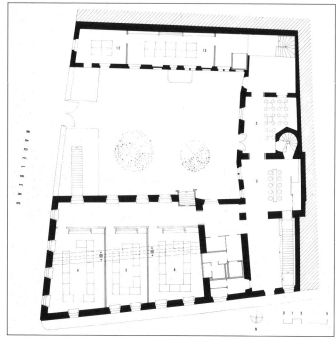
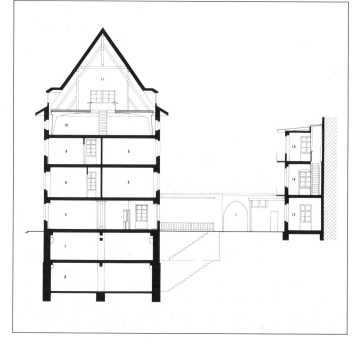

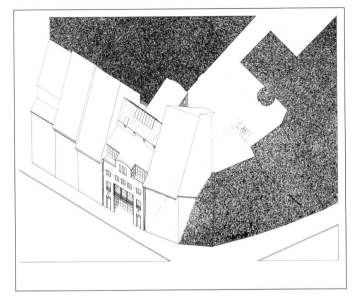

## Wohn- und Geschäftshaus, Basel
Spalenvorstadt 11
1981-1985
Uli Marbach - Arthur Rüegg, Zürich
Mitarbeiterin: Cornelia Zürcher

Aus einem schweizerischen Wettbewerb hervorgegangenes Projekt für ein neues Haus in einer Baulücke in der Basler Altstadt.
Der tiefe Grundriss wird geprägt durch die verlangte Hofdurchfahrt der Feuerwehr, die auf allen Geschossen ablesbar bleibt und auf den OG grosse Wohn- und Arbeitsräume ergibt. Im Zentrum des Hauses liegt ein Lichthof, der diese achsiale Hauptraumzone gliedert. Die Nebenräume liegen in den seitlichen Restflächen. Diese Raumhierarchie erlaubt verschiedenartige Nutzungsgemenge.
Gegen die Spalenvorstadt ist der Strassenraum mit einer glatten Fassade weitergeführt; sie nimmt horizontale und vertikale Bezüge zu den Nachbarhäusern auf. Die Einbindung wird verstärkt durch eine Interpretation herkömmlicher Basler Bauweisen.
Gegen den Hofraum erscheint die Hauptraum-Zone als eine Art «Hinterhaus», welches den Hofraum zusammen mit den vorhandenen plastischen Elementen (Türme, Schöpfe, Anbauten) bestimmen hilft. □
Fotos: N. Monkevitz, Zürich

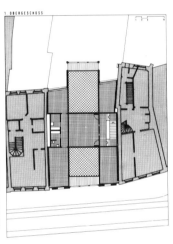
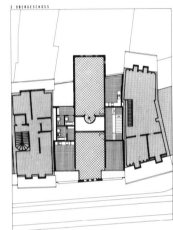
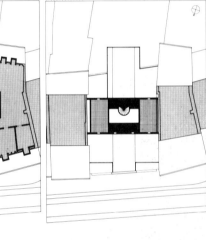

## Zwei Schuhläden, Basel
Gerbergasse
Schneidergasse
1990
Martin und Elisabeth Boesch, Zürich

Die beiden Läden sind nach denselben architektonischen Spielregeln geplant: Wände und Decken des gegebenen Lokals sind ultramarinblau gestrichen (nicht eindeutig erfassbar, konturlos). Helle Platten schaffen präzise, sog. fliessende Raumsituationen. Die inszenierte Abfolge von Vordergrund (Schaufenster) und Hintergrund (rotorange Sperrholzwand) wird durch das Licht dramatisiert. □

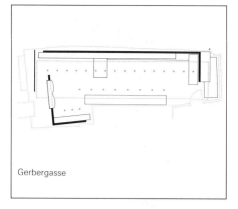
Gerbergasse

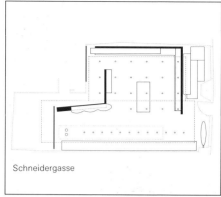
Schneidergasse

## Schiffanlegestation St. Johann, Basel
Elsässerrheinweg
1988-1990
Wilfrid und Katharina Steib, Basel
Mitarbeit: P. Birsiger, R. Reichert

Die Anlegestelle für den internationalen Passagierschiffsverkehr Basel-Rotterdam liegt an der verkehrsberuhigten Rheinuferpromenade, welche wenig beeinträchtigt werden sollte (dreireihige Lindenallee, grasbewachsene Uferböschung). Die Ankunftshalle ist durch Rolltreppen mit dem Eingangspavillon auf Strassenniveau verbunden. (Nur in den Sommermonaten benutzt).

Untere Passagierhalle

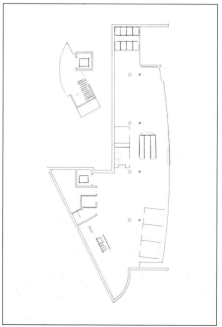
Grundrisse

Eingang Strassenniveau

 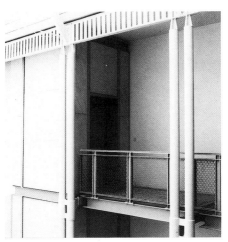

## Umbau und Renovation, Basel
Haus «auf Burg», Münsterplatz 4
1980-1985
Wilfrid und Katharina Steib, Basel
Mitarbeiter: Karl Schneider

Das von der Rheinfassade her imposante klassizistische Haus, war im Innern sehr bescheiden ausgestattet. Mit dem Umbau zu einer Forschungsstätte für Musik des 20. Jahrhunderts musste dem Haus ein Öffentlichkeitsaspekt gegeben werden, was durch Umgestaltung des Innenhofs als verglaste Treppenhalle erreicht wurde.
In der architektonischen Gestaltung wurde versucht, mit modernen Mitteln die Grundhaltung des klassizistischen Stils zu erreichen: Ruhe, Ausgewogenheit und etwas distanzierte Kühle. Ein Farbkonzept von hellen Beige- und Grautönen zieht sich durchs ganze Haus. Die Grundstruktur des unter Denkmalschutz stehenden Hauses blieb erhalten. □
Fotos: Werner Blaser, Basel

## Wohnsiedlung, Kleinhüningen - Basel
Wiesendamm, Altrheinweg, Giessliweg
1980-1987
Wilfrid und Katharina Steib, Basel
Mitarbeit: R. Schaub,
U. Gammelsbacher

Bei der Wohnbebauung «Wiesengarten» wurde die Typologie der Randbebauung mit innerer Hofbildung als urbanes Situationskonzept aufgenommen. Das Areal der ehemaligen Seifenfabrik liegt im Industriequartier mit verdichteter Wohnbebauung und Kleingewerbe in der Nähe des Rheinhafens. Eine Fussgängerverbindung führt durch das Hofviereck mit einem baumbestandenen Platz als Zentrum. Die Wohnungen (1- bis 5-Zi-Wohnungen, total ca. 190 Einheiten) haben hohen Wohnwert und verfügen über Gartenanteil oder grossen Balkon.

## Umbau Industriegebäude, Basel

St. Alban-Tal 42
1985-1987
Michael Alder, Basel
Mitarbeit: R. Naegelin

Das Gebäude wurde um die Mitte des 19. Jahrh. als Mischbau mit äusserer Bretterverschalung für die Papierindustrie errichtet. Die heutige Ausdrucksweise des umgebauten Gebäudes mit Wohnungen soll unmissverständlich eine architektonische Grundhaltung signalisieren. Die Holzverschalung wird mit der Zeit ergrauen und der Baukörper bleibt weiterhin Bestandteil eines Ensembles von Industriegebäuden des 19. Jahrhunderts im inneren Teil des St. Alban-Tales. □
Fotos: André Muelhaupt, Vera Isler

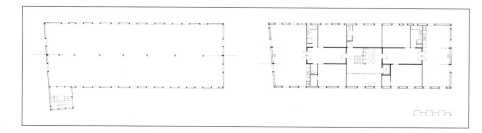

## Werkstätten-Atelier, Basel

St. Alban-Tal 40a
1986-1987
Michael Alder, Basel
Mitarbeit: H.P. Müller

Der ehemalige Klostergarten war durch spontane Bedürfnisse teilweise überbaut worden, wobei die entstandenen Annexbauten der Häuserzeile auf ihrer Rückseite eine Kammstruktur bildeten. Diese städtebauliche Thematik hat nun ihre Fortsetzung gefunden. An verlängerten Brandmauern sind zwei doppelgeschossige Werkstättgebäude so angeordnet, dass dazwischen ein Werkhof entsteht. (Werkstätten im Erdgeschoss, Ateliers im Obergeschoss, Lager im Untergeschoss). Die leichte Bauweise der werkhofseitigen Fassaden ist betont durch die Verschalung in gestrichenem Holz. □
Fotos: Christian Lichtenberg, Basel

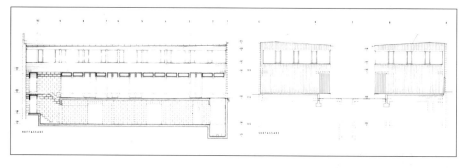

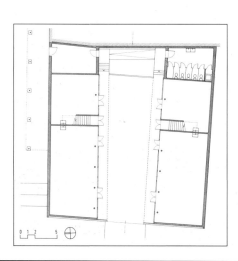

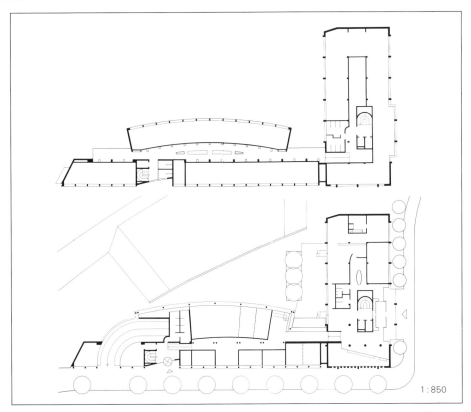

## Bürogebäude-Erweiterung, Basel
Margarethenstrasse Höhenweg
1986-1990
Max Alioth - Urs Remund, Basel
Mitarbeit: Mario Gaiba,
Susanne Biedermann

Das aus einem Wettbewerb hervorgegangene Projekt des Neubaus schliesst quer an das bestehende Gebäude an. Das zweibündige Raum-Konzept orientiert sich einerseits gegen Süden auf eine ruhige Nebenstrasse, andererseits gegen Norden auf die tieferliegende Geleiseanlage des Bahnhofes. Das Böschungsareal wurde abgegraben, um die EVD-Anlage im Sockel des Untergeschosses zu belichten.

Durch eine leicht gerundete Form des südlichen Bürotraktes entsteht im Zentrum des Gebäudes eine Raumerweiterung, in welcher durch Öffnungen in den Decken natürliches Licht einfällt. Die Geschosse sind frei unterteilbar. Weiss ist die Farbe der Fassadenteile in Metall, in hartem Kontrast zur dunklen anthrazitfarbigen Keramik-Verkleidung des Altbaues.

Die brise-soleil-Elemente aus gelochtem Blech verstärken die horizontale Linierung im Äussern. □
Fotos: Disch-Photograph, Basel und Redaktion

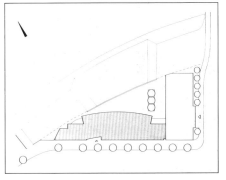

## Kindergarten-(Provisorium), Basel
Zähringerstrasse
1987-1988

Meinrad Morger, Heinrich Degelo
Gérard Prêtre, Basel

Der dringende Bedarf nach einem Kindergarten hat Gelegenheit geboten, über Nacht diese feine Baracke in den klassizistischen Schulhof zu schieben. Aussen rohe Bretter, innen grosse Sperrholzplatten, bestimmen das erste Bild. Die Spannung entsteht nicht aus vordergründiger Inszenierung, sie lebt von der Bedeutung der einzelnen Teile und ihrer gegenseitigen Beziehung. □
Fotos: Franzisco Carrascosa, Baden

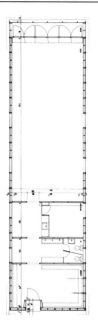

## Anbau und Renovation, Riehen
Rütiring 12
1988

Silvia Gmür, Basel
Mitarbeit: Andreas Wenger

Ein Holztypenhaus von Hans Bernoulli, erbaut 1934, soll renoviert und durch einen grossen Wohnraum erweitert werden. Anstelle eines Anbaus am Haus wurde das geforderte Programm in einem selbständigen Pavillon gelöst. Die präzise kubische Form, die Einfachheit der vorhandenen Räume, der gute Zustand der Bausubstanz widersprechen einer Addition an das Bernoullihaus. Durch das neue Volumen entsteht eine winkelförmige Anlage. Die beiden Baukörper, getrennt durch den Hof, treten in eine enge Beziehung. □
Fotos: Christian Lichtenberg, Basel

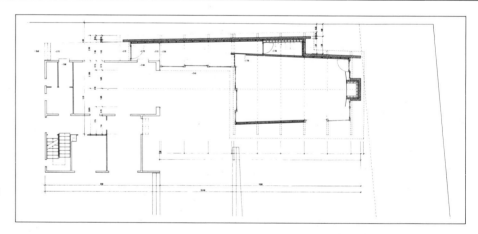

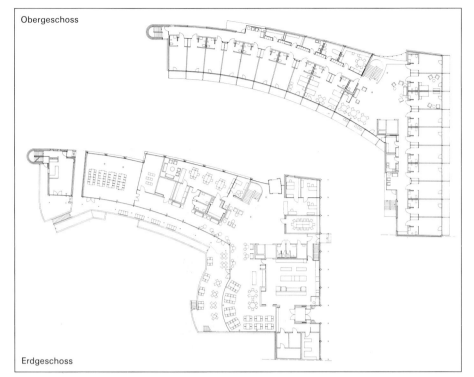

Obergeschoss

Erdgeschoss

## Alters- und Pflegeheim, Riehen
Inzlingerstrasse
1985-1988

**Wilfrid und Katharina Steib, Basel**
Mitarbeit: P. Birsinger

Das vierstöckige Haus ist in zwei Teile gegliedert, welche winkelförmig und zusammen mit einem bestehenden Bauernhaus einen gartenartigen Aussenraum umgrenzen. Die Baumaterialien, Lichtführung und Schattenspiel tragen zu einer gewollten, heiteren und gartenhaften Stimmung bei. Die Pensionärzimmer mit Balkon sind gross und hell. Die Gänge sind abwechslungsreiche Aufenthalts- und Bewegungszonen. Im Wechselspiel von Innen und Aussen sind im ganzen Haus differenzierte Erlebnismöglichkeiten geschaffen.
Projekt aus Wettbewerb entstanden.
Fotos: Werner Blaser, Basel, Redaktion

## Genossenschaftssiedlung, Riehen BS
Vierjuchartenweg
1981-1985
Arbeitsgemeinschaft
Michael Alder und Klaus Vogt
Mitarbeiter: HP. Müller

Das Projekt ging aus einem Wettbewerb von 1981 hervor. Die 20 6-Zimmer-Häuser sind in zwei Zeilen untergebracht. Durch die vorgeschriebene Gebäudelänge erhalten sie einen Unterbruch: damit entsteht eine Axe mit einem räumlichen Bezug zur Kornfeldkirch (von Werner Moser).
Die 4-geschossigen Reihenhäuser werden vom UG her erschlossen. Damit haben alle Häuser einen ungestörten Ost- und Westgarten. Die Eingangshallen dienen gleichzeitig als Spielzonen der Kinder. Im EG befindet sich eine durchgehende Wohnebene von 32 m² und Küche. Ein durchgehender Gang im Dachgeschoss erlaubt eine freie Zuordnung der Mansarden und schafft eine zusätzliche Verbindungsmöglichkeit von Wohnung zu Wohnung.
Velo- und Mopedräume, Autoeinstellhalle mit Waschplatz, Heizung, Wäscheterrasse, Plätze und ein Genossenschaftsraum mit WC und Archiv sind die gemeinsamen Einrichtungen.

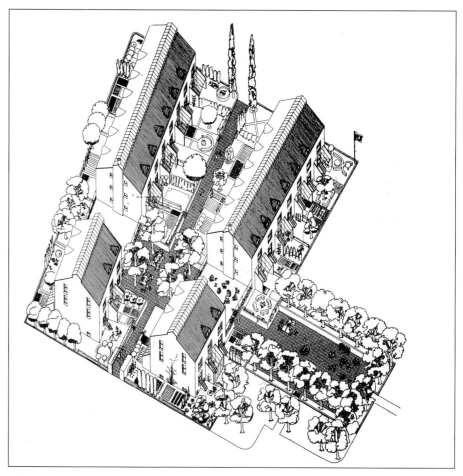

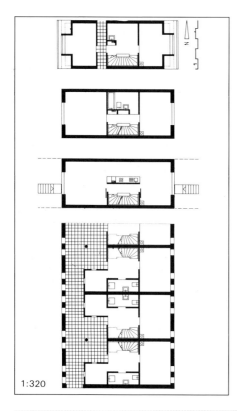

1:320

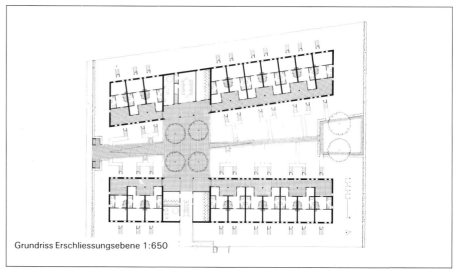

Grundriss Erschliessungsebene 1:650

 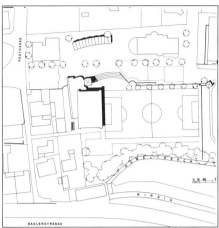

## Turnhalle, Binningen BL
Curt-Goetz-Strasse
1982-1984

Jean-Claude und Elisabeth Steinegger, Binningen
Mitarbeiter: Werner Hartmann

Die neue Turnhalle markiert durch ihre Lage den Anfang eines Grünzuges entlang der Birsig bis in die Innenstadt Basels hinein. Durch diese Anordnung entsteht ferner ein neuer Dorfplatz, eine neue städtebauliche Situation in diesem Kerngebiet der Gemeinde.
Fotos: Alexander von Steiger, Basel

 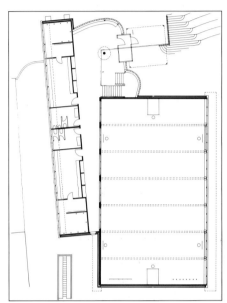

## Jugendhaus, Reinach BL
«Palais noir» Bruggstrasse 95
1982-1984

Rainer Senn, Basel - Felix Meier, Reinach
Mitarbeiter: Dr. Ruedi Kriesi, Bengelen
(Konzept Sonnenenheizung)

Mit dem vorliegenden Projekt wurde versucht eine möglichst offene Struktur zu entwickeln, welche den verschiedensten Ansprüchen, die an ein Jugendhaus gestellt werden, genügen kann. Der quadratische Grundriss mit der eingeschobenen 8-eckigen Empore bildet einen Zentralraum, welcher das Gefühl und das Verständnis für die Gemeinschaft bewusst werden lässt. Die Sonnenheizung trägt zum Energiebewusstsein bei. □

 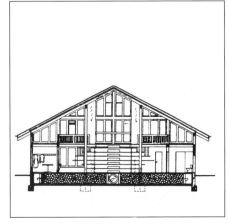 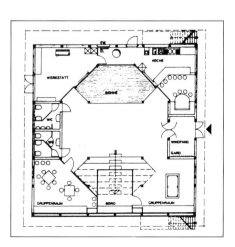

## Einfamilienhaus, Oberwil BL

Reservoirstrasse 16
1979-1980

Jacques Herzog - Pierre de Meuron, Basel

Kleines Haus an fettigem Lehmhang in typisch schweizerischer Vorortsgemeinde. Fassadenbemalung in ultramarinblauer Pigmentierung mit Lasurtechnik. Einrichtung grösstenteils fest eingebaut (Sofa, Buffets, Schränke), respektive mobil und speziell für dieses Haus entworfen (Tische Lampen). □

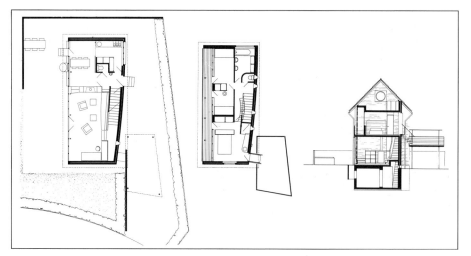

## Wohn-Theater, Bottmingen BL

Rappenbodenweg 6
1984-1985

Jacques Herzog - Pierre de Meuron, Basel

Das hölzerne Haus ist durch einen stegartigen Raum mit einer Villa aus den späten 40-er Jahren verbunden. Die Nähe zu der exotischen Pawlonia, die Nutzung als Marionettentheater/Wohnung sowie die Verbindung mit der Villa sind thematisiert in Konstruktion (marionettenartige, hölzerne Rahmenkonstruktion, auf punktweise fundierten Betonschienen), Plastizität (zugespitzte, auskragende Betonbalken, Sichtbarkeit der oberen Rahmengelenke) und Farbe/Material. □

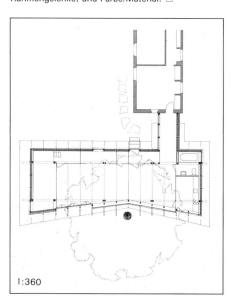

1:360

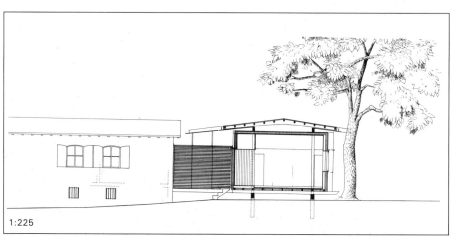

1:225

### Foto-Studio, Weil/Friedlingen BRD
Riedlistrasse 41
1981-1982
Jacques Herzog - Pierre de Meuron, Basel

Städtebaulich heterogener Ort, eine Art kaputte städtische Landschaft in der Nähe der Autobahn Basel-Hamburg. Der Studioneubau bildet zusammen mit der bestehenden Villa eine Art Eingangshof. Das Studio ist eine Holzständerkonstruktion, verkleidet mit Bretterschalung, Sperrholzplatten, Titanzink (Oberlichter). Die scheinbare Dynamik der Baukörper ist nicht auf Landschaft bezogen, sondern ist eher Ausdruck einer nach innen gerichteten Energie. □
Fotos: Frei, Weil

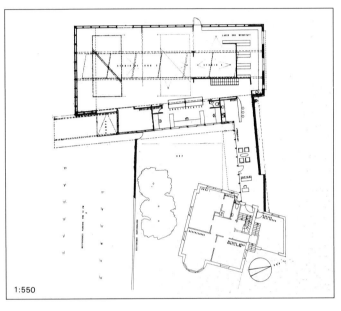

1:550

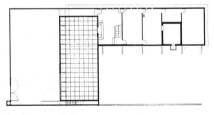

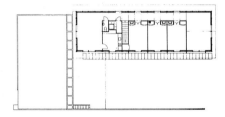

### Haus in Therwil BL
Lerchenrainstrasse 5
1985-1986
Jacques Herzog - Pierre de Meuron, Basel
Mitarbeiter: Annette Gigon

Die Anlage besteht aus 2 Teilen: einem ummauerten Eingangshof mit quergestelltem Sockelbau, welcher als Ausstellungsraum für die Privatsammlung des Bauherrn konzipiert wurde, sowie einem darüberliegenden Längsbau, welcher als Wohnhaus für die Familie dient. Die verschiedenen Teile der Anlage sind aus Beton in unterschiedlichen, jeweils spezifischen Erscheinungsformen konstruiert. □

## Gartenpavillon, Rheinfelden AG

Hotel Eden
1986-1987

Jacques Herzog - Pierre de Meuron, Basel

Die vier Säulen des Gartenpavillons sind als Buchstaben E, D, E, N ausgebildet, wodurch von einem bestimmten Standort im Garten das Wort Eden lesbar wird. Die Säulen, der Boden und das Gitterwerk des Pavillondachs sind in schwarz eingefärbtem Beton gegossen. □

## Wohnhaus, Bottmingen BL

Kirschbaumweg 27
1987-1988

Michael Alder, Basel
Partner: R: Naegeli

Das Hauskonzept entspricht einer neuen Typologie im Schaffen des Architekten: die Raumgruppierung um eine Loggia.
Der Hauskörper ist visuell leicht losgelöst von seiner Unterlage und hat eine eindeutige Strassen- und Gartenseite. Ein einziges Thema bestimmt die äussere Verkleidung: Holz in Form von kleingeteilten Brettern (Douglas) und Platten für die einspringenden Teile von nobler Bescheidenheit und Einheitlichkeit. Das Haus ist durch die grosse zentrale Öffnung zum Garten hin orientiert. Die Dacheindeckung erfolgte mit einer beschieferter Dachpappe.
Foto: Reto Führer, Chur

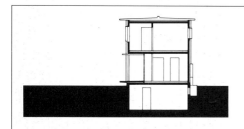 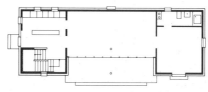 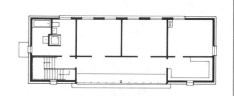

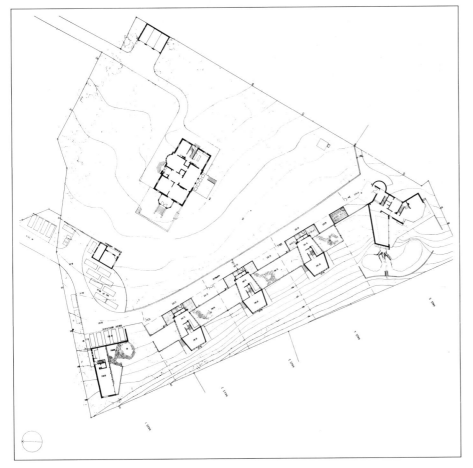

## Fünf Einfamilienhäuser, Arlesheim BL

Zelglipark, im Zelg
1987-1990
Stefan Baader - Peter Fierz, Basel

Das Baugelände war Bestandteil eines grossen ehemaligen Gartenareals, mit parkähnlichem Charakter. Das bestehende Herrschaftshaus wurde durch unser Büro vor einigen Jahren umgebaut. Rund ein Drittel des Areals, d.h. ca. 4000 m$^2$ wurden abparzelliert um darauf 5 freistehende Einfamilienhäuser zu erstellen. Einzige Auflage war die, dass die Häuser schlank sein müssen, um die Durchsicht und Weitsicht nicht zu verbauen. Der parkähnliche Charakter der Landschaft wurde erhalten. Kern der Anlage sind 3 typenartige Häuser, die ganz aus der topografischen Hanglage und dem Längsschnitt entwickelt wurden.
Das vorderste Haus wurde kombiniert mit einem grossen Vordach für Autoabstellplätze, das letzte Haus geht auf spezifische Bedürfnisse des Bauherrn ein.
Im Vordergrund unseres Interesses standen Strukturfragen im Zusammenhang der gewählten Baumaterialien Beton und Holz. □

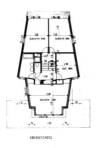

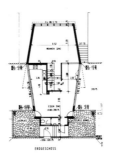

## Einfamilienhaus, Rodersdorf SO
Landskronstrasse 11
1984-1985
Stefan Baader - Peter Fierz, Basel

Das Gründstück, auf einem Juraausläufer nahe der Grenze zu Frankreich gelegen, fällt relativ steil gegen Nordwesten und bietet eine noch unverbaute Fernsicht ins weite Elsass bis zu den Vogesen. Das Haus wird von der oberen Strasse betreten. In gleicher Richtung führt die Treppe bequem hinunter zu den Wohnräumen mit Bezug zum Garten. Die Bauherrschaft, mit häufigem Besuch aus dem Ausland, legte Wert darauf, dass dieser unabhängig ein uns aus gehen kann. Die Konstruktion des Hauses ist vor allem zu verstehen aus der Forderung des Bauherrn, soweit als möglich nur sog. natürliche Baustoffe wie Backstein und Holz, sowie organische Isolationsmaterialien zu verwenden. □

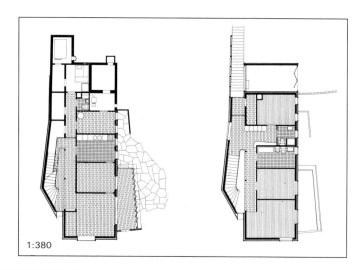

1:380

## Einfamilienhaus, Liestal
Dachsweg 2
1989
Stefan Baader - Peter Fierz, Basel

Das Haus liegt am Rande eines neu erschlossenen Baugebietes. Wegleitung für den Entwurf waren zwei Forderungen des Bauherrn: «ein Haus wie eine Fabrik», «kompromisslos» und bezugsbereit in wenigen Monaten. Das Haus wurde in Montage- und Trockenbauweise errichtet. Das architektonische Wagnis bestand in der Kombination relativ vieler Materialien wie Stahl, Beton, Eternit, Holz. Einheitlichkeit mittels strengem modularem Aufbau. □

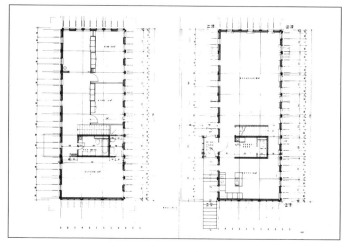

## Wohnhaus, Liestal

Arisdörferstrasse 57
1979-1982

Michael Alder, Basel
Mitarbeiter: H.J. Staub

Das Haus liegt in einem Einfamilienhausquartier. Es öffnet sich auf die SW-Seite (Aussicht) und SO-Seite (Garten). Einfacher klassischer Grundriss mit zentralliegender Treppe. Die Masse in Grundriss und Schnitt sind nach der «Fibonacci-Reihe» entwickelt. Die Innenmasse entsprechen einem Doppelquadrat. Materialien aus Lecca-Beton-Steinen, Betongebälk, Holz. Die sparsam verwendeten Gesimse und Kapitelle sind aus der Funktion heraus entwickelt. □

 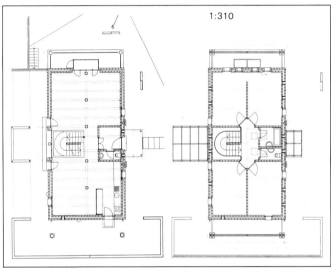

## Wohnhaus, Itingen BL

Hinter den Gärten 23
1983-1984

Michael Alder, Basel
Mitarbeiter: R. Naegelin

Das Haus spiegelt die Holzanbauten vis à vis des alten Dorfes wieder. Grundriss und Fassaden sind vom Aufbau her auf das Minimum reduziert. Der Komfort des Hauses liegt in den gleichwertigen Räumen von 30 m². Diese sind überspannt mit einer Holzbalkendecke von 6 m Spannweite. Das Sichtbacksteinmauerwerk von 18 cm Stärke ist mit 12 cm isoliert. Die Isolation wird mit einer Bretterverschalung geschützt.

Die Ostfassade mit ihren fünf gleichwertigen Fenstern hebt sich deutlich von den «individuellen» Einfamilienhäusern der Umgebung ab. Mit der Art der Gestaltung wird eine Annäherung zum traditionellen «Baumeisterhaus» gesucht. □

 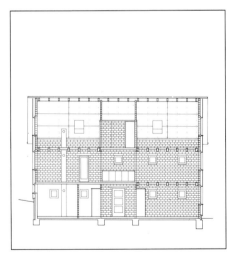

 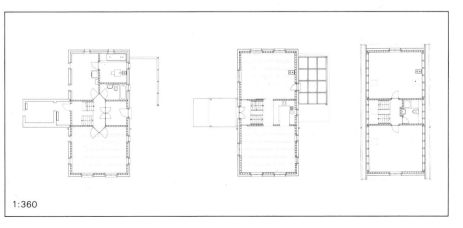

## Einfamilienhaus, Himmelried SO
1978-1981

Wilfrid und Katharina Steib, Basel

Das zweigeschossige, längsgerichtete Wohnhaus ist in einen Südhang gebettet und liegt über einer weiträumigen Juralandschaft. Nach allen Seiten wird differenziert auf die spezifische landschaftliche Situation reagiert.
Die murale, geschlossene Ostseite, Stützmauer des abgetragenen Hanges und Raumhülle zugleich, kontrastiert zur offenen, auf der ganzen Länge verglasten Westseite.
Der Grundriss ist in Längsrichtung durch massive Kerne klar in verschiedene Bereiche gegliedert. Mit dem Oblichtband entlang dem First wird die Längsform unterstrichen. Das unabhängige Tragsystem aus Sützen verleiht dem Gebäude Transparenz. □

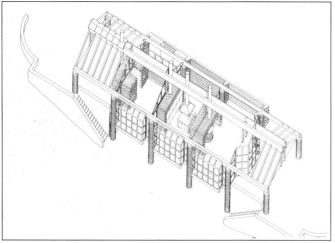

## Umbau Oekonomiegebäude, Reigoldswil BL
Unterbiel 36
1978-1981

Martin Erny, Bubendorf

Die vorhandene Struktur des Bauernhaustyps wurde aufgenommen: Dreiteilung (Stall-Scheune-Stall analog den Raumabschnitten zwischen den Dachbindern), Mittenbetonung, unterschiedliche Niveaus und Raumhöhen.
Die Grosszügigkeit und Einheit des Oekonomiegebäudes als strukturierter Grossraum wird durch inwendige Verglasungen und Durchblickmöglichkeiten spürbar gemacht. Dieses Raumerlebnis wird durch den grossflächigen Lichtfilter der beweglichen Fassadenlamellen unterstützt.
Die traditionelle, konsequente Trennung von Massiv- und Leichtbauweise wird fortgeführt: Sockel und Giebel mural, Stützen, Gebälk, Ausfachung in Holz. □

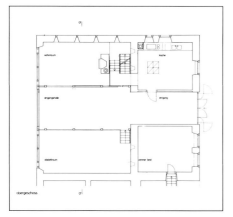

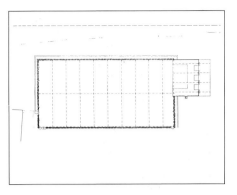

## Lagerhaus «Ricola», Laufen
Baselstrasse
1986-1987
Jacques Herzog - Pierre de Meuron, Basel

Das Innere des Lagerhauses ist eine Stahlkonstruktion, ausgestattet mit der herkömmlichen, vollautomatischen Lagertechnik. Die äussere Verkleidung besteht aus einer Struktur aus vertikalen und horizontalen Teilen (Holzbalken, Holz-Zementbretter, Eternitbretter, Blechbahnen). Der Ort der Fabrikanlage, ein ehemaliger Kalksteinbruch, wird selbst zu einem wesentlichen Teil dieser Architektur. □
Fotos: Margherita Krischanitz, Wien

Hinweis: Eine Aufstockung des südlichen Produktions-Traktes mit auskragendem Glasdach über dem Hof ist im Bau bis Ende 1990.

REGION BASEL - NORD JURA

**HINWEIS: ZUR AUSFÜHRUNG VORGESEHENE PROJEKTE**

## Wohnhaus, Basel
Aescherstrasse
1990 Projekt
1991-1992 Realisation
Isa Stürm - Urs Wolf, Zürich

Thema für das Wohnhaus ist die Schaffung von grosszügigen, zeitgemässen Wohnungen in der Stadt, als Alternative zum Einfamilienhaus am Stadtrand. In den bestehenden Garten wird ein Baukörper mit vier qualitativ unterschiedlichen Etagenwohnungen gesetzt, mit quadratischer Grundfläche und einem zentrierten inneren Gebäudekern (rundläufige Orientierung der Wohnung).

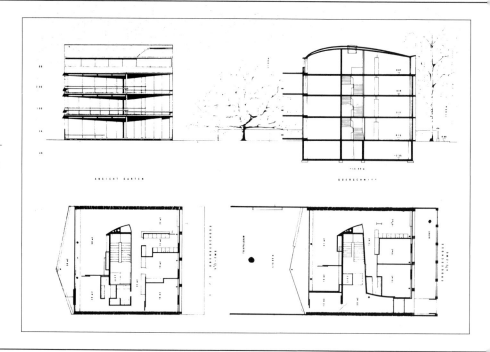

## Kommunales Wohnhaus, Basel
Müllheimerstrasse
1989 Projekt
Realisation in Vorbereitung
Meinrad Morger - Heinrich Degelo - Gerard Prêtre, Basel

Die offene Bebauung (linear gereihte Baukörper mit Grünhöfen verbunden) wird durch das neue Haus im Sinne eines monolithischen Blockes ergänzt. Dieser interpretiert die spezifischen Gegebenheiten des Ortes (Eckbalkon, Nahtstelle zu besteh. Block als Terrasse, Balkonschichten, Fassadenformulierung). Das Treppenhaus ist Rückgrat des Hauses, die Wohnungen sind in Form eines Ringsystems angelegt mit hoher Flexibilität. Aufbau der Fassade mit einer sog. Sandwichkonstruktion.

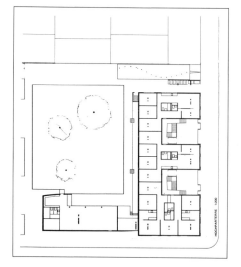 

## Wohnsiedlung «Rain», Biel-Benken BL
1990 Projekt
Realisation in Vorbereitung
Peter Zumthor, Haldenstein

In der Randzone des Dorfes gelegen, enthält das Projekt zwei Bauvolumen mit Reihenhäusern und etwas erhöht gelegen ein Mehrfamilienhaus mit Stockwerkswohnungen.

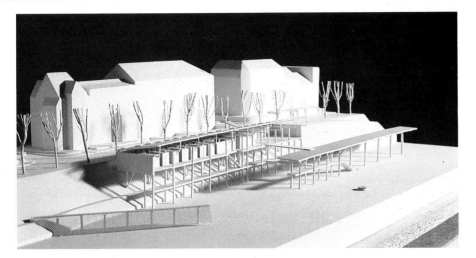

## Umbau Rheinbad Breite, Basel

St. Alban Rheinweg 195
1988-1990 Projekt
1991-1992 Realisation

Andreas Scheiwiller - Mathias Oppliger, Basel

Das reduzierte Umbauprojekt basiert auf dem Wettbewerbsprojekt. Die Gebäudestruktur bleibt erhalten, der Umgang mit ihr ist jedoch ein anderer, wie auch die heutige Nutzbarkeit (asymmetrische Organisation, offen transparent).
(Wettbewerb)

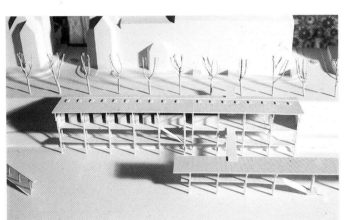

## Wohnsiedlung Vogelbach, Riehen

Friedhofweg
1989 Projekt
Realisation in Vorbereitung

Michael Alder + Partner, Basel
Hanspeter Müller, Roland Naegeli

Die linear angeordneten Baumvolumen definieren durch quergestellte Blöcke Hofräume. Das Konzept der Anlage steht im Kontrast mit der nahe gelegenen ARBA Siedlung von Hans Schmidt von 1948 (Einzelhäuser)

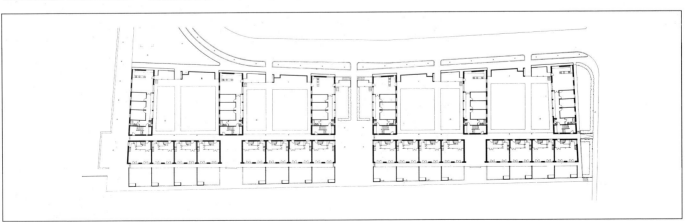

## Lokomotiv-Depot und Stellwerk SBB, Basel

1989-1990 Projekt
Realisation in Vorbereitung

Jacques Herzog - Pierre de Meuron, Basel
Mitarbeit: D. Gysin

Das Depot ist eine funktionell bedingte Aneinanderreihung verschiedener Remisen und Werkstätten unterschiedlicher Dimensionen. Dieses additive Moment ist auch Ausgangspunkt für die Umsetzung dieser Vorgabe in eine Gebäudeidee. Das Stellwerk als mehrgeschossiger hochinstallierter Betonbau wird zum Schutze mit Kupferbändern umwickelt (Wirkung wie ein Faradayscher Käfig).

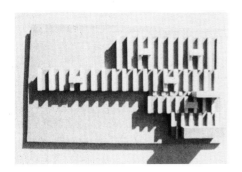

## Bankgebäude SBG, Basel

Aeschenplatz
1986-1989 Projekt
1990-1992 Realisation

Mario Botta, Lugano

Auf die Verschiedenartigkeit der urbanen Typologie des Aeschengrabens (Kontinuität) und der St. Jakobstrasse (Einzelbauten) antwortet das Projekt mit einem autonomen trennenden Kopfbau. Die bestehende Villa wird erhalten und in das neue Konzept integriert.

## 2  REGION JURA SÜD

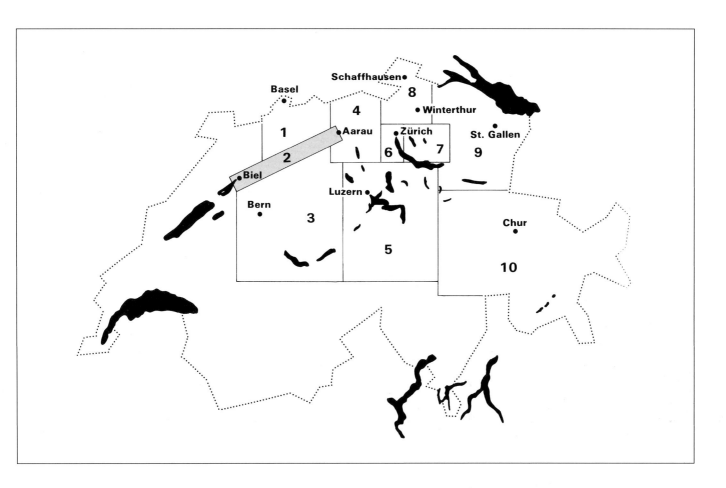

**In dieser Region sind Bauten von folgenden Architekten dargestellt:**

**Roland Hegnauer**
– Turnhallen Berufsschule, Aarau

**Alfons Barth - Hans Zaugg**
– Erweiterung Hauptpost, Aarau
– Mensa, Bibliothek der Kantonsschule, Solothurn (mit Peter Schibli)

**Hans Zaugg - Peter Schibli**
– Bankgebäude, Olten

**Ueli Zbinden**
– Einfamilienhaus, Däniken SO

**Marcus Ducommun**
– Primarschule Brühl, Solothurn

**Benedikt Graf - Silvia + Robert Stampfli**
– Primarschulanlage, Bellach SO

**Max Schlup**
– Bürohaus, Biel

**Cooplan H. Mollet - J.P. Bechtel**
– Gemeinschaftssiedlung, Biel

## Turnhallen für Handelsschule, Aarau
Bahnhofstrasse
1985-1989
Roland Hegnauer, Zürich

Der Turnhallenbau steht mit seinem symmetrischen Aufbau und mit seiner Ausrichtung in präzisem Bezug zu den umliegenden klassizistischen Bauten. Als Folge des knappen Grundstücks stellt wegen dynamischer Beanspruchung die räumliche Struktur der Anlage mit überlagerten Einzelhallen besondere konstruktive Anforderungen, die zur Wahl des Dachtragwerks aus Stahl führten. Da sonst keine Freianlage zur Verfügung steht, wird durch die Transparenz der Fassade der Aussenraum in die Hallengestaltung einbezogen. Eine obere, passarellenartige Wegverbindung lässt aus Distanz von aussen am Turngeschehen teilnehmen und vermittelt, obwohl in erhöhter Lage, den Turnenden das Gefühl des Eingebettetseins in die Umgebung. □
In die Anlage eingeschlossen ist eine Büroerweiterung des schweiz. Turnverbandes.

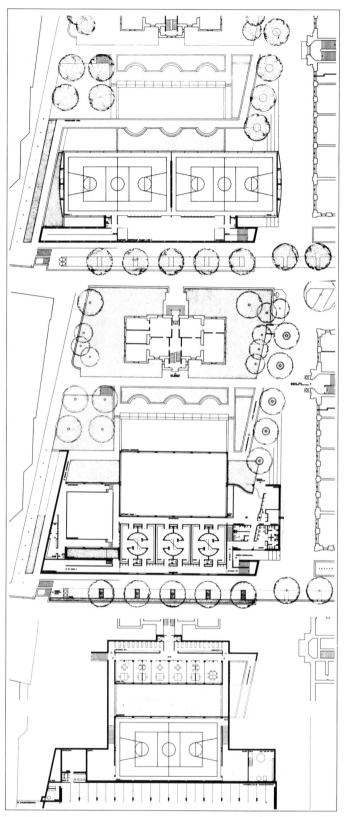

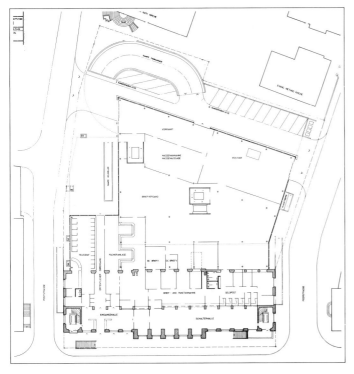

## Umbau und Erweiterung Hauptpost, Aarau

Bahnhofstrasse
1981-1988

Alfons Barth- Hans Zaugg, Aarau
Mitarbeit: H.R. Baumgartner, R. Bill, R. Christen

Der Erweiterungsbau als sog. Annex ist nur im Erdgeschoss und mit Passarellen mit dem Altbau verbunden, welcher somit seine solitäre Stellung behält. Der Verwendungszweck des massiven Repräsentativbaues als Dienstleitungs- und Verwaltungsgebäude ist ablesbar - im Erweiterungsbau sind die Betriebsräume organisiert. Die Tragkonstruktion ist ein Stahlbau mit Verbunddecken in Profilblechen, die Fassaden bestehen aus einer Pfosten-Riegelkonstruktion in Chromnickelstahl. Der seitliche Postplatz ist mit einer Würfelplastik bereichert.
Das Projekt ist das Resultat eines Wettbewerbes.
Fotos: Redaktion

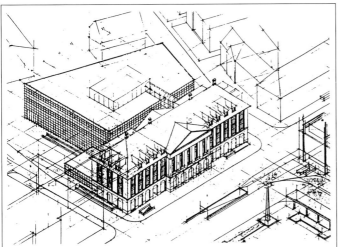

## Bankgebäude, Olten

Froburgstrasse 4
1979-1982
H. Zaugg - P. Schibli, Olten
R. Rhiner, W. Hochuli, Dulliken
Innenarchitekt: H. Netthoevl

Durch den baulichen Zustand des alten Aarhofgebäudes und in Verbindung mit der Renovation des bestehenden Bankgebäudes aus den Anfängen unseres Jahrhunderts (Arch. von Arx und Real) drängte sich ein Neubau auf. Der Einfügung ins Strassenbild der Froburgstrasse wurde grosser Wert beigemessen. Durch die leicht geschwungene Fassade wird das alte Bankgebäude zur Bauflucht der nachstehenden Gebäude übergeleitet und versucht, trotz unterschiedlicher Architekturauffassung und verschiedener Materialien, eine Einheit zu erreichen. Die bestehende, fussgängerfreundliche Arkade wurde in der Architektursprache des Neubaus fortgesetzt.
Die Bankräumlichkeiten sind im Erdgeschoss und im 1. Obergeschoss in möglichst offenen Grossräumen angeordnet, um für die heutige Bank wie auch für eine spätere Erweiterbarkeit eine möglichst grosse Flexibilität zu erreichen.
Für die Einrichtung des neu eingebauten Restaurants haben die Architekten Trix und Robert Haussmann aus Zürich mitgearbeitet. □
Fotos: Gerber, Olten; Zumbrunn, Zürich

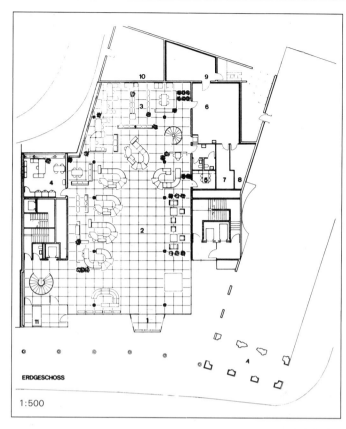

ERDGESCHOSS
1:500

## Einfamilienhaus, Däniken SO
Allmendstrasse 38
1988-1989

Ueli Zbinden, Zürich
Mitarbeit: Marianne Unternährer

Ein Wechsel von offenen und individuellen Raumbereichen strukturiert den Grundriss. Analogien (Bezug zur Industrielandschaft des Aaretales) und Gegensätzlichkeiten (Beton-Kühlturm) führten zu einem Metall-Leichtbau als konstruktivem Konzept mit den Fassaden als Hüllen, verkleidet mit Eternitplatten aussen.

## Mensa, Bibliothek - Mediothek der Kantonsschule, Solothurn
Herrenweg
1986-1990

Alfons Barth - Hans Zaugg - Peter Schibli, Olten
Mitarbeit: U. Planzer

Der Neubau ist im östlichen, gegen eine Allee gerichteten Hof der bestehenden Schule eingebaut. Das Aulafoyer öffnet sich zur Mensa, wobei durch diese räumliche Verflechtung ein Gemeinschaftsraum entsteht und zum heute fehlenden Schwerpunkt der Schule wird. Der Mensaraum (250 Plätze) öffnet sich zur Grünanlage, gleich wie die im Untergeschoss liegende Bibliothek - Mediothek (über eine flache Böschung belichtet).
Als Stahlbau mit weitgespannter Struktur konzipiert, wirkt der Neubau leicht und transparent im gegensatz zu den bestehenden Baumassen. □
Projekt aus Wettbewerb hervorgegangen.

## Primarschule Brühl, Solothurn
Brunngrabenstrasse
1989-1992 (in Ausführung)
Marcus Ducommun, Solothurn

Das Brühlquartier in Solothurn ist ein reines Wohnquartier. Ein Drittel aller Solothurner wohnen hier. Im Zentrum des Quartiers befindet sich der Fussballplatz. Auf einem Teil der Spielfelder entsteht das neue Primarschulhaus in der Form eines Stadions. Ein umlaufender Kranz von Klassenzimmern umfasst Doppelturnhalle und Aula. Räume – die durch verschiedenartige Zuschaltmöglichkeiten einen vielfältigen Abendbetrieb ermöglichen. Als Solitär – mit allseitig gebührendem Abstand zur umliegenden Bebauung entsteht städtebaulich und funktionell ein Bezugspunkt für das Quartier – ein Zentrum. ☐

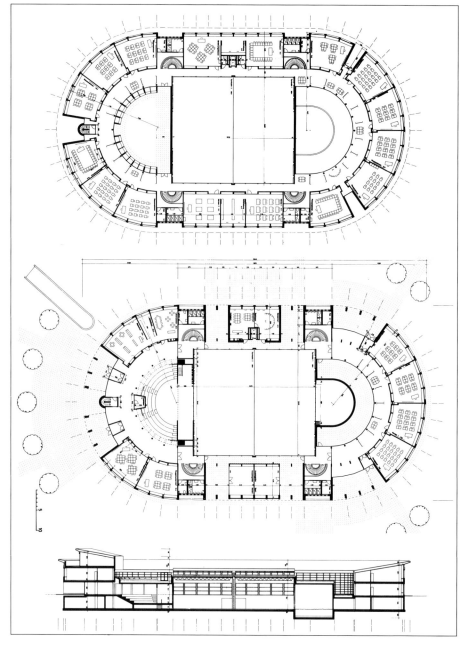

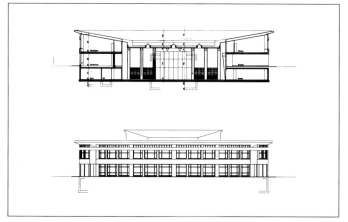

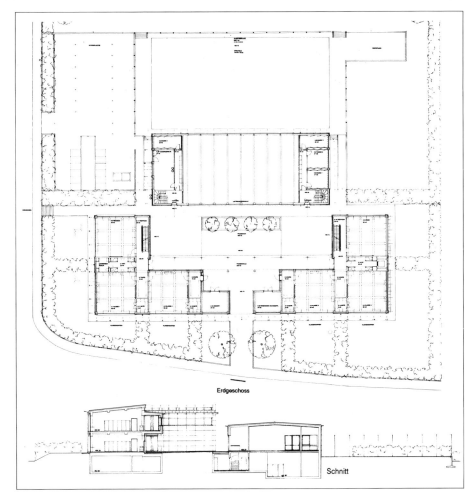

## Primarschulanlage, Bellach SO

Burgunderstrasse
1988-1992 (in Ausführung)
Benedikt Graf - Robert Stampfli -
Silvia Stampfli-Marzaroli, Solothurn

Das Areal für die Primarschulanlage «Franziskanerhof» bildet eine der letzten freien Parzellen innerhalb eines bereits gebauten Quartiers, trotzdem soll das Schulhaus als öffentliches Gebäude und die Plätze als öffentliche Aussenräume zu einem Bezugsort für das gesamte Quartier werden und dessen weitere Entwicklung stützen und positiv beeinflussen.
Die beiden Baukörper, Schultrakt und Turntrakt möchten mit ihrer Lage und Ausrichtung einerseits einen Dialog mit der Jurakette aufnehmen, andererseits umschliessen sie zusammen den geschützten Pausenhof. Dort kommen verschiedene Wege, welche die Schule mit dem Quartier verknüpfen zusammen  Die Aussenräume der Schulanlage, wie Klassengärten, Pausenhof, Parkplatz, Allwetterplatz und Rasenspielfeld stossen nahtlos aneinander, ohne Resträume dazwischen zu lassen.
Die Klassenzimmer mit eigener Garderobe und Materialraum gliedern den nach Osten, Süden und Westen sich öffnenden Schultrakt. Jede Klasse nimmt so einen Teil des Gebäudes und mit dem Klassengarten auch einen Teil des Aussenraumes für sich in Anspruch. ☐
Das Projekt ging aus einem Wettbewerb hervor.

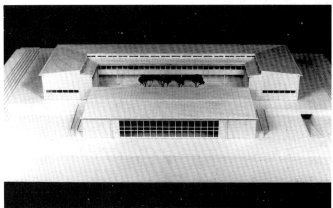

## Bürohaus, Biel

Leugenestrasse 6
1984-1985

Max Schlup, Biel
Mitarbeit: B. Gfeller, H. Kurz

Das Konzept für die vorgesehene Gesamtüberbauung beeinflusste die Anordnung aller technischen Installationen in der realisierten ersten Etappe für ca. 50 Arbeitsplätze. Eine modulare und flexible Bauplanung ermöglicht jede Erweiterung ohne grosse Störung der im Betrieb befindlichen Baukörper zu realisieren. Das Untergeschoss kann als vollwertige Arbeitsräume benutzt werden. Konstruktion: Stahlbau mit Fachwerk-Trägern (14.40 m), Vorhangfassade, Sonnenschutz mit Gitterstoffstoren.
Fotos: Beno A. Dermond, Zürich

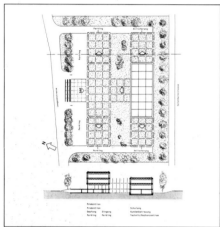

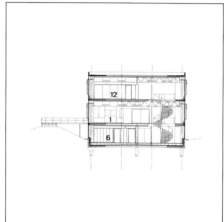

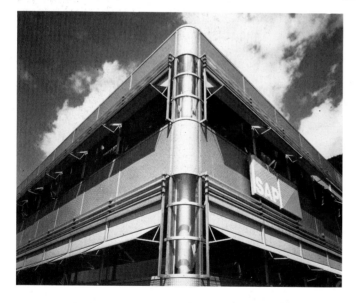

## Gemeinschaftssiedlung, Biel

Grünweg 48-62
1982-1984
Architekturbüro COOPLAN
Henri Mollet - Jean-Pierre Bechtel, Biel
Mitarbeiter: J.-P. Léchot, R. Weber,
E. Fahrer

Experimentelle Gemeinschaftssiedlung mit völlig individueller Innenausstattung, bestehend aus 5 Reihen-Einfamilienhäuser, 8 Duplex-Wohnungen sowie einer Wohnung über den Gemeinschaftsräumen. Einzige feste Elemente waren die feuerfesten Trennmauern zwischen den Wohneinheiten, was jedem einzelnen Besitzer erlaubte, den Innenausbau nach seinen persönlichen Bedürfnissen und seiner Lebensauffassung zu gestalten.
Wohnfläche ca. 150 m² pro Einheit.
Fotos: Gerber + Flury, Herzogenbuchsee

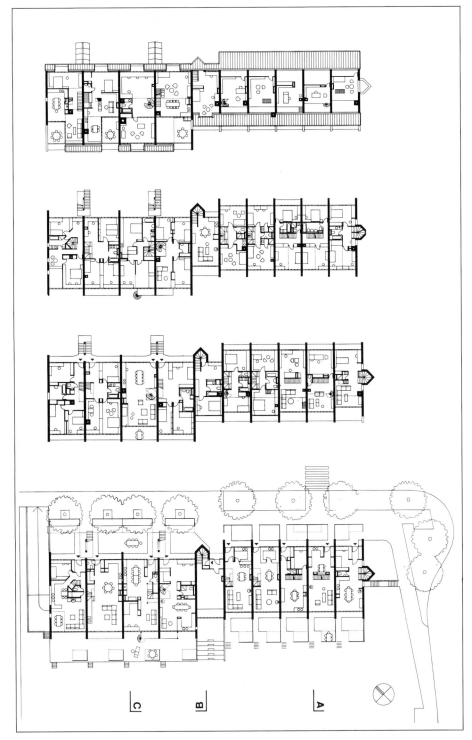
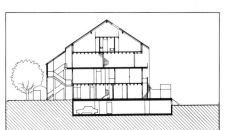

# 3 REGION BERN

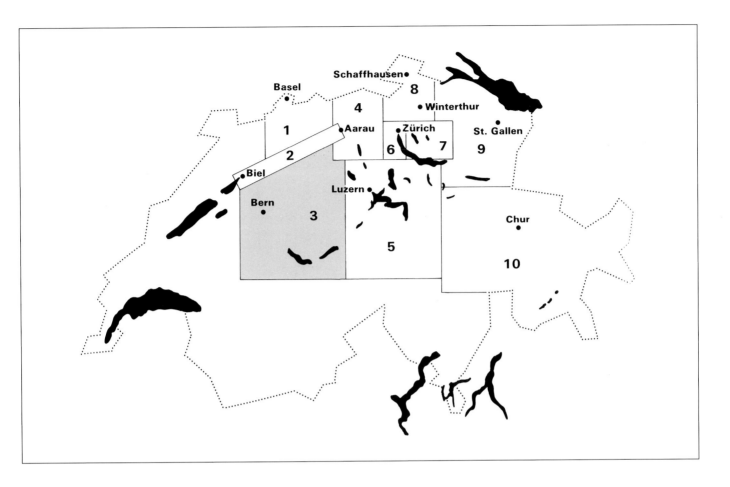

**In dieser Region sind Bauten von folgenden Architekten dargestellt:**

**Atelier 5**
– Amtshaus, Hodlerstrasse Bern
– Krankenheim Bern-Witigkofen
– Siedlung Thalmatt, Herrenschwanden
– Ausstellungs- und Büroräume, Niederwangen
– Gewerbehaus Thalmatt, Herrenschwanden
– Wohnsiedlung, Niederwangen
– Reihen-Mehrfamilienhaus, Flamatt
– Spital, Schwarzenburg
– Erweiterung Seminar, Thun

**Matti - Bürgi - Ragaz**
– Kantonales Verwaltungsgebäude, Reiterstrasse Bern

**Frank Geiser**
– Umbau Kantonales Verwaltungsgebäude, Speichergasse Bern
– RBS Bahnhof Papiermühle, Ittigen
– Erweiterung Seminar, Münchenbuchsee

**Jean-Pierre Müller**
– Erweiterung Gymnasium, Kirchenfeld Bern

**Regina + Alain Gonthier**
– Studentisches Zentrum, Gertrud-Wokerstrasse Bern
– Einfamilienhäuser Hünibach, Thun

**Franz Oswald**
– Lehrgebäude Universität, Bern
– Wohnquartier Bleiche, Worb

**Andreas Furrer**
– Erweiterung Tierparck Dählhözli, Bern
– Zentrum Friedhof, Wohlen

**Rolf Mühlethaler**
– Atelierhaus, Altenbergstrasse Bern

**Elisabeth + Martin Boesch**
– Ladenbaukonzept Bern + Gstaad

**Andreas Baumann + Wladimir Grossen**
– EWB - Kraftwerk Felsenau, Bern

**Clémençon - Herren - Roost**
– Umstrukturierung eines Fabrikareals für die Universität, Bern

**ARB Arbeitsgruppe**
– Wohnsiedlung Merzenacker, Bern

**Willi Egli**
– Kirche St. Mauritius, Bern-Bethlehem

**Bürgi - Frey - Johner**
– Bauernhaus-Umbau, Münchenbuchsee

**Jörg + Sturm**
– Kirchliches Zentrum St. Josef, Köniz BE
– Erweiterung Altersheim, Langnau i.E.

**Magdalena Rausser**
– Umbau Schulhaus, Bümpliz BE

**Beat Kaufmann - Heinz Gafner**
– Umbau Wohnanlage, Ittigen

**Alfred Stauber - Marcel Hutmacher**
– Reihenhaussiedlung, Rubigen

**Bauart Architekten**
– Doppelwohnhaus, Mühlethurnen BE

**Michael Alder**
– Einfamilienhaus, Müntschemier BE

**Rausser - Clémençon - Ernst**
– Anstalten St. Johannsen, Le Landeron-Erlach

## Amthaus, Bern
Hodlerstrasse
1976-1981
Atelier 5, Bern

Das Amthaus, ein Bau aus dem späten 19. Jahrhundert in der Berner Innenstadt, bestand bereits vor dem Umbau aus zwei Teilen, einem massiven, auf Repräsentation ausgerichteten Verwaltungsbereich mit einer entsprechenden, gegen die Strasse gerichteten Fassade und einem direkt angebauten, eher ärmlich ausgestalteten Gefängnistrakt, der sich gegen den Hof richtete. Die zusätzlich benötigten Büroflächen werden geschaffen, indem der repräsentative Teil des Hauses — der sich in recht gutem Zustand befindet — renoviert und teilweise umgebaut, der baufällige alte Gefängnistrakt aber abgebrochen und durch einen Neubau ersetzt wird, der sich direkt an das alte Haus anfügt.

Trotz diesem Ineinanderfügen der beiden Bauten soll immer klar ablesbar bleiben, was heute gebaut worden ist und was vor hundert Jahren. Dabei soll sich der Neubau aber doch in irgend einer Weise dem alten Amthauses gegenüber behaupten können. Im Äusseren wird dies dadurch erreicht, dass der gesamte konstruktive Aufbau der neuen Fassade bis ins letzte Detail sichtbar gemacht wird. Nach dem gleichen Prinzip wird der neue Bau auch im Inneren gestaltet. Hier sind es die unverkleideten Stahlstützen, die feingegliederten Glasdächer über den Innenhöfen und die verglasten Treppenläufe in denselben, die Türen und Oberlichtbänder in und über den Trennwänden, die dem Dekor des Altbaus gegenüberstehen.

Als eigentliches Signet des Neubaus wird ein «Glaslift» in den Altbau hineingefügt, der den Besucher bereits in der Eingangspartie erkennen lässt, dass hier ein neuer Bau in und an das alte Amthaus gebaut worden ist. □
Fotos: Balthasar Burkhard

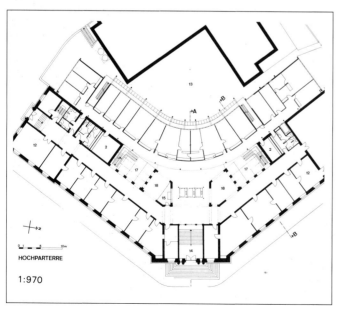

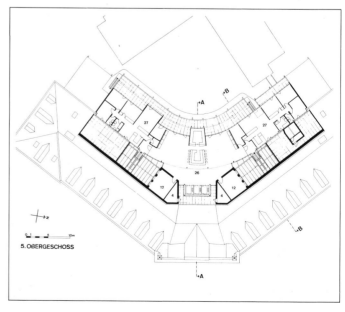

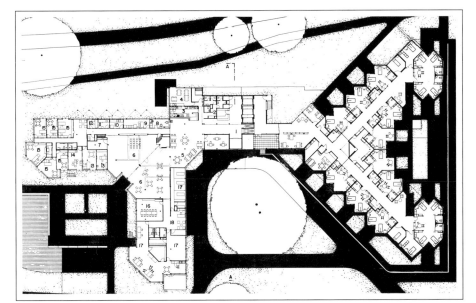

## Krankenheim, Bern-Wittigkofen
Jupiterstrasse 65
1983-1985
Atelier 5, Bern

Ein Haus für Chronischkranke mit 120 Betten, 5 Stationen ein eigentlicher Spitalbetrieb, mit Arzt und Pflegepersonal. Das Haus wird im wesentlichen geprägt durch die Form der Krankenzimmer (grundsätzlich gleiches Konzept wie Spital Schwarzenburg). Der Y-Grundriss bietet jedem Patienten innerhalb des Zweibettenzimmers ein gleichwertiges, weitgehend geschütztes Territorium, von welchem er durch sein eigenes Fenster ins Freie, aber auch durch die korridorseitige Öffnung ins Innere des Gebäudes, in die Gänge und Aufenthaltszonen, sehen kann.
Die dreigeschossige Anlage (EG mit Gemeinschaftsräumen, Therapie und Verwaltung) breitet sich fingerartig aus und führt auf diese Weise die Patientenzimmer an die sie umgebende Landschaft heran, gibt ihnen den notwendigen Freiraum. □
Projekt aus Wettbewerb.
Fotos: Balthasar Burkhard

Teilgrundriss OG.

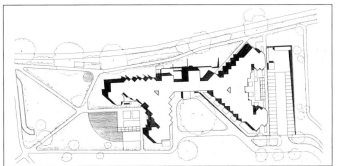

## Kant. Verwaltungsgebäude, Bern
Reiterstrasse
1979-1987

Tony Matti - Manuel Bürgi - Silvio Ragaz, Bern
Mitarbeiter: R. Borer, R. Hitz

Die Anlage basiert auf einer horizontalen Aneinanderreihung von zweibündigen Bürogrundrissen. Die innenliegenden Flächen werden durch Oberlichter und Innenhöfe belichtet. Durch teilweise verglaste Trennwände und vielfältige Lichteinfälle entsteht ein heller und transparenter Innenraum.
Eine traditionelle, tragende Fassade aus sichtbaren Zementsteinen bildet die äussere Begrenzung des Gebäudes, das im Innern als Eisenbeton- Skelettbau ausgebildet ist. Die Haupterschliessungsachse und die Ecktürme sind aus Stahl und Glas. ☐

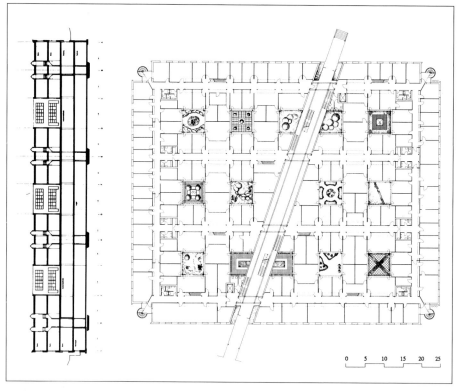

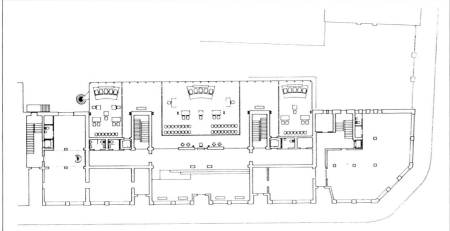

## Umbau und Erweiterung Kant. Verwaltungsgebäude, Bern

Speichergasse 8-16
1983-1987
Frank Geiser, Bern
Mitarbeit: H. Eggimann, H. Freiburghaus, W. König, R. Mühlethaler

Die Häuserzeile an der Speichergasse ist in den Jahren 1903-08 als Wohn- und Geschäftshaus gebaut worden. Die Lage im städtischen Randgebiet mit öffentlichen Bauten ist nicht geeignet für Geschäfts-Wohnhäuser. Die baulichen Eingriffe in die Gebäudestruktur wurde auf ein Minimum beschränkt. Der hofseitige Anbau wurde durch einen einfachen, freitragenden und transparenten Baukörper ersetzt, in welchem sich die Gerichtsääle des Kant. Verwaltungs- und Versicherungsgerichtes befinden. Die beim hofseitigen Anbau angestrebte Transparenz setzt sich als Thema in der Gestaltung der Geschäftsräume fort bis zur Verglasung der Bürotüren. Die Ladengeschäfte Nr. 8-10 wurden durch einen anderen Architekten projektiert, wobei beim wichtigen Kopfbau das vorgegebene Leitbild nicht weitergeführt wurde.
Fotos: Rolf Spengler, Sacha Geiser

## Erweiterungsbauten Gymnasium Kirchenfeld, Bern

Kirchenfeldstrasse 25
1980-1988

Jean-Pierre Müller, Bern

Das Areal südlich des Hauptgebäudes liess keinen grossen Spielraum zu. Die bestehenden Kastanienbäume auf dem Pausenplatz mussten erhalten werden. Die beiden Pavillons sind in der Volumetrie identisch. Sie unterscheiden sich in der Fensteranordnung entsprechend ihrer Nutzung: die Mensa, offen nach aussen orientiert, die Bibliothek, introvertiert, mehr geschlossen. Im Detail wird das Symmetrieprinzip durchbrochen. Um den Pausenplatz besser vom Verkehrsraum der Strasse abzusetzen, ist die vordere Freitreppe durch eine leicht ausladende Kanzel mit Wasserbecken ersetzt.

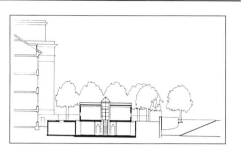

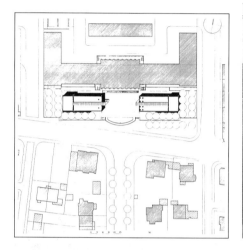

## Studentisches Zentrum, Bern

Bühlplatz, Gertrud Wokerstrasse 3
1988, in Ausführung 1990-1991

Regina und Alain Gonthier, Bern
Mitarbeiter: Beat Schenk

Der einfache pavillonähnliche Neubau lockert durch seine Situierung und Form das orthogonale Raumsystem des Areals auf und verstärkt somit den Charakter einer gewünschten Erholungszone innerhalb der Universitätsbauten. Seine Einbindung in die Umgebung basiert auf dem Konzept der Wegführungen. Das Zentrum wird als Cafeteria betrieben mit zusätzlichen Besprechungsräumlichkeiten. □

Fotos: Heinrich Helfenstein, Zürich

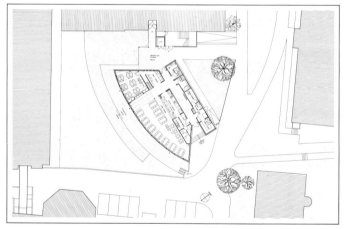

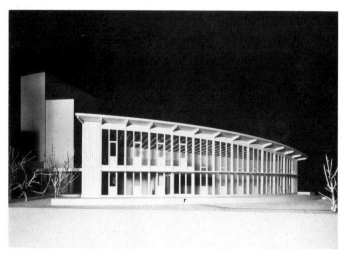

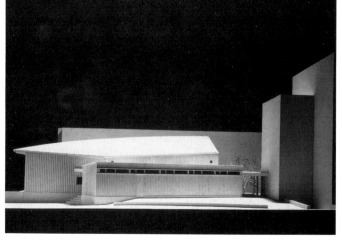

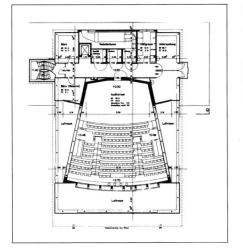
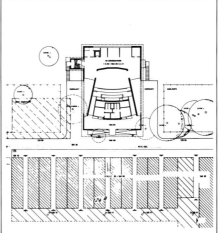

## Lehrgebäude Universität, Bern
Bremgartenstrasse
1987-1990
Franz Oswald, Bern
Mitarbeit: Andreas Schneiter

Das Lehrgebäude ist funktional und symbolisch die Mitte der Veterinär-Medizinischen Fakultät. Es steht im Zentrum ihrer Hofanlage. Es ist aus drei Volumen zusammengesetzt: einem liegenden Quader, darin eingesetzt ein trapezförmiger Zylinderstrumpf (Auditorium) und dem aus Regelflächen gebildeten Dachvolumen. Ausgehend von der Formbarkeit des Holzes (eine Forderung der Bauherrschaft), aus den Anforderungen von Raumakustik und Lichtführung, von Tragkonstruktion und Bautechnik, entstand als ästhetische Synthese eine feingliedrige, grosszügige und dominierende Form. □
Foto: Margrit Baumann, Bern

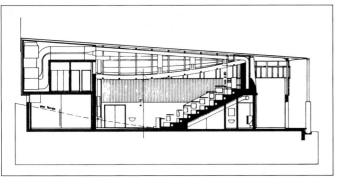

## Umbau und Erweiterung Vivarium Tierpark Dählhözli, Bern
Dählhözli
1982-1988
Andreas Furrer, Bern
mit P. Schenker, Ch. Stuber, G. Tanner

Das Grundkonzept war bereits im Wettbewerbsentwurf formuliert. Das Tier soll in seiner «natürlichen» Um- und Pflanzenwelt leben. Gleichzeitig soll der Besucher selber durch die fremdartige Welt gehen können, also nicht nur durch Gucklöcher Einblick nehmen. Der Besucherweg ist so angelegt, dass er – die künstliche Landschaft durchschreitend – immer tiefer unter die Oberfläche dringt, bis er schliesslich, unterhalb des Wasserspiegels, Einblick in die tiefen Seen und Meere nehmen kann. Anders als der Altbau (Teile davon wurden übernommen und saniert) besteht die neue Landschaftshalle nicht aus einem eigentlichen Gebäude. Vielmehr bilden der Altbau und die neue, geschwungene Mauer einen Raum, der trotz Überdachung mit einer leichten Stahl- und Glaskonstruktion nicht als «Haus» wirkt. Die Beschränkung auf wenige Materialien (vorwiegend Betonstein) bewirkt, dass der Eindruck des Publikums von der Landschaft und von den Pflanzen geprägt wird. □

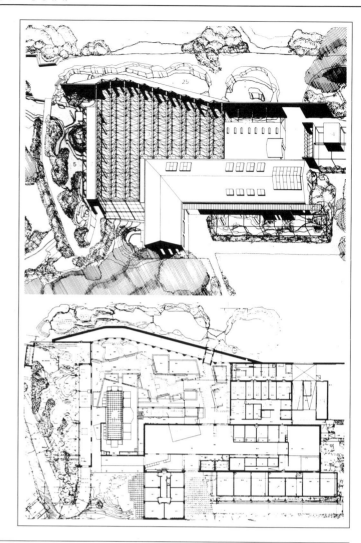

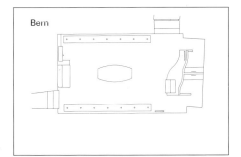 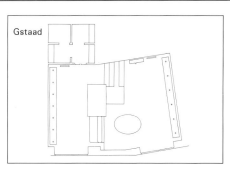

## Ladenbaukonzept JS, Bern und Gstaad

Bern Marktgasse 51, 1987
Gstaad, 1987

Martin und Elisabeth Boesch, Zürich

Qualität in Material und Verarbeitung ist in der Mode von Jil Sanders von zentraler Bedeutung. Eine Entsprechung sollte sie auch in dem Konzept für ihre Läden finden. Der jeweilige Raum wird bestimmt durch die standardisierten Elemente (z.T. aus Baubronce: Kleidergestell, Tisch, Spiegel, Vitrine) andererseits durch die ortsbezogenen Massnahmen, um eine bestimmte, der jeweiligen Räumlichkeit eigene architektonische Situation zu artikulieren (Ortsbeton, Deckenplatte). □
Die Serie wird fortgesetzt in Hongkong, Berlin, Tokyo.

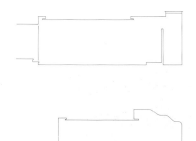

Schnitte Bern (oben) und Gstaad

## Atelierhaus, Bern

Altenbergstrasse 32
1985–1987

Rolf Mühlethaler, Bern

Die Situation am Aarehang ist geprägt durch eine zeitliche Verschiedenartigkeit der Bauten. Im Rahmen der Sanierung des alten Riegelhauses wurde das neue Maler-Atelier mit eindeutigen zeitgemässen Mitteln konzipiert: einfacher Kubus in korrekter Stahlskelettkonstruktion aussen und innen sichtbar, ausgefacht mit Glas und Holz; traditionell nach Norden gerichtetes Shed-Oberlicht. Die Windkräfte werden durch Stahlseile aufgenommen. □
Fotos: Daphné Iseli, Bern

  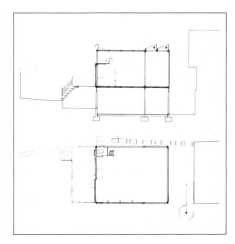

## Kraftwerk EWB, Bern
Felsenau
1983-1989

Andreas Baumann - Wladimir Grossen, Bern
Mitarbeit: Werner Kuhn, Bernhard Egger

Aus wirtschaftlichen und hydro-geologischen Gründen wurde die neue Zentrale neben dem 1909 gebauten Altbau, resp. neben dem Vorbecken erstellt, wobei eine Durchmischung der Nutzungen in neuen und bestehenden Gebäudeteilen erfolgt. Die neue Zentrale ist als eigenständiger Baukörper konzipiert (Maschinensaal mit Oberlicht und vorgelagerte Betriebsräume). Der Zwischentrakt in verglaster Stahlkonstruktion enthält einen Tropengarten. Die räumliche Grunddisposition ist in den Fassaden ablesbar, wie auch in der Umgebungsgestaltung durch die Übernahme der Geometrie der neuen Turbine. Die alte Baustruktur wurde renoviert. Schwebeplastik im Vorbecken von Christian Rothacher. □
Fotos: Rolf Schläfli, Bern

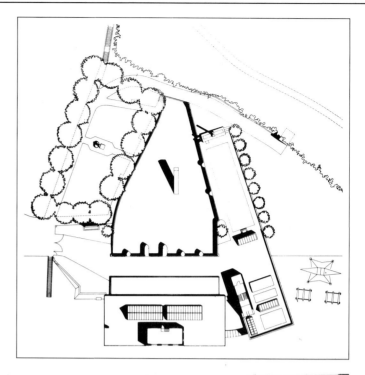

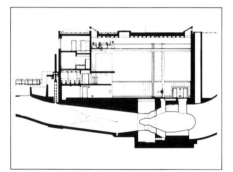

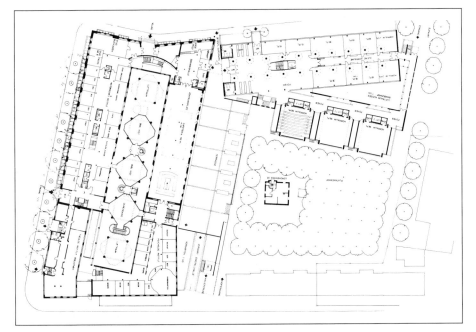

## Umstrukturierung eines Fabrikareals für die Universität, Bern

Länggassstrasse/Lerchenweg/
Muesmattstrasse
1987-1992 (in Ausführung)
Architektengemeinschaft Unitobler,
Bern: Pierre Clémençon - Daniel Herren -
Andrea Roost
Projektbearbeiter: Gody Hofman

Die ehemaligen Fabrikgebäude (1898-1957) der Chocolat Tobler AG im Länggassquartier werden in ein Zentrum für Geisteswissenschaften der Universität Bern umgestaltet. Die resultierende städtebauliche Situation ist das Gegenüber der grossmassstäblichen Tobler-Bauten einerseits und der kleinmassstäblichen Häuserzeile an der Muesmattstrasse andererseits. Ausgehend von dem durch das sprunghafte Wachstum der vormaligen Industrie gekennzeichneten heterogenen Charakter der Gebäude sind folgende wichtige Massnahmen vorgesehen:
– Die ganzen Tragsysteme bleiben als Zeugen der Gebäudegeschichte.
– Im Kern der Fabrikanlage wird der wichtigste Eingriff vorgenommen: der alte Gebäudehof wird abgebrochen, es entsteht der zentrale Raum, die Bibliothek. Fünf Türme sind Träger der Schriften.
– Ringförmig um diese Raumstruktur werden in den alten Produktionshallen die einzelnen Institute angeordnet als Teile eines Ganzen.
– Dem Gebäude am Lerchenweg werden auf der Innenhofseite neue Hörsäale vorgelagert.
Im äusseren Fabrikhof entsteht ein öffentlich zugänglicher Platanen-Hof als Raum zur Erholung.
Fotos: Elisabeth Herren

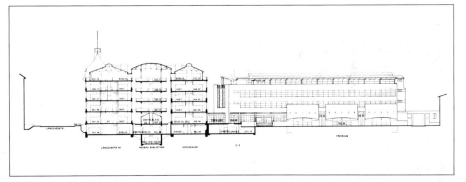

## Wohnsiedlung, Bern
Merzenacker
1980-1986
ARB Arbeitsgruppe, Bern
Projektbearbeitung: Kurt Aellen, Laurent Cantalou

Siedlungsraumgestalt von natürlicher und bebauter Umgebung hergeleitet: Zusammenspiel zwischen Topographie, Landschaft, bestehenden Bauten und Verkehrswegen. Öffnung für zukünftige bauliche Entwicklung ostwärts. Durchdringung vom Siedlungsraum mit individuellem Wohnraum auf verschiedenen Stufen: Säulengeschosse, gedeckte Eingangspassagen, Innenhöfe, geschützte Vorzonen Abstimmung der Wohnungs- bzw. Haustypen auf Lage, gegenseitige Beziehung und Orientierung im Siedlungsgewebe. Intensive freigestaltbare Räume, Erlebnisbereiche innerhalb des Reihenhauses. Energiesparen trotz grossen Volumen und grossen Glasflächen durch Einschränkung des thermischen Komforts in Teilbereichen. Damit entstehen Zonen mit differenzierten Nutzungsmöglichkeiten je nach Jahreszeit. □
35 Rheihenhäuser, 8 Wohnungen, 3 Büros, Kindergarten
Fotos: Dominique Uldry, Bern; Peter Disch

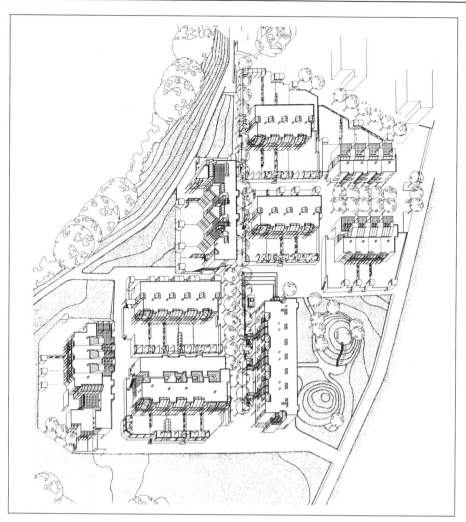

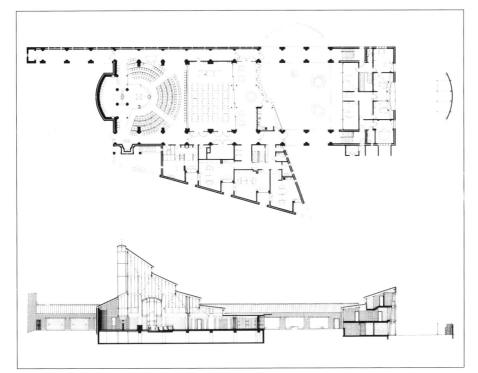

## Kirche St. Mauritius, Bern
Alte Murtenstrasse Bethlehem
1985-1989
Willi Egli, Zürich
Mitarbeiter: C. Späti, M. Strasser,
H. Wey
Bauleitung: H.U. Meyer

Die neue Kirche will die städtebaulich heikle Situation bejahend wahrnehmen und dem heterogenen Quartier durch rücksichtsvolles Verhalten zu einer Identität verhelfen. Die auf der Nord-Süd-Achse aufgebauten symmetrischen Grundformen verkörpern das irdisch-statische Element (Massivbau), währenddem die Ost-West-Achse in ihrer rythmisch bewegten Ausformung dem ergänzenden dynamischen Element entspricht (Holzbau).
Der Kirchhof liegt als ungezwungener «Ort der Begegnung» im Schnittpunkt der öffentlichen Quartierverbindung und sämtlicher Gebäude-Zugänge. Kirchenhof - Foyer - Mehrzweckraum und Kirche stellen eine rythmisch-räumliche Sequenz dar, welche sich hierarchisch steigert. Im Kirchenraum – der höchsten Stufe dieser Raumfolge – sollen die bereits im Äussern zur Wirkung gelangenden Elemente von dynamischer Dachentwicklung und statischer Bodentopografie zum Ausdruck kommen. □
Fotos: Heinz Studer, Bern

## Siedlung Thalmatt 2, Herrenschwanden

1981-1985
Atelier 5, Bern

Neuste Entwicklung des Siedlungsbaus nach «Halen», «Thalmatt 1», «Lorraine».
Innerhalb eines dreidimensionalen Rasters werden 36 Wohneinheiten zu einer Anlage zusammengefasst. Aus den kubischen Einheiten von 5 × 5 × 2.70 m lassen sich für die verschiedenen Wohnprogramme kleine, mittlere und grosse Häuser zusammenstellen.
Jeder Käufer wählt nach seinen Möglichkeiten und Wünschen unter unserer Anleitung das für ihn geeignete Haus, zusammen mit ihm und für ihn planen wir dann die im Rahmen des Gegebenen möglichen Ergänzungen. Der Grundraster der Anlage erlaubt es, mit jedem Haus auf die Besonderheiten von Lage und Orientierung einzugehen.
Jede Wohneinheit hat ihren geschützten Aussenraum und ihren eigenen Zugang (es gibt keine Treppenhäuser). Durch den konsequenten Schutz der privaten Räume und Aussenräume, durch die dichte Bebauung an sich, ergeben sich Wege und Plätze von grösster Differenziertheit.
Die Gemeinschaftseinrichtungen sind in dieser Anlage — sie schliesst sich direkt an die Siedlung «Thalmatt 1» an — wieder ein tragendes Thema, die Voraussetzungen für die Entwicklungen eines selbstverständlichen Lebens in der Öffentlichkeit sind gegeben. □
Fotos: Balthasar Burkhard

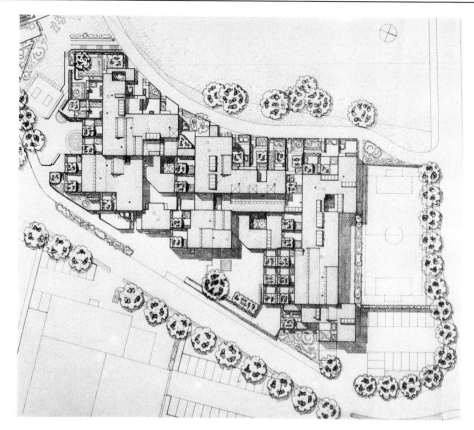

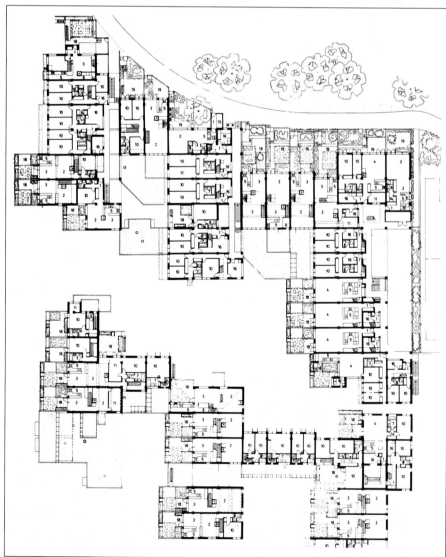

## Gewerbehaus Thalmatt, Herrenschwanden

Üttigerstrasse 3/5
1986-1988

Atelier 5, Bern

Auf einem Grundstück mit erschwerten Randbedingungen (Anbau, enge Verhältnisse) entstand ein einem kleinen Industriegebäude verwandter Prototyp frei von Bürobauähliche Konotationen — streng und zurückhaltend. Eine vorgehängte, kittlose Fassaden-Verglasung macht die Betonskelett-Konstruktion auch von aussen stes sichtbar.
Fotos: Terrence du Fresne

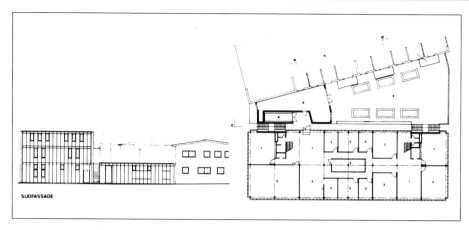

## Umbau und Erweiterung Staatliches Seminar, Münchenbuchsee

Hofwilstrasse
1980-1984

Frank Geiser, Bern
Mitarbeit: B. Frei, W. König

Das bestehende Hauptgebäude aus dem Jahre 1808 wurde durch Aussiedlung der Wohn- und Verpflegungsbereiche in ein reines Unterrichtsgebäude umgebaut. Der Neubau der Mensa ist als freistehender Pavillon konzipiert; ist aber andererseits das Bindeglied zwischen Hauptgebäude und Konvikt (1959). Durch Öffnen der raumhohen Glasfelder wird er zum schattenspendenden Dach – zu einem Bestandteil der Aussenanlage.
Das Projekt ist aus einem Wettbewerb hervorgegangen.
Fotos: Rolf Spengler, Bern

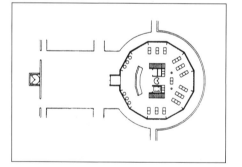

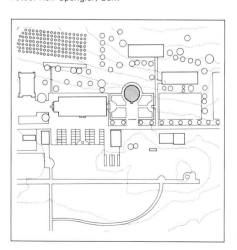

 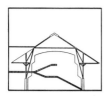 

## Bauernhaus-Umbau, Münchenbuchsee
Kirchlindachstrasse 7
1983-1985
Arbeitsgemeinschaft:
Manuel Bürgi - Michael Frey - Philipp Johner, Bern
Mitarbeiter: Daniela Luginbühl

Das Hauptproblem dieser Bauaufgabe ist typisch für die Entwicklung der letzten Jahre in der Agglomeration. Das ortsnahe gelegene Bauerngut wird zur Einfamilienhauszone umgezont, das um die Jahrhundertwende erstellte Bauernhaus muss zwar aus Gründen des Ortsbildschutzes erhalten werden, darf dafür aber als Wohnhaus voll ausgebaut werden. Das Bauernhaus beinhaltete bis anhin unter einem grossen Dach Wohn- und Ökonomietrakt, welche durch eine breite Tennauffahrt voneinander abgetrennt waren.
Beim Umbau versuchen wir, diese Dreiteilung des Hauses konstruktiv und architektonisch umzusetzen. Zwischen alter und neuer Raumhülle entsteht eine Raumschicht, die den Widerspruch zwischen alter und neuer Nutzung zum Ausdruck bringt. □

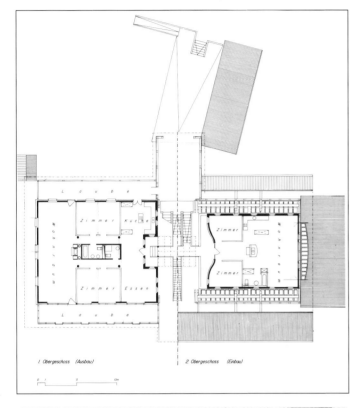

## Ausstellungs- und Büroräume, Niederwangen

1980-1983
Atelier 5, Bern

Ausstellungs- und Verkaufsräume für Sportgeräte aller Art, Werkstätten, Lager und Verwaltungsräume in einem Haus, darauf ein begehbares Dach, auf dessen gesamter Fläche Zelte, Boote und Gartenmöbel ausgestellt werden. Der Bau- im Innern eine roh belassene Betonstruktur, aussen eine Leichtbaufassade aus Aluminium — wird in seiner Gesamtheit stark geprägt durch die konsequente Anwendung eines Tageslichtumlenksystems.
Bei diesem System (es handelt sich um eine Erfindung des Lichtingenieurs Christian Bartenbach, die hier zum ersten Mal überhaupt zur Anwendung gelangte) wird über ausgestellte, teilweise aluminiumbedampfte Acrylglas-Prismenplatten Tageslicht eingefangen, die Sonne ausgeblendet und über Spiegelflächen und weitere Prismenplatten auf die im Inneren des Gebäudes an der Decke plazierten Aluminiumreflektoren gelenkt, von wo das Licht dann vertikal auf die Arbeitsflächen geworfen wird. Die Anwendung dieses Systems hat neben der ausgezeichneten Beleuchtung der Arbeitsplätze zur Folge, dass die Fassaden eines Gebäudes weitgehend geschlossen werden können. Die Fenster dienen nicht mehr als Lichtquelle, sondern nur noch dem Bezug nach aussen und können entsprechend dimensioniert werden. ☐
Fotos: Peter Bartenbach, München

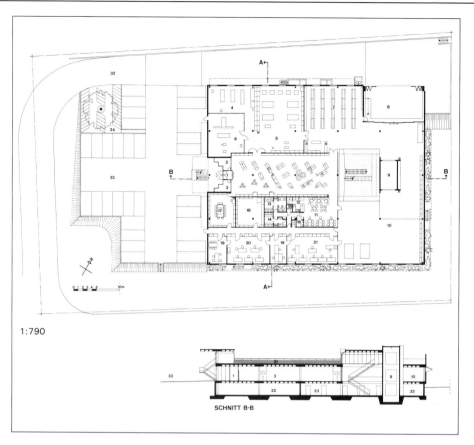

1:790

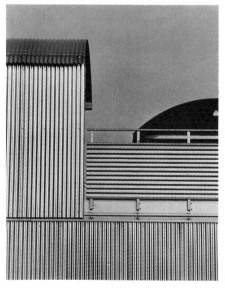

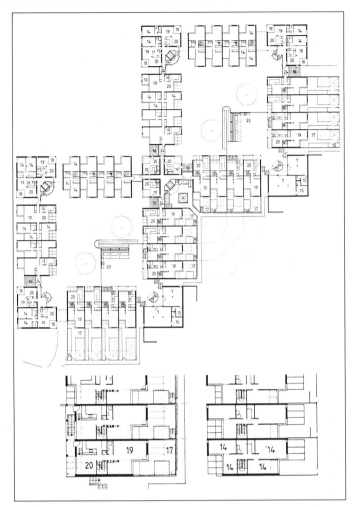

## Wohnsiedlung, Niederwangen
Ried
1983-1990
Atelier 5, Bern

Als Teil einer Gesamtplanung, die ein grösseres Baugebiet in verschiedene in sich geschlossene Einheiten aufteilt, in denen sich Anlagen unterschiedlicher Art frei entwickeln können. Zwei ringartig ineinander verflochtene dreigeschossige Baukörper umschliessen und fassen die öffentlichen Aussenräume. In die beiden Höfe münden die Zugänge zu allen Wohneinheiten. Die einfache, geschlossene Grundform der Anlage, die gegen den Hof ausgerichteten Wohnungen, die dichte räumliche Atmosphäre der Höfe geben dem Ganzen eine fast klösterliche Prägung. Die verschiedenen Wohnungsgrössen, vom Studio bis zur 5½-Zimmereinheit richten sich aus auf eine möglichst intensive Durchmischung der Bewohnerschaft.
Die Grundform der Wohneinheit (Halen, Thalmatt usw.) wurde ständig weiterentwickelt und verfeinert. 95-100 Wohneinheiten, Ateliers und Gewerberäume, Clubraum, Werkstatt, Sportplatz, Park. □
Fotos: Terrence du Fresne

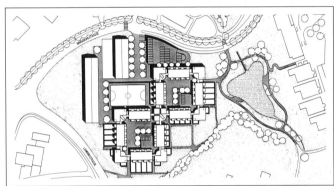

REGION BERN

## Reihen-Mehrfamilienhaus, Flamatt
Neueneggstrasse
1985-1987
Atelier 5, Bern

An die beiden sog. Klassiker «Flamatt 1» und «Flamatt 2» schliesst sich nun dieses dritte Projekt an. Auch bei diesem Bau sind mehrere Reihenhäuser unterschiedlicher Grösse in einem kompakten Gebäude zusammengebunden, wobei stets der Einfamilienhaus-Charakter unterstrichen wird (direkt von aussen erschlossen).

Vergleicht man die drei Flamatter Projekte, so kann man erkennen, dass der «bewohnbare Aussenraum» im Laufe der Zeit mehr an Bedeutung gewonnen hat (Balkon-Loggia-Garten und Dachterasse).

Ferner können durch das direkte Nebeneinander der drei Anlagen grundsätzliche Vergleiche über Entwicklungen der Ansichten zum Wohnungsbau in den vergangenen 30 Jahren anschaulich verfolgt werden. □

Fotos: Terrence du Fresne

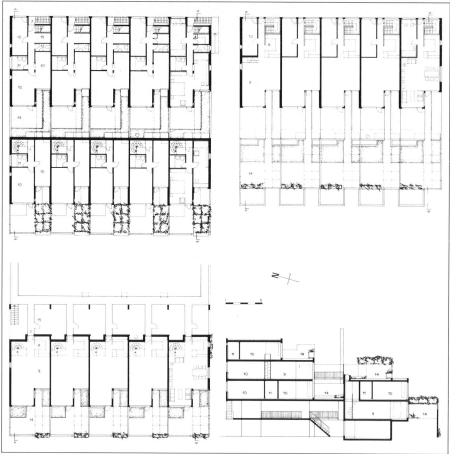

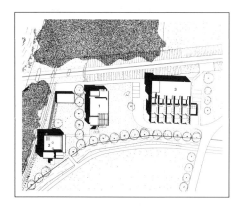

## Kirchliches Zentrum St. Josef, Koeniz

Stapfenstrasse
1984-1991 (in Ausführung)
Jörg + Sturm, Langnau-Bern

Das Kirchliche Zentrum ist Teil einer Gesamtüberbauung (Wohn- und Geschäftshaus, Bank, Wohnungen, Altersheim, Mehrzweckgebäude) mit Gestaltrichtungsplan, soll aber auch eine eigene Identität aufweisen. Die Jugend- und Arbeitsräume bilden zusammen mit den Wohnungen den äusseren Rahmen des Kirchlichen Zentrums (Winkelbau). Dieser Grundrahmen wird mit dem dominierenden Kirchenbaukörper, der senkrecht zum Hang gerichtet ist, dem Pfarrsaal mit vorgelagerten Foyer und dem Verbindungsbau mit der Eingangszone aufgefüllt. Der grosse Hof bildet den Kirchenplatz, der andere dient vor allem als Lichthof. Die Nahtstellen zwischen Kirche - Foyer und Saal sind so ausgebildet, dass sie sowohl eine Kirchen- als auch eine Saalerweiterung ermöglichen. □
Das Projekt ist aus einem Wettbewerb hervorgegangen.
Zusammenarbeit mit den Künstlern Kurt Siegrist, Sarnen und Godi Hirsch, Roth

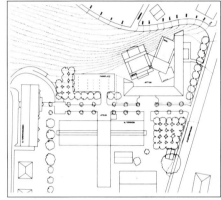

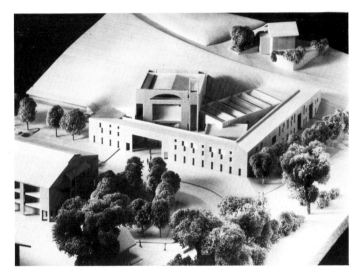

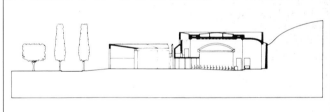

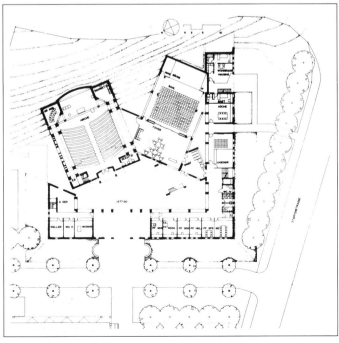

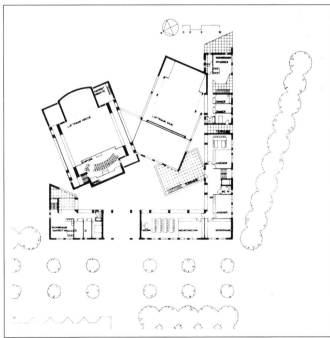

## Zentrum Friedhof, Wohlen
1980-1982

Andreas Furrer, Bern
Mitarbeiter: P. Schenker

Für die Gestaltung eines Zentrums im Friedhof von Wohlen wurde ein öffentlicher Wettbewerb durchgeführt. (Urnenwand und Gemeinschaftsgrab mit Einbezug eines besteh. Wasserlaufes).
Das Projekt betont den schräg verlaufenden, bestehenden Weg mit einer Folge von Räumen (Wasserachse, Ellipse, Aussichtspunkt) und unterteilt damit die nur schwach gegliederten Gräberfelder. Neben der räumlichen Gliederung und der Verdeutlichung der Hanglage werden inhaltlichen Anliegen mittels verschiedener Bedeutungsträger Ausdruck verliehen (gebrannte Erde, geschlossener Raum, Pyramide, Quelle). Gebaute Teile in Backstein ausgeführt. ☐

## Umbau und Sanierung Schulhaus, Bümpliz

Bümplizstrasse 92
1978-1980

Magdalena Rausser, Bern
Mitarbeiter: Kurt Gossenreiter

Das alte Dorfschulhaus in Bümpliz wurde 1834 im Dorfkern erstellt. Heute liegt das ländliche Gebäude mitten in grossen Wohnsiedlungen der Stadt Bern. Der Auftrag bestand darin, das Schulhaus zu renovieren und für neue Nutzungen zu gestalten: Tagesheim, Bibliothek, Kleinklasse, Erwachsenenbildung. Diese Nutzungen wurden ohne Veränderung der Struktur mit dem querliegenden Gang und einer Längsachse neu eingefügt.
Soweit als möglich wurde im Innern das vorhandene Material erhalten und weiterverwendet.
Der neue Anbau ist als klarer Baukörper unter das Mansart-Dach eingeschoben. Ein verglaster Gang bildet die Nahtstelle zwischen dem bestehenden Haus und dem neuen Anbau und verbindet als neue Querachse die beiden Lauben. Die Längsachse des Hauses wird im Anbau in einem hellen Gartenzimmer mit einer Terrasse abgeschlossen. ☐
Fotos: Hans Rausser, Bern

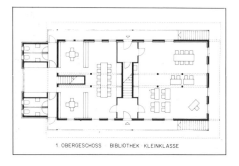

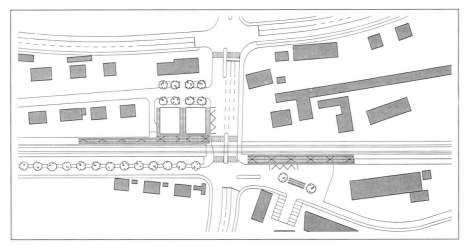

## RBS- Bahnhof Papiermühle, Ittigen
Bahnhofgebäude und Perronanlagen
Papiermühlestrasse
1982-1986
Frank Geiser, Bern
Mitarbeit: H. Eggimann, R. Mühlethaler

Die Neutrassierung der Worbenthal-Linie im Bereiche Ittigen machte den Neubau der Station notwendig. Die betrieblich nicht mehr benötigten Hochbauvolumen werden durch kommerzialisierbare Bauten ersetzt für eine bessere Nutzung und Attraktivität des Areals, hier an einem bedeutenden Umsteigepunkt von Bahn und Bus. Alle Zugänge zu den Dienstleistungsräumen erfolgen von der Passage aus, welche den künftigen Bahnhofplatz mit der Perronanlage verbindet. Der grossflächige Baukörper entspricht der topografischen Lage in der Talsohle.
Fotos: Rolf Spengler, Bern

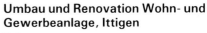

## Umbau und Renovation Wohn- und Gewerbeanlage, Ittigen
Schermen
1981-1983
Beat Kaufmann - Heinz Gafner, Ittigen
Mitarbeiter: Iris Kaufmann, Stefan Dellenbach

Die umgebaute Anlage besteht aus zwei Gebäuden mit unterschiedlichen Bauformen und Nutzungen. Der ältere südliche Teil des Gebäudes (barocker Landsitz aus der Mitte des 17. Jh.) wurde Ende 18. Jh. um eine Mühle erweitert. Diese zwei Bauphasen sollten mit dem Entwurf wieder deutlich gemacht werden.

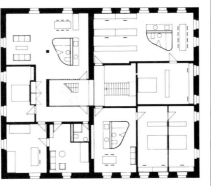

Hauptgebäude 1:380

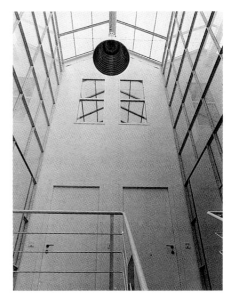

## Wohnquartier, Worb
Bleiche
1978-1982
Architektengemeinschaft
**Projektierung: Franz Oswald, Bern**
Mitarbeiter: Ch. Stuber, H. Furrer
Ausführung: H. R., Abbühl, F. Hubacher

Das Wohnquartier hat 7 Reihenhauszeilen bzw. 37 Hauseinheiten. Diese sind um den zentralen Einfahrtshof und um den Quartierplatz angeordnet. Alle Häuser sind dreigeschossig, wobei die oberen Häuser am Hang zweieinhalb Wohngeschosse plus Kellerabteil und die unteren Häuser im ebenen Gelände zwei Wohngeschosse plus ein ganzes Kellergeschoss haben. Auf der Eingangsseite eines jeden Hauses kann in der sogenannten Ausbauzone ein Nebengebäude (Studio, Atelier, Büro etc.) erstellt werden. Eine Entscheidungs- und Gestaltungsfreiheit für die Bewohner wird durch die konstruktive und organisatorische Trennung von «Schale» und Individualbereich gewährleistet. Die «Schale» wird von der Genossenschaft in Auftrag gegeben und unterhalten; der Individualbereich ist Privatsache des einzelnen Genossenschafters (räumliche Disposition, Ausbaustandard, Investitionen, Eigenleistungen). Konstruktion: Die «Schale» als bauliche Aussenhülle ist durch den (identischen) Gebäudequerschnitt definiert. Die Wahl der Hausbreite (4, 5 und 6 Meter) bestimmt das Bauvolumen des Individualbereiches.
Raumprogramm: 37 Hauseinheiten mit Ausbaumöglichkeiten, Mehrzweckraum, Spielwiese, Kleinkinder-Spielplätze, Quartierplatz.
Fotos: Hans Baumann, Hünibach-Thun, Margrit Baumann, Bern, Monica Cloetta

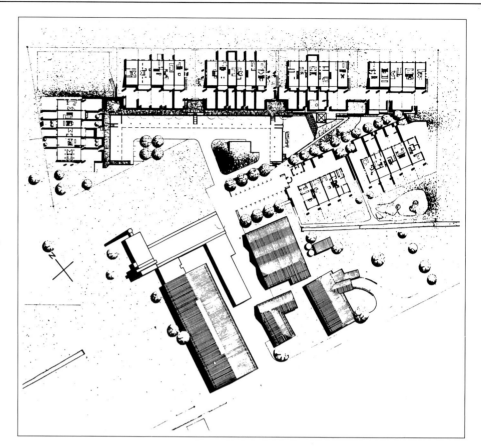

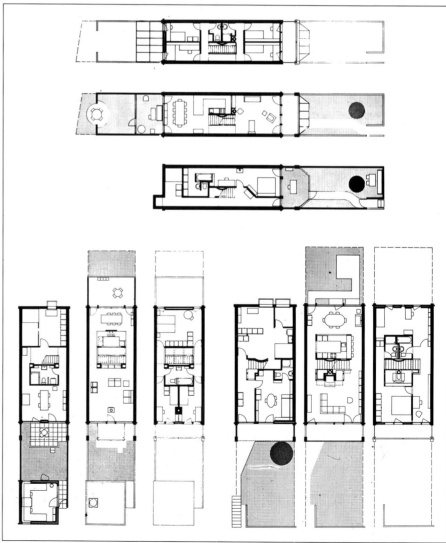

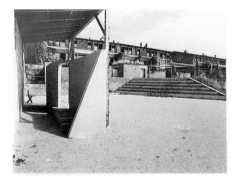

## Reihenhaussiedlung, Rubigen

Feldernstrasse 4
1981-1982
Werkgruppe:
Alfred Stauber, Marcel Hutmacher
Mitarbeiter: Fredi Ackermann

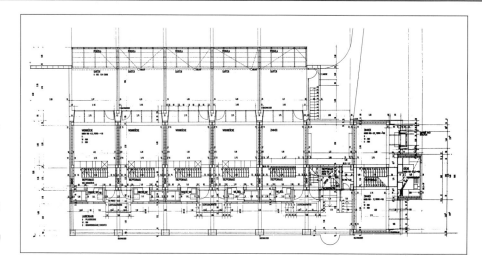

Situation und Schnittaufbau des Baues sind durch das schwierige Terrain in einer ehemaligen Kiesgrube bestimmt. Diese Ausgangslage führte zur Anordnung der Wohnungsterrassen als Gebäude auf der Höhe des umliegenden Terrains. Darunter befinden sich die Autoabstellplätze. Der Zugang zu den einzelnen Wohnungen erfolgt via Durchgang über den rückwärtigen Laubengang.
Hauptthema der Architektur war Geometrie und Licht. Die 5 Haus-Einheiten bestehen aus 5 genau gleich grossen Räumen, welche durch Belichtung und Aussenbezug differenziert sind. Die durchgehende Mittelzone mit der transparenten Treppe trennt und verbindet die Raumeinheiten, je nach Ausgestaltung der inneren Fassaden.
Farbgebung, Gestaltung der innern Abschlüsse und die Plazierung der Küche konnten in diesem Rahmen von den Käufern mitbestimmt werden. Die Betontragstruktur unterstreicht die geometrische Grundordnung und ermöglicht innere Flexibilität.
Fotos: Christine Blaser

## Doppel-Wohnhaus, Mühlethurnen

Thurnweg 10/12
1984-1986
Bauart-Architekten, Bern

Das Thema: zwei Häuser unter einem Dach.
Die Gebäudegruppe, Haupthaus und Nebengebäude, bilden zusammen mit der Linde einen Hof, wie er in dieser Gegend typisch ist.
Dachform und Gebäudehöhe sind ein dem Bauernhaus vergleichbares Volumen. Das Einzelhaus hat eine quadratische Grundform und ist in Skelett-Leichtbauweise konstruiert. Eine «integrierte» Bepflanzung schützt die Aussenhaut vor Wind und Wetter.
Fotos: Eduard Rieben, Bern

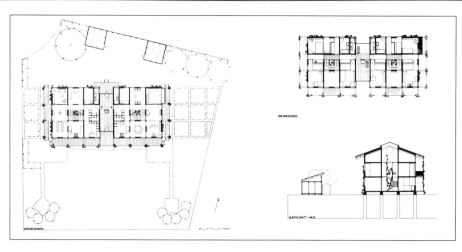

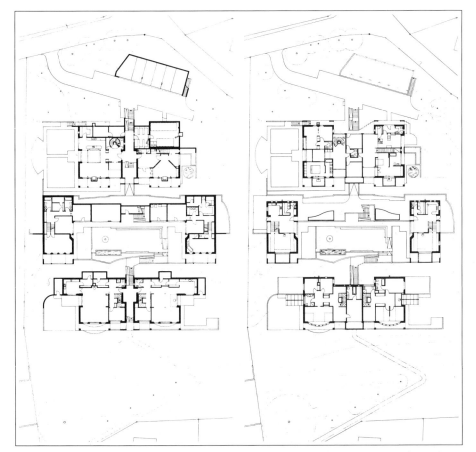

## Einfamilienhäuser, Hünibach - Thun
Wartbodenstrasse 27
1985-1988
Regina und Alain Gonthier, Bern
Mitarbeiter: Beat Schenk

Das Projekt für eine Überbauung von 6 Einfamilienhäusern an einem steilen Südhang ist aus einem Wettbewerb hervorgegangen. Die räumliche Organisation der Hausgruppe gleicht einer «Klein-Siedlung» mit gemeinsamem Platz im Zentrum. Die Erschliessung erfolgt in einer zentralen Achse in N-S-Richtung. Jedes Haus hat seine privaten Aussenräume und engen Bezug zur einmaligen Aussicht auf Thunersee und die Alpenkette. Die äussere Gestaltung baut auf die Wiederholung von erkennbaren Elementen auf: Satteldach als Ausdruck für Hauseinheit, gewölbte Teile als Sonderelement zu Hauseinheit oder als selbständiges Element. Die von aussen repetitive Grundeinheit der Häuser erlaubt im Innern eine Vielfalt von möglichen Grundrissorganisationen (individuelle Bedürfnisse der Bauherren und Bewohner). □
Fotos: Heinrich Helfenstein, Zürich
Robert Baumann, Steffisburg

## Bezirksspital, Schwarzenburg
Guggisbergstrasse
1981–1987
Atelier 5, Bern

Beim Bau dieses Kleinspitals (50 Betten) wurden die Schwerpunkte anders gesetzt als dies üblicherweise der Fall ist (Spitalbau als Aufgabe für Spezialisten). Ausgangspunkt war nicht das Spital als Institution (Kranke als «Pflegegut») sondern das Spital als Ort des Wohnens in einer besonderen Situation, wo die ganze Umgebung, die Patienten unter sich, die räumlichen Bezüge innen und aussen eine Atmosphäre schaffen, die auf «gesund werden» ausgerichtet ist und nicht auf «krank sein». Ausgangspunkt ist das Krankenzimmer: jedes Bett hat seinen gleichwertigen Bereich, jeder Patient hat «sein» Fenster mit privatem Sitzplatz. Das Zusammenspiel des Oberlichtes über dem Korridor und Patientenzimmer bringt zusätzliches Tageslicht in den hinteren Teil des Zimmers (auch Bezug Zimmer-Korridor, Stockwerk-Stockwerk). Eine zentrale Halle verbindet die beiden Geschosse. Die Aufgliederung der Fassaden und des Baukörpers lässt den Spitalkomplex nie als grossen Bau erscheinen. □
Fotos: Balthasar Burkhard

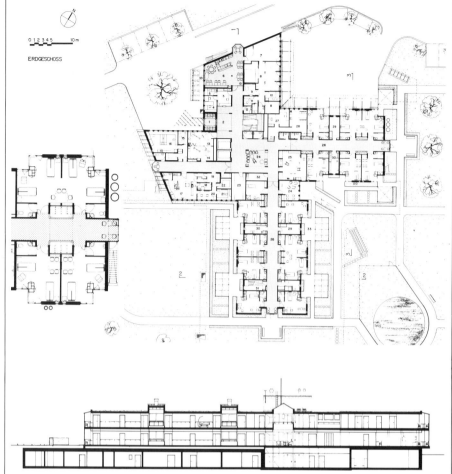

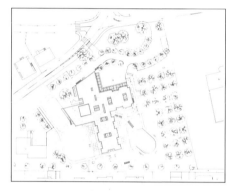

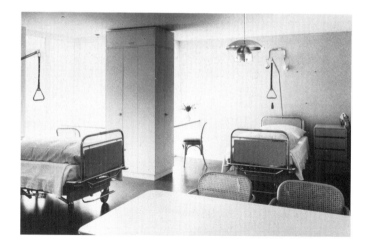

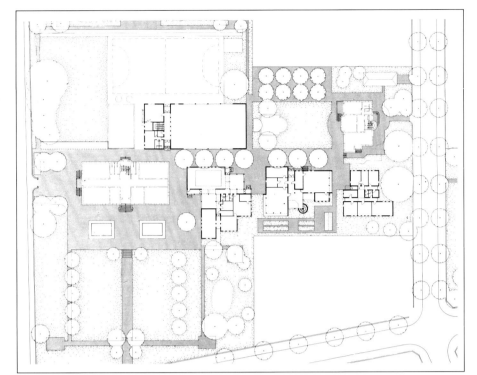

## Umbau und Erweiterung Staatliches Lehrerseminar, Thun
Äussere Ringstrasse
1977-1986
Atelier 5, Bern

Die bauliche Erweiterung des Seminars Thun besteht aus den umgebauten und renovierten bestehenden Gebäuden und den vier Neubauten. Wichtiger Bestandteil ist aber auch der Park und die Umgebung der beiden Villen.
Mit Rücksicht auf die bestehenden Anlagen wurden die Neubauten bewusst kleinmassstäblich gehalten. Sie begrenzen zusammen mit dem Hauptgebäude und der Villa Lüthi eine neue Fussgängerachse. Durch die bewusste Zuordnung verschiedener Unterrichtsräume wurde der Charakter der einzelnen Gebäude auf einfache Art unterstrichen. (Werkhaus, Turnhaus, Mehrzweckhaus und Verwaltung). Im Haus selber finden wir wieder ein Haus: das in sich geschlossene Klassenzimmer, den Werkraum, das Büro. Die Aussenwand der Gebäude bildet auch die Hülle der Zimmer. Dazwischen liegen luftige, verglaste, oft zentralbeleuchtete Innenräume: die Hallen, Korridore und Aufenthaltsbereiche. Ganz drin ändert die Stimmung. Die Wände sind weiss, die Fenster klein, die Atmosphäre intimer. □
Kunst am Bau: Niele Toroni und Balthasar Burkhard
Fotos: Terrence du Fresne

## Erweiterung Altersheim, Langnau
Oberfeldstrasse 7
1986-1989
Jörg + Sturm, Langnau-Bern

Der neue Bauteil ist rechtwinklig an den Altbau angestossen (Treppenhaus) und überbrückt teilweise einen bestehenden Flachbau, welcher neu integriert wird.
Die Tragstruktur ist gesamthaft als Stahlskelett ausgebildet. Grossformatige, vorfabrizierte Betonelemente sind als sichbare äussere Verkleidung angehängt. Loggien für die individuellen wie gemeinschaftlichen Räume sind Filterzonen zwischen aussen und innen. □
Fotos: Maya Torgler

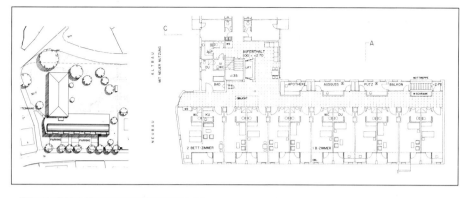

## Wohnhaus, Müntschemier, BE
1984-1986
Michael Alder, Basel
Mitarbeit: R. Naegelin

Das Einfamilienhaus ist in Typologie, Konstruktion und Ausdruck dem Hause in Itingen BL verwandt. An einem Hang gelegen, orientieren sich die Haupträume auf drei Seiten. Die Treppe ist asymmetrisch angeordnet, während die Öffnungen in den Fassaden eine symmetrische Ordnung aufweisen.

 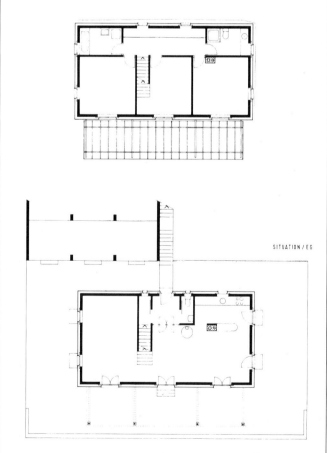

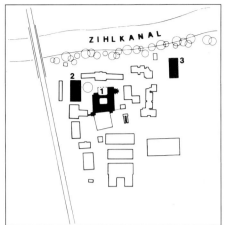

## Anstalten St. Johannsen, Le Landeron

Staatsstrasse Le Landeron-Erlach
E. Rausser - P. Clemençon - M. Ernst, Bern
Mitarbeiter: Edi Wülser, André Born, Marco Ryter

St. Johannsen, die im 11. Jh. gegründete Benediktinerabtei, ist seit dem 19. Jh. als Straf- und Arbeitsanstalt im Besitze des Staates Bern. Ausgelöst durch Reformen im Straf- und Massnahmevollzug wurde St. Johannsen in den Jahren 1974-82 restauriert und durch Neubauten den neuen Bedürfnissen angepasst.
Die hohe Bauqualität der ehemaligen Klosteranlage war für uns Architekten eine Verpflichtung, mit den Mitteln unserer Zeit einen neuen Ort, unter Wahrung der Kontinuität der Bautradition, zu schaffen.
Es wurde versucht, Neues massstäblich taktvoll und klar ablesbar in die historischen Baustrukturen zu integrieren. Mit diesem Verhalten wurde der Dialog zwischen neu und alt möglich, so wie er in historisch gewachsenen Orten mit verschiedensten Baustilen als harmonisches Gesamtbild erlebbar ist. □
Fotos: Christian Moser, Bern

**Kreuzgang Klostergebäude**
1977-1980

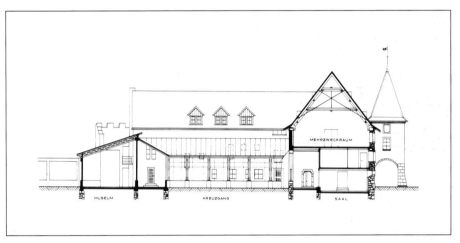

**Hallenbad**
1980-1982

**Werkstattgebäude**
1977-1981

## HINWEIS: ZUR AUSFÜHRUNG VORGESEHENE PROJEKTE

### Neugestaltung Schänzli, Kursaalerweiterung mit Hoteltrakt, Bern

1989-1990 Projekt
Realisation in Vorbereitung

Regina und Alain Gonthier, Bern

Das Kursaal-Areal ist einerseits durch die markante Topographie des Schänzlihügels mit dem Baumbestand, andererseits durch den vielfältigen Gebäudekomplex auf der Kuppe bestimmt.
Der Entwurf besteht aus zwei Eingriffen:
Das Hotel ist als Sockelbau der bestehenden oberen Anlage konzipiert, so dass einerseits ein ruhiger vorgelagerter Park, andererseits eine grosszügige Aussichtsterrasse entsteht.
Auf der Kuppe ist ein schlichter Baukörper mit den Konferenzräumen als westlicher Abschluss vorgesehen, der den dritten Hauptkörper-Schwerpunkt in die bestehende Komposition setzt.
Die räumlichen Qualitäten des Hotelneubaus sind bestimmt durch die Ausrichtung der Zimmer auf den davorliegenden Park und die Stadtsilhouette sowie auf den introvertierten Lichthof, der die Identität des Hotels prägt.
Fotos: Heinrich Helfenstein, Zürich
(Wettbewerb)

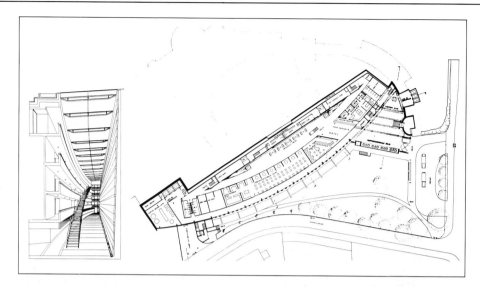

### Verwaltungsbauten Egghölzli, Bern

Weltpoststrasse
1989-1990 Projekt
Ausführung noch unbekannt

Matti - Bürgi - Ragaz, Bern
Mitarbeit: R. Hitz

Durch eine Erweiterung des Raumbedarfes einer Bank (SVB) und einer Versicherung (Grütli) ist eine städtebaulich verdichtete Neustrukturierung und Quartierergänzung im Oberen Murifeld geplant. Als erste zu realisierende Etappe ist ein Verwaltungsbau (Grütli) vorgesehen mit einem innovativen Raumkonzept, das grosse Erlebnisdichte und Flexibilität bietet. Freies, transparentes Erdgeschoss.

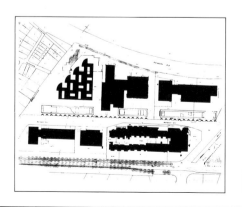

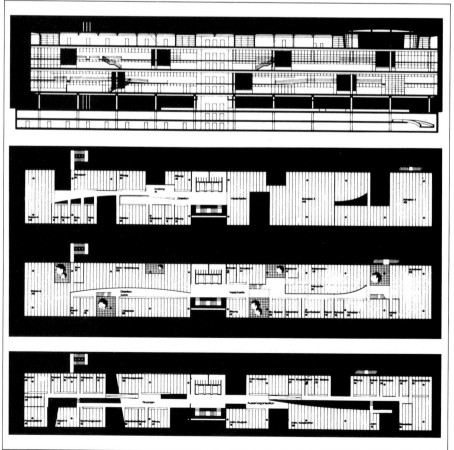

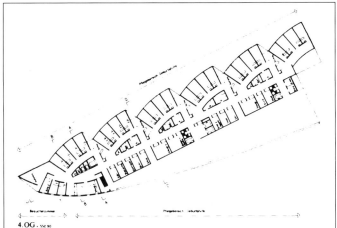

## Frauenspital, Bern
Freiburgerstrasse 21-25
1983 Projekt
Realisation noch unbestimmt
Marie-Claude Bétrix - Eraldo
Consolascio, Zürich
Mitarbeit: André Kündig

Die Lage: am Übergang einer dichten Zeilenbebauung und den locker gestreuten Spitalbauten. Das Gebäude: zwei Grundrissmuster liegen übereinander, dreischichtig die Behandlungsgeschosse, zweischichtig die Bettengeschosse. Das vielgestaltige Programm ist in einem Baukörper organisiert, dessen Fassadengliederung verschieden ist: geschlossen gegen die Stadt (Scheibe), plastisch bewegt (Pavillon) gegen die «Spitallandschaft».
(Wettbewerb)

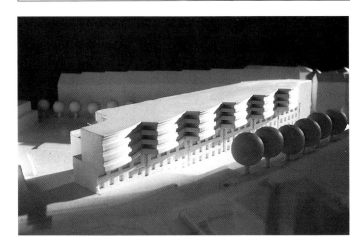

# 4 REGION AARGAU

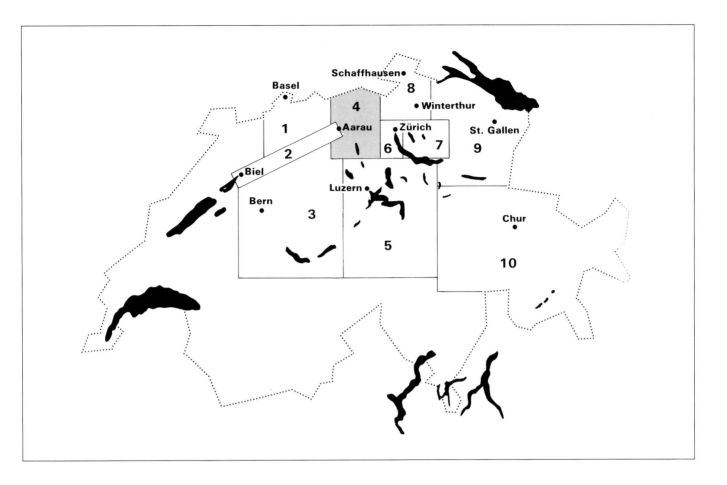

In dieser Region sind Bauten von folgenden Architekten dargestellt:

**Burkard - Meyer - Steiger**
– Versicherungsgebäude, Aarau
– Kantonsschule, Wohlen
– Schul- und Behindertenzentrum, Baden-Dättwil
– Geschäfts- und Wohnhaus, Bankgebäude, Baden
– Wasserturm, Baden
– Bankgebäude, Lenzburg
– Mehrfamilienhaus, Baden

**Santiago Calatrava**
– Geschäftshaus, Suhr

**Dieter Zulauf - Stefan Schmidlin**
– Mehrzweckhalle, Rupperswil

**Markus Lüscher - Viktor Michel**
– Wohn-Atelierhaus, Leutwil

**Werner Egli - Hans Rohr**
– Schulanlage, Meisterschwanden
– Wohnüberbauung, Baden-Dättwil
– Bezirksschule, Baden
– Stadtkasino, Baden

**Ueli Zbinden**
– Fünf Wohnhäuser, Seon

**Marie-Claude Bétrix - Eraldo Consolascio**
– Industriegebäude, Wohlen

**Furter - Eppler + Partner**
– Wohn- und Gewerbebau, Wohlen
– Überbauung «Isebähnli», Wohlen

**Tognola - Stahel - Zulauf**
– Wohnsiedlung, Gebenstorf
– Sportanlage Esp, Baden-Fislisbach
– Mehrzweckhalle, Widen

**Metron Architekten**
– Reihenhaussiedlung, Windisch
– Wohnsiedlung, Mülligen
– Wohnsiedlung, Stetten

**Schnebli - Amman + Partner**
– Wohnüberbauung, Würenlingen
– Wohn- und Geschäftshaus, Baden

**Eppler - Maraini + Partner**
– Schulanlage, Mehrzweckhalle, Baden-Rütihof
– Wohn- und Gewerbehaus, Baden
– Einfamilienhaus, Ennetbaden

**Hannes Burkard - Max Müller**
– Wohn- und Geschäftshaus, Baden
– Doppelkindergarten, Oberrohrdorf
– Erweiterung Schulanlage, Oberrohrdorf

**Wilfrid und Katharina Steib**
– Historisches Museum, Baden

**Heinz Rinderknecht - Robert Ziltener**
– Regionale Verkehrsbetriebe, Otelfingen ZH

**Walter Meier - Andreas Kern**
– Turnhalle und Mensaerweiterung, Baden

## Versicherungsgebäude, Aarau

Laurenzvorstadt 9
1987-1991 (in Ausführung)
Burkard-Meyer-Steiger und Partner, Baden
Mitarbeit: D. Krieg, H. Nienhaus, M. Blatter, W. Tehlar

Der Neubau kommt hinter das bestehende Gebäude der Winterthurer-Versicherung in eine parkähnliche Zone zu stehen. Er wird zu einem ergänzenden, eigenständigen Element der einzelnen Baukörper in einem Streifen der südlich durch die Zeilenhäuser der Laurenzvorstadt und nördlich durch die Kante des steilabfallenden Aare-Einschnittes gebildet wird.
Mit einer Zugangsplattform, die zum runden Innenhof und den Eingängen führt, ist der gegen aussen dreigeschossige, U-förmige Baukörper an den Strassenraum der Laurenzvorstadt angedockt.
Der als einfacher Zweibünder konzipierte Bürobau orientiert sich einerseits in den städtischen Innenhof, andererseits in die umliegende Parklandschaft. Im Gegensatz zur zusammenhaltenden Aussenfassade aus verputztem Backstein wird der überhöhte, innenliegende Rundbau in Stahl und Glas ausgeführt. □

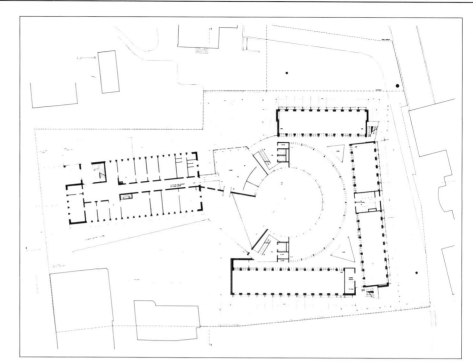

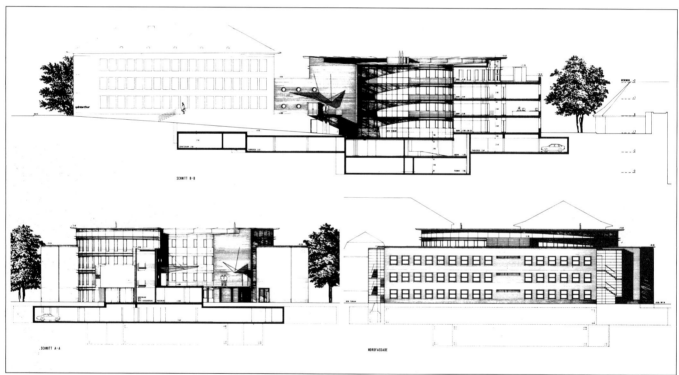

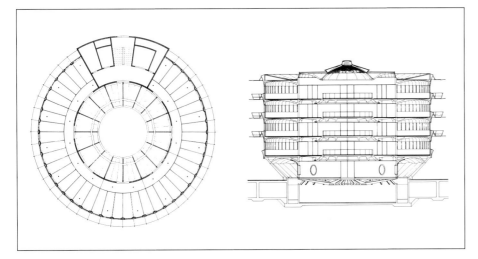

## Geschäftshaus, Suhr
Bernstrasse-West
1984–1986
Santiago Calatrava, Zürich und Peter Frey, Suhr

Das Geschäftshaus steht in einer Art Niemandsland zwischen Dorf und Industriezone, zwischen Lagerplätzen, Strassenkreuzung und älteren Häusern. Ein Leerraum um das kreisrunde, horizontal geschichtete Volumen ergibt Abstand und Distanz, eine Art Platz ohne Beziehung. Die Autoabstellplätze sind um das somit isolierte Objekt angelegt.
Die Mitte des Gebäudes bildet eine zentrale Halle, die durch fünf Stockwerke bis unter die gläserne Kuppel reicht und durch diese belichtet wird. Die Arbeitsräume sind um diese Halle angeordnet und erreichbar über Galerien. Der zweigeteilte Treppenkörper mit dem Service-Räumen unterbricht die diversen Kreisringe und gibt der Kreisform des Grundrisses einen festen Punkt und eine Ausrichtung.
Konstruktiv ist der Bau aus vorgefertigten, sichtbar belassenen Betonteilen zusammengesetzt, deren Formen aus technischen und ästhetischen Überlegungen entstanden sind. (Alle Installationselemente sind in die Tragstruktur eingebaut, z.B. Lüftung usw.). Beton und Metall (Aluminium) stehen in verbindendem Gegensatz zueinander.
Die Stützen, welche die oberen Geschosse tragen, sind schräg nach innen gestellt gegen einen Sockel. Die oberen Geschosse erhalten damit etwas «Schwebendes». Über den umlaufenden Fensterbändern sind Sonnenschutzblenden, wie Vordächer, auskragend montiert. Sie dienen gleichzeitig als Fluchtweg bei Brandausbruch. Die gebogene Form der Brüstungs-Verkleidung verstärkt zusammen mit den Blenden die Körperhaftigkeit der Fassade.
Fotos: Peter Disch

## Mehrzweckhalle, Rupperswil

Jurastrasse
1988-1991 (in Ausführung)
Dieter Zulauf - Stefan Schmidlin, Baden

Die neue Halle wurde in symmetrischer Anordnung südlich der bestehenden Turnhalle plaziert. Dadurch konnte dem bestehenden Pausenhof Richtung Westen ein Abschluss gegeben werden. Die Halle ist gemäss ihren Nutzungen in zwei Teile gegliedert. Einerseits der Hauptbau mit Foyer, Doppelturnhalle und Bühne, andererseits durch eine Galerie abgelöst, parallel auf die ganze Länge der Garderobetrakt. Durch das Tieferlegen des Hallenniveaus erreicht man die Garderoben ebenerdig vom Pausenhof aus, während das Foyer bei Festbetrieb über einen abgesenkten Hof erschlossen ist. □
Fotos: Foto Company, Baden

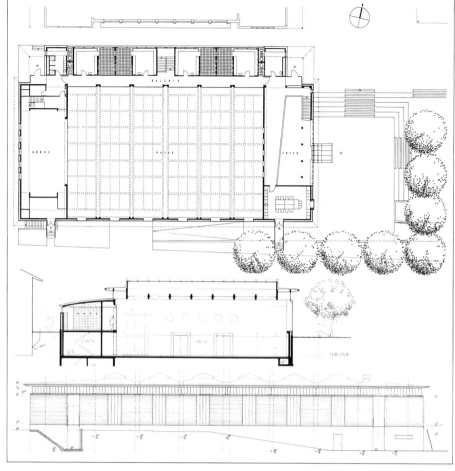

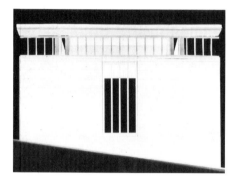

## Wohn-Atelierhaus, Leutwil

Winterhalde
1983-1985
Markus Lüscher - Viktor Michel, Lenzburg-Zürich
Mitarbeiter: Toni Hintermann

Der quer zum Hang gestellte Bau ragt über die plattformbildende Stützmauer hinaus; dadurch wird eine attraktive Cockpit-Situation erzielt. Das Gebäude ergänzende Bauteile stecken einen Übergangsraum zur natürlichen Landschaft ab. Zugangssteg, Oblicht und hellblaue Blechverkleidung kennzeichnen den Atelierraum im Obergeschoss; grosse Schiebetüren ermöglichen variable Raumzuordnungen im Wohngeschoss. □

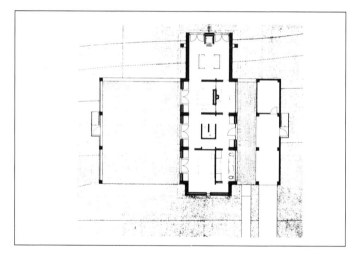

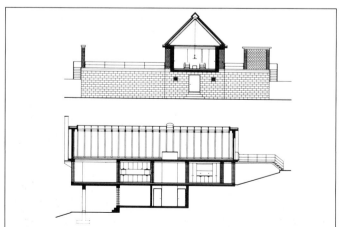

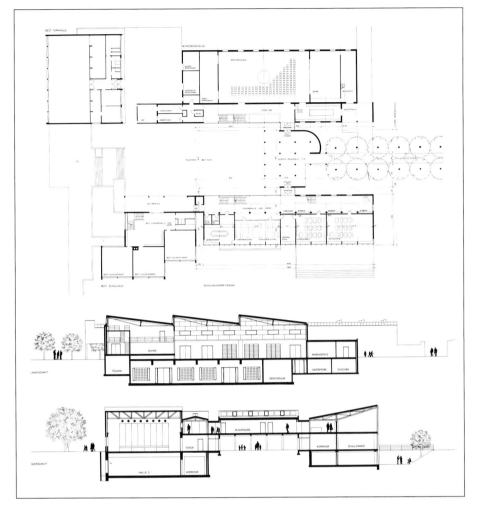

## Erweiterung Schulanlage, Meisterschwanden
Schule und Mehrzweckhalle
1983-1991 in Etappen
Werner Egli - Hans Rohr, Baden-Dättwil
Mitarbeit: V. Brändli

Die 1968 erstellte Primarschule sollte erweitert werden. Diese verbaut durch die Situierung an der Hangkante die Aussicht zum Hallwilersee. Durch die Stellung der Neubauten und eine neue Erschliessung wird versucht, diese Situation durch «Dramatisierung» zu korrigieren. Der neue Schultrakt schliesst an die bestehende Schule an und bildet zusammen mit dem Musiktrakt und der Mehrzweckhalle (letzte Etappe) einen Hof, der sich zum See öffnet. Die Neubauteile übernehmen Achsmasse, Höhen und Dachformen der bestehenden Anlage auf, sind jedoch mit anderen Materialien ausgeführt (Sichtbeton, Metallfassade, Dachkonstruktion in Stahl). □
Resultat eines Wettbewerbes.
Fotos: Francesca Giovanelli

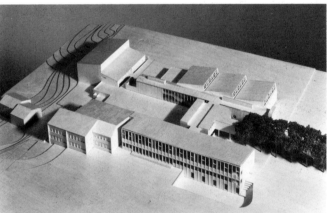

## Einfamilienhausgruppe, Seon

Ahornweg
1985-1987

Ueli Zbinden, Zürich

Die Situationslösung schafft mit der Repetition gleicher Gebäude eine räumliche Ordnung, die dem Chaos der Umgebung entgegensteht (am westlichen Rande des Dorfkerns). Der gewählte Grundriss fand in den 30er Jahren eine gewisse Verbreitung: Erschliessung und dienende Räume bilden eine hintere, Wohn- und Schlafräume eine vordere Raumschicht. Die Garageanbauten mit Vordächern beziehen sich auf die ländliche Bricolage mit An- und Nebenbauten und integrieren den Strassenraum in das Raumkonzept der Häuser. Mit dem Holzbau wird der Faden aufgenommen, der in der deutschschweizer Moderne präsent war (Fischli, Artaria, Th. Schmid). Die Dächer sind mit Zinkblech eingedeckt.

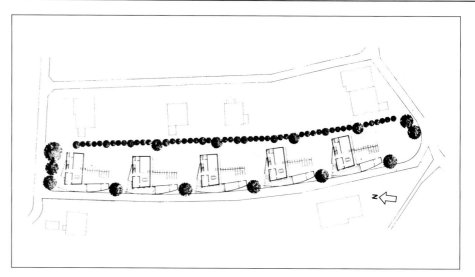

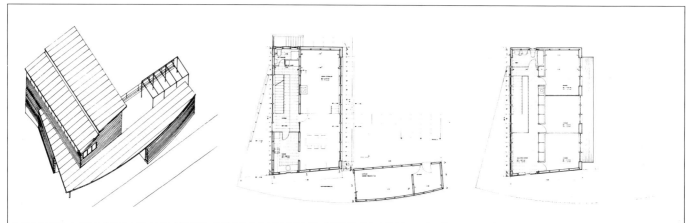

## Büro- und Industriebau, Wohlen

Wilstrasse
1989-1990 Ausführung verschoben
Marie-Claude Bétrix - Eraldo Consolascio, Zürich mit Guido Züger
Mitarbeit: E. Mayer

Das Grundstück liegt in einem ehemaligen Sumpfgebiet am Rande einer mittelgrossen Schweizer Stadt. Die Referenzen für das Projekt sind das «castrum romanum» als Organisationsstruktur und die «ideale Stadt» des 16. Jahrhunderts als Form. Die Klassizität der «Vorbilder» wurde auf den Mikrokosmos des Ortes abgestimmt. Das «Unsichtbare» des Bodens wurde sichtbar gemacht: Ähnlich dem «unstabilen» Grund weist die Fassade eine sich verändernde Ordnung auf. Die Versetzung der vierseitig entspannten Fassadenelemente lässt leicht unterschiedliche Figuren entstehen. Auf dem mit schwarzer Keramik umhüllten Körper, in zwölf Metern Höhe, steht das «neue» Erdgeschoss. Die vier Dachgärten entziehen sich dem lästigen Grundwasser und vergegenwärtigen die Symbolik der Windrose. □

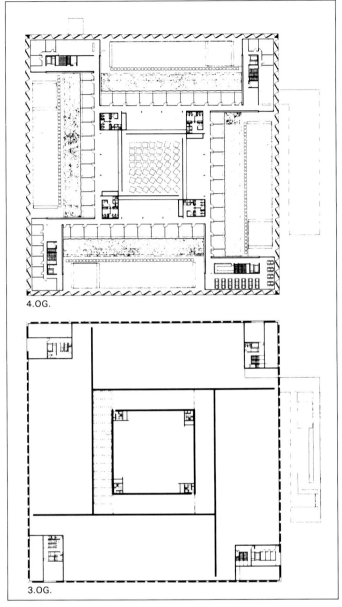

4.OG.

3.OG.

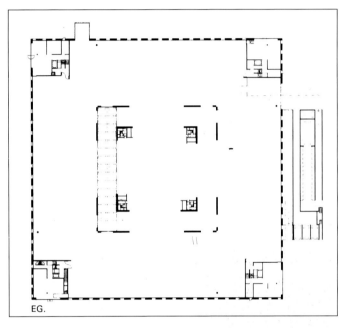

EG.

## Erweiterung Kantonsschule, Wohlen
**1983-1987**
Urs Burkard - Adrian Meyer - Max Steiger, Baden
Mitarbeiter: Daniel Krieg

Eine Mittelschule konzipiert als kleines, städtisches Gefüge. Das Zentrum mit den Aufgängen als oberbelichteter, kreisrunder Platz. Daran angeschlossen sind die Aula, die Mensa, die Bibliothek als selbständig ausgeformte Baukörper. Die Erschliessung der Unterrichtstrakte als gerade Tangentialen erhalten durch ihre schichtenartige Ausformung den Charakter von eigentlichen kleinen und belebten Strassen. Das Ineinandergreifen, das Verweben der beiden Hauptgeschosse zu einem Ganzen ist eines der Hauptanliegen. Die Ausformung des Baukörpers entstand aus der Auseinandersetzung mit den zwei vorhandenen baulichen und landschaftlichen Grundmustern Allmendquartier und Bünz. □
Statische und formale Bearbeitung der Deckentragsysteme von Bibliothek, Aula, Eingangshalle sowie Vordach: Ing.-Arch. Santiago Calatrava, Zürich.
Fotos: Heinrich Helfenstein, Zürich

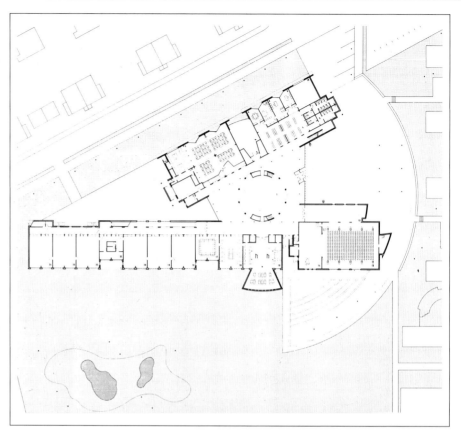

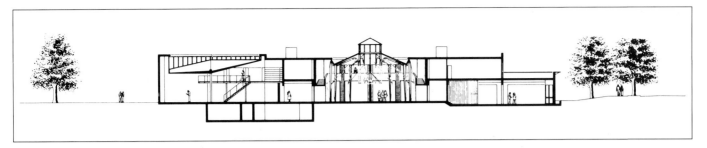

## Überbauung «Isebähnli», Wohlen

Aargauerstrasse 2
1985-1986

Furter - Eppler und Partner, Wohlen
H. Furter, R. Eppler, C. Müller, L. Eppler, D. Zampieri

Das Gebiet der Geschäfts- und Wohnbauten liegt peripher zum Dorfzentrum. Das bestehende Restaurant «Isebähnli» dient heute als Gelenk in räumlicher und zeitlicher Hinsicht, ist als freier Eckbau integriert in die neue Struktur. Die Abschirmung der Wohnungen von den starken Verkersimmissionen geschieht durch eine Hofbildung über erdgeschossigem Parkhaus. Die Strassenseite zeigt eine murale Fassade, während die Wohnungen sich auf die Hofseite öffnen, räumlich verschränkt durch teilweise zweistöckige Terrassenräume. Die Läden sind auf Strassenebene und mit dem Parkhaus verbunden. ☐

## Wohn- und Gewerbehaus, Wohlen
Rigackerstrasse 9
1985-1987
Furter und Eppler & Partner, Wohlen

Wohnen und Gewerbe in einer gemeinsamen Anlage unterzubringen, hat ökonomische (kompakte Bauweise) Vorteile und ergibt durch die Durchmischung eine beiderseitige Bereicherung. Die bevorzugte Situation am Ende der Gewerbezone sowie die Anordnung der Wohnungen im Obergeschoss erlaubt einen weiten Ausblick in die landwirtschaftlich genutzte Ebene.
Die grosszügige Arkade auf der Zugangsseite dient als Umschlagplatz für das Gewerbe. □

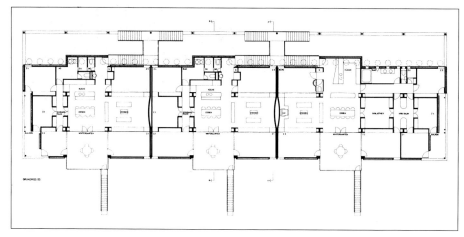

## Bankgebäude, Lenzburg
1987-1991
Burkard-Meyer-Steiger und Partner,
Baden
Mitarbeit: H. Binggeli, W. Baumann,
C. Mächler

Der Bankneubau steht in nachbarlicher Beziehung zum Bahnhofgebäude und soll einen ersten Ansatz zum geplanten Bahnhofplatz bilden: der einfache Baukörper bildet einerseits den Abschluss dieses Platzes (Kundenhalle) und andererseits die Begrenzung des vorhandenen Parkes (Orientierung Arbeitsplätze). Der Bau will sich mit den verputzten Fassaden selbstverständlich ins Quartier einpassen. □
Projekt nach eingeladenem Wettbewerb.

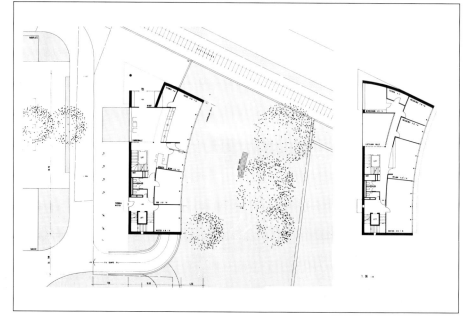

## Wohnsiedlung, Gebenstorf
«Rüssdörfli», Baden
1980-1984
Carlo Tognola, - Christian Stahel - Dieter Zulauf, Windisch

Das alte Rüssdorfli liegt entlang dem Weg zur mittelalterlichen Furt über die Reuss. Das Felberhaus, auf dessen Areal die neue Siedlung steht, bildet den Vorposten das Rüssdörfli. Die alten Häuser in der Dorfzone bestechen durch ihre grossen und klaren Volumen. Der einfache und kräftige Baukörper der «Vorder-Häuser» nimmt diese Sprache auf. Die Firstrichtung der hinteren Häuser wurde gedreht und der Platz gegen das Felberhaus so geöffnet, dass sie in eine neue Gesamtfigur integriert sind.
Die Siedlung soll möglichst nutzungsneutral sein. Darunter verstehen wir eine Eignung für unterschiedliche Bewohnergruppen. Sie soll auch deren zyklisch bedingte Veränderungen auffangen können. Weiter soll es in bescheidenem Umfang möglich sein, Arbeitsplätze einzurichten. Diese Ziele versuchten wir zu erreichen, indem wir ein 7-Zimmerhaus von normaler Grösse in zwei verschieden grosse Häuser aufteilen und durch eine Glashalle verbinden. Durch die Glashalle werden zwei grössere und zwei kleinere Häuser (Stöckli) zu einer Einheit zusammengefasst. □

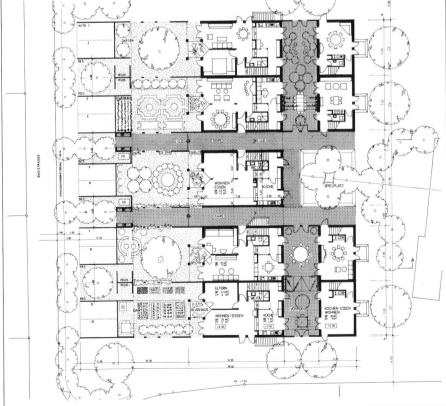

## Reihenhaus-Siedlung, Windisch AG
Zelgliacherstrasse
1979-1981
Metron Architekten AG, Windisch
Mitarbeiter: Claude Vaucher, Franz Roth, Markus Ringli

Die Siedlung besteht aus drei einzelnen Gebäuden mit je vier Reihenhäuser. Diese sind um einen gemeinsamen Innenhof gruppiert (Komunikationszone). An der Aussenseite, gegen Osten und Westen hin, sind die Privatgärten (Intimzone) orientiert. Massgebend für die Gestaltung der Häuser waren die Wünsche der zukünftigen Nutzer, die Bauordnung und die festgesetzten Kosten pro Wohneinheit. Die Einhaltung der Baukosten war dank der radikalen Vereinfachungen möglich. Die Gebäudeformen sind kompakt, ohne Vorsprünge und Einschnitte. Die Unterteilung des Hauses in einzelne Zimmer konnten die Mieter ohne Kostenfolge gemäss ihren individuellen Bedürfnissen machen lassen.
Die Umgebung der 12 Hauseinheiten wird begrenzt durch das gemeinsame Waschhaus und die 12 gedeckten Autoabstellplätze. Die Siedlung wurde mit dem Ziel konzipiert, Reihenhäuser zum gleichen Preis wie eine Blockwohnung zu vermieten. □

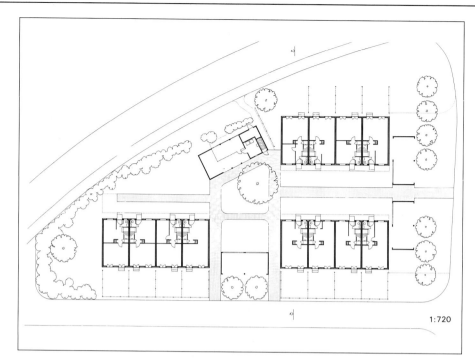

1:720

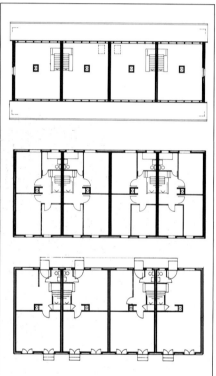

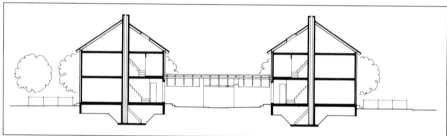

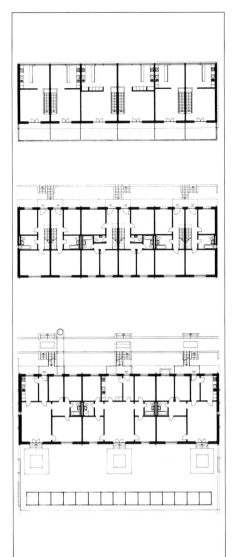
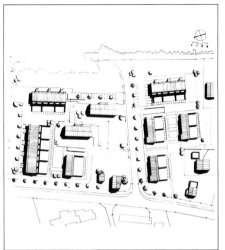
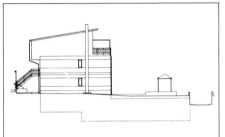

## Wohnüberbauung, Würenlingen AG
Unter der Halde
1981-1986
Dolf Schnebli - Tobias Amman und Partner, Zürich-Agno
Mitarbeiter: Paolo Kölliker

Gemäss Bauvorschriften wurde mit 3-stöckigen Haustypen geplant: grössere Wohnungen im Erdgeschoss mit Gartenanteil, 2-stöckige Wohnungen in den Obergeschossen durch Freitreppe erreichbar (Wohngeschoss oben mit Terrasse). Bei der Entwicklung der Grundrisse wurde auf eine präzise Proportionierung geachtet. Die Details sind feinmasstäblich, um die Räume so gross als möglich wirken zu lassen.
Die Anlage wird in Etappen ausgeführt (bis 1986 zwei Etappen).
Der Gesamtplan verändert sich mit der Realisierung, d.h. das Konzept bleibt bestehen, aber es gelingt, auf Feinheiten der gegebenen Situation und deren Veränderungen, einzutreten. Diesen Wohnungsbau betrachten wir als eine Weiterentwicklung desjenigen der 20er und 30er Jahre. Der Aufbau in Grundriss, Schnitt und Fassade ist rational. □

## Wohnsiedlung, Mülligen AG
Löh
1981-1988

Metron Architekten, Windisch
Uli Rüegg, Franz Roth,
Gioconda de Min

Die Wohnhäuser werden an die nordseitige Erschliessungsstrasse angelehnt und in 2 südorientierten Reihen streng linear aufgebaut. Im Schnitt resultiert eine sorgfältig differenzierte Schichtung. Gegenüber dem Dorf respektiert die Siedlung Grössenordnung der Volumen, Geschosszahl und Dachform. Durch den streng geometrischen Aufbau, Materialwahl und Detailgestaltung setzt sie sich andernorts klar ab, will 1988 gebaut sein. Aufgrund der kompakten Gebäudedisposition resultiert südseitig vor einer arenaartigen Laub-Wald-Kulisse eine grosseräumige, gemeinsame Freizone.
Beitrag Heiner Richner, Bildhauer, Aarau:
– blaue Säule im Waldbereich
– blaue Tische auf dem Gemeinschaftsplatz
– blaue Fassade Gemeinschaftshaus.

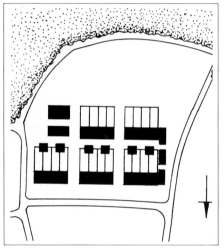

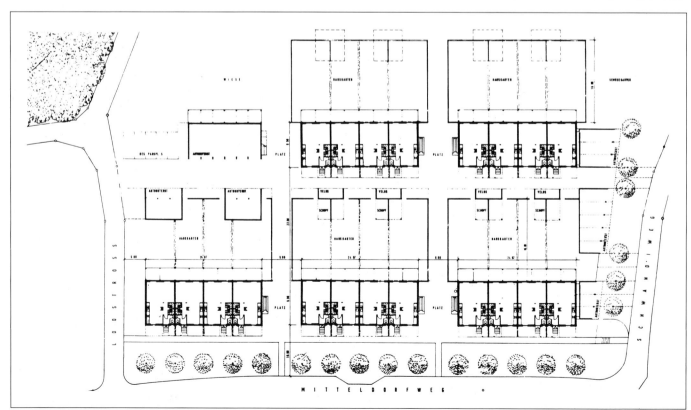

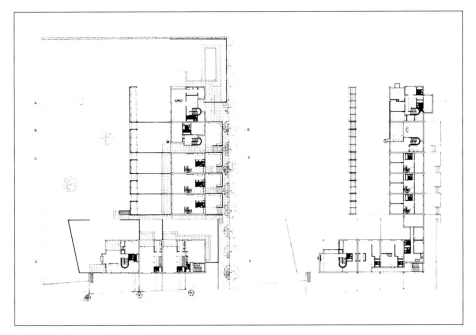

## Wohnüberbauung, Baden-Dättwil
Pilgerstrasse
1985-1987
Werner Egli - Hans Rohr, Baden-Dättwil
Mitarbeit: U. Müller, J. Meyer,
R. Hofmann

Die 6 Reihenhäuser und 5 Wohnungen liegen als winkelförmige, fragmentarische Strassenrandbebauung an der Peripherie Badens. Sie vereinen städtische Anonymität und individuelle Wohnform. Dachterrassen und exakt abgezirkelte Aussenräume wiederspiegeln den Wunsch nach Abgeschiedenheit trotz kollektiver Bauform. □
Fotos: Eduard Hueber

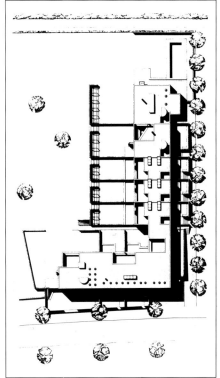

## Schul- und Behindertenzentrum, Baden-Dättwil

«Höchi»
1986-1988
Urs Burkhard - Adrian Meyer - Max Steiger, Baden
Mitarbeit: W. Arnold, H. Niehaus, P. Zimmermann, C. Schweizer, R. Tedeschi

Das ehemalige Bauerndorf Dättwil ist Badens wichtigste Wachstumszone.
Die neue Anlage mit Primarschule, Behindertenzentrum und Quartierräumen hat Zentrumsfunktion und ist auf die noch als «Dorf» erlebbare Kernzone von Dättwil ausgerichtet. Anordnung, Volumetrie und Dachformen nehmen auf verschiedene architektonische Eigenarten traditioneller Dörfer Bezug. Mit der Verwendung neuzeitlicher Materialien wird aber gleichzeitig gegenüber traditionellen Formen eine Distanz geschaffen (Blechdächer, Betonsteine, Glasbausteine). Wichtigstes Raum-Element ist der Platz, die Leere, definiert von den einzelnen Gebäuden. Die Aula gibt sich als das wichtigste Gebäude am Platz zu erkennen; jedes hat durch Stellung und Form seine eigene Bedeutung innerhalb der Gruppe, des Zentrums. Der Integration und seiner architektonischen Formulierung kommt auch Signalwirkung für die Siedlungsstruktur zu. □
Das Projekt ist das Resultat eines Weltbewerbes.
Fotos: Heinrich Helfenstein, Zürich

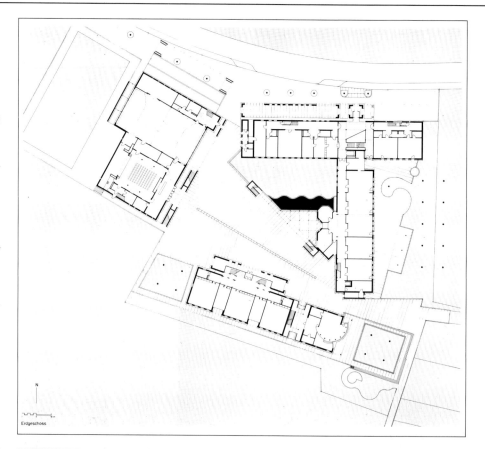

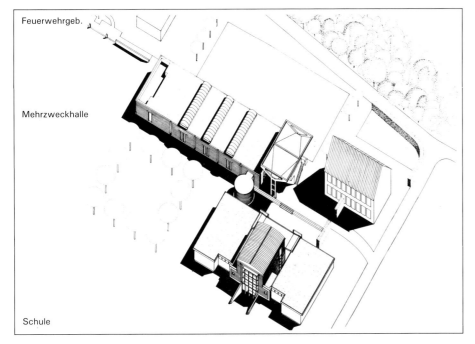

## Schulanlage, Baden - Rütihof
Schule 1981/1986-1987
Mehrzweckhalle 1989-1990
Feuerwehrmagazin 1990
Eppler - Maraini Partner, Baden
H. Eppler, T. Hasler, L. Maraini,
E. Schoop

Rütihof, ein ehemaliges Bauerndorf, ist eingemeindete Exklave von baden und vorwiegend eine Wohnsiedlung. 1981 entstand das Projekt für eine Mehrzweckhalle und das Feuerwehrlokal. Durch Einsprache verzögert, wurde es erst 1989/90 realisiert.
Dazwischen entstand das kleine Schulhaus als dringend notwendige Erweiterung des Schulraumangebotes. Die aus dieser «Planung» entstandene Situation ist eine Art Collage aus einem alten Dorfschulhaus, zwei vorfabrizierten Schulpavillons und einem neuen Miniaturschulhaus mit 2 Klassen und der Mehrzweckhalle. All diesen Bauten gemeinsam – und eigentliches architektonisches Konzept – ist der zentrale Platz als Forum. ☐
Resultat eines Wettbewerbes 1981.

Schule

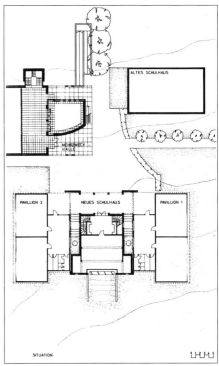

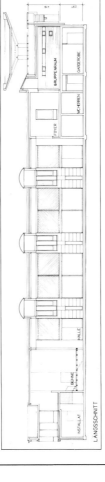

Mehrzweckhalle

Feuerwehrgebäude

## Wohn- und Gewerbehaus, Baden

Ländliweg
1989-1991 (in Ausführung)
Eppler - Maraini Partner, Baden
H. Eppler, T. Hasler, L. Maraini,
E. Schoop

Städtebauliche Parameter bilden die Wohnhäuser und Villen in der parkähnlichen Landschaft südlich des Stadtzentrums die stark befahrene Zürcherstrasse (früher Bahnlinie) und eine 1983 realiserte Übebauung auf dem nördlichen Nachbargrundstück (siehe seite nebenan).
Mit dem Projekt wird einerseits die Linearität der Überbauung weitergeführt und andererseits das Muster der freistehenden Einfamilienhäuser, charakteristisch für das südliche Gebiet.
Durch diese «Überschiebung» entsteht eine Verknüpfung unterschiedlicher Strukturen. Diese Arbeit wiederspiegelt sich auch in der Nutzungsdisposition: Villenkuben auf Stützen über Sockel mit Geschäftsräumen. Die Materialisierung wiederum unterstützt diese Überlagerung: Sockel und Rücken sind differenziert von Frontfassade und Villen. Die Wohnungstypen interpretieren das Thema «Stadtvilla». □

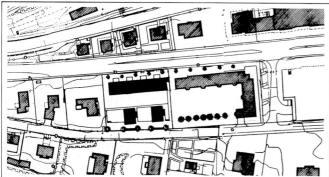

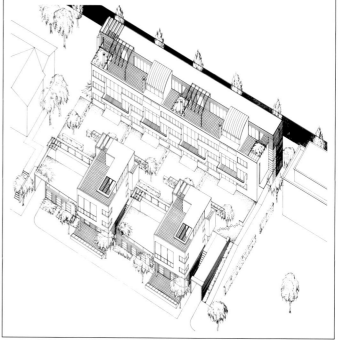

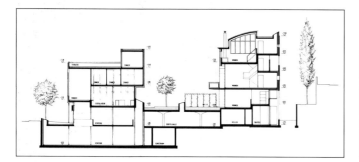

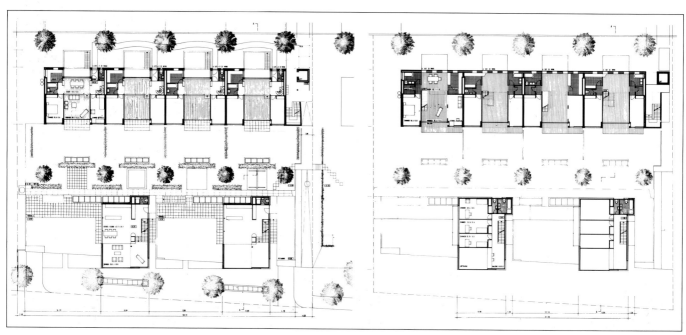

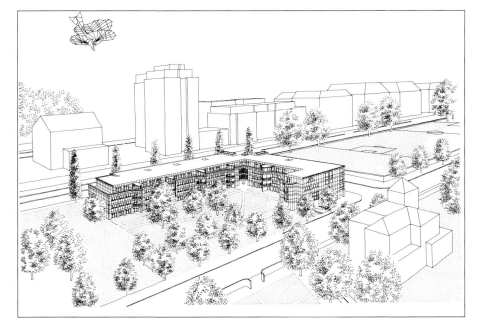

## Wohnhaus, Baden
Ländliweg
1981-1983
Urs Burkard - Adrian Meyer - Max Steiger, Baden

Das Grundstück liegt an einer sehr stark befahrenen Ausfallstrasse nach Zürich, im Übergang von dichter städtischer Bebauung zu einem parkähnlichen Gebiet mit Villen, vorwiegend aus der Jahrhundertwende.

Wir versuchten einen Gebäudetyp zu entwerfen, der einerseits auf die einschneidenden Randbedingungen von Lärm und Orientierung eingeht, anderseits aber auch aus der erwähnten Übergangssituation von Stadt zu Park entwickelt ist und diese aktiviert. Wir bauten das Wohnhaus als Quartierecke. Die Wohnungen sind ganz auf den Hof und damit auf das bestehende Quartier hin ausgerichtet und durch offene Laubengänge erschlossen. Die Ecke als Eingang, Durchgang und Aufgang (Treppen, Lift) verbindet die wie Raumschichten ausgebildeten Laubengänge miteinander.

Die Strassenfassade ist glatt, hautähnlich, mit einem ringsumlaufenden Dachfries. Im Gegensatz dazu folgt die gefaltete Hoffassade dem Stakkato der Wohnungsgrundrisse, spiegelt präzis den Rythmus der inneren Räume.

Die Wohnungen selbst sind, auf Wunsch des Bauherrn, sehr einfach organisiert und besonders durch die einbündige Anordnung aller lärmempfindlichen Räume auf den Hof geprägt. □
Fotos: Eduard Hueber

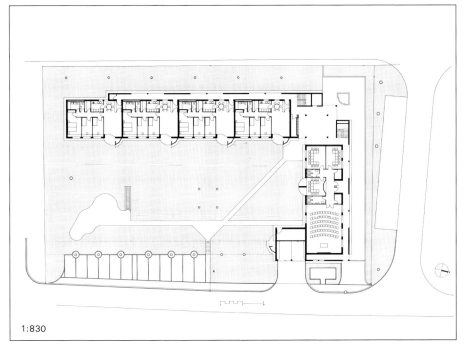

1:830

## Aarg. Kantonalbank, Geschäfts- und Wohnhaus, Baden

Projekt 1979-1980
Bank 1981-1984
Geschäftshaus 1981-1983
Urs Burkhard - Adrian Meyer - Max Steiger, Baden
Mitarbeiter: Yves Morin, Ruedi Dietiker, Heinz Nienhaus, Peter Süsstrunk

Wenn sich die grösseren Dinge in die kleineren verkriechen, sollte man die kleineren ernst nehmen. Für uns jedenfalls war das Handmass des kleinen Klinkersteins als Mittel zur Bewältigung eines grossen Bauvolumens gerade recht. Der Stein gab uns Mass und zwang uns zur Disziplin. Er forderte von uns, seine ihm innewohnende Gesetzmässigkeit zu respektieren. Die Steine wollen Bogen sein, wenn sie Lasten tragen. Wo ihnen das Widerlager fehlt, müssen wir sie mit Spannkabel zwingen, wir müssen ihnen gar Brücken bauen, Türme werden sie allein. Die Struktur der Schichten, die unzähligen Kanten brechen das Licht. Sie nehmen der Haut die Glätte, zerlegen die grossen Teile in kleine und bilden wieder ein Ganzes. Die einladende Gestik der strassenseitigen Fassade mit ihrer Arkade, ihren Aufgängen, Türen, Toren und Fenstern soll das Haus als öffentlich zugänglichen und begehbaren Teil der Stadt erscheinen lassen.

Wir haben versucht, aus dem Haus bewusst mehr zu machen als nur Hülle für einen beliebigen Inhalt. Es soll unverwechselbarer Teil des Bahnhofquartiers sein, ein Stück Stadt. Wohnungen, Büros, Läden, Garage, alles unter einem Dach, miteinander verwoben, als wäre all dies immer hier gewesen. Es war nichts als eine vornehme Pflicht und Aufgabe, ein so grosses Volumen mit der notwendigen Disziplin und Zurückhaltung mit der bestehenden Umgebung zu verweben. □

Das Raumprogramm: Läden, Wohnungen, Bankgebäude (am oberen Ende des Komplexes).

Fotos: Walter Hauser, Andelfingen
Heinrich Helfenstein, Zürich

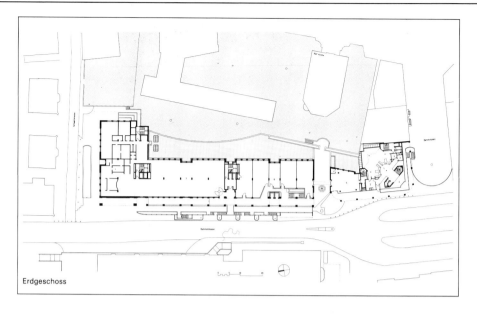
Erdgeschoss

## Wohn- und Geschäftshaus, Baden
Alte Zürcherstrasse 13
1987-1990
Dolf Schnebli - Tobias Amman Partner, Zürich
Bearbeitung: Dolf Schnebli, Isidor Ryser
Mitarbeit: M. Meili

Ein Umbau des bestehenden Gebäudes war aus finanziellen Überlegungen nicht sinnvoll. Der Neubau mit Läden, Büros und Wohnungen will sich in die gegebene Situation einordnen. Durch die ausschwingenden Seitenfassaden wurde versucht, den Zwischenraum zu den angrenzenden Bauten zu verbessern, sowie gegen die Sonne nach Osten und Westen zu öffnen. Die Gestaltung der Fassaden lebt von präzisen Massen und Proportionen. □
Foto: Lorenzo Bianda, Locarno

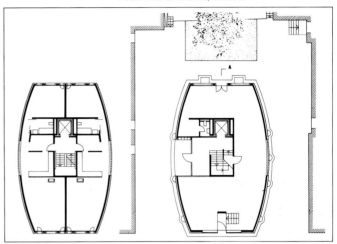

## Wohn- und Geschäftshaus, Baden
Badstrasse
1987-1991 (in Ausführung)
Hannes Burkard - Max Müller, Ennetbaden
Mitarbeit: W. Voney

Die Badstrasse als traditionelle Verbindung zwischen Stadtkern und Bäderquartier ist beidseitig geschlossen bebaut – gegen das Limmattal heterogen und unstrukturiert. Mit dem Neubau wird die Zeile entlang der Badenerstrasse fortgesetzt und auf der Flussseite entsteht ebenfalls ein längs gerichteter Baukörper (zweites «Bebauungsgeleise» für künftige Verdichtungen). Durch das «Auseinanderklappen» der beiden Kuben entsteht im ersten OG ein Hof als räumliche und nutzungsmässige Erweiterung der Badstrasse. □

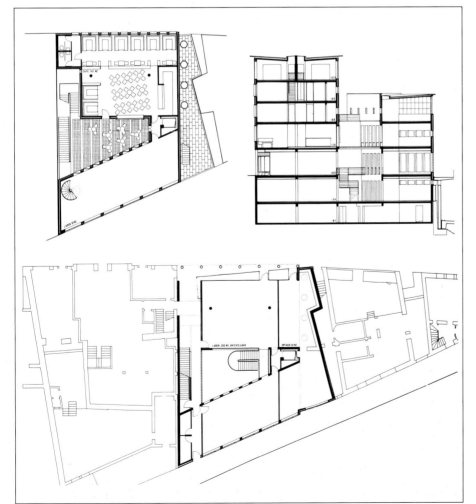

## Umbau und Erweiterung Bezirksschule, Baden
Burghalde
1982-1986
Werner Egli - Hans Rohr, Baden-Dättwil
Mitarbeiter: Toni Scheidegger

Das Bezirksschulhaus Burghalde wurde 1928 vom Badener Architekten Otto Dorer ausgeführt.
Auf Grund der geschichtlichen Bedeutung wurde versucht, Struktur und Habitus des Gebäudes zu erhalten. Umfängliche Umbauten werden vermieden, man passte sich den gegebenen Bauformen an.
Der Erweiterungsbau liegt nördlich des Klassentraktes, ist als separater Baukörper vom Hauptgebäude abgerückt und nur durch ein Glasdach und mittels Stegen mit dem Altbau verbunden. Dadurch entsteht eine dreigeschossige, natürlich belichtete Halle, die zusammen mit den bestehenden Korridoren als Erschliessungs- und Aufenthaltszone dient und der heutigen Grösse der Schule entspricht.
Der Neubau konnte unabhängig vom bestehenden Schulhaus realisiert werden; die Immissionen wurden auf ein Minimum reduziert. □
Fotos: Roger Kaysel, Ruedi Fischli

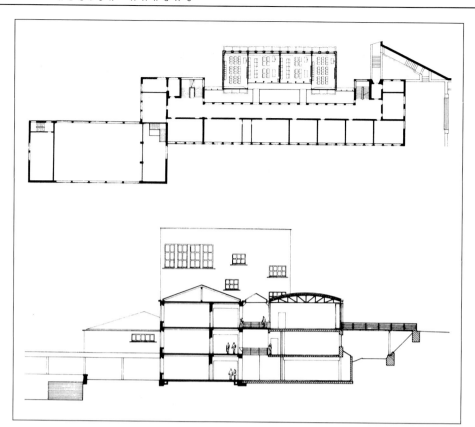

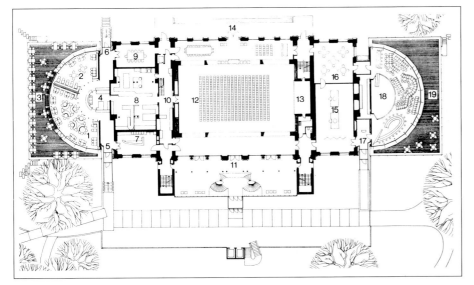

## Um- und Erweiterung Stadtkasino, Baden

Hochstrasse 2
1984-1988

Werner Egli und Hans Rohr,
Baden-Dättwil
Mitarbeit: U. Stierli, F. Wicki

Das neoklassizistische Äussere (1875) und der Saaleinbau aus den fünfziger Jahren (Prof. Hofmann) bilden nach dem Abbruch der Anbauten die Ausgangslage für das Projekt. Das Ziel war, die Qualitäten der früheren Jahre sichtbar zu machen und wo nötig zu ergänzen.
Neue, anzufügende Bauteile sind als solche erkennbar und unserer Zeit zuzuordnen. Transparente Bauten für Restaurant und Dancing nützen die ausgezeichnete und einmalige Lage im Park.
Der Saal wird in seiner Art belassen, renoviert und durch das Öffnen der Westwand gegen das Foyer vergrössert, mit freiem Blick in den Park. □
Fotos: Heinrich Helfenstein, Zürich

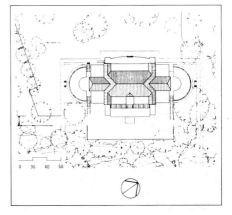

## Historisches Museum, Baden
beim Landvogteischloss
1987-1991 (in Ausführung)
Wilfrid und Katharina Steib, Basel

Mit dem Erweiterungsbau in unmittelbarer Umgebung des Landvogtei-Schlosses und am Limmatufer gelegen, wird eine städtebauliche und landschaftliche Situation neu akzentuiert. Der neue Baukörper mit seiner konvexen Rückwand fügt sich auf engem Raum in die steile Uferhalde. Die Eigenständigkeit des Altbaus (Schloss) bleibt erhalten durch einen trichterförmigen Einschnitt, Aussenbereich mit Cafeteria. Eine Fussgängerpassarelle führt entlang der Ufermauer und wird Bestandteil der Flusslandschaft. Die Ausstellungsräume verteilen sich auf zwei Stockwerke einschliesslich der Verbindungsrampe.

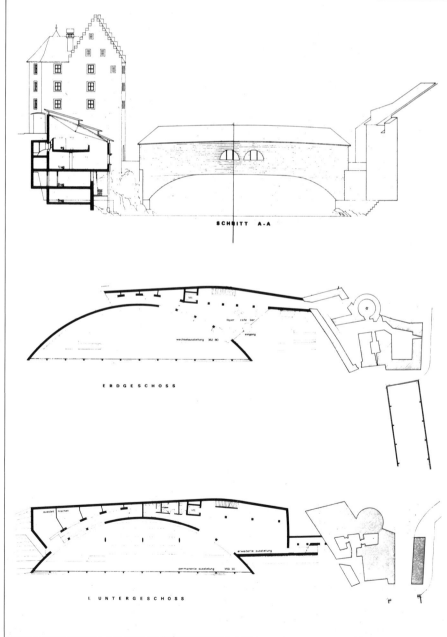

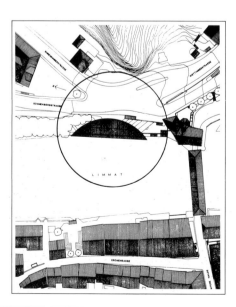

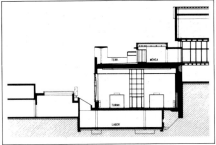 

## Turnhalle und Mensaerweiterung Industrielle Berufsschule, Baden

Burghalde
1987-1988

Walter Meier - Andreas Kern,
Baden-Dättwil

Der gewählte Standort der Turnhalle, in den Hangfuss vor das Schulhaus «montiert», hat folgende architektonische und betriebliche Aspekte: Die Halle kann gegen Süden natürlich belichtet werden. Das Dach wird zum neuen Pausenplatz. Das Schulareal ist gegen Süden räumlich gefasst und bildet gegen die heterogenen Nachbarbauten einen klaren Abschluss. Unter der Turnhalle konnte für einen nachbarlichen Gewerbebetrieb noch ein Lagerraum realisiert werden. Die Erweiterung der Mensa, ein nachträglicher Auftrag, konnte problemlos auf die Turnhalle gestellt werden.
Fotos: Foto Campany, Baden

   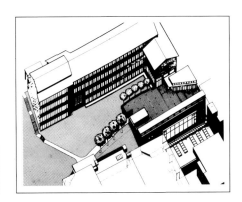

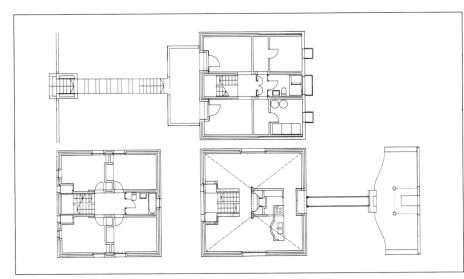

## Einfamilienhaus, Ennetbaden

Geissbergstrasse 15
1982-1983

Hermann Eppler - Luca Maraini, Baden
Mitarbeiter: Jost Zumbach

Das Haus steht an einem Südhang und ist von freistehenden Häusern aus den 10-er und 20-er Jahren umgeben.
Die Kompaktheit, die Einfachheit und auch die Symmetrie waren nicht Prämissen, sondern ergaben sich als Resultat eines geduldigen und langwierigen Entwurfsprozesses. Interessant war, dass wir erst im Laufe der Arbeit die Affinitäten zu den Häusern der Umgebung entdeckten und verarbeiteten.
Fotos: Jürg Kurtz, Uerikon

## Regionale Verkehrsbetriebe, Wettingen

Landstrasse
1982-1985

Heinz Rinderknecht - Robert Ziltener, Untersiggenthal

Die Anlage entstand aus der Weiterbearbeitung des Wettbewerbs aus dem Jahre 1982, der von den Regionalen Verkehrsbetrieben Baden-Wettingen ausgeschrieben wurde. Das Raumprogramm umfasst eine Buseinstellhalle mit 54 Einstellplätzen, einen Servicetunnel mit Waschanlage, Betankungsanlage und 2 Servicestandplätzen. Im Winkelbau befinden sich Verwaltung, Werkstätte und Dienstwohnungen.
Fotos: Alfred Baumgartner

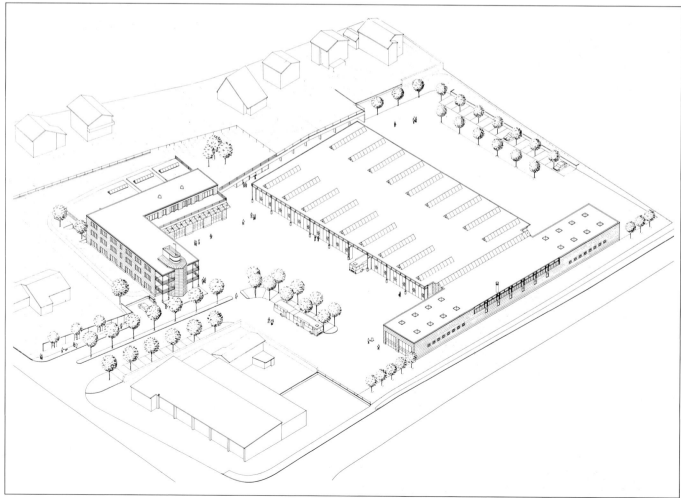

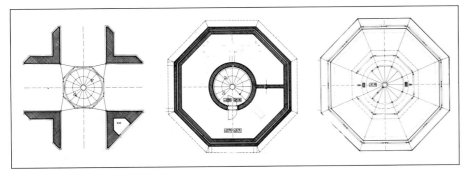

## Wasserturm, Baden
Baldegg
1985

Urs Burkard - Adrian Meyer - Max Steiger, Baden

Die achteckige Grundform genau in die Himmelsrichtungen gestellt, betont durch die Kanten die Vertikale. Der Übergang von den Stützen zum Wasserkörper, genau im Goldenen Schnitt, verlangte besondere Sorgfalt. Die Verwendung von rohem, gegossenen Beton steht im Gegensatz zur Umgebung und betont das wechselnde Farbenspiel der Bäume. □
Fotos: Walter Hauser, Andelfingen

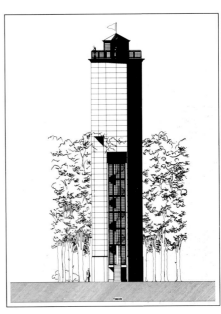

## Mehrzweckhalle, Widen
Dornäckerstrasse
1980-1985

Carlo Tognola - Christian Stahel - Dieter Zulauf, Windisch
Mitarbeiter: F. Friedli, B. Ullmann

Wir haben die Mehrzweckhalle als Terrassenbau in die steil abfallende Böschung gesetzt. Das begrünte Hallendach bildet à Niveau mit dem heutigen Pausenplatz eine willkommene Vergrösserung. Gleichzeitig erlebt man von der Dachterrasse einen grossartigen Ausblick in die Reusslandschaft. Die Abtreppung mildert die Wuchtigkeit der Volumen. Vom Pausenplatz steigt man durch eine «Schlucht» in das Foyer hinunter, von dem aus sich der Blick in die Halle und zur Bühne öffnet. Die Galerie auf der Zwischenterrasse verbindet Garderobenbereich und Bühne unabhängig vom Zuschauerbereich. □

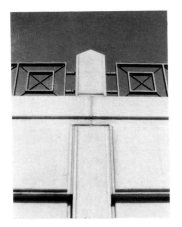

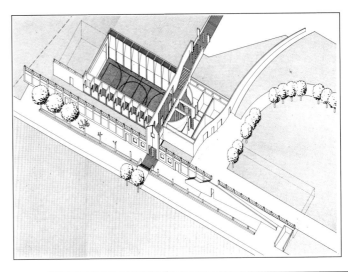

## Sportanlagen Esp, Baden-Fislisbach
1985-1987
Carlo Tognola - Christian Stahel - Dieter Zulauf, Windisch
Walter Meier - Andreas Kern, Baden-Dättwil

Unter Berücksichtigung der Gemeindegrenzen galt es ein umfangreiches Programm von Spielplätzen und den zugehörigen Garderobenbauten zu situieren, für die Stadt und den FC Baden, zudem ein Stadion mit Tribüne und 1'000 Sitzplätzen. Das abfallende Gelände wurde so terrassiert, dass in der Mitte eine Stufe entstand – als Stützmauer oder in die Hochbauten integriert. Das Stadion, auf der oberen Ebene gelegen, nützt das Terrain zusätzlich aus. Eine innere längsverlaufende «Strasse» verbindet im EG und OG die verschiedenen Bereiche und Eingänge. Das Aluminiumdach wird durch einfache, auskragende Fachwerkbinder getragen, auf den Sockelbau aufgelegt und durch Zugstäbe heruntergespannt.

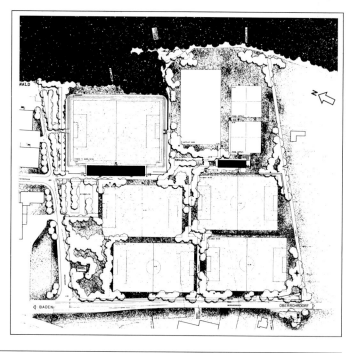

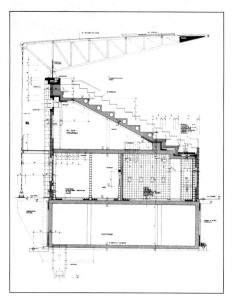

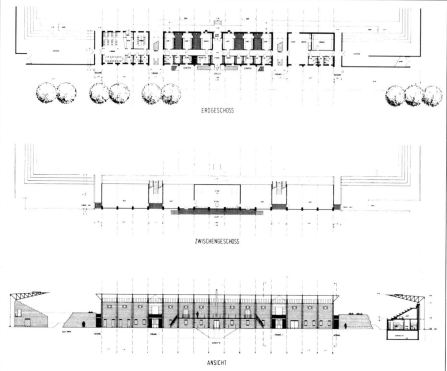

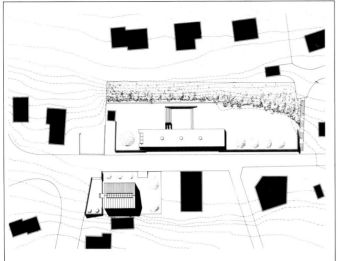

## Doppelkindergarten, Oberrohrdorf

Staretschwil
1986-1990

Hannes Burkard - Max Müller,
Ennetbaden

Das schmale langgezogene Grundstück wurde ursprünglich als Kiesgrube genutzt, später als Turn- und Spielplatz. Das Haus und die Mauern stehen zum natürlichen Hang als Kontraelemente, sie trennen und begrenzen die dazwischenliegenden Aussenräume zur Strasse hin: der auf der Mittelachse des Gebäudes, auf dem Eingangsniveau angelegte, introvertierte Spiel- und Pausenhof, und die im Norden und Süden auf das Niveau der Haupträume gehobenen Aussenspielbereiche, die sich zur Landschaft hin öffnen. Die Künstler Hans Anliker und Ernst Häusermann vrstanden es, mit ihren Arbeiten im Aussenraum, die dialektische Auseinandersetzung zwischen natürlich Gewachsenem und künstlich Geschaffenem weiterzuführen und adäquat in Szene zu setzen. ☐
Fotos: Daniel Hofer

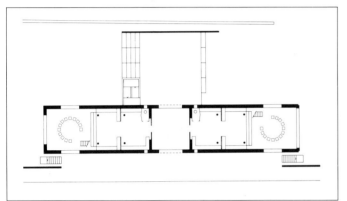

## Erweiterung Schulanlage, Oberrohrdorf

Hinterbächli
1986-1990

Hannes Burkard - Max Müller,
Ennetbaden

Die Konzeption der Erweiterung versucht primär zwei Ziele zu erreichen: mit dem Zusammenschluss im bestehenden Treppenturm eine Schwachstelle der 1973 erstellten Anlage zu korrigieren, mit dem neuen Erschliessungskörper einen präzisen Aussenraum zu definieren. Der Neubau liegt gegenüber der bestehenden Schule, ein halbes Geschoss tiefer. Diese Absenkung bewirkt im Aussenraum die Terrassierung der Pausenflächen, welche an die ursprüngliche Topographie an diesem Ort erinnert. ☐
Fotos: Othmar Villiger

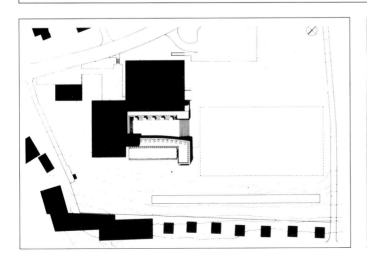

## Wohnsiedlung, Stetten AG

«Öpfelbaum»
1984-1986

Metron Architekten, Windisch
Otti Scherrer, Felix Kuhn, Heini Glauser

Bei der Wohnsiedlung «Öpfelbaum» handelt es sich um ein unkonventionelles Bauprojekt (11 Reiheneinfamilienhäuser, Gemeinschaftseinrichtungen, Bauernhaus), bei dem Holz in mancher Hinsicht eine wesentliche Rolle spielt: Um den bestehenden Obstgarten weitgehend zu schonen, wurde auf eine Unterkellerung verzichtet und eine leichte Bauweise gewählt, die den Vorstellungen der Bauherrschaft nach hoher Wohnqualität, naturnaher und umweltgerechter Gestaltung gerecht wird. Wo immer es ging, wurden als Baumaterialien Holz oder Holzwerkstoffe eingesetzt (vorfabrizierte Binderkonstruktion). Die Beheizung der Siedlung erfolgt zentral mit einer Holzspältenheizung. □

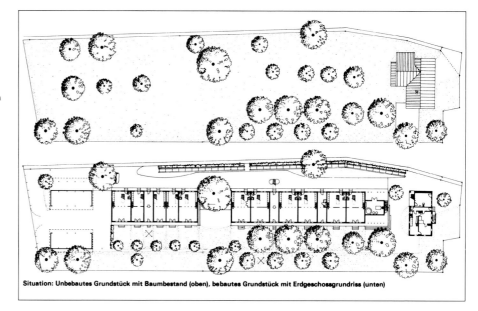

Situation: Unbebautes Grundstück mit Baumbestand (oben), bebautes Grundstück mit Erdgeschossgrundriss (unten)

## Erweiterung Schulanlage, Otelfingen ZH

1988-1991 (in Ausführung)
Ueli Marbach - Arthur Rüegg, Zürich
Mitarbeit: J. Vogel, T. Stadler

Erweiterung der bestehenden Schulanlage mit einem einfachen zweigeschossigen Klassentrakt, der zusammen mit Pausenhalle / Veloständern einen neuen Hof definiert. In diesem Bereich wird auch ein neuer Aufgang zur Spielwiese angeordnet und das bestehende Pausendach als begehbares Deck ausgebildet (Aussicht ins Furthal).
Im neuen Klassentrakt sind die Schulzimmer im Obergeschoss angeordnet; jedes Schulzimmer hat einen Gruppenraum, der separat über Oberlichter belichtet wird. Im Erdgeschoss sind Werkraum, Singsaal und Kindergarten.
Resultat eines Wettbewerbes. □

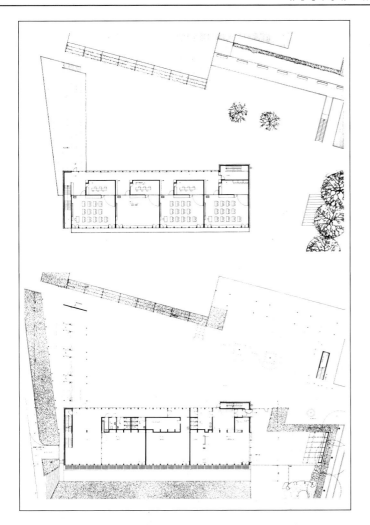

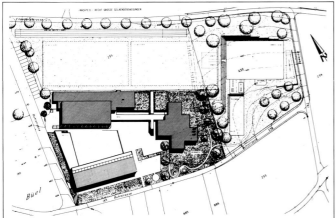

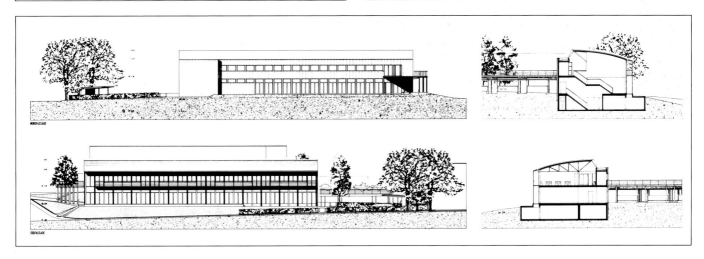

REGION AARGAU

## HINWEIS: ZUR AUSFÜHRUNG VORGESEHENE PROJEKTE

### Bebauung Behmen II, Aarau
1988-1989 Projekt
Realisation vorgesehen

Peter Fierz - Stefan Baader, Basel

Das Areal liegt unmittelbar westlich des Aarauer Bahnhofes. Die SBB planen hier eine zweite Tunnelröhre. Über den beiden Röhren, hinter den Portalen, ist ein Projekt für die Industriellen Werke der Stadt vorgesehen, nördlich der Geleise ein weiteres Projekt für Läden, Büros und Wohnungen. Einmalig ist die Möglichkeit, in städtischer Umgebung Hochbauten über und in Verbindung mit einem Tunnel-Doppelportal zu entwerfen.
(Wettbewerb)

### Versammlungsgebäude, Aarau
Asylstrasse 34
1990 Projekt
1991-1992 Realisation

Carlo Tognola - Christian Stahel,
Windisch
Partner: Beat Uhlmann

Die Beziehungslosigkeit der Quartierstruktur wird zum Thema: der vor die alte Stadtmauer gesetzte Flachbau mit grossem Verglasungsteil soll sich deutlich als neuer, solitärer Bau abheben. (Versammlungsbau der Heilsarmee).

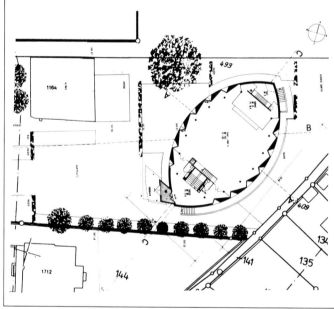

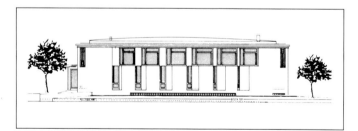

### Gewerbebau Brunnmatten, Remigen
1989 Projekt
1990-1991 Realisation

Dieter Zulauf - Stefan Schmidlin, Baden

Das Projekt lässt die Idee erkennen, mit unterschiedlichem architektonischem Ausdruck die nutzungsbedingte Zweiteiligkeit Produktion, Verwaltung, in einem Bauvolumen zu unterstreichen.
Foto: Foto Company, Baden.

REGION AARGAU

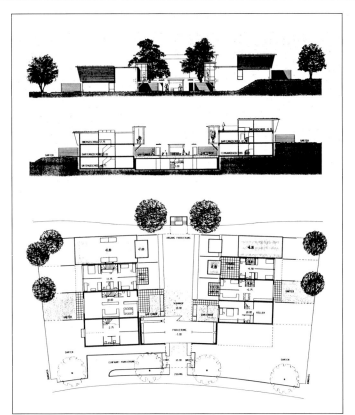

**Wohnüberbauung, Wohlen**
Im Rummel
1988-1990 Projekt
Realisation in Vorbereitung
Franz Oswald, Bern
Mitarbeit: Robert Braissant

Erste Etappe mit sieben Reihenhäuser.
Projekt aus Wettbewerb entstanden.

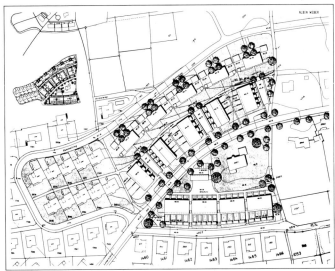

# 5 REGION ZENTRALSCHWEIZ

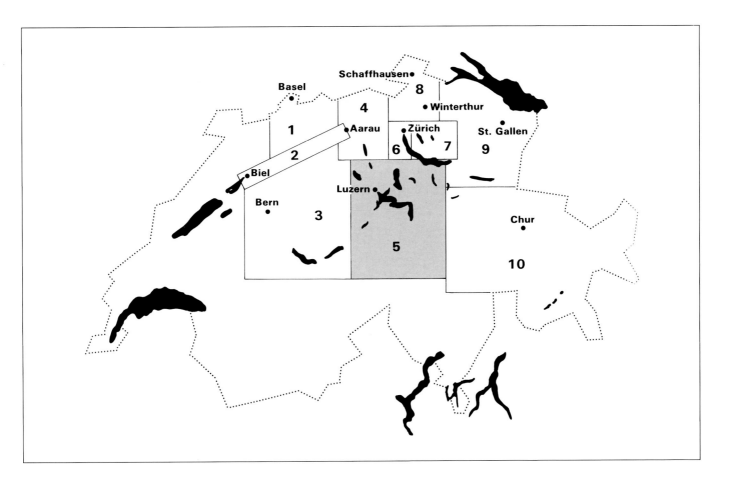

**In dieser Region sind Bauten von folgenden Architekten dargestellt:**

**Hans-Peter Ammann - Peter Baumann und Mitarbeiter**
- Bahnhofgebiet, Luzern
- Postbetriebsgebäude
- Bahnhofgebäude mit Bahnhofplatz
- Gewerbeschulzentrum
- Geschäfts- und Wohnhaus «Inseliquai»
- Geschäftshaus Neudorf, Cham ZG

**Hans Eggstein - Walter Rüssli**
- Verwaltungsgebäude Rösslimattstrasse, Luzern

**Daniel Marques - Bruno Zurkirchen**
- Wohn- und Geschäftshaus, Fluhmattweg Luzern
- Optikergeschäft, Weggisstrasse Luzern
- Einfamilienhaus, Meggen LU
- Einfamilienhaus, Sursee LU
- Erweiterung Schulhaus, Büren NW

**Lüscher - Lauber - Gmür**
- Dachstockausbau, Ritterstrasse Luzern
- Erweiterung Zentralschulhaus, Meggen LU
- Wohnsiedlung Wechselacher, Stans NW

**Werner Hunziker**
- Einfamilienhaus, Säälistrasse Luzern
- Wohnsiedlung Wechselacher, Stans NW

**Marie-Claude Bétrix - Eraldo Consolascio**
- Umbau Restaurant Hotel des Balances, Luzern

**Schnebli - Amman + Partner**
- Zentrumsbauten, Littau LU

**Schnebli - Amman + Partner und Egli - Rohr**
- Wohnüberbauung, Baar ZG

**Meletta - Strebel - Zangger**
- Labor- und Werkstattgebäude, Emmen LU
- Anbau Einfamilienhaus, Hergiswil NW

**Andi Scheitlin - Marc Syfrig**
- Wohn- und Geschäftshaus, Emmenbrücke LU

**Jacques Herzog - Pierre de Meuron**
- Einfamilienhaus, Dagmarsellen LU

**Wilfrid und Katharina Steib**
- Paraplegikerzentrum, Nottwil LU

**Fischer Architekten**
- Ausbildungs-Zentrum SRK, Nottwil LU

**Hannes Ineichen**
- Mehrfamilienhaus, Kriens LU

**Bruno Scheuner + Partner**
- Umbau Hexenturm, Sarnen OW

**Max Germann - Bruno Ackermann**
- Wohn- und Geschäftshaus, Altdorf UR
- Bürogebäude, Altdorf UR

**Ueli Marbach - Arthur Rüegg**
- Doppelwohnhaus, Zug

**Ernst Gisel**
- Kirchenzentrum, Steinhausen ZG

**Kalmann Bernath - Carl Frei**
- Wohn- und Werkstattgebäude, Hünenberg ZG

**Metron Architekten + Büro Z**
- Wohnsiedlung Schauburg, Hünenberg ZG

## Bahnhofgebiet, Luzern
1975-1991
Hans-Peter Ammann - Peter Baumann, Luzern
Mitarbeit Vorprojekt: M. Burkhalter, K. Gallati, E. Imhof, H. Portmann, T. Portmann

Anfangs Februar 1971 brannte der westliche Teil das Bahnhof-Frontgebäudes (1986) aus und die grosse Kuppel – der eigentliche Akzent des Komplexes und gleichzeitig einer des Stadtbildes – fiel zusammen.
Ein Neubau war notwendig. Dieses grösste Bauvorhaben der letzten Jahrzehnte in der Innerschweiz gestattete eine Gesamtplanung des sog. Bahnhofgebietes von grosser städtebaulicher Wichtigkeit und Einmaligkeit. Es geht dabei um eine Neuformulierung der städtebaulichen Situation als Bindeglied zwischen Altstadt und linksufriger Stadterweiterung des ausgehenden 19. Jahrhunderts. Der Bahnhof soll auch im heutigen Stadtbild Akzent bleiben. Wichtiger Punkt stellt die Kopfbahnhof-Situation dar mit dem Vorplatz (Bahnhofplatz) zum See. Diese Planung tangiert die Interessen der Bundesbahnen, der Postbetriebe, des Kantons und der Stadt Luzern.
Ein Projekt-Wettbewerb auf nationaler Ebene wurde ausgeschrieben und in mehreren Stufen durchgeführt (1975-1979). Die Realisierung umfasst die folgenden Gebäude, Zonen und Plätze:
– Neues Bahnhofgebäude mit den nötigen Anlagen und Einrichtungen (Aufnahmegebäude).
– Bahnhofplatz mit Busbahnhof und Untergeschoss mit Läden.
– Postbetriebszentrum
– Wohn- und Geschäftshaus «Inseliquai» mit Energiezentrale
– Parkhaus
– Gewerbeschule
– Post und Personenunterführung.
Die wichtigsten Bauten werden auf den folgenden Seiten einzeln dargestellt.
Fotos: Comet, Zürich (1985), H. Eggermann

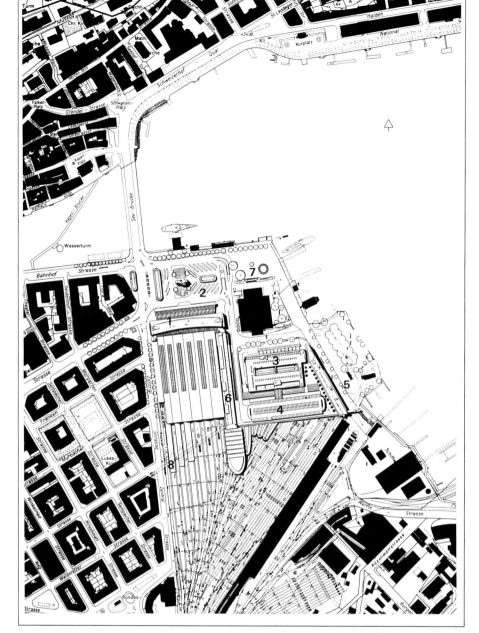

Legende:
Übersichtsplan: 1 Bahnhof-Aufnahmegebäude, 2 Bahnhofplatz, 3 Post-Betriebsgebäude, 4 Parkhaus, 5 Bau Inseliquai mit Energiezentrale, 6 Gewerbeschule, 7 Kunst- und Kongresshaus mit Vorplatz, 8 Post- und Personenunterführung.

Modell 1981

1985

1990

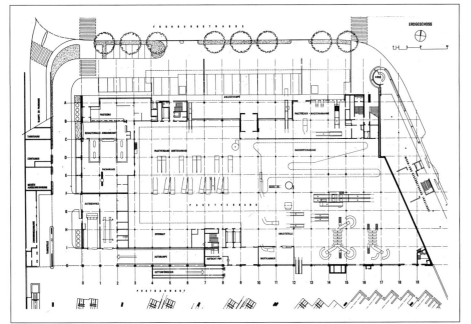

## Postbetriebsgebäude, Luzern
Frohburgstrasse
1979-1985

Hans-Peter Ammann - Peter Baumann, Luzern

Bearbeitung: P. Baumann, R. Borchert, F. Fischer, R. Hergert, G. Hindalov, P. Höing, E. Kurze, R. Leimenstoll, A. Linke, A. Müller, H. Portmann, A. Renner, P. Stöckli, M. Trautmann, G. v. Wartburg, H. Weibel, K. Zweifel

Das Postbetriebsgebäude mit dem dahinterliegenden Parkhaus und dem Postbahnhof dient dem Umschlag aller Postgüter für die Zentralschweiz. Durch die Übernahme der entscheidenden Parameter wie Geometrie, Gebäudehöhen und architektonische Sprache ist die grundsätzliche Integration gesichert. Gleisseitig prägen die von der Bahntechnologie bedingten Formen und Materialien den Bau, seeseitig bestimmen die städtebaulichen Ansprüche eines klar gestalteten, ruhig und geschlossen wirkenden Baukörpers das äussere Erscheinungsbild. Stellung und Hauptdimension des Postbetriebsgebäudes waren schon für den Wettbewerb festgelegt. □

Fotos: E. Kneubühler, H. Eggermann,

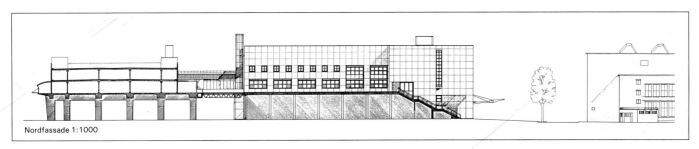

Nordfassade 1:1000

Vordach: Arch.-Ing. Santiago Calatrava, Zürich

## Bahnhofgebäude mit Bahnhofplatz, Luzern
1981-1991

Hans-Peter Ammann - Peter Baumann, Luzern

Bearbeitung: P. Baumann, R. Borchert, M. Bosshard, S. Calatrava, F. Fischer, K. Gallati, R. Hergert, H. Hindalov, P. Höing, E. Imhof, R. Kündig, R. Lustenberger, M. Merz, H. Portmann (Projektleitung), T. Portmann, A. Renner, P. Stöckli, G. v. Wartburg, H. Weibel

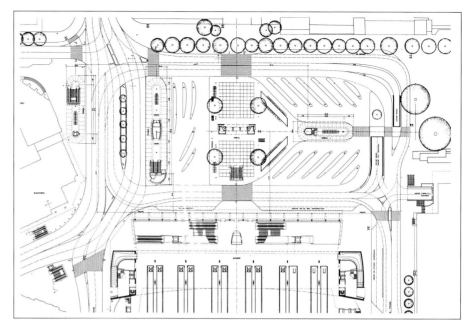

Die Bahnhofplatz und Perronanlage verbindende Bahnhof-Vorhalle, das Herzstück des Bahnhofgebäudes, ist ein mehrgeschossiger, grosszügig dimensionierter öffentlicher Raum, der die vielfältigen Funktionen der Innenstadt mit dem Eisenbahngeschehen verknüpft. Sie lässt die klassische Bahnhofhalle mit ihrer unverwechselbaren Atmosphäre – Rahmen und Möglichkeiten der Begegnung, des Verweilens, des Flanierens und gleichzeitig das Bild hastender, vorbeieilender Reisender – in zeitgenössischer Architektursprache neu aufleben. Die Halle bietet Durchsicht zum Bahnhofplatz. Sie ist von einem Glasdach überspannt, das sich auf 18 Meter Höhe über dem Hallenboden emporschwingt. Der 8 bis 12 Meter breite Querperron ist als offenes Galeriegeschoss gestaltet, das balkonartig in die Halle hineinragt. Von hier erreicht der (ankommende) Reisende über eine Brücke, die den Luftraum der Halle quert, ebenerdig den Bahnhofplatz, die zentralen Bushaltestellen, die Schiffstation und die Seebrücke.

Der Boden der Bahnhof – Vorhalle ist ein zur Umgebung des Bahnhofes vertieft angelegter, wettergeschützter Fussgängerplatz in einem transparenten Gehäuse. Von dieser Ebene erreicht man die Kundendienste der SBB und der VBL, den künftigen Tiefbahnhof, das bestehende Bahnhofparking, die Taxistände, Läden, Restaurant, Kioske wie auch die Aufgänge zu den Bushaltestellen auf dem Bahnhofplatz.

Das alte Portal des Bahnhofes mit der Figurengruppe von Kissling wird als integraler Bestandteil des Projektes auf dem Bahnhofplatz aufgestellt als Zeichen vergangener Zeiten und als Orientierungshilfe. (Wiedermontage im Jahre 1990).

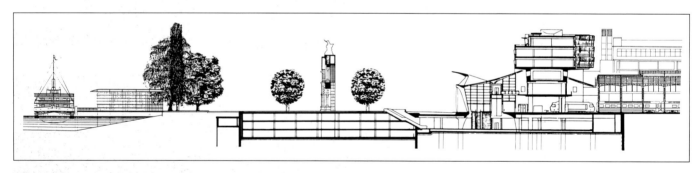

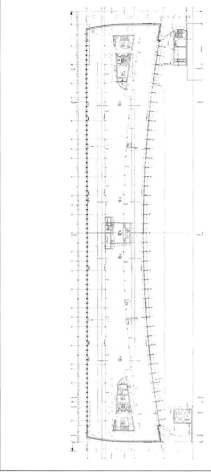
Bürogeschoss

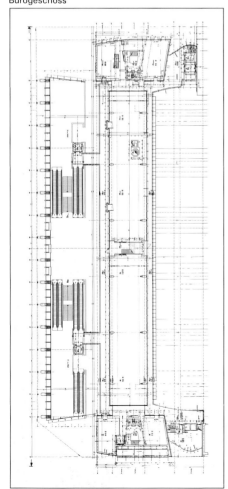
Zwischengeschoss

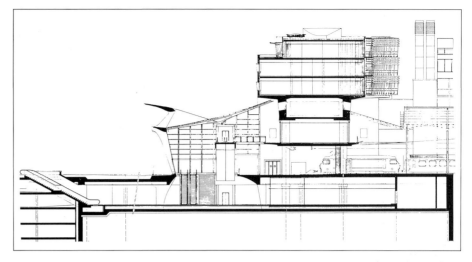

Struktur Vorhalle Ing. Santiago Calatrava

## Gewerbeschulzentrum, Luzern
Osttrakt Bahnhofanlage
1985-1989

Hans-Peter Ammann - Peter Baumann, Luzern
Mitarbeit: P. Baumann, R. Borchert, H. Cometti, G. Henscher, R. Hergert, G. Höing, R. Leimenstoll, H. Portmann (Projektleiter), A. Soini, G.v. Wartburg, H. Weibel

Nach mehreren konzeptionellen Variantenstudien erwies sich der Osttrakt für die gewerbliche Berufsschule geeignet. Der Gebäudekomplex steht über den Geleisen welcher sich in seiner Längsausrichtung in zwei Teile gliedert: ein ca. 80 Meter langer Hallenbau (Turnhallen mit Nebenräumen) und ein ca. 170 Meter langer, vierstöckiger Bau mit den Unterrichtsräumen. Die ganze Schulanlage ist eingebunden in das übergeordnete Erschliessungssystem, das sich nahtlos in die Bahnhofsituation einfügt.
Eine teils gedeckte Dachterrasse bildet den Pausenbereich. Die situationsbedingten Einschränkungen führten architektonisch zu einem räumlichen Einbezug der Bahnhofbereiche (Aus- und Einblicke im Bahn-, Geleis- und Hallenbereich) sowie die unmittelbare Nähe des Sees und der Hafenanlage. □
Fotos: H. Eggermann, R. Markowitsch, S. Wicki

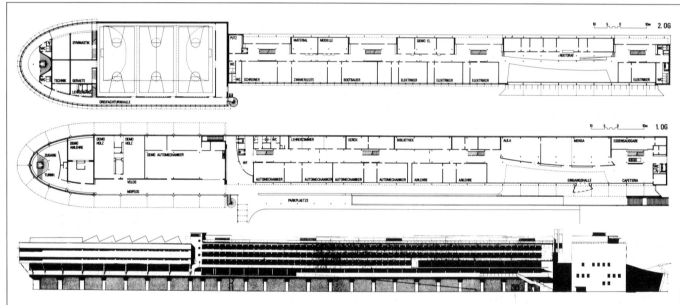

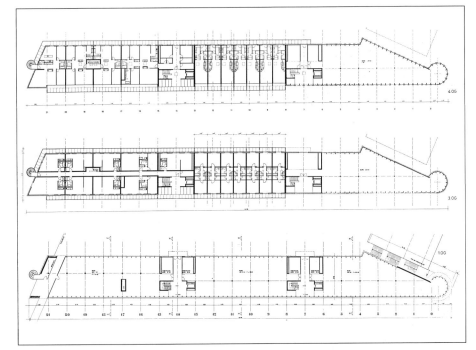

## Geschäfts- und Wohnhaus, Luzern
## Energiezentrale Bahnhofgebiet
Inseliquai
1980-1984
Hans-Peter Amman - Peter Baumann, Luzern
Bearbeitung: P. Baumann, H. Cometti, K. Gallati, D. Geissbühler, E. Kurze, H. Portmann (Projektleitung)

Mit seiner Situierung parallel zum Seeufer ergänzt der sechsstöckige und 145 m lange Bau am Inseliquai die Gebäudekulisse des Seebeckens und bildet gleichzeitig den östlichen Abschluss der Gesamtüberbauung.
Das horizontal gegliederte Geschäfts- und Wohnhaus, das in zwei Untergeschossen die Energiezentrale für die ganze Überbauung Bahnhofgebiet Luzern beherbergt, nimmt in seiner architektonischen Gestaltung Bezug zur besonderen Lage am See mit den Hafenanlagen und den Schiffen. In den Obergeschossen befinden sich Räume für Büros, darüber Wohnungen.
Fotos: P. Baumann, M. Bosshard

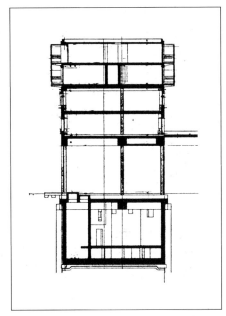

## Verwaltungsgebäude, Luzern
Rösslimattstrasse 40
1984–1987
Hans Eggstein - Walter Rüssli,
Luzern

Grundstückform, die verschiedenen Richtungen der Nachbargebäude bestimmten die Situierung des Gebäudes (Zentralverwaltung einer Versicherungsgesellschaft). Die Aussenraumbezüge werden durch den gerundeten Baukörper und die abweisende Fassade zum Hof erkenntlich gemacht. Eine über alle Vollgeschosse reichende, von oben belichtete Halle ist das Kernstück der Anlage, sie orientiert über die Geschosse, die Lage der Räume und ergibt eine gute Belichtung der Gänge. Die äussere Erscheinung des Gebäudes zeigt ein Wechselspiel von gebogenen und geraden Flächen. Die hellen Backsteine heben sich ab von den dunklen Bauten der Umgebung. □
Fotos: Hans Eggermann, Franz Pfyffer, Luzern

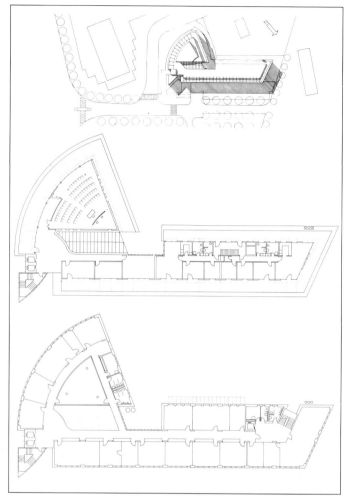

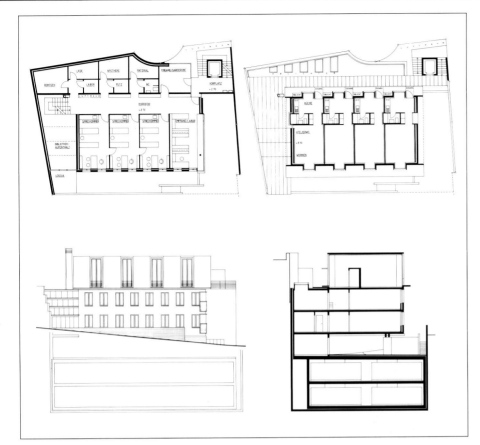

## Wohn- und Geschäftshaus, Luzern
Fluhmattweg 4
1988-1989 Ausführung bevorstehend
Daniele Marques - Bruno Zurkirchen, Luzern

Das zu bebauende Grundstück befindet sich an einem steil abfallenden Nordosthang. Charakteristische Elemente dieses Ortes sind Treppen, welche in der Fallrichtung angeordnet sind und parallel zum Hang angelegte Strassen miteinander verbinden. Weiter geometrisieren Stützmauern das Gelände. Auf dem Grundstück befindet sich ein Haus, scheinbar im Gelände versinkend, mit französischem Mansardendach, masssgebend für ein ersessenes Servitut. Ausgehend von der Form des bestehenden Hauses wurde ein Gebäude entwickelt, in dem die der Anlage innewohnenden Eigenheiten überhöht werden: vor einer Art Stützmauer wird ein Haus plaziert. Die Nebenräume sind hinter der Mauer angeordnet. In den zwei Untergeschossen sind Kulturgüter-Schutzräume vorgesehen. Der nachklingende Ausdruck des franz. Mansardendachhauses steht in Kontrast mit einem monolytisch aus Beton gegossenen neuen Baukörper, welcher durch spezifische Proportionsverhältnisse in eine neue Architektur überführt. □

## Optikergeschäft, Luzern

Weggisstrasse 21
1985-1986

Daniele Marques - Bruno Zurkirchen, Luzern

Der umzubauende Verkaufsraum in einem schmalen Altstadthaus beansprucht die ganze Breite des Gebäudes von Brandmauer zu Brandmauer. Die heute noch ablesbaren, allmählich entstandenen Veränderungen der Fassade wurden zum zentralen Thema des Entwurfes. So liest sich die äussere Begrenzung des neuen, kabinettartigen Verkaufsraumes durch die Schaufensterfront hindurch als weitere hinzugefügte Schicht. Der Verkaufsraum ist geprägt von einem ringsumlaufenden Bandfenster, welches verschiedenste Ausblicke in reale und gespiegelte Räume bildet. Das Augenmerk wird auf die Verkaufswaren gelenkt, welche teils in Vitrinen, teils auf offenen Tablaren ausgestellt sind. Die Werkstatträume befinden sich im Obergegoss. □

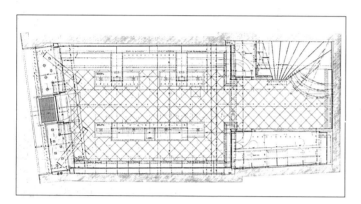

## Dachstockausbau, Luzern

Ritterstrasse 5
1984-1885

Roman Lüscher - Hans Lauber -
Otti Gmür, Luzern

Ausbau eines Dachstockes mit durchgehendem Wohn-Essraum. Wintergarten südseitig, Erker mit Panoramafenster nordseitig (Aussicht). Der Erker wird mit 2 Stützen auf das Terrain abgestützt. Eine Galerie liegt quer zu diesem Längsraum als «Brücke».
Alle Einbauten sind aus Stahl, die Fassade aus Wellaluminium als Kontrast zum verputzten Bau und dem bestehenden Ziegeldach. □

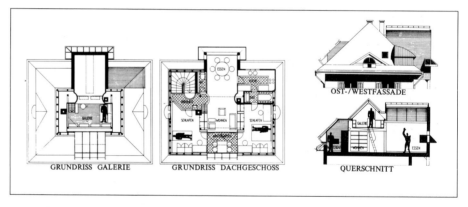

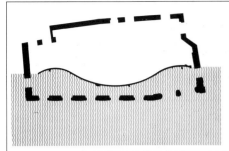 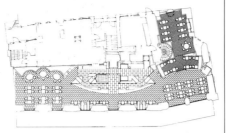

## Umbau eines Restaurants, Luzern
Hotel des Balances, Metzgerrainle 7
1984-1986
Marie-Claude Bétrix - Eraldo Consolascio, Zürich
Mitarbeit: A. Kündig, R. Begic

Das Gebäude steht am Fluss, am Wasser-Zeichen, ihre Bedeutung und eine auf Rationalität gegründete Projektidee bilden und qualifizieren Formen und den Raum des Restaurants. Die Motive assoziieren direkt oder indirekt Bilder der Bewegung des Wassers oder dieses selbst (graublauer Boden, geschwungene Wand, die Bar aus Holz, Nischen u.a)
Das Projekt ist aus einem Wettbewerb hervorgegangen.
Fotos: Heinrich Helfenstein, Zürich

 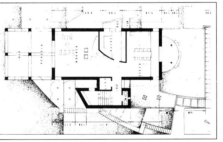

## Einfamilienhaus, Luzern
1987-1990
Werner Hunziker, Luzern

Die Schwierigkeit beim Planen dieses Gebäudes lag darin, dass einerseits eine schmale, steile Nord-Ost Hanglage vorgegeben, andererseits nur 15% der Grundstückfläche überbaubar war. Um das vielfältige Raumprogramm umzusetzen, wurden dazu 4 Stockwerke benötigt. Bis auf das Elternzimmer sind alle Schlafräume Nord-Ost orientiert. Das Wohngeschoss (Dachgeschoss) breitet sich über die ganze Grundrissfläche aus, ist somit transparent, Aussicht beim Essplatz, Sonne und Gartenbezug beim Wohnen.

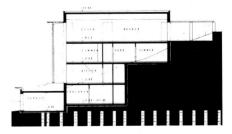

## Zentrumsbauten, Littau LU
Ruopigen
1962-1986
Dolf Schnebli - Tobias Ammann und Partner, Zürich-Agno
Mitarbeiter: Patrik Huber, Isidor Ryser, Marcel Meili

Die Planung für dieses neue Zentrum geht auf das Jahr 1962 zurück und war die Folge eines Wettbewerbs. Dazwischen liegen nun 25 Jahre des Projektierens, des Wartens, des Um- und Neuprojektierens. Ein grosser Teil der architektonischen Biografie des Architekten ist damit verbunden.
Die Realisierung erfolgt in Etappen. Das Zentrum umfasst Läden, Büros und Wohnungen verschiedener Typen. Das architektonische Konzept des Zentrums ist im städtebaulichen Konzept des ganzen Quartiers verwurzelt.
Die architektonische Sprache hat im Laufe der Zeit eine Entwicklung und Veränderung erfahren und ist heute zu einem grossen Teil aus der gewählten Materialstruktur bestimmt: die Bauherrschaft besitzt ein Vorfabrikationswerk für Betonteile. So sind die über dem Erdgeschoss liegenden Stockwerke grösstenteils in vorfabrizierten Beton-Fassadenelementen aufgebaut. Die Tragstruktur ist gleichzeitig auch die räumliche Sruktur. Die Südfassade des langen Hauptbaues erhält ihre Form durch vorgebaute Loggien und Balkone aus Stahl.
Fotos: Heinrich Helfenstein, Zürich
In unmittelbarer Nähe befindet sich die Schulanlage (Dolf Schnebli und Partner), 1976.

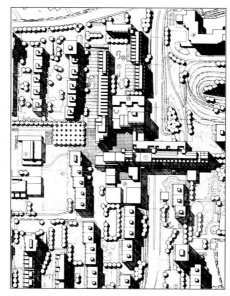
Gestaltungsplan 1972

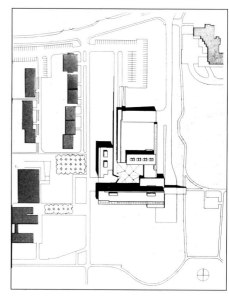
1983/1986

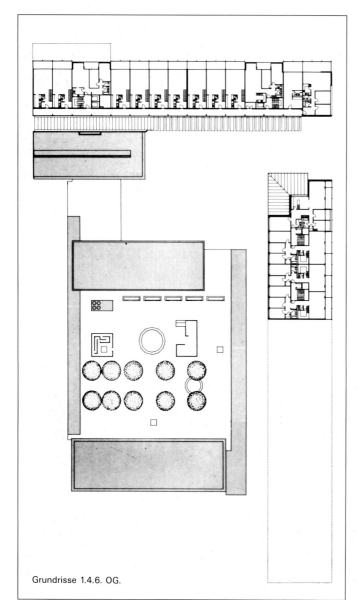
Grundrisse 1.4.6. OG.

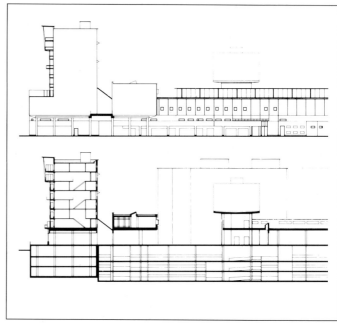

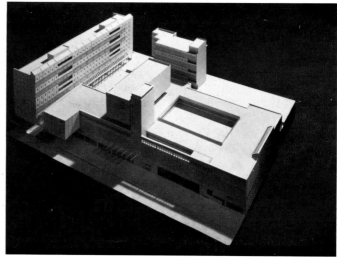

## Erweiterumg Zentralschulhaus
## Neubau Feuerwehrlokal, Meggen LU
1982-1986
Roman Lüscher - Hans Lauber - Otti Gmür,
Luzern
Mitarbeiter: Hanspeter Lüthi

Der Neubau ist so situiert, dass er trotz sehr direkter Verbindungen zum bestehenden Zentralschulhaus auch als eigenständiger Bau bestehen kann. Die knappe Grundstückfläche verlangte eine möglichst kompakte Bauform. Die runde Gebäudeform ergibt ein weniger langes Gebäude und erlaubt relativ nahe an die Westgrenze zu stossen. Die architektonische Gestaltung orientiert sich an drei Punkten: Beziehung Altbau und Neubau - Uebereinstimmung von innen und aussen - Einbau des Gebäudes ins Terrain. Das neue Gebäude wurde analog zum Zentralschulhaus in einen Haupt- und einen Nebentrakt gegliedert, die aber formal und materialmässig gleich gestaltet werden. Die runde Bauform, die ruhigen Dachflächen und die durch die vorgesetzte Pufferzone profilierte Fassade sichern dem Neubau die notwendige Eigenständigkeit. Die kreisförmige Anordnung des Gebäudes ist innen und aussen ein prägendes Element. Sie ist durch die vertikalen Durchbrüche in der Halle noch verstärkt spürbar gemacht. Das Haus ist durch umlaufende Mauern vom natürlichen Terrain abgesetzt. Der Hang ist in drei Ebenen - Feuerwehrvorplatz, Sportplatz, Pausenplatz und Garten terrassiert: Diese Massnahmen erlauben eine optimale Nutzung der knappen und kostbaren Freifläche. □

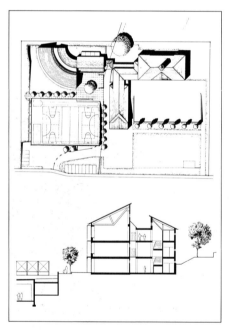

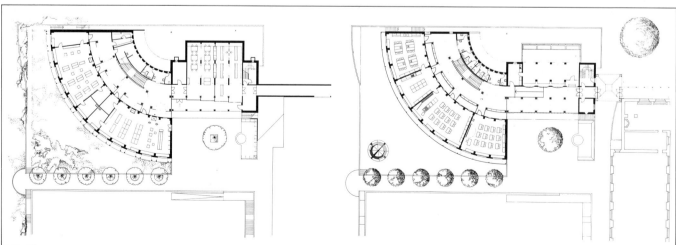

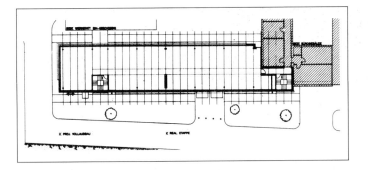

## Labor- und Werkstattgebäude, Emmen
Schiltwald
1983-1987
Armando Meletta - Ernst Strebel -
Josef Zangger, Luzern

Diese Erweiterung der aerodynamischen Forschungsanstalt des Bundes grenzt im Osten an einen Waldrand und im Westen an einen baumbestandenen Grünbereich. Die spätere Erweiterung ist im Süden vorgesehen.
Das neue Treppenhaus verbindet den Alt- und den dreigeschossigen Anbau. Neben einer Grossraumdisposition ermöglicht der Grundriss gegen den Wald die Anordnung der Nebenräume.
Die Haupträume sind gegen Westen orientiert.
Die Primärstruktur bildet ein Eisenbetonskelett: innenliegende Schleuderbetonstützen, Flachdecken und massive Brüstungen. Die Dachhaut liegt auf einer Stahlkonstruktion. Die ganze Aussenhaut ist aus natureloxiertem Aluminium. Der Bau entstand unter der Oberaufsicht des Amtes für Bundesbauten. □
Fotos: F+W Emmen (Donat Stuppan)

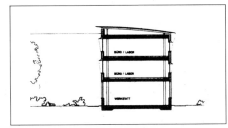

## Wohn- und Geschäftshaus, Emmenbrücke

Gerliswilstrasse
1986-1988

Andi Scheitlin - Marc Syfrig, Luzern

Zwei Basisfaktoren waren für das Projekt entscheidend: die schmal-rechteckige Grundstücksform und eine Ausführung in vorfabrizierten Betonelementen (Produktion durch die Bauherrschaft). Obwohl in Grosstafelbauweise erstellt, ist dieses System von aussen nicht ablesbar, da die Raumdisposition auf der Basis einer zweibündigen Anlage erst spät definiert werden konnte. Die äussere Regelmässigkeit der Fassadenstruktur entspricht demnach nicht der inneren Raumstruktur. In den beiden oberen Geschossen sind Maisonette-Wohnungen mit Dachterrassen angeordnet.
Fotos: R. Mankowitsch, D. Meier, Luzern

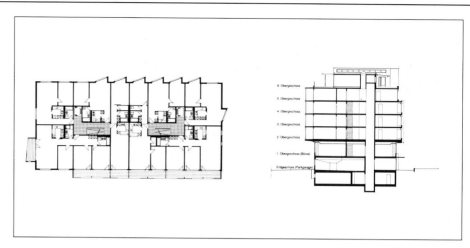

## Einfamilienhaus, Dagmarsellen LU

Kreuzberg
1983-1984

Jacques Herzog - Pierre de Meuron, Basel

Einfamilienhauszone geprägt durch einen Vorfabrikationstyp Marke «Dagmar» in der N2-Gemeinde Dagmarsellen. Langgestreckter, 29m langer Baukörper quer zum markanten Kreuzberg gestellt, nach hinten abgeknicktes Satteldach, eine Art «Tierrücken», nicht als Bezug zum Tierarzt sondern als eine besondere Art des Bezugs zur topografischen und gebauten Landschaft.
Materialien und Architekturteile und Farbgebung in starker Nähe und gleichzeitig entsetzter Distanz zu unauffälliger, traditioneller Architektursprache. □

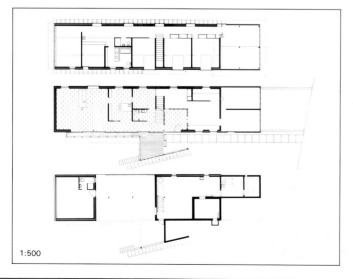

1:500

## Einfamilienhaus, Sursee LU
Seehäusernstrasse 25
1985-1986
Daniele Marques - Bruno Zurkirchen,
Luzern
Mitarbeiter: Jürg Grunder

Einfamileinhaus innerhalb eines rigorosen Gestaltungsplanes. Vorgeschrieben waren unter anderem: Baulinien zur Festlegung von Gebäude und Garage, Dachformen, Firstrichtung, Dachneigung, Dachvorsprünge, Materialien: Dach mit Tonziegel, Fassade: Verputz, Backstein oder Holz (Holz jedoch höchstens die Hälfte der Fassade). Das Haus befindet sich auf einer von zwei Seiten mit Strassen begrenzten Parzelle mit gegen Süden vorgelagertem Garten. Sämtliche Wohnräume sind nach Süden orientiert, im Erdgeschoss sind sie über eine fassadenlange Veranda mit dem Garten verbunden. □

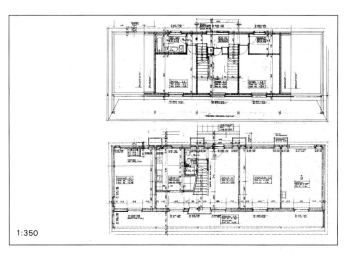

1:350

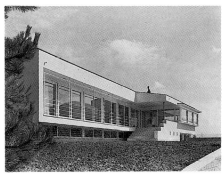

## Einfamilienhaus, Meggen LU
Blosseggrain 2
1984-1985
Daniele Marques - Bruno Zurkirchen,
Luzern
Mitarbeiter: Jürg Grunder

Einfamilienhaus mit Hallenbad innerhalb eines bestehenden Gestaltungsplanes.
Das Haus befindet sich auf einer Randparzelle, in südlicher Hanglage mit Blick auf das gesamte Alpenpanorama, angrenzend an ein mehrgeschossiges Bürgerheim, welches für die Entwicklung des Entwurfs von prägender Bedeutung war. Grundrisslich sind sämtliche Wohnräume nach Süden orientiert und werden durch eine rückseitige Gang- und Nebenraumzone erschlossen. Die Konstruktion ist eine gemischte: Eisenbeton, Mauerwerk, Aussenisolation, Holzpfettendach mit Kupfer-Eindeckung. □

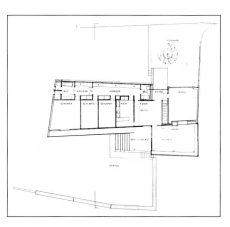

REGION ZENTRALSCHWEIZ

## Paraplegiker-Zentrum, Nottwil LU
### 1985-1990
Wilfrid und Katharina Steib, Basel
Mitarbeit: R. Schaub

Das Schweizer Paraplegiker-Zentrum stellt rund 100 Betten und umfangreiche Einrichtungen für Pflege, Therapie und Rehabilitation querschnittgelähmter Patienten zur Verfügung. Zurückhaltend fügen sich die Gebäude in die Topografie und freie Landschaft ein. Sie zeigen was in ihren Innern geschieht. Leicht verständliche Klarheit bestimmt die äussere Form, diese wird unterstrichen durch helle und zweckmässige Baumaterialien wie Backstein und Glas. Die grosszügigen Ausmasse des Zentrums geben dem Bewohner das Gefühl, sich in einem Stadtgebilde zu bewegen. Die Zimmer spielen die Rolle der Wohnhäuser, die Gänge gleichen Strassen, ordnende Mitte ist die grosse Glashalle. Von hier aus gelangt man auf hellen Wegen in die Pflege- und Behandlungstrakte wie auch in Aula, Schwimm- und Turnhalle. □
Das Projekt ist aus einem 1985 durchgeführten Wettbewerb hervorgegangen.
Auf dem gleichen Gelände befindet sich das Rotkreuz-Ausbildungszentrum (Fischer Architekten, Zürich), dargestellt auf der übernächsten Seite. Der untenstehende Situationsplan gilt für die Gesamtanlage.
Fotos: W. Grunder, Binningen und Arch.

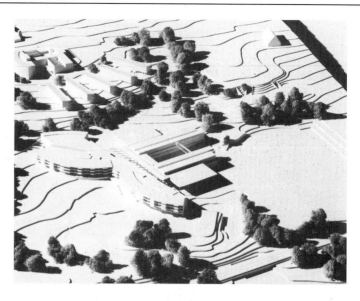

Gesamtsituation
1 Ausbildungszentrum SRK
2 Paraplegikerzentrum
3 Helikopterbasis
4 Basisspital
5 Rollstuhl-Sportanlage
6 Wohnbauten (Projekt)
7 Hippotherapie

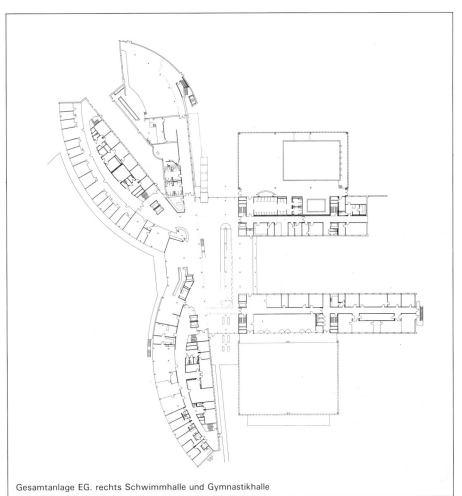

Gesamtanlage EG. rechts Schwimmhalle und Gymnastikhalle

## Ausbildungszentrum SRK, Nottwil LU
1986-1990
Fischer Architekten, Zürich

Das Schulungszentrum des Schweizerischen Roten Kreuzes liegt im oberen Geländeabschnitt der Gesamtanlage mit dem Paraplegikerzentrum (siehe vorhergehende Seite) und gliedert sich in zwei Gebäudegruppen: oben das eigentliche Zentrum mit dem geschwungenen Unterrichtstrakt, die Kursräume, das Restaurant, die Verwaltung, transparent ausgebildet und U-förmig einen gestuften Aussen-Hofraum definierend; hangabwärts die fächerförmig angeordneten, quer zum Gelände stehenden Unterkunfts-Pavillons, teilweise auf Stützen stehend. Sie stellen räumlich den Übergang her zwischen den höher gelegenen Unterrichtsgebäuden und der Senke mit dem Paraplegikerzentrum. Die vier Pavillons haben einseitig geneigte, ausladende Blechdächer über einer Massiv-Struktur und sind grösstenteils aussen mit Holz verkleidet.
Foto: Redaktion

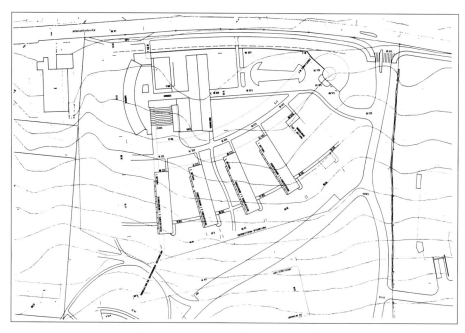

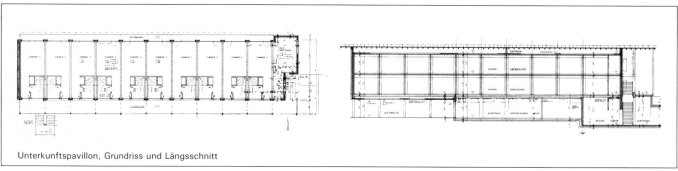

Unterkunftspavillon, Grundriss und Längsschnitt

 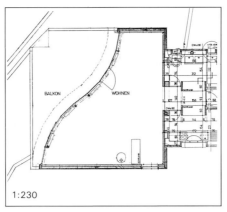

### Um- und Anbau Einfamilienhaus, Hergiswil NW
Pilatusstrasse 15
1983-1985
Armando Meletta - Ernst Strebel -
Josef Zangger, Zürich-Luzern

Das bestehende Einfamilienhaus mit dem Hauptteil aus der Jahrhundertwende und einem Anbau aus den 60er Jahren musste um eine autonome 3 1/2-Zimmer-Wohnung erweitert werden.
Vorschiften bestimmten die bebaubare Grundstücksfläche und Grenzabstände die generelle Form des Anbaus.
Die Fassadenverkleidung: Ein feingliedrig weiss einbrennlackiertes Aluminium-Blech, industriell für den Nutzfahrzeugbau gefertigt.
Fotos: Heinrich Helfenstein, Zürich

### Mehrfamilienhaus, Kriens LU
Pulvermühleweg 1-5
1984-1986
Hannes Ineichen, Luzern
Mitarbeiter: A. Wetli, A. Stucki,
M. Ochsner, P. Affentranger

Grösse und Stellung des 18-Familienhauses waren durch einen Gestaltungsplan definiert. Zwei Grundeigentümer forderten verschiedenartige Arbeits- und Wohnräume. (Atelierwohnungen im EG, Etagen- und Maisonnette-Attika-Wohnungen). Lineare Ordnung in geschlossener Rechteckform mit verglasten Balkonen und Dachterrassen. Äussere Verkleidung mit hellen Backsteinen.
Fotos: Andrea Capella, Luzern

## Wohnsiedlung, Stans

Wechselacher
1986-1989

Werner Hunziker und
Lüscher - Lauber - Gmür, Luzern

Die anfänglichen Gedanken — minimale Mittel, einfache Bauart in einem breitgestreuten Spektrum sozialer Zukunftsvisionen, Partezipation usw. — mussten einem konsequenten, genossenschaftlichen Realdenken weichen. Dieses mag wohl für die Preispolitik zutreffen, doch sicherlich nicht für den Anspruch auf höchste Individualität. Von 27 Wohneinheiten besitzt kein Haus den gleichen Grundriss. Die Anlage ist in zwei U-förmig angeordnete Häusergruppen geteilt mit einer dazwischenliegenden Einstellhalle. Die Häuser sind 3-stöckig, mit Garten- oder Terassenanteil. In die Anlage integriert ist die freie Volksschule Nidwalden. □

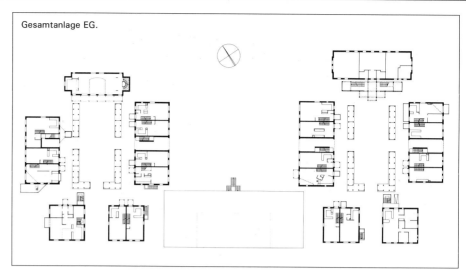

Gesamtanlage EG.

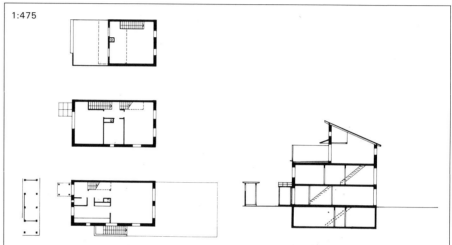

1:475

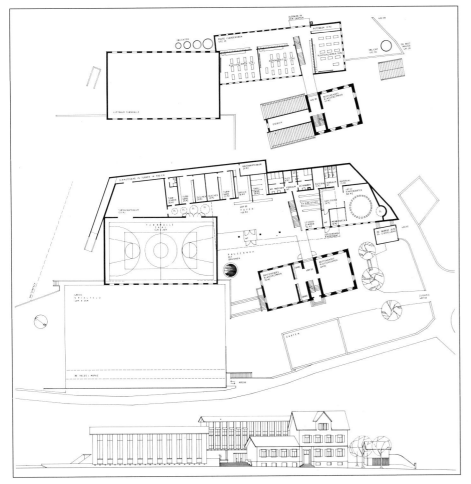

## Schulhaus-Erweiterung, Büren NW
1989 (Ausführung in Vorbereitung)
Daniele Marques - Bruno Zurkirchen, Luzern

Die bewusst geometrisch lose Verbindung zwischen dem bestehenden Schulhaus und den Erweiterungsbauten versteht sich als charakteristische Komposition von Gebäudegruppen, ähnlich dem vorgefundenen Siedlungsgefüge.
Die Gebäudekörper entwickeln sich von der giebelständigen Beziehung zum Dorfplatz hin. Die gesamte Erweiterung und ihre Fassadengestaltung verweisen einerseits auf leicht wirkende, spielerisch angeordnete Pavillon-Schulanlagen, andererseits geben sie eine Antwort auf die steinernen öffentlichen Bauten am Platz. (Fassaden aus vorfabrizierten Betonelementen mit ungehobelten Holzbrettern geschalt und anthrazitfarbigem Zusatz.) □
Projekt durch Wettbewerb entstanden.

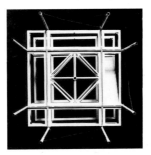

## Umbau «Hexenturm», Sarnen OW
1985-1986
Bruno Scheuner und Partner, Luzern
Mitarbeiter: Martin Jauch, Herbert Mäder, Robert Schild

Der «Hexenturm» im 13. Jahrhundert als Teil einer grösseren Burganlage erstellt, war ursprünglich Wohnturm, später Verliess und historisches Archiv. Der neue gerüstartige Stahl-Einbau für Austellungs- und Archivnutzung wird, unter Abdrehung um 15°, vom Mauerwerk abgerückt. Die weitgehend originale romanische Bausubstanz bleibt lesbar, die Wände erhalten durch die spärlichen Scharten- und Sitzbankfenster durchgehendes Streiflicht. □

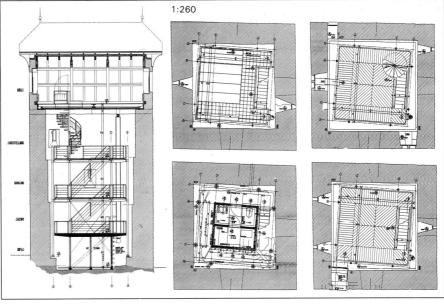

## Wohn- und Geschäftshaus, Altdorf

Lehnplatz 14
1982-1984
Max Germann - Bruno Achermann, Altdorf
Mitarbeiter: Pino Pilotto

Bau im historischen Dorfkern (ISOS-Objekt)
Idee des traditionellen Bautyps, rechtwinklig auf Sockel, der den Grenzen folgt. Erker in Erinnerung an den Erker des vorherigen Hauses.
Ladenlokal: Ladenfläche ins Untergeschoss verlegt. Das Erdgeschoss legt sich als Galerie um das Untergeschoss. Dadurch soll der Keller-Effekt aufgehoben werden. ☐
Fotos: Püntener, Altdorf

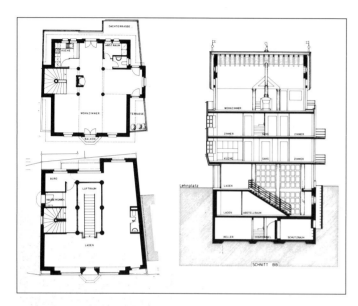

## Bürogebäude, Altdorf

Eidgenössische Munitionsfabrik
1984-1985
Max Germann - Bruno Achermann, Altdorf
Mitarbeiter: Pino Pilotto

Situation: Durch die neue Eingangssituation in die Eidg. Munitionsfabrik erhielt das bestehende Bürogebäude einen andern Stellenwert. Das Gebäude steht heute beim neuen Haupteingang. Idee: durch die Aufstockung des Gebäudes wird der neue Haupteingang stärker markiert. Struktur/Material: Aus Gründen der zusätzlichen Belastung des Gebäudes durch die Aufstockung, sowie der Inbetriebhaltung der Büroräume im EG + 1. OG wurde eine Konstruktion in Leichtbauweise gewählt. Diese Konstruktion mit der vorgehängten Fassade ergab das horizontale Fugenbild. Im Zusammenhang mit der Aufstockung wurde die Vertikalerschliessung (Treppe, Lift, Inst.) über alle Geschosse ausgelagert in der Form eines Risaliten, in der Südfassade. ☐
Fotos: Hr. Getzmann, Eidg. Munitionsfabrik

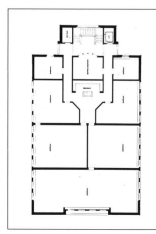
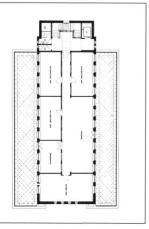

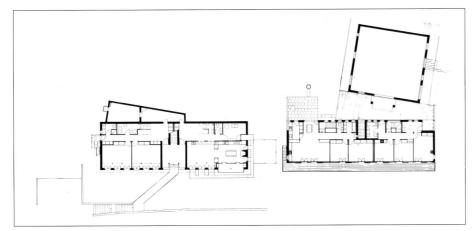

## Doppelwohnhaus, Zug
Weinbergstrasse
1983-1986
Ueli Marbach - Arthur Rüegg, Zürich
Mitarbeit: P. Bissegger

Das Haus steht für eine ganze Reihe von verschieden grossen Projekten der letzten Jahre. Sie illustrieren das «Weiterbauen» an einer bestehenden Situation, ohne mit morphologischen Bindungen zu arbeiten, trotzdem eine architektonische Grammatik zu finden mit engem Bezug zu gegebenen Ort. Das Zusammenfassane der beiden neuen Häuser in einen mauerartigen Bau verstärkt die Richtung der bestehenden Stützmauer mit einem villenartigen Haus darüber. ☐
Fotos: Heinrich Helfenstein, Zürich

## Oekumenisches Kirchenzentrum, Steinhausen ZG
1979-1981
Ernst Gisel, Zürich
Mitarbeiter: Heinz Schmid, Peter Steiner,
Bauleitung: Jean-Marc Bovet

Alle Gemeinderäume für kirchliche, kulturelle und gesellschaftliche Veranstaltungen sind unter einem einzigen Dach vereint und mit Oberlichtern miteinander verklammert. Dreiviertel del 6'000 Einwohner von Steinhausen können ihre Werktagskapelle um 2 weitere Raumeinheiten bis zu 650 Plätzen erweitern.
Mit Rücksicht auf die vielgestaltige Nutzung wird auf herkömmliche Sakralformen verzichtet. Lediglich die liturgische Zone der Katholiken zeigt Anklänge an den historischen Chor.
Ausgangspunkt für die konstruktive Durchbildung war die sichtbare Stahlkonstruktion in Verbindung mit massiven Betonmauern. Sorgfältig entwickelte Details mit ausgewählten Materialien vermitteln dem Raum einen Ausdruck, der Anklänge an Industrie-Architektur vergessen lässt. Bei aller anfänglichen Unsicherheit wird die von dem neuen Raum ausgehende Aufforderung zur freien Entfaltung, zur Mündigkeit ohne Krücken verschleiernder Sentimentalität, wahrgenommen. □
Fotos: Georg Gisel, F. Maurer, Zürich

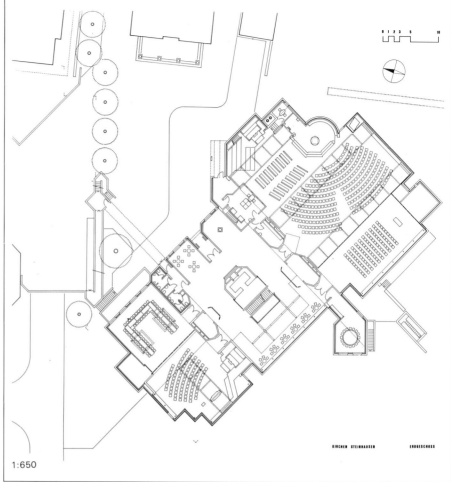

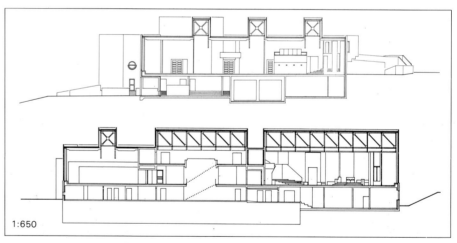

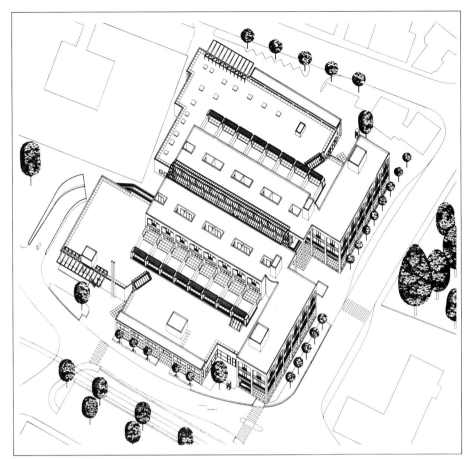

## Geschäftshaus, Cham ZG

«Neudorf» Zugerstrasse
1980-1983
Hans-Peter Ammann - Peter Baumann, Zug
Projekt Hans-Peter Ammann
Mitarbeiter: P. Grüter, B. Hotz

Das Konzept geht auf das 1975 entstandene Wettbewerbsprojekt zurück und wurde in der Folge erweitert durch Landzukauf. Zwei Achsen bestimmen die Hauptrichtungen und sind als Passagen ausgebildet. Die Hauptpassage in Nord-Süd-Richtung ist mit einem Glasdach überdeckt und an den Enden mit Glasfronten abgeschlossen. Dieser 43 Meter lange und 11 Meter hohe Raum wird für die verschiedensten Aktivitäten genutzt. Die Diagonalpassage nimmt den Lauf eines früheren Fussweges auf. In Anlehnung an die Nachbarbauten wurden Geschosszahl und Fassadenmaterialien bestimmt (gelber Backstein). Im Erdgeschoss befinden sich Läden, eine Bank, ein Restaurant, ein Postbüro. In den Obergeschossen sind Büros und Wohnungen (16 Duplex-Wohnungen à 4 1/2 Zimmer), erreichbar über Laubengänge über der Ladenstrasse.
Fotos: Alois Ottiger, Zug

## Wohnüberbauung, Baar ZG
Mühlegasse
1981-86
Arbeitsgemeinschaft: Werner Egli, Hans Rohr, Baden, Dolf Schnebli - Tobias Ammann und Partner, Zürich-Agno
Mitarbeiter: Frank Vogel

Die neue Siedlung liegt an der Bahnlinie, am nördlichen Rande des Dorfes. Im Zentrum dominiert ein 3-geschossiger, langer Bau, auf welchen sich die andern Häuser beziehen, ausrichten. Die lineare Form des Bahndammes stellt einen weiteren Bezug dar. Der räumliche Aufbau der Häuser und Wohnungen folgt im Prinzip denjenigen in Würenlingen grösstenteils 4-geschossig mit Stockwerk-Wohnungen unten und Duplex-Wohnungen in den beiden oberen Stockwerken, hier erschlossen durch einen Laubengang. Die geschlossen wirkenden Volumen sind aussen mit KS-Steinen verkleidet, die Fenster als gleichmässig angeordnete «Löcher» ausgebildet. Im Gegensatz dazu die durchlaufenden Bänder im Dachgeschloss und die angebauten Balkone in Leichtkonstruktion.

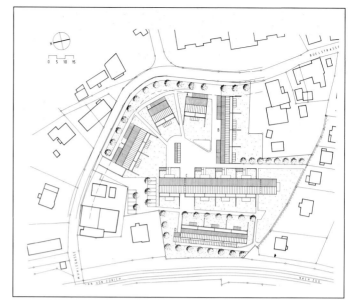

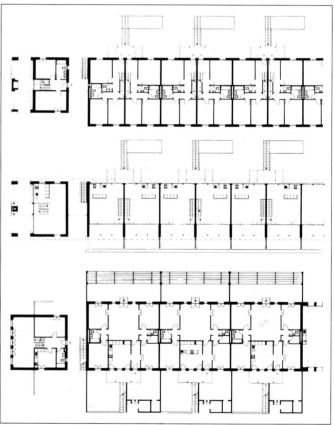

Haus C Teilgrundrisse

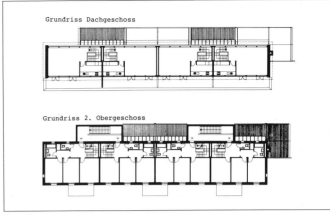

Haus D

## Wohn- und Werkstattgebäude, Hünenberg ZG

im Bösch
1983-1984
Kalmann Bernath - Carl Frei, Zug

Minimalste Kosten bestimmten weitgehend das Konzept für das Wohnhaus mit Werkstatt eines Steinrestaurators. Die nach innen orientierte Raumordnung ergab sich aus einer bewussten Abgrenzung von der Umgebung (Industriezone). Die Grundstückform führte zu einer linearen Aufreihung der verschiedenen Funktionen. Wintergarten und Werkstatt mit Lichtdächern begrenzen den Baukörper symmetrisch. Die Grundfläche ist gleich einer Strasse gebaut (Unterbau mit Tragschicht), darauf gestellt in konventionellem Holzständerbau die Gebäudestruktur, isoliert und verkleidet mit Verbundplatten, Bretterschalung und Welleternit.

## Wohnsiedlung, Hünenberg ZG

1981-1986
Metron Architekten, Windisch
Büro Z, Zürich
Bearbeitung: Markus Ringli, Claude Vaucher

Die Siedlung «Schauburg» besteht aus zwanzig Reihenhäuser (5 × 4 Einheiten) und zwei Gebäuden mit je sieben Geschoss- und Maisonettwohnungen, gebaut auf einer Geländekante mit Aussicht auf die Reussebene. Ziel war die Erstellung von einfachen, preislich günstigen Wohnungen mit grosser Gestaltungsfreiheit im Innern für die Mieter (Selbstverwaltung). Ein Modellfall von einfachstem Bauen mit einer beherrschten kargen Ästhetik, entstanden aus der Notwendigkeit zur Sparsamkeit als Grundthema.

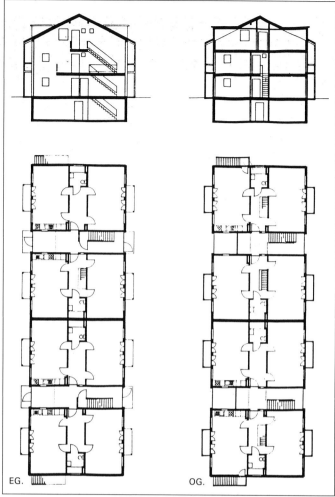

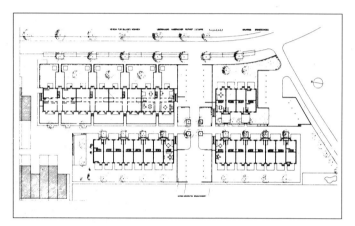

## HINWEIS: ZUR AUSFÜHRUNG VORGESEHENE PROJEKTE

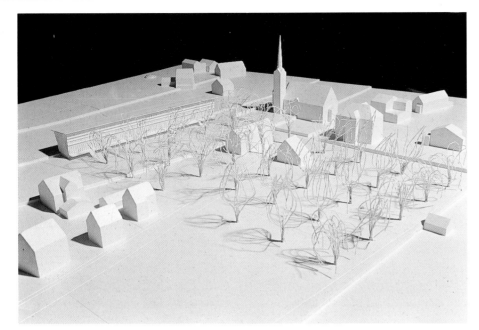

### Ferien-, Freizeit- und Bildungszentrum, Willerszell SZ

1989 Projekt
(Realisation in Vorbereitung)
Peter Zumthor, Haldenstein
Mitarbeit: A. Hagmann, D. Jüngling, M. Liesch, R. Schaufelbühl

Der Entwurf versucht die Eigenart der Sihlseelandschaft aufzunehmen. Der erarbeitete Haustyp beruft sich auf die Tradition ländlicher Kurhausbauten mit konstruktiven Anklängen an die Holzbauweise des regionalen Voralpengürtels.
(Wettberwerb)

### Gemeindehaus, Dierikon LU

Rigistrasse
1987-1989 Projekt
1990-1991 Realisation
Armando Meletta - Ernst Strebel - Josef Zangger, Luzern - Zürich

Das Gemeindehaus ist der erste, in Ausführung begriffene Bau, der auf dem Wettbewerbskonzept von 1987 für den Dorfkern von Dierikon basiert. Der quadratische Grundriss gliedert sich in eine L-förmige Nutzschicht (3 Quadrate) und eine Erschliessungszone mit Nebenräumen (1 Quadrat).
Foto: Heinrich Helfenstein, Franz Pfyffer

# 6 REGION ZÜRICH STADT – ALBIS

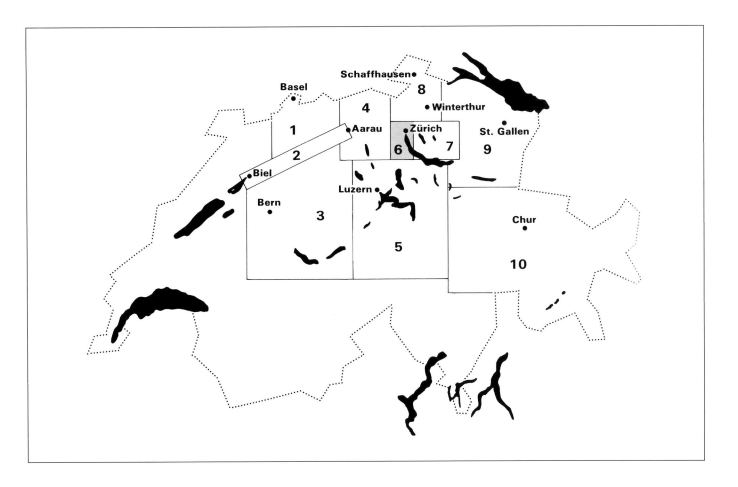

**In dieser Region sind Bauten von folgenden Architekten dargestellt:**

**Theo Hotz**
— Postbetriebszentrum, Mülligen-Schlieren
— Lok-Remise, Mülligen-Schlieren
— Geschäftshaus, Thurgauerstrasse Oerlikon
— Einkaufszentrum, Birmensdorferstrasse
— Geschäftshaus, Stauffacherstrasse
— Mehrfamilienhaus, Schneckennmanstrasse
— Bankkonferenzgebäude, Nüschelerstrasse
— Ladeneinbau, Bahnhof Stadelhofen

**Ueli Marbach - Arthur Rüegg**
— Wohnüberbauung Manessehof
— Quartierzentrum, Kirchgasse
— Wohnhaus ABZ, Balberstrasse

**Ernst Gisel**
— Wohn- und Geschäftsüberbauung, Stadelhoferpassage
— Altersheim, Stampfenbach
— Ausbau Universität-Zentrum

**Santiago Calatrava - Arnold Amsler - Werner Rüeger**
— Bahnhof Stadelhofen

**Arnold Amsler**
— Aufnahmegebäude, Bahnhof Stadelhofen
— Geschäftshaus Olivenbaum, Stadelhofen
— Café Schurter, am Central

**ADP Architektur - Design - Planung**
— Wohn- und Gewerbegebäude, Hellmutstrasse

**Hans Howald**
— Kirchliches Zentrum, Turnerstrasse

**Schnebli - Amman - Partner**
— Einbau Kunstgalerie, Hardturmstrasse
— Einfamilienhaus, Südstrasse

**Isa Stürm - Urs Wolf**
— Ladeneinbau, Bahnhofstrasse

**Marie-Claude Bétrix - Eraldo Consolascio**
— Einfamilienhaus, Oberengstringen

**Fosco - Fosco-Oppenheim - Vogt**
— Mehrfamilienhaus, Kienastenwiesweg Witikon
— Reihenhäuser REZ, Hardeggstrasse

**Willi E. Christen**
— Gutsbetrieb Juchhof, Bernerstrasse
— Zoo-Hauptgebäude, Zürichbergstrasse

**Max Baumann - Georges Frey**
— Wohnüberbauung «Lommisweg», Altstätten

**Ruggero Tropeano**
— Technopark, Pfingstweidstrasse

**Willi Egli**
— Wohnsiedlung im Altried, Schwamendingen
— Kirchenzentrum, Affoltern a.A.

**Martin Spühler**
— Umbau Kleintheater, Hechtplatz
— Silo-Bau, Ottenbach

**Marianne Burkhalter - Christian Sumi**
— Atelier-Wohnhaus, Langnau a.A.

**Fritz Schmocker**
— Steiner Schule, Adliswil

## Postbetriebszentrum, Mülligen-Schlieren

Zürcherstrasse
Wettbewerb 1970
1973–1985
Theo Hotz, Zürich
Mitarbeiter Planung: R. Blaser,
B. Casagrande, H. Moser, R. Steinemann
Mitarbeiter Bauleitung: H. Speh, H. Suter

Das grösste Postbetriebszentrum der Schweiz, Zürich Mülligen, ist Paket-, Sortier- und Verteilungszentrum. Täglich werden ca. 300 000 Pakete sortiert und umgeschlagen, die auf dem Schienenweg (ca. 200 Bahnwagen) oder über die Strasse (ca. 200 Autofuhren) eintreffen oder das Zentrum verlassen. Das Programm gliedert sich in ein Betriebsgebäude mit Geleiseanlagen, Sortier- und Verteilanlagen, gesamter Medienversorgung, Parkplätzen, und einen Dienstleistungstrakt mit Kontrolleinrichtungen, Wohlfahrtseinrichtungen (Restaurant, Küche, Aufenthaltsräume, Garderoben usw.), Verwaltung sowie Dienstwohnungen. Wie beim fast gleichzeitig geplanten Fermeldezentrum Herdern an der Nationalstrasse wurden hier am Schienenstrang in bester Kenntnis moderner Bautechnik statt steinerner Stadttore, einfache, mit seriell gefertigten Blechpanelen umhüllte Konstruktionen gewählt. Die grosse Baumasse gliedert sich in ein grossflächiges, relativ niedriges Volumen am Geleisekörper und ein turmartiges Gebäude (Dienstleistungsgebäude), welches der Strassenseite (Benutzerseite) zugewandt ist.

Der Charakter dieses öffentlichen Verkehrsbaues mit seinem technisch hochwertigen Industrie-Akzent wurde in seiner architektonischen Haltung unmittelbar zum Ausdruck gebracht und ordnet sich in die gegebene urbane Struktur ein (Industriezone). Im Sinne einer architektonischen Einheit und betrieblichen Einfachheit wurden nur wenige Materialien von hoher Qualität verwendet. Zum konstruktiven Konzept: die differenzierte Tragkonstruktion ist unabhängig von den jeweiligen Raumunterteilungen. Dadurch ist eine zweckmässige Flexibilität gewährleistet (frei unterteilbare Grossräume mit auswechselbaren Elementen).

Die Primär-Konstruktion ist als Misch-Bauweise in Eisenbeton und Stahl ausgeführt. Im Sinne einer zeitsparenden und oekonomischen Bauweise sind alle übrigen Aussen- und Innenbauteile in Vorfabrikation erstellt.

Fotos: Peter Disch

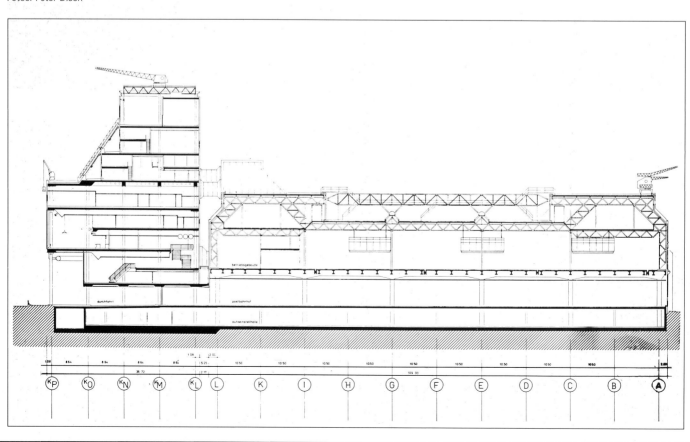

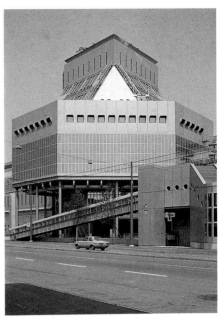

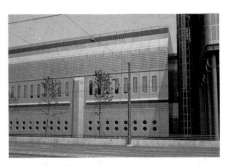

## Postbetriebszentrum – Lok-Remise, Mülligen
1982-1984
Theo Hotz, Zürich
Mitarbeiter: Franz Romero

Als Bestandteil des Postbahnhofes Mülligen ist diese Lokomotiv-Remise für zwei Geleise mit integriertem Werkstattbereich gebaut. Das bedeutungsvolle an diesem kleinen «Nebenbau» ist die Formulierung bis ins Detail von Assoziationen und Bildern zu einer Industriearchitektur. (Z.B. Lokomotiven der 30er Jahre, das Flugzeug Ju 53). Die Primärkonstruktion ist ein Stahlskelett welches aussen mit Well-Aluminium als Haut überzogen ist (Wand und Dach). Alle Verbindungen sind sichtbar geschraubt und genietet. Bandfenster als vorstehender Kasten. Shed-Oberlicht über dem Arbeitsbereich. Die Vordach-Träger sind als von den Dachträgern unabhängige Elemente konstruiert.
Foto: Heinrich Helfenstein

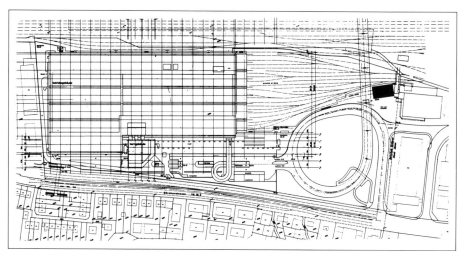

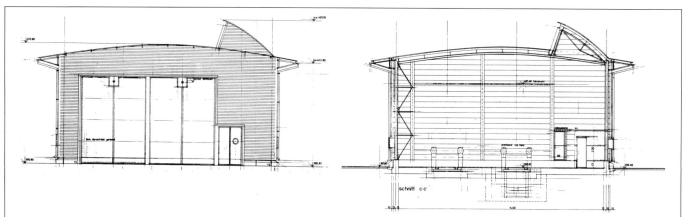

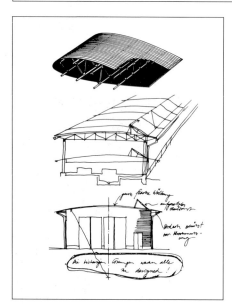

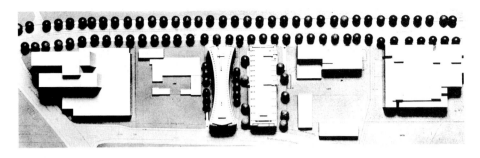

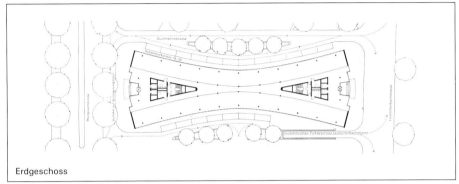

Erdgeschoss

## Geschäftshaus, Zürich-Oerlikon
Thurgauerstrasse
1982-1985
Theo Hotz, Zürich
Mitarbeiter: Franz Romero

Das Gebäude liegt an der Nordperiferie der Stadt (Oerlikon) zwischen bedeutungslosen Gewerbebauten und schafft einen neuen Akzent. Die charakteristische, konkav geschwungene Gebäudeform entstand einerseits aus den Randbedingungen (Baulinien, Gebäudeabstände), anderseits aus dem Willen, diese Randbedingungen und die Vorstellung eines klaren, übersichtlichen Grundrisses zu verschmelzen. Die so entstandenen Raumtiefen lassen eine optimale Bürobenutzung zu.
In den Obergeschossen lassen die eingeschobenen Erschliessungsteile an den Kopfseiten eine verglaste Foyer- oder Empfangszone offen.
Die Fassaden sind zweischichtig aufgebaut: die äussere Schicht besteht aus einem als Wartungsgang dienenden Laufsteg welcher die Sonnenschutzlamellen trägt, die innere Schicht oder Fassadenhaut ist als verglaste Leichtmetallfassade ausgebildet. Das Lüftungskonzept basiert auf der natürlichen Belüftung über die Fensterflügel. Aluminium ist das dominierende Material am Aeussern und verleiht dem Gebäude mit der filigranartigen Strukturierung ein unverwechselbares Gepräge.
Fotos: Peter Disch

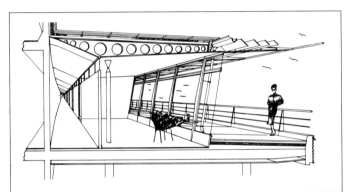
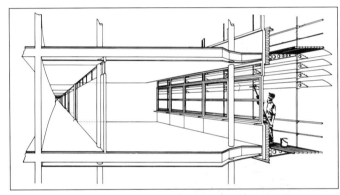

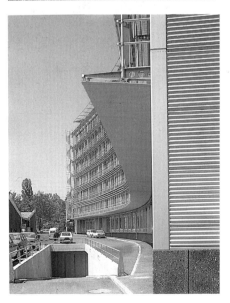

## Erweiterung Einkaufszentrum, Zürich-Wiedikon

Birmensdorferstrasse 318-322
1985-1989

Theo Hotz, Zürich
Mitarbeit: Heinz Moser, René Blaser, Beat Küttel, Stefan Bleuel, Peter Kaufmann

Das Grundstück reicht von der Birmensdorferstrasse bis zur Gutstrasse, wo sich das bestehende Einkaufszentrum befindet. Die Bebauungsstruktur an der Birmensdorferstrasse wird durch einen Längstrakt aufgenommen und weitergeführt (Zeilenbauweise 40er Jahre).
Die Zentrumsidee wird verdeutlicht durch eine den Alt- und Neubau verbindende Halle als «Drehscheibe» (Markthalle). Die Läden sind auf zwei zusammenhängenden Verkaufsebenen organisiert. Teilweise überdachte Dachterrassen für jede Wohnung schliessen den Längstrakt ab. In einem mit Glimmer aufgehellten, verputzten Baukörper ist eine Leichtmetallfassade eingesetzt und markiert das Büro- und Geschäftshaus.
Fotos: Peter Disch

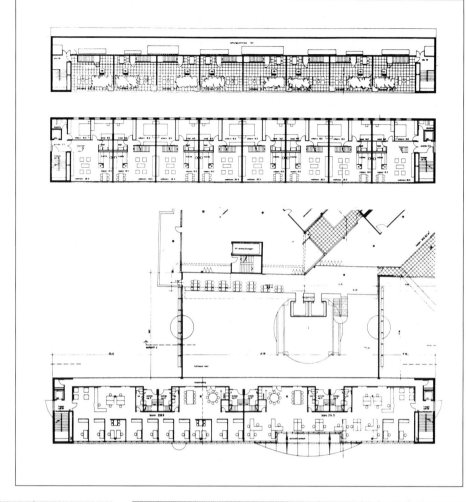

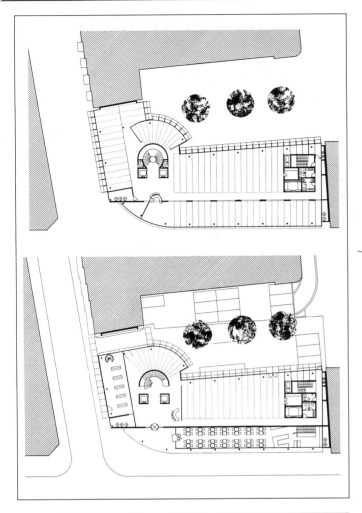

## Geschäftshaus, Zürich
Stauffacherstrasse 41
1986-1991 (in Ausführung)
Theo Hotz, Zürich
Mitarbeit: Peter Berger, Thomas Fausch

Das Baugeviert in Zürich Aussershil hat seine Schauseite auf die Stauffacherstrasse. Der neue Bürobau mit Speiserestaurant und Läden im Erdgeschoss steht an einer Strassenecke und gegenüber der Grünanlage der Jacobuskirche (1899-1901). Der Strassenraum wird durch eine ca. 5 m zurückversetzte Mauerscheibe begrenzt, die auch das Rückgrat des architektonisch-konstruktiven Konzeptes ist. Die vorgelagerte Zone mit ihrer Metall-Glas-Fassadenhülle ist nach oben fein abgestuft (Plastizität).
Das Projekt führt ein im Quartier neuartiges Thema in die aktuelle Fassadendiskussion ein: infolge der thematisierten Fassadenschichtung entsteht ein durchgebildetes Volumen, das den «undialogischen» Strassenraum der Jahrhundertwende neu definiert. □
Fotos: Gaechter + Clahsen, Zürich

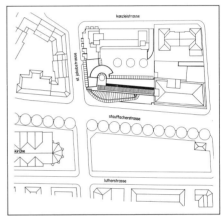

## Mehrfamilienhaus, Zürich

Schneckenmannstrasse 25
1984-1987

Theo Hotz, Zürich
Mitarbeit: H. Moser, R. Läuppi

Das städtische Wohnhaus steht als Solitär eingeordnet in die typische Körnung am Zürichberg, umgeben von einem dichten Gürtel alten Baumbestandes. Für die in der modernen Kunstszene verankerte Bauherrschaft war ein Wohnhaus als neutraler Hintergrund zur Präsentation bildnerischen Schaffens zu gestalten. Der Baukörper gliedert sich in eine zweigeschossige Sockelzone (Eingang, Autopark, Büro). Die glatten Innenwände des zentralen, durch ein Oberlicht erhellten Treppenhauses (Haus im Haus), sind als Kunstträger konzipiert und charakterisieren schon im Eingangsbereich die Bestimmung des Hauses. Das Zwischengeschoss ist für gewerbliche Nutzung (Galerie, Praxis, Büro). Die Wohnungen können beliebig unterteilt und organisiert werden. Der von Glasfeldern umhüllte Wohnbereich wird durch Aufschieben von Feldelementen zur Loggia.
Fotos: Gaechter + Clahsen, Zürich, P. Disch

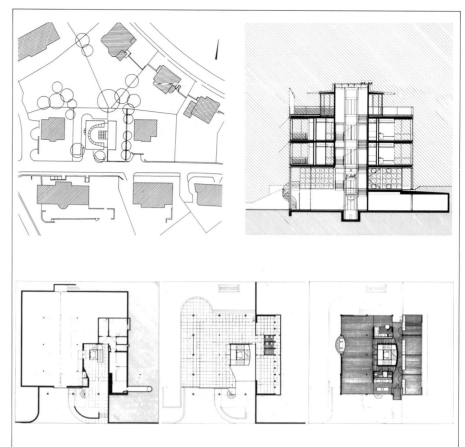

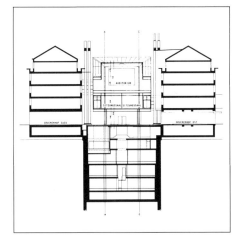
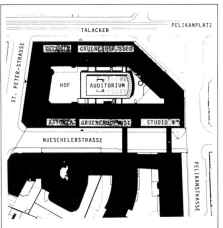

## Bankkonferenzgebäude, Zürich
«Grünenhof» Nüschelerstrasse 2
1987-1991 (in Ausführung)

Theo Hotz, Zürich
Mitarbeit: H. Moser, G. Rigutto,
M. Glättli, P. Kaufmann

Für die Projektierung waren verschiedene Randbedingungen bestimmend: eine vierseitig umschliessende Randbebauung und die Gesamtenergiezentrale des Hauptsitzes in den Untergeschossen des Hofes. Der repräsentative Kongressneubau steht in seiner transparenten, feinmassstäblichen Struktur in bewusstem Kontrast zu den umgebenden muralen Fassaden. Durch diese Haltung wird das grosse, neue Volumen die Hofsituation weniger beeinträchtigen. □
(Materialien: Stahlbau, Metall, Glas, Naturstein).

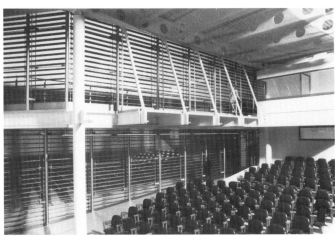
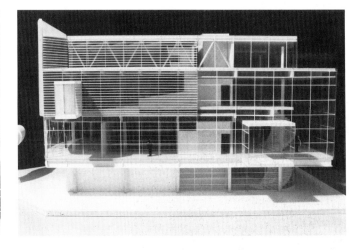

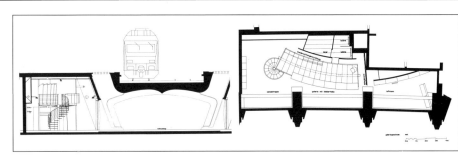

## Ladeneinbau «Miss F», Zürich
Bahnhof Stadelhofen
1989-1990

Theo Hotz AG, Zürich
Bearbeitung: Theo Hotz mit
Peter Berger
Mitarbeit: Christine Stoller

Mit einer einzigen architektonischen Geste – dem Bogen – sollen die grundrissmässig auseinanderfallenden Ladenflächen (115 m2) zu einer Einheit zusammengeschlossen, überspielt werden. Die zur Verfügung stehende Raumhöhe von ca. 5 Metern bleibt räumlich fassbar, die Verkaufsgalerie wird als eigentliches grosses Möbel in den Raum gestellt, filigran und transparent. Die raumhohe, quergestellte Spiegelwand verdoppelt optisch die Brückenkonstruktion der Galerie und spiegelt Grossflächigkeit vor – sie ist auch ein Stück «Modewelt». Die rückwärtigen Wände liegen auf drei verschiedenen Raumtiefen. Es wurde speziell darauf geachtet, dass eine Einheit in Form, Farbe, Konstruktion und Licht entsteht. Es ist ein Versuch, zusammen mit dem Warenangebot, der Präsentation und Kundenbetreuung einen unverwechselbaren Laden zu schaffen. □

## Wohnüberbauung, Zürich
Manessehof
Uetlibergstrasse / Hopfenstrasse
1977-1984
Ueli Marbach - Arthur Rüegg, Zürich
Mitarbeiter: Peter Steiner,
Thomas Schonbachler

Ergänzung der teilweise bestehenden Randbebauung zu einem vollständigen Hof. Die Wohnungen sind aus Lärmschutzgründen mit allen Wohn- und Schlafzimmern auf den Hofraum orientiert; nur Küchen, Bäder und Arbeitsräume liegen zur Strasse. Die von Lärm und Sonne her bedingte Umkehrung der traditionellen Wohnungsorientierung in diesen Randbebauungen ermöglichte die Neu-Formulierung des Hofraumes als halböffentlichen Bereich und gab Anlass zur Ausbildung einer schichtartigen Laubengangfassade in Beton, die vor der verputzten Strassenseite liegt.
Mit Betonrillen und einer partiellen Lasur nimmt diese äussere Schicht die Zonierung der Nachbarhäuser in Sockel, Mittelteil und Dachzone auf. □
Fotos: Heinrich Helfenstein, Zürich

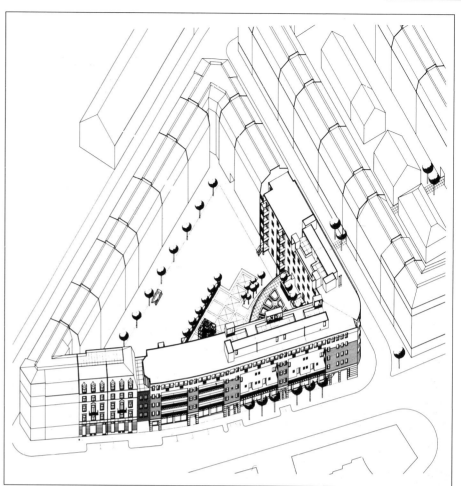

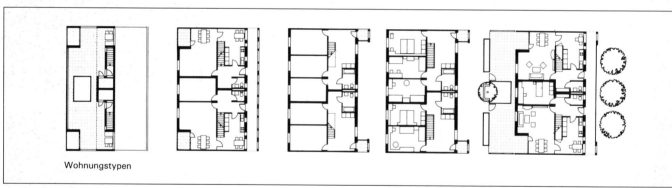

Wohnungstypen

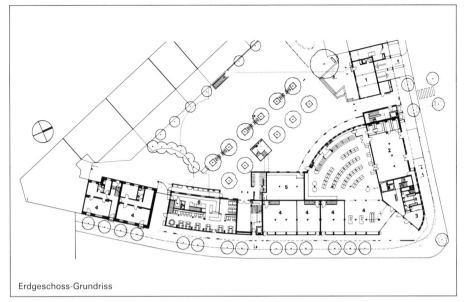

Erdgeschoss-Grundriss

## Wohn- und Geschäftsüberbauung, Zürich

Stadelhoferpassage, Stadelhoferstrasse
1976-1983
Ernst Gisel, Zürich
Mitarbeiter: Christian Zweifel, Projektleiter

Der vertraute Strassenzug mit seinen Hofmauern und schmiedeisernen Toren wird nicht beeinträchtigt. «Sonnenhof» und «Baumwollhof» beide freistehend, werden aufgewertet. Die raumbildenden, höheren Neubauten — niedriger als «Sonnenhof» und «Baumwollhof» — bestimmen vor allem das rückwärtige Areal längs des Bahntrasses. Ihre Gestaltung ist keinem Schema verpflichtet: Die vier Baukörper, zwei Geschäfts- und zwei Wohnhäuser, die sich von innen heraus verschiedenartig entwickeln, treten zueinander und zum Bestehenden in dasselbe lebendige Spannungsverhältnis, das für den ursprünglichen Ausdruck der Vorstadt typisch ist. Dass ihre feinmassstäbliche Gliederung ohne falsche Identifikation mit der Vergangenheit erfolgt, lässt die wertvolle Substanz des 17. Jahrhunderts um so frischer erscheinen.
Wesentlich für die Lösung dieser Bauaufgabe war die Vorgabe, eine möglichst durchlässige Anlage zu schaffen, die räumlich in vielgestaltiger Weise das Bellevue-Quartier mit dem im Bau begriffenen Bahnhof Stadelhofen der S-Bahn verbindet. □
Fotos: Georg Gisel, Fritz Maurer, Peter Disch

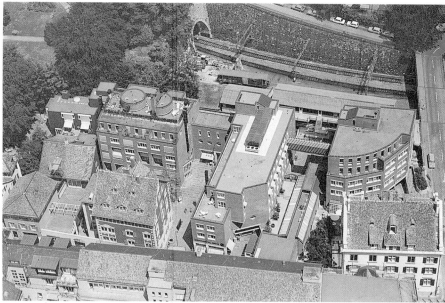
Aufnahme vor Bahnhofneubau

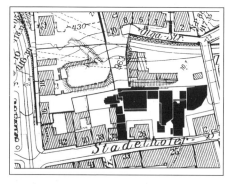

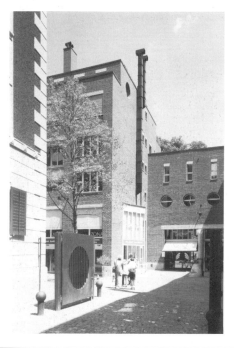

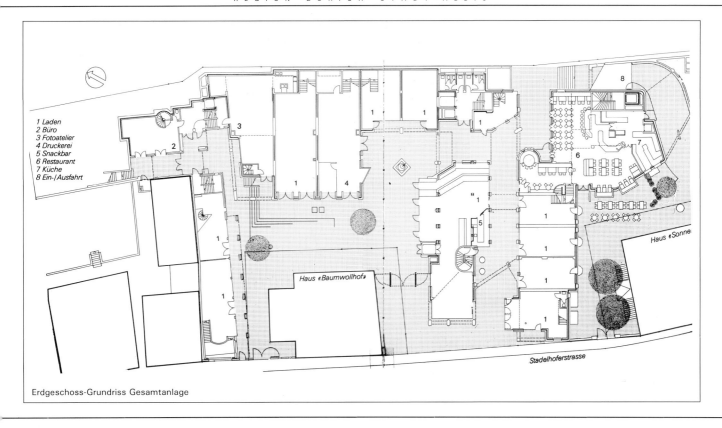

1 Laden
2 Büro
3 Fotoatelier
4 Druckerei
5 Snackbar
6 Restaurant
7 Küche
8 Ein-/Ausfahrt

Erdgeschoss-Grundriss Gesamtanlage

### Wohn- und Geschäftshaus, Zürich
Stadelhoferpassage Bauteil West
1978-1983

Martin Spühler, Zürich
Mitarbeiter: Caspar Angst, David Munz, Jürg Späti

Der Bauteil West (Trakt D, E) ist Teil der Stadelhoferpassage — Gesamtüberbauung.
Es ist das Thema dieses Bauabschnittes, einen Uebergang zu schaffen zwischen der kleinteiligen Baustruktur der Zürcher Altstadt und dem grossen Bauvolumen der Stadelhofer Passage. Die Rekonstruktion einer historischen Mauer, durch deren Tor der Passant aufgefordert wird, den neu formulierten Innenhof zu betreten, soll diese Grundhaltung verdeutlichen. Ein Ladengeschoss mit Arkade, darüber ein Studio mit Terrasse grenzen an den Innenhof. Die äussere Form dieses Traktes war durch das alte Volumen vorbestimmt.
Das dahinterliegende viergeschossige Wohnhaus ist als Einfamilienhaus konzipiert, mit einmaliger Lage im innerstädtischen Grünraum. □

## Bahnhof Stadelhofen, Zürich
1983-1990
Santiago Calatrava, Zürich
Arnold Amsler, Winterthur
Werner Rüeger, Winterthur
(Landschaftsarchitekt)

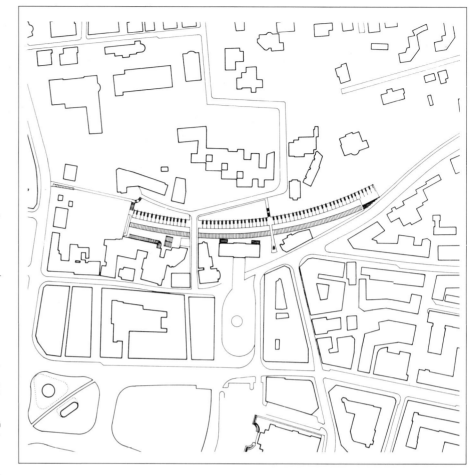

Im Rahmen des Ausbaus der Vorortslinien und der S-Bahn bekam der Bahnhof Stadelhofen grössere Bedeutung und musste ausgebaut werden, wobei Vorschläge durch einen öffentlichen Wettbewerb erarbeitet wurden. Die Anlagen des Bahnhofgebietes werden in drei Teilen gezeigt: Der eigentliche Bahnhof, dann der Umbau des alten Stationsgebäudes und der Um- und Neubau des «Olivenbaumes» (siehe nächste Seite).

Der Bahnhof Stadelhofen ist als offene Anlage auf einer Länge von 270 m zwischen zwei Tunnelröhren angelegt, in leichter Kurve, am Fusse eines Hügels mit öffentlicher Parkanlage. Der generelle städtebauliche Eingriff umfasst also ein Gebiet zusammen mit der Stadelhofer-Passage (Ernst Gisel), Stadelhofen-Grünanlage mit dem Bahnhofvorplatz und dem Schanzenhügel. Die Umwandlung eines schon gegebenen Bahneinschnittes (zuerst eine Befestigung, dann ein Einschnitt in den Moränenhügel) als urbane Enklave wurde also behutsam eingebettet in die gesamtstädtische Umgebung.

Durch eine Vergrösserung der Geleiseanlagen wurde die verloren gegangene Grünfläche durch die pergolaartig überdachte Promenade, welche über die Geleise auskragt, umgeformt (früherer Spazierweg zwischen Villen-Gärten) und bildet eine in die bestehende Topografie verankerte, bedeutungsvolle Naht zwischen Stadt, Bahnhof und Hügel. Drei Fussgängerstege und eine «hängende» Treppe verbinden das Strassenniveau mit dem Hügel. Auf der gegenüberliegenden Seite folgt eine Überdachung in transparentem Glas auf einer leichten Stahlstruktur den Geleiselinien. Die etwas anatomischen Formen finden ihre Fortsetzung in reiner Betonkonstruktion in der unterirdischen Verbindungshalle (Passage) mit Ladeneinbauten unter den Geleisen (siehe Seite 183 Arch. Theo Hotz).

Als Ingenieur zeichnet ausschliesslich Santiago Calatrava.
Fotos: Peter Disch

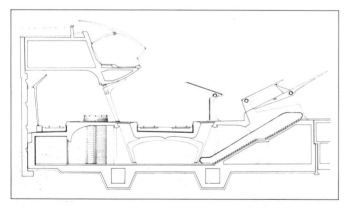

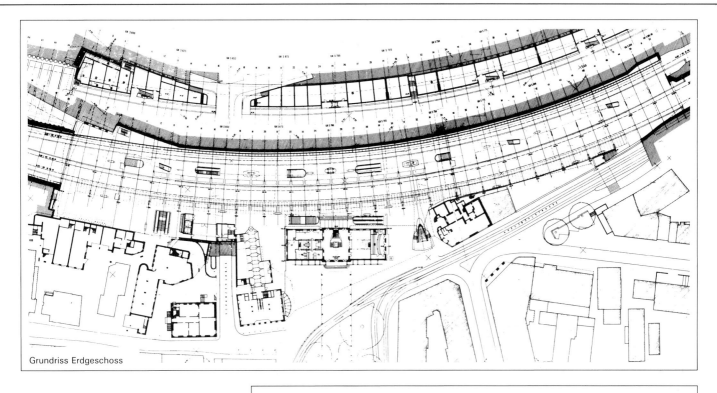
Grundriss Erdgeschoss

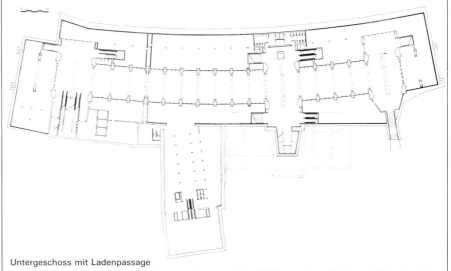
Untergeschoss mit Ladenpassage

## Aufnahmegebäude SBB mit Platzgestaltung, Zürich-Stadelhofen

Bahnhof-Stadelhofen
1984-1990

Arnold Amsler, Vrendli Amsler, Winterthur
Mitarbeit: A. Schlatter, A. Artho, A. Casagrande, S. Gasser

Das Gebäude wurde 1894 von Gustav Wülfke erbaut. Einmal mehr bleibt durch «denkmalpflegerische Auskernung» ein unter Schutz stehendes Gebäude als Volumetrie und Oberfläche erhalten. Die neu eingesetzte Baustruktur ist von den Umfassungswänden abgelöst. Der dominante Mittelbau wird im EG zur offenen Schalterhalle mit Abgang zur Ladenpassage. □

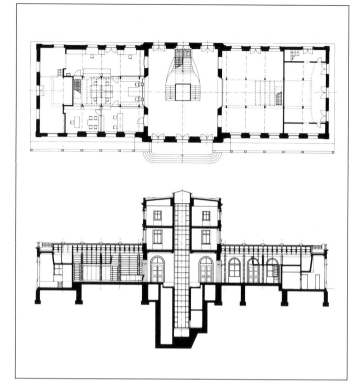

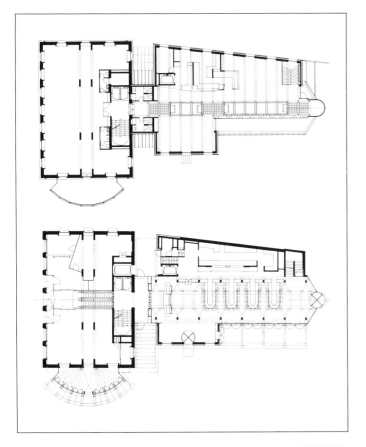

## Wohn- und Geschäftshaus mit Restaurant, Zürich-Stadelhofen

Stadelhoferstrasse 10
1979-1989

Arnold Amsler, Vrendli Amsler, Winterthur
Mitarbeit: A. Schlatter, B. Stadelmann, N. Lohri, S. Hopf, T. Wirth, F. Mayer

Der ehemalige «Olivenbaum» war ein um 1834 erstelltes Bauwerk von Leonhard Zeugheer. Die «denkmalpflegerische Rekonstruktion» wurde als Auflage für ein Neubau-Vorhaben gefordert. Der neu zugefügte Anbau ist als Kommentar zur Aufgabe «Rekonstruktion einer Hülle» zu verstehen. Die klassischen Elemente des Hauptbaues wie Sockel, Lochfassade Gesimse, Einfassungen werden im Detail umgesetzt und als Schichten angelagert. Das Thema der losgelösten Verwendung von Fassaden-Verkleidungsschichten wird im geschwungenem Vorbau nochmals aufgenommen. □
(Wettbewerb)

## Wohn- und Gewerbegebäude WOGENO, Zürich

Hellmutstrasse, Hohlstrasse, Brauerstrasse
1984-1991 (in Ausführung)
A.D.P. Architektur - Design - Planung, Zürich
Walter Ramseier, Beatrice Liaskowski, Caspar Angst, Beat Jordi, Peter Hofmann

Das Projekt ist das Resultat eines mehrere Jahre dauernden Entwicklungsprozesses unter der Mitwirkung der künftigen Bewohner der Überbauung. Es stellt ein Beispiel dar für die Erneuerung der Struktur eines Quartiers (hier in Zürich-Aussersihl). Während die Wohnhäuser entlang der Hellmutstrasse erhalten bleiben und nur minimal renoviert werden (Bewohnerwunsch) entsteht anstelle der alten Werkstattgebäude ein Neubau mit 25-30 Wohnungen und Gewerberäumen. Der städtische Grund wurde im Baurecht einer Baugenossenschaft überlassen. Die Wohnungen gruppieren sich auf den einzelnen Geschossen um die Treppenerschliessung, die Laubengänge. Sie können auch als Aussenräume genutzt werden. Die einfachen baulichen Voraussetzungen erlauben das angestrebte vielfältige Angebot an Wohnungstypen, Wohnungsgrössen und Ausbaukomfort. Die Grundstruktur ist aus einer Schichtung und Zonierung des Baukörpers heraus entwickelt und besteht aus Zimmerschicht, Zirkulationsschicht, Zwischen- und Erschliessungszonen und einer weiteren Zimmerschicht. □

Bauprogramm: Wohnungen für Grosshaushalte, Kleinhaushalte und Familien, Gewerbe-, Laden-, und Büroräumlichkeiten, öffentliche Badeanlage.

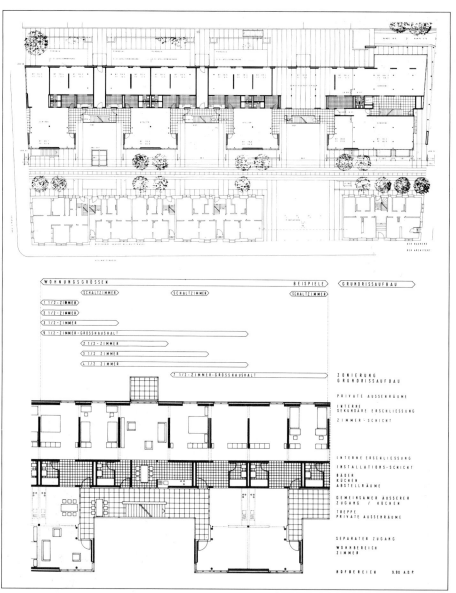

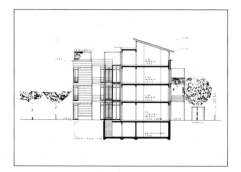

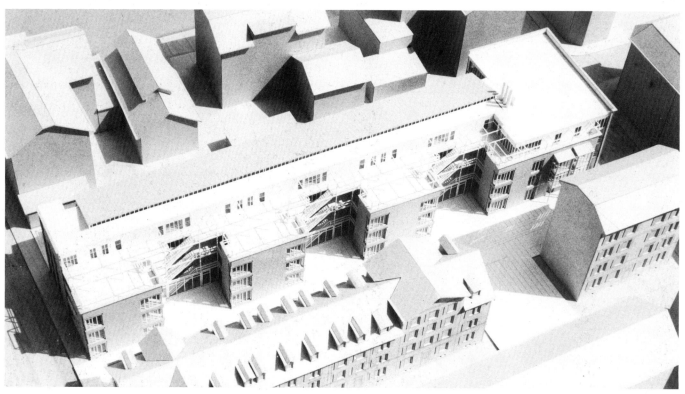

## Quartier- und Seniorenzentrum, Zürich

«Karl der Grosse»
Kirchgasse 14/Oberdorfstrasse 36
1981-1985
Ueli Marbach - Arthur Rüegg, Zürich
Mitarbeiter: Frank Mayer
Bauleitung: Klaus Dolder

Bautechnisch komplexer Eingriff in eine Gebäudegruppe die zum Teil auf das 13. Jahrh zurückgeht. Besonders im Haus Kirchgasse 14 findet sich Bausubstanz aus allen Bauepochen, speziell aber von den jüngsten Umbauten des Zürcher Frauenvereins aus den Jahren 1919 (Historimus) und 1933 (früher Heimatstil).
Es wurde versucht, diese Zeugen der Geschichte stehen zu lassen und sie mit neuen Teilen zu ergänzen, die ebenso sorgfältig ausgefürt sind. Diese neuen Teile (insbesondere Saal, Cafeteria und Lift sowie die Wohnungen) sind auf moderne Art formuliert, beziehen sich aber auf die traditionellen Themen des Hauses: zentrales Oblicht im Saal, Täferordnungen im Saal und Cafeteria, etc.
Bauherr: Stadt Zürich
Fotos: Heinrich Helfenstein, Zürich

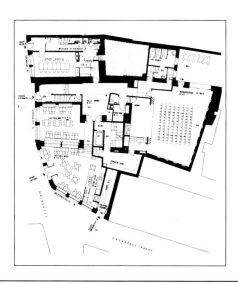

## Wohnhaus ABZ, Zürich

Balberstrasse
1988-1991 (in Ausführung)
Ueli Marbach und Arthur Rüegg, Zürich
Mitarbeit: Bruno Krucker

Innerhalb eines Quartiers mit Mehrfamilienhäusern konnte ein Element weggenommen werden, um Platz zu schaffen für einen grösseren Neubau mit Alterswohnungen. Diese sollen den älteren Bewohnern des ganzen Quartiers dienen und grössere Wohnungen für junge Familien freistellen helfen. Der Neubau ist – im Unterschied zu den älteren Blöcken – entlang einer Quartierstrasse angeordnet und definiert zusammen mit einem querstehenden Gebäude einen Raum, so dass innerhalb des lockeren Quartiermusters eine Verdichtung an der Strasse entsteht. □

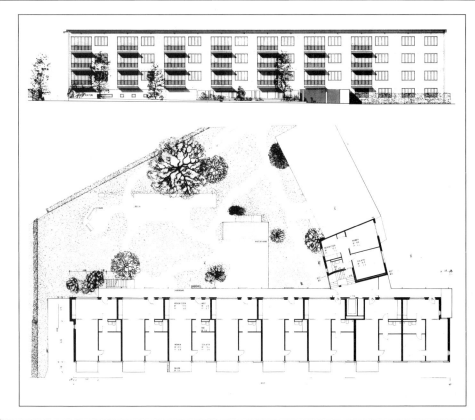

## Kirchliches Zentrum, Zürich
Unterstrass Turnerstrasse 45-47
1980-1985

Hans Howald, Zürich
Mitarbeiter: Rolf Wolfensberger

Für die Projektierung stand die vorhandene Anlage mit der neugotischen Kirche (erbaut 1884 von Paul Reber, Basel) und den beiden um 1910 erstellten Pfarrhäusern zur Verfügung. Umnutzungen waren erwünscht, Abbrüche durften jedoch keine vorgesehen werden.
Kernpunkte des Projektes sind die unterirdische Lage des Saales, die Verwendung der Kircheneingänge als Zugang zum Saal und die Nutzung des einen Pfarrhauses für die Gesellschaftsräume.
Mit diesen Massnahmen wird einerseits auf Situation, Ortsbild und denkmalpflegerische Aspekte wie auch auf betriebliche und rechtliche Randbedingungen reagiert.
Die verschiedenen Teile des Zentrums sind auf dem Saalniveau miteinander verbunden, was eine grosse Nutzungsflexibilität erlaubt.
Fotos: Fritz Maurer, Zürich

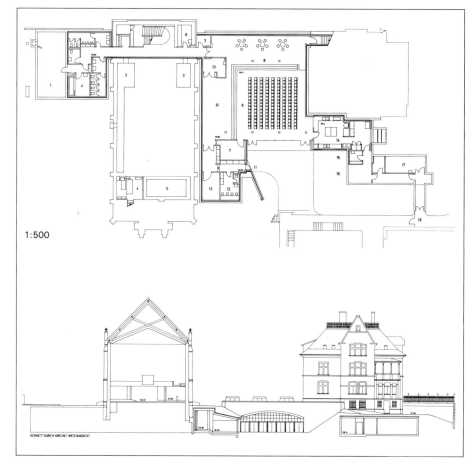

1:500

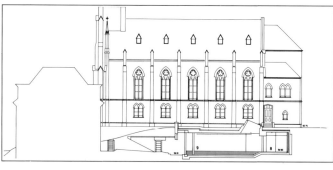

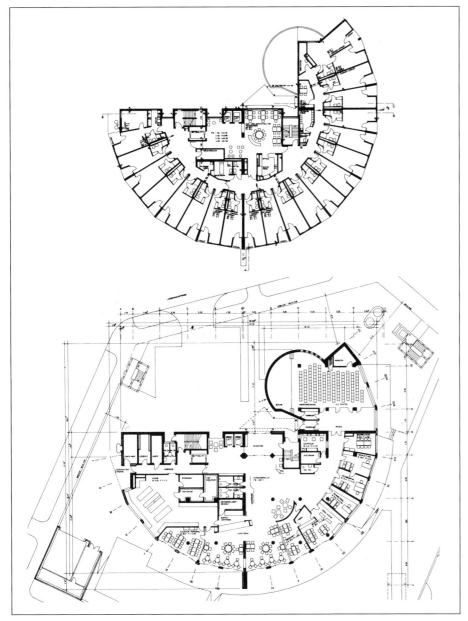

## Altersheim Stampfenbach, Zürich

Lindenbachstrasse 1
1983-1988

Ernst Gisel, Zürich
Mitarbeit: H. Moor, W. Schwander,
L. Schweitzer, Ch. Zweifel

Der kompakte Rundbau bildet den oberen Abschluss der wieder überdeckten und baulich genutzten Tagbaustrecke des Milchbucktunnels gegen die Stampfenbachstrasse. In diesem Bereich der Tunnelüberdeckung befindet sich ferner ein Parkhaus (240 Autos) und eine Zivilschutzanlage (100 Personen).
Der fünfgeschossige Baukörper ist von der Baulinie abgerückt und orientiert sich mit den Pensionär-Zimmern halbkreisförmig von Osten über Süden nach Westen mit schönem Blick auf Stadt und Berge. Die Obergeschosse sind aussen mit Naturschiefer verkleidet. Betriebsform als Gruppensystem: je 22 Pensionäre bilden eine selbständige Gruppe auf der Wohnetage.
Fotos: Harry Moor

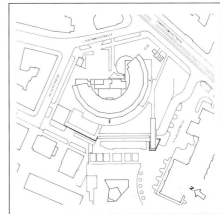

## Ausbau und Sanierung Universitäts-Kollegiengebäude II, Zürich

Künstlergasse 16
1976-1991 in versch. Phasen
Ernst Gisel, Zürich
Projektleiter: Toni Güntensperger

Die neuen Strukturen als Hofeinbau – Haus im Haus – mit fünf verschieden genutzten Geschossschichten sind auf vier Säulen abgestützt, das Auditorium (400 Pl.) als Hängekonstruktion.
Fotos: D. Röthlisberger

## Einbau Kunstgalerie, Zürich

Hardturmstrasse 110
1989
Schnebli - Amman Partner, Zürich
Dolf Schnebli, Paolo Kölliker

Die ehemalige Shed-Fabrikhalle liegt zwischen einer lärmigen Strasse und dem Flusslauf der Limmat. Die Bauidee ist, den Fluss und den im Norden liegenden, besonnten Hang in die räumliche Gestaltung einzubeziehen, was schon beim Empfang durch den schwarzen Durchgang in Erscheinung tritt. (Galerie Jamileh Weber).

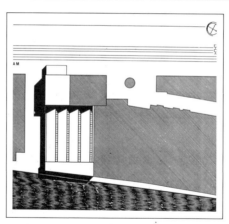

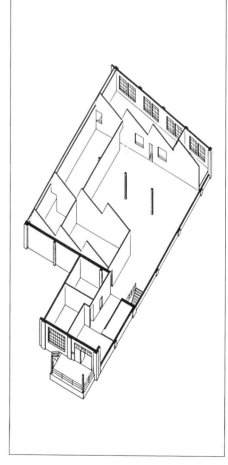

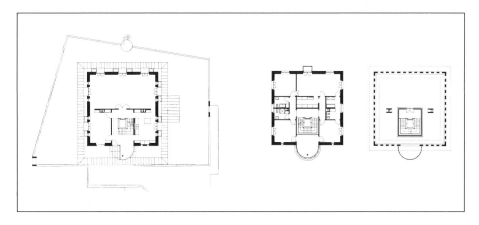

## Einfamilienhaus, Zürich

Südstrasse 41
1985-1986

Dolf Schnebli - Tobias Ammann
und Partner, Zürich-Agno
Mitarbeit: Paolo Kölliker

In Riesbach, am Burghölzlihügel, in der Nähe alter Herrschaftsvillen mit Gärten und (früher) Reben liegt diese kleine «Zürcher Villa»: Der klare Baukubus wird nur in der Eingangspartie durch einen gläsernen Vorbau artikuliert. Die Fassadenaufteilung ist in einfachen Symmetrien geordnet. Die Grundrissfläche misst ca. 14 × 14 m. Dieses Quadrat ist aufgeteilt in 9 Quadrate von 4.20 × 4.20 m. Diesem Grundschema wird eine Raumteilung überlagert, welche aus der Addition dieser Quadrate oder bestimmten Teilen davon, besteht. (Die Bauproportion basiert auf den Grundschemas Andrea Palladios, die wiederum auf römische Villen zurückgehen.) Ein Dachgarten liegt im Atrium, das durch die Fassadenmauern geformt wird. Diese Mauern werden bis auf 2 Meter über das Flachdach hochgezogen und mit einem Dachgesims abgedeckt, welches den Abschluss gegen den Himmel bildet. Die äussere Erscheinung verleiht dem 2stöckigen Baukörper eine grössere Dimension. Eine gewisse Freiheit in der Grundriss-Überlagerung wird im Äusseren nur angedeutet im gläsernen Vorbau, der Eingangspartie und dem Oberlicht, das durch den Treppenaufbau geformt wird. Materialien der Fassaden: Zement- und Kalksandsteine in perfekter Verarbeitung.

Die Situierung im Gelände nimmt auf die bestehenden Mauern und Bäume Rücksicht. Öffentliche Wege führen durch die Anlage.

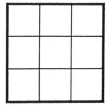

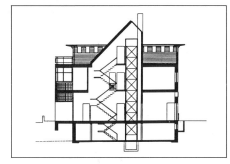

## Architekturforum, Zürich
Neumarkt 15
1982-1985
Fritz Schwarz, Zürich

Anbau in ehemaligem Hinterhof (Altstadtquartier), ringsum eingebaut, mit grossem Oberlicht und begehbarem Flachdach auf 3 Niveaus. Wegen Zugangsschwierigkeiten leicht transportable Materialien: Wände aus Zementblock, Böden aus 5 mm Stahlblech auf U und T Profilen unbehandelt. Zugang durch bewegliche Rampe auf 2. oder 3. Niveau wählbar. □
Fotos: Urs Siegenthaler, Thomas Gugini

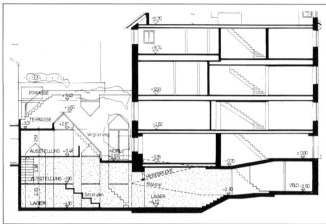
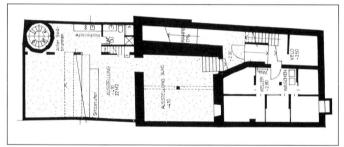

## Einbau Ladenlokal, Zürich
Bahnhofstrasse 3
1988
Isa Stürm - Urs Wolf, Zürich

Das Geschäft befindet sich in der heutigen Sparkasse der Stadt Zürich, einem Gebäude aus der Mitte des 19. Jahrhunderts. Um für Issey Miyake (int. Modedesigner) einen Ort zu schaffen, wo sich die gefertigten Kleidungsstücke zur Auswahl befinden und seine Entwürfe als Kleiderkunst wie in einer Galerie präsentiert werden, wurde die Raumgliederung und Materialwahl leer und schlicht gehalten (Materialien in möglichst rohem und nacktem Zustand, Holz, Stahl, Naturstein in Wechselwirkung mit den textilen Geweben).

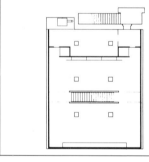

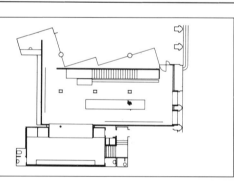

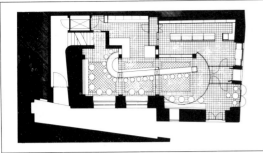 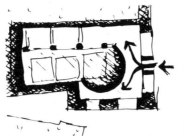

## Café-Confiserie Schurter, Zürich

Am Central
1984
Arnold Amsler, Winterthur

Das Café mit Confiserie ist ein Einbau in eine äussere Hülle, die unter Denkmalschutz steht (aus dem 15. Jh.).
Durch die funktionelle Trennung der Betriebe teilen sich die Wege im Eingangsbereich. Hauptraum ist das Café über Eck, umgeben von Randzonen und durch Spiegel visuell erweitert.
Der «Raum im Raum» bezieht sich auf die spezielle Ecksituation.

## Umbau Kleintheater, Zürich

Hechtplatz
1987
Martin Spühler, Zürich
Projektleiter: David Munz

Bei der vorwiegend als Wert- und Substanzerhaltung definierten Sanierung, stellte sich trotzdem die Frage des zeitgemässen Verhaltens gegenüber einem umfunktionierten, historischen Bauwerk. Der Respektierung der einzelnen Qualitäten, korrigieren der entstandenen Ungenauigkeiten und der Detaildurchbildung wurde dabei besondere Beachtung geschenkt. Neuerungen: bessere Ausnützung des Seitenraums (Vorverkaufsraum-Foyer), Sichtbarmachung des volumetrischen Konzepts (2 Gebäude), Vordachkonstruktion, Bühnentor, Farbgebung. □

  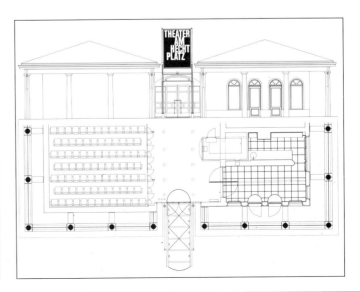

## Zoo-Hauptgebäude, Zürich
Zoologischer Garten
1986-1989
Willi E. Christen, Zürich

Mit seinen 70 Anlagen für zusammen etwa 100 verschiedenen Tierarten, ebensoviele Fische, ferner Volièren usw., was auch in seiner differenzierten Raumgliederung zum Ausdruck kommt, ist es das bisher komplexeste Gebäude im Zürcher Zoo. Nebst dem technischen Aufwand für die teilweise extremen Klimabedingungen sind die Tageslichtverhältnisse eine Grundbedingung für das Gedeihen von Tier und Pflanzen. Daher sind sämtliche Dachflächen und Giebelfelder vollständig mit hochwertigem Spezialverglasungssystem ausgestattet, welche sich teilweise aufschieben lassen.
Fotos: Heinrich Helfenstein, Zürich

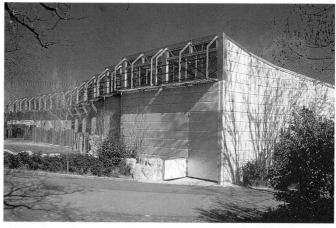

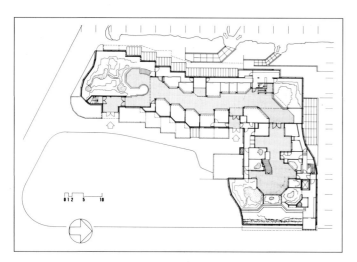

## Einfamilienhaus, Oberengstringen
Rütenenstrasse 2
1985-1986
Marie-Claude Bétrix - Eraldo
Consolascio, Zürich
Mitarbeit: E. Maier

Das Dach ist hier eine architektonische Thematik und nicht nur Schutz. Es bestimmt als visuelles Hauptelement das Volumen des Hauses. Die lange, konvexe Wellenform schafft eine vieldeutige Erscheinungsform und weist auf die Intentionen und Organisation der verschiedenen Teile hin, aus denen sich das Gebäude zusammensetzt – d.h. aus der Unterteilung des Volumens in verschiedene Teile mit fast autonomer Bedeutung. Die Fensteranordnung ist in der Südfassade regelmässig symmetrisch und die umfassende Mauer öffnet sich einzig im Bereich der Ostseite.
Fotos: Georg Gisel, Zürich und Architekt

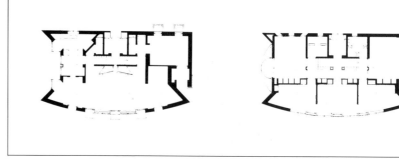

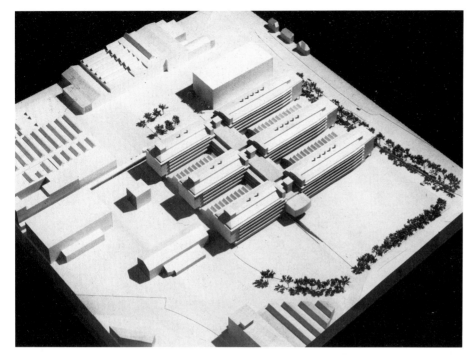

## Gewerbezentrum Technopark, Zürich

Pfingstweidstrasse 30
1987-1992 (in Ausführung)

Itten + Brechbühl AG, Zürich
Ruggero Tropeano (verantw. Architekt)

Neue technologische Entwicklungen werden auch in der Schweiz vermehrt in Zusammenarbeit zwischen verschiedenen Unternehmungen und mit Unterstützung der Hochschulen erarbeitet. Andererseits müssen vermehrt veraltete Industriekomplexe neu bebaut und genutzt werden. So soll mit neuen Aktivitäten im Areal Sulzer Escher-Wyss ein Beitrag für die Wiederbelebung des Zürcher Industriequartiers geschaffen werden. Der Gebäudekomplex gliedert sich in 2 Teile: im Innovationstrakt sind Forschung und Entwicklungsstätten vorgesehen, im Produktionstrakt gewerbliche und betriebliche Betriebe, im Transferbereich Konferenz- und Seminarräume sowie Dienstleistungen und Verwaltung, die sich um zwei mehrgeschossige Hallen gruppieren. Die Innenhöfe bieten Ausstellungsmöglichkeiten und sind die eigentlichen Bewegungsräume. Erweiterungen sind im Westen und Norden des Areals geplant. □

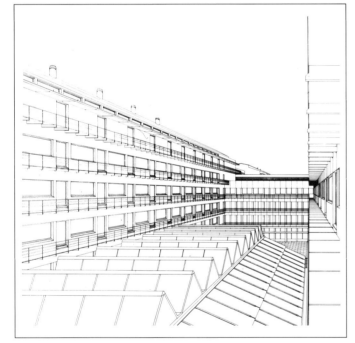

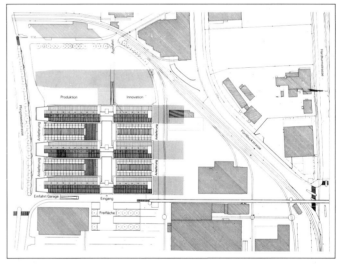

## Mehrfamilienhaus, Zürich-Witikon

Kienastenwiesweg
1981-1983

Architektengemeinschaft
Benno Fosco - Jacqueline Fosco-Oppenheim, Klaus Vogt, Scherz
Mitarbeiterin: Astrid Peissard

Die charakteristische Form des Baukörpers ist bedingt durch den speziellen Zuschnitt des Grundstücks. Die Südfassade ist parallel zur talseitigen Grundstücksgrenze gekrümmt, die Nordfassade steht auf der Baulinie. Dia Lage der Ostfassade wird bestimmt durch den erforderlichen Grenzabstand und eine Westfassade gibt es nicht, denn durch die Krümmung der Südfassade endet das Haus in einem schiffbugähnlichen Spitz. Im Baukörper sind 3 Reihenhäuser untergebracht, 2½ geschossige, und 2 2-Zimmer-Wohnungen im Spitz. Jedes Reihenhaus hat einen eigenen Aufgang aufs Dach. ☐

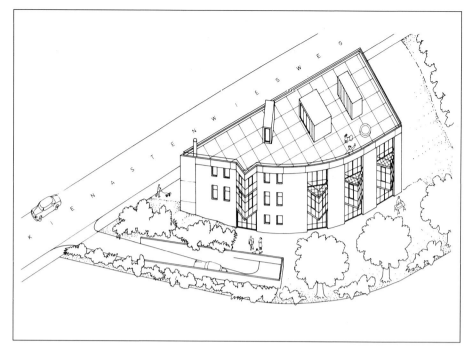

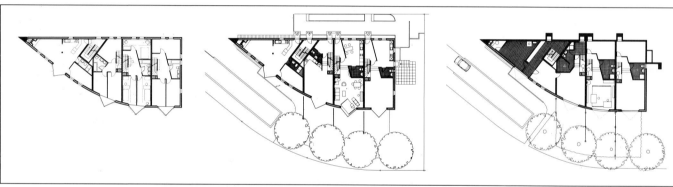

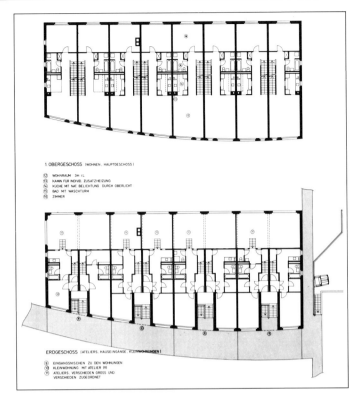

## Reihenhäuser, Zürich
Hardeggstrasse 17-23
1981-1986
Architektengemeinschaft
Benno Fosco - Jacqueline Fosco-Oppenheim, Klaus Vogt, Scherz-Zürich

Bei den REZ-Häusern handelt es sich um 8 $2^{1}/_{2}$ geschossige Reihenhäuser über einer gemeinsamen Tiefgarage, zusammengefasst zu einem kompakten Baukörper, dessen Südfassade parallel zum Limmatufer leicht gekrümmt ist. Jedes Reihenhaus setzt sich zusammen aus einer 3-Zimmer-Kernwohnung mit Dachterrasse, aus einem Studio mit Kochgelegenheit und aus einem Atelier. Je nach Nachfrage können Studio und Atelier separat vermietet werden. Die Hauseingänge, kombiniert mit je einem Garagenabgang, liegen an einem limmatseitigen Vorplatz, die Ateliers mit Werkplatz an der Hardeggstrasse. □
Das Projekt ist aus einem Wettbewerb hervorgegangen.
Fotos: Roger Kaysel, Gebensdorf

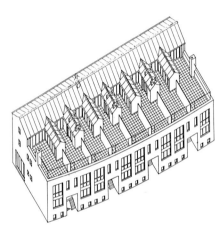

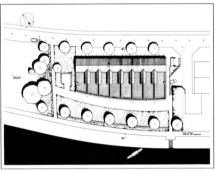

## Landwirtschaftl. Gutsbetrieb, Zürich

Bernerstrasse 301
1980-1984
Willy E. Christen mit Zweifel-Strickler und Partner, Zürich

Der seit 100 Jahren bestehende Landwirtschaftsbetrieb bewirtschaftet die im städtischen Besitz stehenden Restflächen im Baugebiet und Freihaltegebiete im Naherholungsgürtel des Siedlungsraumes Zürich.

Im Rahmen einer Gesamtsanierung wurden die Betriebsgebäude zwischen 1982 und 84 durch Neubauten ersetzt. Als Altbau blieb der Mittelteil des Wohnhauses erhalten, welches das Zentrum des Betriebes bildet.

Die drei grossen, hallenartigen Bauten übernehmen die Richtung der Stadteinfallsachse Bernerstrasse. Dahinter stossen die niedrigen Stallgebäude und die Biogasanlage kammartig in einen Grünstreifen vor. Dominierender Bau ist die vollständig aus Holz konstruierte Bergscheune. □

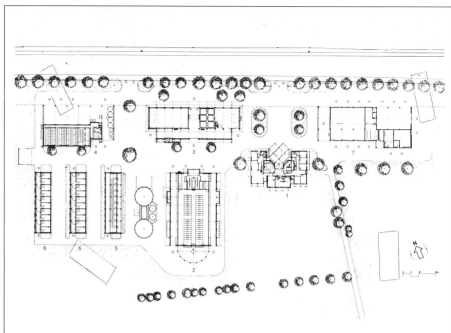

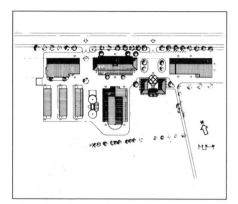

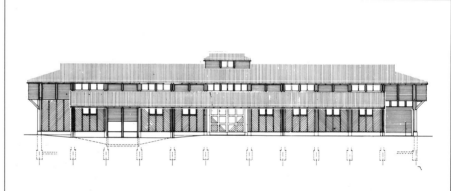

## Wohnüberbauung, Zürich-Altstätten

«Lommisweg»
Altstetterstrasse 106 / Hohlstrasse 601
1976-1985
Max Baumann - Georges J. Frey, Zürich
Mitarbeiter: Jean-Marc Bovet

Das Grundstück liegt gegenüber dem Bahnhof Altstetten. Die entstandene Randbebauung entspricht nicht dem alten, teilweise noch bestehenden Bebauungsmuster des Quartiers. Sie ist vielmehr eine Antwort auf den Massstab der unmittelbaren Umgebung und die neuen Immissionseinflüsse. Sie schützt die noch bestehende angrenzende Wohnzone vom Verkehrslärm und ermöglicht, dass die neuen Wohnungen gegen einen ruhigen, öffentlich zugänglichen Grünraum orientiert werden konnten.
Die Wohnungen entsprechen den finanziellen Rahmenbedingungen des subventionierten Wohnungsbaues; es sind weitgehend Familienwohnungen mit 4-5 Zimmern, grossen Terrassen oder Gärten; sowie 2½-Zimmer-Alterswohnungen mit Balkon.
Die Fassade ist in rotem Sichtmauerwerk ausgeführt, ergänzt durch grau lasierte Holztäferung. □
Fotos Modell: P. Grünert, Zürich

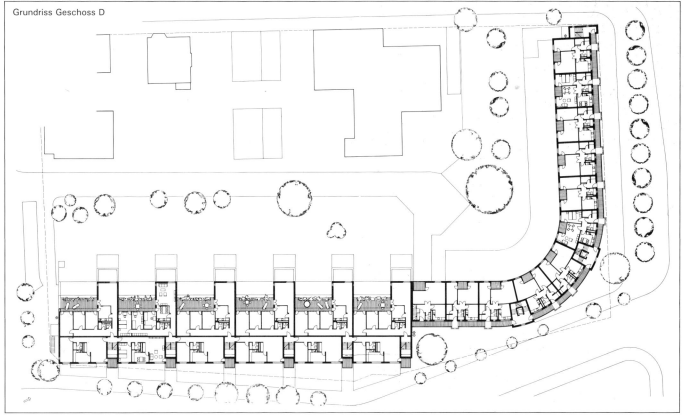

Grundriss Geschoss D

## Wohnsiedlung, Zürich
Im Altried 1-3
1979-1982
Willi Egli, Zürich
Mitarbeiter: Othmar Brügger

Diese Siedlung am Stadtrand stellt den Versuch dar
— bei Ausnützung von 85% für 125 Wohnungen
und Gewerbeflächen — eine verbindliche Grossform mit individuell auf den Bewohner bezogenem Kleinmassstab in verschiedenen Zwischenstufen zu verknüpfen:
- Jede Wohnung zeichnet sich durch den zweigeschossigen Holzeinsatz mit Dachschuppe aus.
- Je 6 Wohnungen (unten 3 mit Garten, oben 3 mit Dachterrassen) bilden ein Haus.
- Je 5 resp. 6 Häuser überdecken eine zweigeschossige Erschliessungsgasse und bilden mit den Kleinwohnungsköpfen eine Kette mit Anfang und Ende.
- Beide Ketten prägen mit dem zentralen Gemeinschaftsbereich (mit Waschhaus) den Charakter der Siedlung.

Gewissermassen als Dreingabe, wie als Vermittler zum benachbarten Behindertenheim sind drei kleine Atelierhäuser dem Westhaus vorgelagert. □
Fotos: Fritz Maurer, Niklaus Schwabe

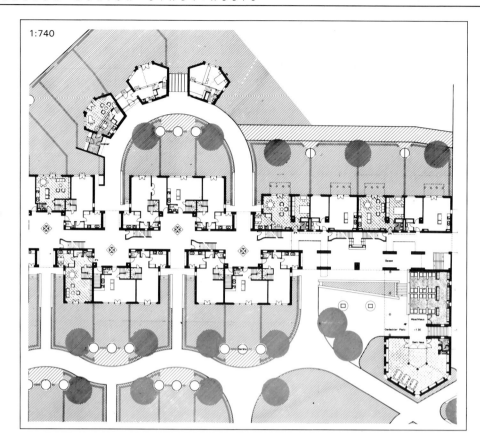

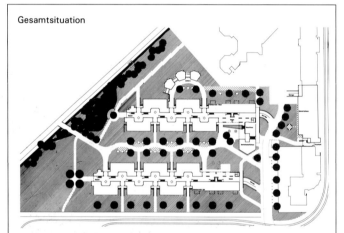

Gesamtsituation

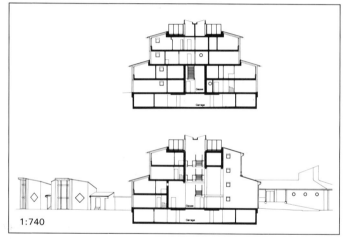

## Kirchenzentrum, Affoltern am Albis

Seewadelstrasse 13
Wettbewerb 1978
1981-1983
Willi Egli, Zürich
Mitarbeiter: Christoph Blaser

Obschon der Kirchenbau von Affoltern zeitgemässe Erkenntnisse wahrnimmt, knüpft er durch seine elementare Haltung an die reiche Tradition kirchlicher Bauten an. Die zwei wichtigen Zugangsseiten sind durch Tore nach aussen gekennzeichnet. Der Hof mit dem ihm zugeordneten Foyer wird zu einem räumlichen Begegnungsort. Durch die bewegte Topographie erhält auch der Kirchenraum einen klar erlebbaren irdischen Bodenbezug, welcher in bewusster Spannung steht zum dynamisch ausgefächerten Holzdach.
Fotos: Peter Disch, Albin Stähli, Winterthur

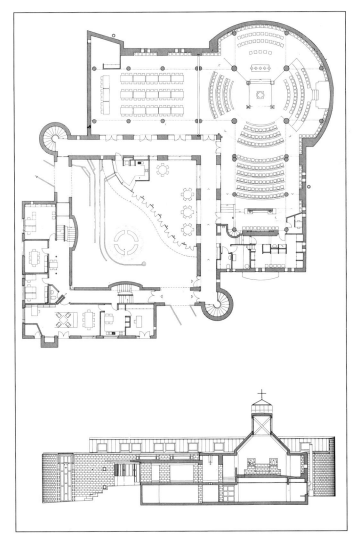

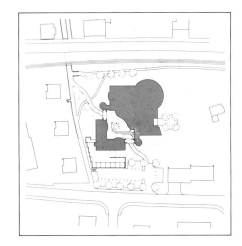

## Silobau, Ottenbach ZH

Stüdlerstrasse 21
1986-1987
Martin Spühler, Zürich
Projektleiter: Peter Lindegger

Entsprechend der Situation der bestehenden Anlage und den knappen Platzverhältnissen war eine Überlagerung der verschiedenen Funktionen auf mehreren Ebenen notwendig (Holzverarbeitung, Möbelbau). Eine klare Gliederung und der einfache volumetrische Aufbau halfen mit, technische und materialgerechte Anforderungen zu erfüllen als Mischbauweise aus Beton, Stahl und Mauerwerk, ihren Eigenschaften entsprechend eingesetzt. Daraus entwickelte sich der architektonische Ausdruck.

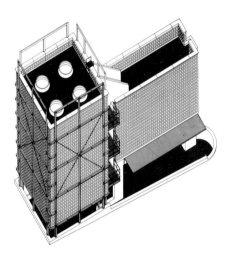

## Haus mit Atelier, Langnau a.A.

Albisstrasse
1986-1987
Marianne Burkhalter - Christian Sumi, Zürich

Die beiden gegeneinander verschobenen Baukörper folgen den Abstandslinien der oberen und unteren Strasse. Das Holzhaus wurde mit vorfabrizierten Teilen auf einem gestuften Betonsockel erstellt. (Das Grundstück liegt auf einer Moräne). Die reduzierten Mittel, Programm und Funktion sind die Grundlage zum plastischen Szenario (Verfahren der Moderne). Einzelne Bauteile haben gleichzeitig eine selbständige Bedeutung und eine andere für das Ganze.

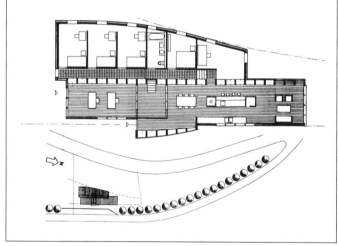

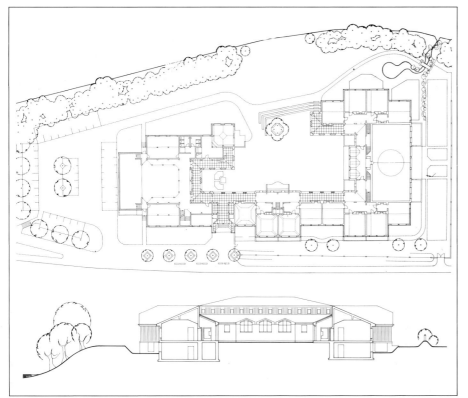

## Steiner-Schule, Adliswil
Sihlstrasse 23
1981-1984

Fritz Schmocker, Oberrieden
Mitarbeiter: Ursula Schmocker-Willi

1. Etappe — Klassen 1-8 (Unterstufe) und Werkstätten, bezogen seit Sommer 1983.
2. Etappe — Klassen 9-12 (Oberstufe), Turnhalle und Sääle für Musik und Eurythmie, Zeichenraum, Naturwissensch., bezogen seit Frühling 1984.
3. Etappe — Saal mit Bühne, Kindergarten und Abwartwohnung, noch nicht ausgeführt.
Die Schule liegt am südlichen Ortsausgang von Adliswil direkt an der Sihl. Durch eine «Pforte» betreten die Schüler den Pausenhof. Von diesem Hof aus — der sich zur Sihl öffnet — überblickt man die Eingänge zu den Klassentrakten wie auch den Zugang zum Saal, der als sichtbares Zentrum die Schule durch seine axiale Lage beherrscht.
Das Sockelgeschoss ist in Massivbauweise ausgeführt. Die darüberliegenden Trakte als Holzständerbau. Innere und äussere Verkleidungen sind ebenfalls aus Holz.
Fotos: Michel Choffat, Fritz Schmocker

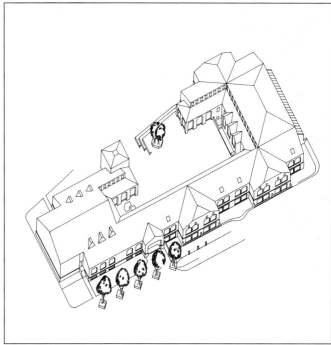

## HINWEIS: ZUR AUSFÜHRUNG VORGESEHENE PROJEKTE

### Krankenheim, Zürich-Wiedikon
1985-1988 Projekt
1990-1993 Realisation
Martin Spühler, Zürich
Mitarbeit: Christian Oberholzer

Das dreieckförmige Grundstück auf dem ehemaligen Ziegeleiareal wird in zwei gleiche Teile, Park und Gebäude, geteilt mit optimaler Hauptorientierung nach SO und SW. Zentrales Element und Orientierungspunkt des Gebäudes ist der durch alle Geschosse führende Lichthof.
(Wettbewerb)

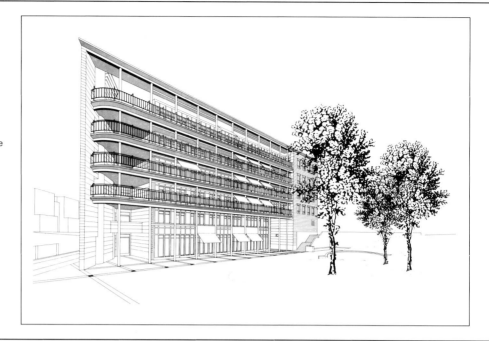

### Überbauung Bahnhofareal Selnau, Zürich
1985 Projekt
1992-1995 Realisation
Martin Spühler, Zürich
Mitarbeit: Peter Lindegger

Durch die Verlegung der Sihltal-Ütlibergbahn wird das ehemalige Bahnhofareal für eine neue Nutzung frei. Vorgesehen sind 62 Einheiten für innerstädtisches Wohnen mit sozialen Einrichtungen. Die Wohnung ist winkelförmig angeordnet (Wohnzone zur Strasse, Schlafräume gegen ruhigen Hof).
(Wettbewerb)

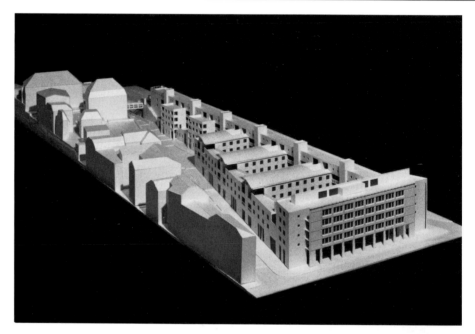

### Quartierzentrum, Zürich-Schwamendingen
Winterthurerstrasse
1988 Projekt
Realisation in Vorbereitung
Marianne Burkhalter - Christian Sumi, Zürich

Über 20 Jahre hofft der Quartierverein auf ein Zentrum. Das Projekt teilt sich – neben dem bestehenden Jugendhaus – in einen Mehrzwecksaal mit Bühnenhaus, diversen Vereinsräumen und in ein Restaurant. Die Stellung der Neubauten formt differenzierte Räume mit den bestehenden Bauten, hat gleichzeitig dominierenden Zentrumscharakter.

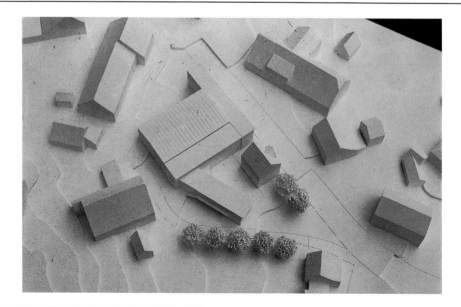

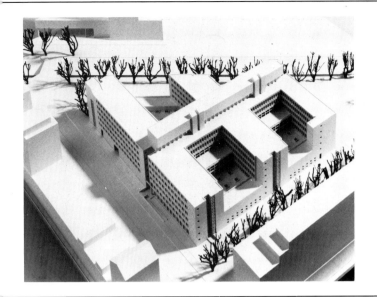

## Geschäftshaus mit Läden und Restaurant, Zürich

Schärenmoosstr./Leutschenbachstr.
1989 Projekt
1991-1994 Realisation

Ernst Gisel, Zürich
Mitarbeit: Ch. Zweifel, J. Olesen

Die kammerartig angeordneten Bürotrakte mit dazwischenliegenden Hofräumen werden durch ein zu diesen quer verlaufendes, balkenartiges Volumen verbunden, welches das Erschliessungssystem in Zusammenhang mit dem Technikgeschoss darüber, enthält. Eine gestaffelte Halle, über ein bis vier Geschosse reichend, bildet das räumliche Zentrum des Baukomplexes.

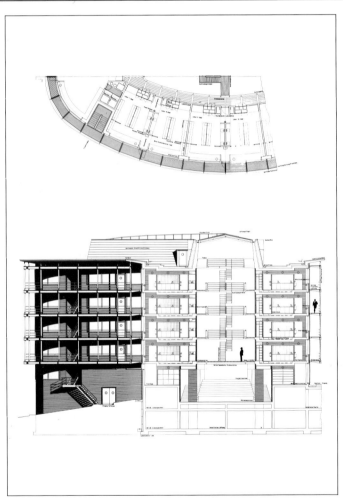

## Laborgebäude Universität Zürich

Gloriastrasse
1988 Projekt, Realisation vorges. 1994

Franz Romero - Markus Schaefle, Zürich

Der neue Erweiterungsbau führt durch seine Form und Stellung den Grundgedanken der Altbauten von 1913 und 1963 als eines Ensembles von Solitären weiter. Als städtebaulichen Bezug ist die Projektachse auf das nahe Schwesternhochhaus ausgerichtet. Die ovale Grundrissform (Zweibünder-Prinzip) ermöglicht einen zentralen Lichthof. Die zweischichtige Fassade erzeugt einen Verandaeffekt als Pufferzone zur Aussenwelt. Roter Klinkerbau, innere transparente Galeriegänge aus Glasbausteinen. (Wettbewerb)

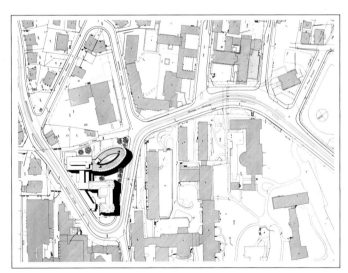

## Geschäftshaus zum Löwenplatz, Zürich

Seidengasse 20
1989-1990 Projekt
Realisation in Vorbereitung

Theo Hotz, Zürich
Mitarbeit: Martina Koeberle.

Der Kopfbau an der Ecke Seidengasse - Usteristrasse am Löwenplatz soll durch einen Neubau mit Läden und Büros ersetzt werden. Der städtebaulich exponierten Situation entsprechend wird durch neuartige Fassadenelemente gegen den Lärm der äussere architektonische Ausdruck bestimmt.

## Geschäfts- und Modehaus, Zürich

Bahnhofstrasse 88
1988-1990 Projekt
Realisation in Vorbereitung

Theo Hotz, Zürich
Mitarbeit: Peter Berger

Durch eine verstärkte Erneuerung des Engagements wird der Hauptsitz (Feldpausch AG) durch einen Neubau ersetzt, welcher auch die beiden angrenzenden Parzellen an der Beatenstrasse einbezieht. Mit einem einprägsamen Gebäude soll an einer städtebaulich äusserst exponierten Lage das Grundthema Modewelt-Modebühne zum Ausdruck kommen.

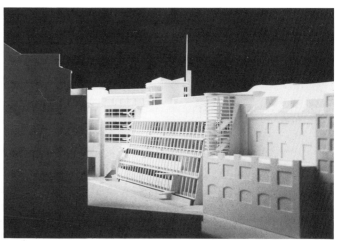

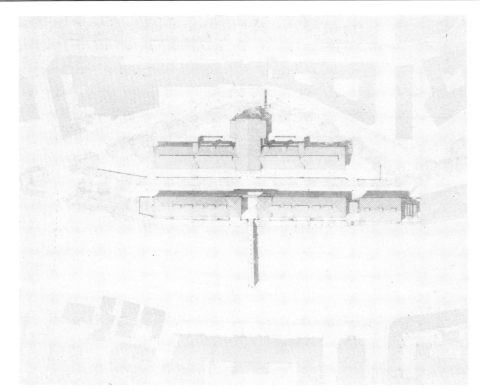

## Umbau Kasernenbauten für die Schauspiel-Akademie, Zürich

1985-1988 Projekt
Realisation in Vorbereitung

Walter Hunziker - Ueli Schweizer, Bern

Die direkt an der Sihl liegenden, schutzwürdigen Stallungsgebäude werden für den Unterricht und das schuleigene Theater eingerichtet. Das Projekt basiert auf zwei Konzepten: Sanierung und Umbau mit Neubauten. Diese werden bewusst zeitgemäss gestaltet und separat eingepasst in die leeren Altbauhüllen.
(Wettbewerb)

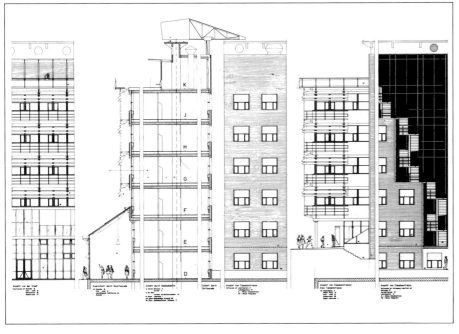

## Lehr- und Forschungsgebäude ETH Zentrum, Zürich

Clausiusstrasse
1987-1989 Projekt
Realisation in Vorbereitung

Benno und Jacqueline Fosco-Oppenheim
Klaus Vogt, Scherz

Institutsgebäude mit hochinstallierten Forschungslaboratorien und Versuchsräumen in städtebaulich empfindlicher Situation. Ausführung in Etappen.
(Wettbewerb)

# 7 REGION ZÜRICH OBERLAND – SEE

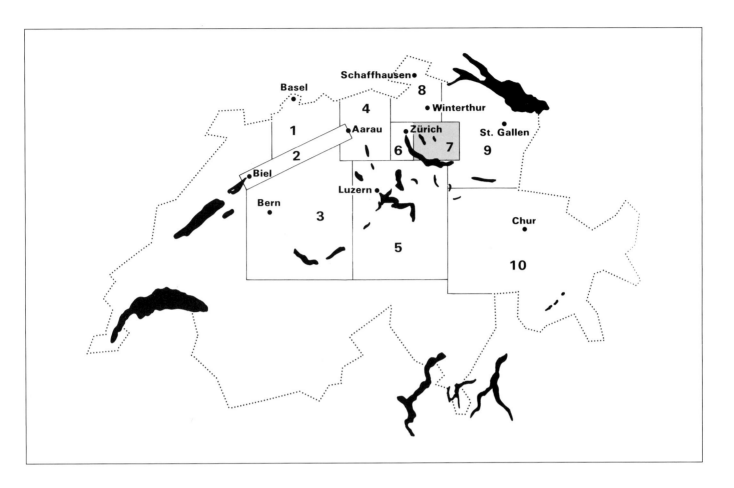

In dieser Region sind Bauten von folgenden Architekten dargestellt:

**Willi Egli**
— Renovation Dorfkirche, Zumikon

**Elisabeth und Martin Boesch**
— Ausbau Einfamilienhaus, Feldmeilen

**Silvia Gmür**
— Zwei Wohnhäuser, Küsnacht

**Marie-Claude Bétrix - Eraldo Consolascio**
— Gewerbehaus, Uster

**Theo Hotz**
— Buchbinderei, Mönchaltorf
— Wohnsiedlung, Wetzikon
— Feuerwehrgebäude, Meilen

**Max Baumann - Georges Frey**
— Ingenieurschule, Wädenswil

**Metron Architekten**
— Wohnsiedlung, Dietlikon

**Burckhardt + Partner - Axel Fickert**
— Verwaltungsgebäude, Dietlikon

## Renovation Dorfkirche, Zumikon
1981-1987
Willi Egli, Zürich

Schon im Wettbewerbsprojekt wurde davon ausgegangen, die bestehende, positive Substanz der Dorfkirche durch kontrollierte Massnahmen verstärkt zum Ausdruck zu bringen. Die eingesetzten Elemente sollen Zeugen unserer Zeit entsprechen und den Dialog mit Respekt aufnehmen.
Der freie Einsatz der Empore mit den zwei aus dem Kirchenschiff erschlossenen Treppenaufgängen soll die Idee der Gemeinschaft zum Tragen bringen; ebenso das Chor, Schiff und Empore umfassende Holzband. ☐

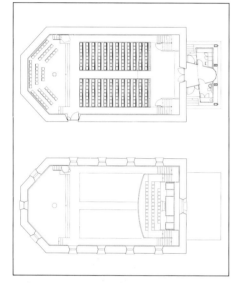

## Um- und Anbau Einfamilienhaus, Feldmeilen
Humrigenstrasse
1982-1984
Martin und Elisabeth Boesch, Zürich

Von einem bestehenden Einfamilienhaus wurde eine Einlieger-Wohnung abgetrennt; für einen Anbau stand zwischen Haus und Grenzabstand ein Landstreifen von 1.50 m zur Verfügung: Resultat ist ein Baukörper (mit zwei Erkern) von 10 m Länge, 6 m Höhe und 1.50 m Breite, enthaltend die Infrastruktur der Kleinwohnung, d.h. Eingang mit Garderobeschrank, Küche, Dusche/WC. ☐

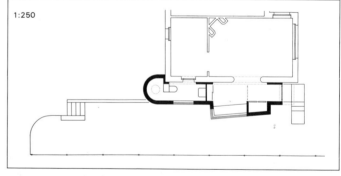

Erdgeschoss

## Zwei Wohnhäuser, Küsnacht
Alte Landstrasse
1987–1990
Silvia Gmür, Basel
Mitarbeit: Th. Lussi, C. de Giacomi

Die Hanglage am See, die Zäsur der stark befahrenen Strasse, die Orientierung und der Wunsch nach einer flexiblen Wohnnutzung führten zur gewählten Grundrissform. Im Längskörper – parallel zum Hang und zur Strasse – liegen die Erschliessungszone und die Nebenräume vor den Essräumen, in den zum See hin orientierten Flügelbauten die ruhigen Wohn-, Bibliotheks- und Schlafräume. Im Schnittpunkt entstehen geschützte Höfe. Die Kompaktheit des geschlossenen Baukörpers mit dem Sockel einerseits, die Leichtigkeit der transparenten Flügel im natürlich fallenden Terrain andererseits, interpretieren die vorhandene Situation mit ihren Gegensätzen und erlauben räumliche Vielschichtigkeit. Die 2- und 3-Zimmerwohnungen im 1.OG können separat erschlossen und genutzt werden oder als Erweiterung der Häuser dienen. ☐
Fotos: Christian Rindlisbacher, Zürich

## Gewerbehaus, Uster
Ackerstrasse
1980-1982
Marie-Claude Bétrix - Eraldo Consolascio - Bruno Reichlin, Zürich
Mitarbeiter: Patrick Huber

Der Grundriss beschreibt ein genaues Quadrat – die einfachste und beständigste Form (neben dem Kreis). Die Architektur konzentriert sich auf die vier Ecken als vertikale Verbindungen. Die Grundriss-Komposition des Ganzen besteht aus einem winkelförmigen Teil mit Mauern in Backstein (Büros) und einem quadratischen Teil mit Betonstützen und Fassaden aus Wellblech horizontal montiert (Lager). Leicht, hängend und schwebend im Gegensatz zu schwer und massiv, weiche gerundete Ecken gegen scharfe, kantige.
Das aus rötlichen und gelblichen Steinen gebildete Muster ist untrennbar mit der Struktur verbunden, bringt diese aber visuell ins Wanken.
Fotos: Daniele Consolascio, Peter Disch

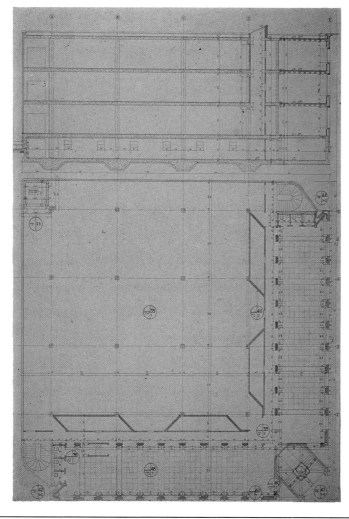

## Wohnsiedlung, Wetzikon
Robenhausen - Buchgrindelstrasse 4
1980–1983
Theo Hotz, Zürich
Mitarbeiter: A. Howard

Die Gesamtkomposition gliedert sich in zwei äussere Längsblöcke, getrennt durch dazwischenliegende Innenhöfe. Dieser Zwischenraum ist im Erdgeschoss durchgehend und bildet den Erschliessungsweg, die öffentliche Zone, mit den Treppenhäusern und Eingängen zu den einzelnen Häusern. An ihr liegen auch die gemeinsamen Einrichtungen. Die Aussenhaut ist hier mit sichtbaren Klinkersteinen ausgebildet.
Die verschieden grossen Wohnungen sind in horizontalen Schichten organisiert: Erdgeschoss mit einseitig orientierten Kleinwohnungen und Gartenanteil; 1. und 2. Obergeschoss mit durchgehenden, d.h. zweiseitig orientierten (Ost-West) $4^1/_2$- und $5^1/_2$-Zi-Wohnungen mit Loggia, teilweise mit oberer Dachterrasse; 3. Obergeschoss mit $3^1/_2$-Zi-Wohnungen mit grosszügigen Dachterrassen. Die Wohnungen haben direkten Kontakt zu den Innenhöfen resp. zur inneren Erschliessungsstrasse.
Das Gesamtkonzept als kompakte Wohnanlage mit differenzierten Wohnungen ist verwandt mit der Gartensiedlung in Wettingen AG (Nr. 137)
Fotos: Peter Morf, Zürich; Peter Disch

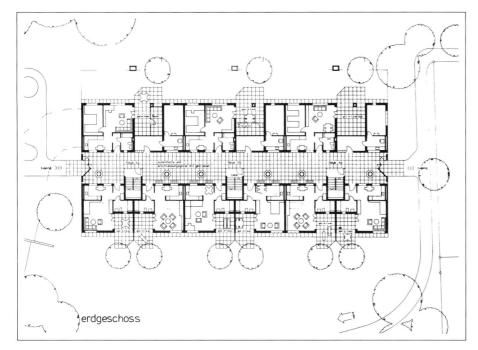

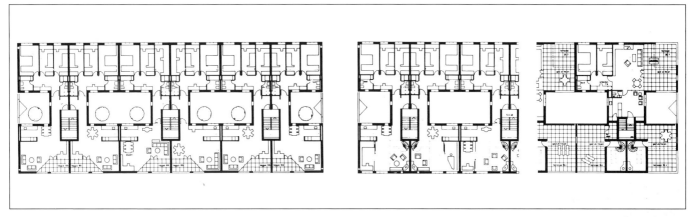

## Buchbinderei, Mönchaltorf
1983–85
Theo Hotz, Zürich
Mitarbeiter: A Fickert, P. Kaufmann, M. Schaefle

Das betriebliche Konzept für die industrielle Produktion erforderte eine zusammenhängende flexible Fläche, die optimal belichtet sein muss. Eine vorgehängte Leichtmetallfassade mit äusserem Laufsteg und davor montierte, bewegliche Sonnenschutz-Lamellen bilden die baulinienbedingt verlaufende Hauptfassade. Auf der N-W-Seite kann die Leichtmetallfassade demontiert werden in einem Erweiterungsfalle. Grundsätzlich wurden nur Materialien von hoher Qualität verwendet (grösstenteils auf dem Markt erhältliche Elemente).
Fotos: Giorgio Hoch, Bu-Bu, Peter Disch.

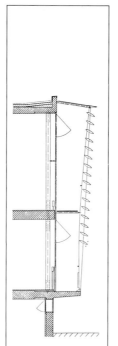
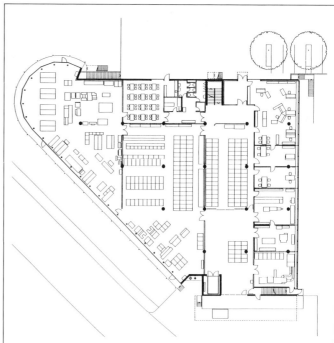

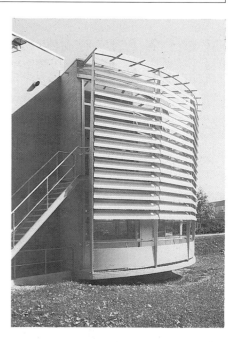

## Feuerwehrgebäude, Meilen

Bruechstrasse
1984-1990

Theo Hotz AG, Zürich
Bearbeitung: Theo Hotz mit Heinz Moser
Mitarbeit: Daniel Boermann, Peter Kaufmann

Der Bau liegt an einer Strassenverzweigung am Allmendrain. Er akzentuiert diesen Ort architektonisch mittels einer entsprechend gestalteten Kopfausbildung. Die volumetrische Einbindung in die Hanglage wird durch eine Verzahnung der hangbezogenen statischen Elemente (Beton) mit dem strassenbezogenen Teil (Leichtkonstruktion) interpretiert. Die exponierte Dachaufsicht mit Oberlichter ist als sog. fünfte Fassade gestaltet mit der notwendigen Massstäblichkeit zur Wohnzone hin. ☐

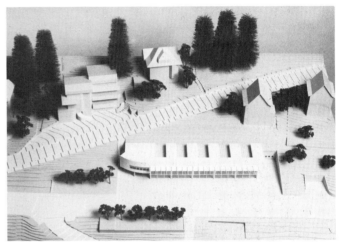

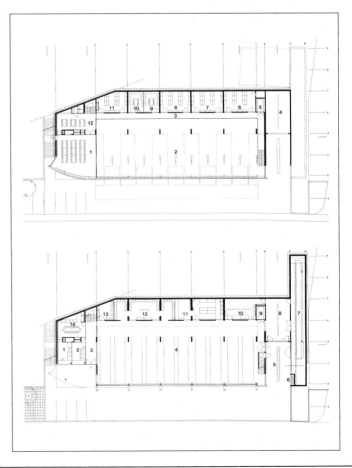
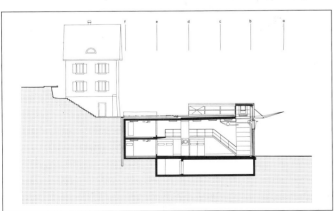

## Wohnsiedlung, Dietikon
Wasenacher
1980-1982
Metron Architekten AG, Windisch
Mitarbeiter: Anton Fässler, Markus Gasser, Ruedi Kuhn

In einer Gruppe befreundeter Familien bestanden klare Vorstellungen bezüglich ihrer Wohnbedürfnisse. (Drei Partien Reihenhäuser, vier Partien Geschosswohnungen). Die Wohnungen dieses «Miniblocks» solten Anforderungen, wie sie an Reihenhäuser gestellt werden, genügen: Direkte Beziehungen zum Aussenraum und ein kommunikativer Erschliessungsbereich mit entsprechenden Sichtbezügen. Für beide Häuser wurden ähnliche Baukörper gesucht. Der Basilikaschnitt ermöglicht es, das Dachgeschoss gut zu belichten. Anbauten wie Balkone, Lauben und Wintergärten werden als «Mobiliar» ausgebildet (Stahlkonstruktion).

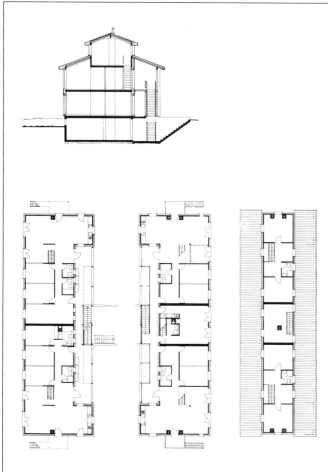

## Ingenieurschule, Wädenswil
Grüntalstrasse
1980-1984
Max Baumann-Georges J. Frey, Zürich
Mitarbeiter: Othmar Trottmann

Das Baugelände befindet sich am Rande der Bauzone, an der Nahtstelle zwischen Stadtrand und Naturlandschaft. Die neuen Gebäude sind parallel zu den Höhenkurven angeordnet. Dadurch bleibt der schöne Durchblick aus der angrenzenden Wohnzone zur markanten Waldabgrenzung des Areals erhalten. Diese, der Bauordnung wiedersprechende Situation ermöglicht zudem eine sinnvolle Nutzung des natürlichen Terraingefälles. Bedingt durch die vielfältigen Aufgaben, welche die Schule zu erfüllen hat, ist die Anlage, den Nutzungen entsprechend, in sechs Gebäude aufgegliedert.
Die gewählten Fassadenmaterialien wie Eternitschindeln, Naturholz und Sichtbeton sind traditionelle Baustoffe landwirtschaftlicher Bauten, Zusammen mit der architektonischen Gliederung der Bauköper sollen sie dazu beitragen, dass die Gebäude an die Tradition erinneren, und damit die Ingenieurschule als Ausbildungsstätte für die Landwirtschaft erkennbar machen. □
Fotos: Kant. Hochbauamt

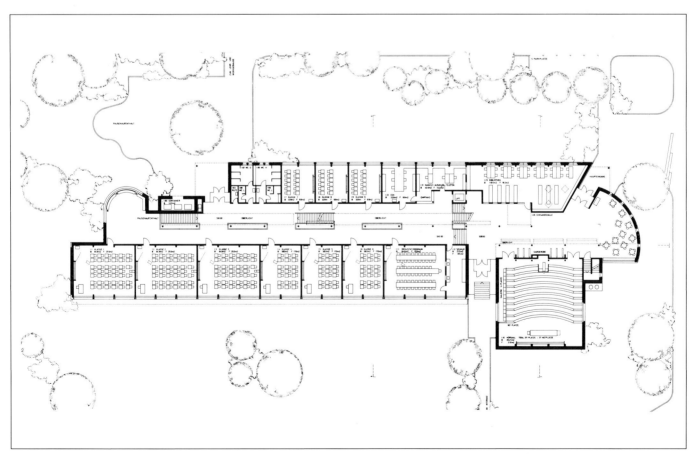

## Verwaltungsgebäude, Dietlikon ZH
Industriestrasse
1988-1993 (in Ausführung)
Burckhardt & Partner, Zürich
Axel Fickert (verantwortlicher Architekt)

Die Konzeption der Bebauung beruht auf der besonderen Geometrie und dem ungewöhnlichen Zuschnitt des Areals. Analog dazu liegen die beiden Baukörper leicht gespreizt zueinander. Sie verschmelzen am Ort der vertikalen Erschliessung und öffnen sich gegen die Eingangsfront hin, wo sie durch eine gläserne Brücke samt Lift und Treppen miteinander verbunden sind. Diese Brücke stellt im Gebäude einen besonderen Ort dar. Durch ihre Transparenz wird die gesamte Gebäudegliederung und Schichtung nach aussen hin sichtbar. Hier wird das Haus zur Maschine. Das Thema der Schichtung bildet sich in allen baulichen Massnahmen ab (Baukörper, Fassaden). Sonnenschutz, Fassadenaussteifung und Gebäudestatik werden derart räumlich zueinander geordnet, dass das Grundthema der Schichtung auch im kleinen Massstab spürbar wird. □

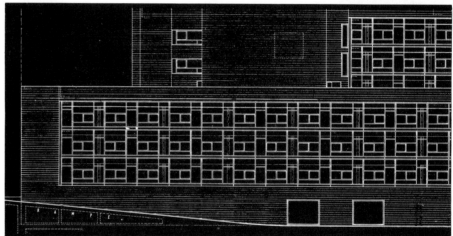

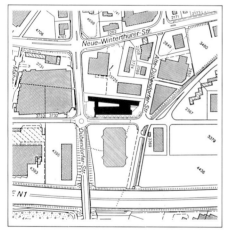

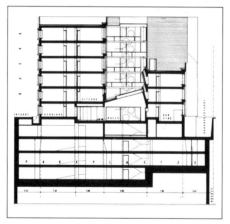

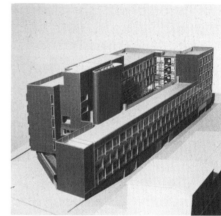

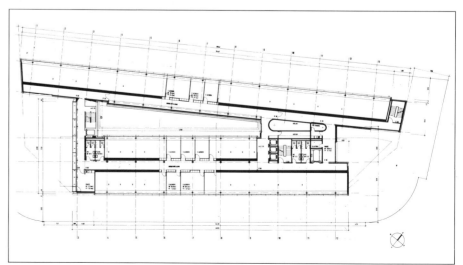

## HINWEIS: ZUR AUSFÜHRUNG VORGESEHENE PROJEKTE

### Erweiterung Schulhaus Aussergass, Grüningen ZH

1988-1989 Projekt
1990-1991 Realisation

Armando Meletta - Ernst Strebel - Josef Zangger, Zürich - Luzern

Am Rande des Siedlungsgebietes liegend, bestimmt der neue Klassentrakt die Situation (besteh. Schultrakt mit Turnhalle von ca. 1970). Eine hohe Wand gliedert den Zwischenraum, verknüpft alt und neu und wirkt differenziert raumbildend.
(Wettbewerb)
Foto: Heinrich Helfenstein, Zürich

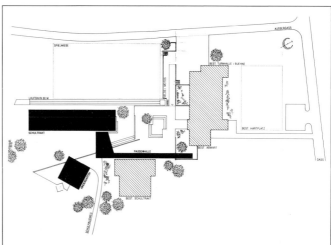

### Wohn- und Geschäftshaus Bahnhofpassage, Uster

1985 Projekt
1991-1994 Realisation

Martin Spühler, Zürich
Mitarbeit: David Munz

Durch die Verlegung der Güterexpedition ist ein Areal freigeworden, auf dem die SBB ihr erstes Drittnutzungsobjekt erstellen will. Das Projekt entwickelt sich in drei Schichten: eine Mittelschicht mit Bürotrakt, darunter neuer Mittelperron des Busbahnhofes, dann eine Ladenpassage mit darüber Büros und Wohnungen.
(Wettbewerb)
Foto: Monica Bischoff

# 8 REGION WINTERTHUR – SCHAFFHAUSEN

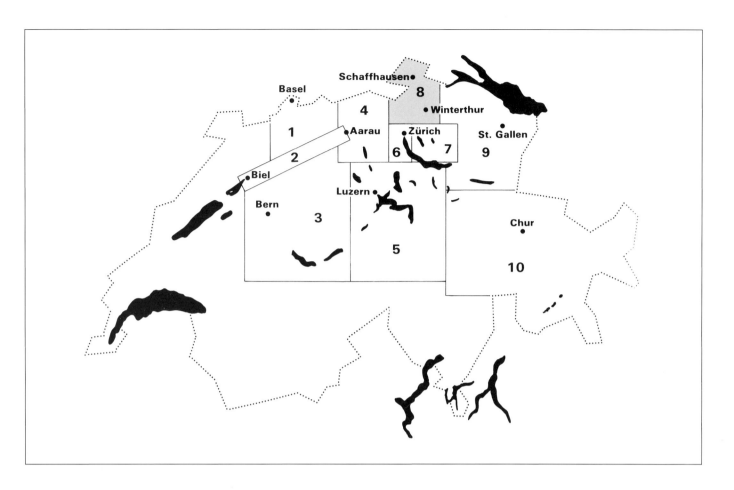

**In dieser Region sind Bauten von folgenden Architekten dargestellt:**

**Arnold Amsler**
– Umbau Arztpraxis, Winterthur
– Erweiterung Kantonsschule, Winterthur

**Walter Ramseier**
– Umbau Geschäftshaus, Winterthur

**Peter Märkli**
– Einfamilienhaus, Winterthur

**Kündig - Hubacher- Haerle - Bickel**
– Einfamilienhaus, Andelfingen

**Ernst Gisel**
– Schulhaus, Eglisau ZH

**Hermann Eppler - Luca Maraini**
– Einfamilienhaus, Alten - Andelfingen ZH

**Marianne Burkhalter - Christian Sumi**
– Wohnhaus, Eglisau ZH
– Umbau Altstadthäuser, Kaiserstuhl AG

**Markus Friedli - Gerhard Wittwer**
– Velounterstand, Schaffhausen
– Vereinsgebäude-Freizeitanlage, Schaffhausen

**Urs Raussmüller**
– Hallen für neue Kunst, Schaffhausen

**Trix und Robert Haussmann**
– Umbau Kantonalbank, Schaffhausen

## Umbau Arztpraxis, Winterthur
Schaffhauserstrasse
1983
Arnold Amsler, Winterthur

Beim Umbau einer Villa aus der Jahrhundertwende war eine Arztpraxis für Chirurgie einzubauen. Ein neuer Korridor erschliesst die einzelnen Bereiche, wobei unterschieden wird zwischen offenen oder halboffenen, mit durchscheinendem Glas abgeschirmten Räumen (Gespräche) und verschlossenen Räumen (Behandlung von Patienten).
Eine Spiegelwand dient sowohl der Raumerweiterung des perspektivisch verjüngten Korridors wie auch als reflektierender absoluter Raumabschluss gegen den Operationsbereich. □

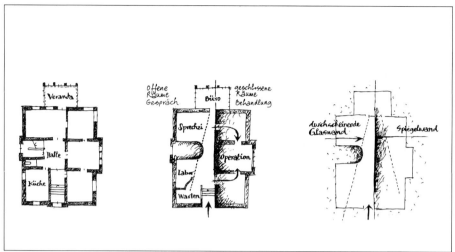

## Umbau Geschäftshaus, Winterthur
Untertor 16
1984-1985
Walter Ramseier, Zürich

Die Vorgabe für das Umbauprojekt war ein 1965 erstelltes Haus, das bei seiner Entstehung auch aus einer gegebenen Situation in der Altstadt von Winterthur entstand. Der schmale Grundriss von 6.25 Metern Breite bei einer Tiefe von 21.5 Metern hat die konzeptionellen Ueberlegungen massgebend beeinflusst. Der komplizierte Raum wird mit in die Tiefe des Gebäudes laufenden Gestellbändern zoniert. Die neue Fassade gliedert sich masstäblich ins Bild des Untertores ein und richtet sich nach den Gesetzmässigkeiten der Altstadtfassaden. □

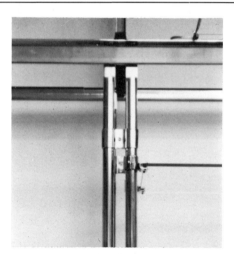

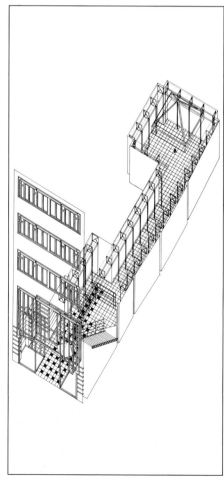

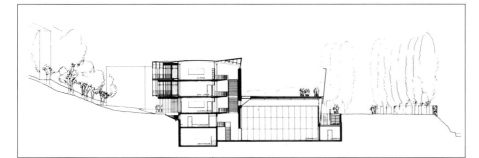

## Erweiterung Kantonsschule, Winterthur

Bühlrain/Rosengasse
1986-1992 (in Ausführung)
Arnold Amsler, Vrendli Amsler, Winterthur
Mitarbeit: A. Schlatter, G. Aerni

Der Erweiterungsbau mit Räumen für den Unterricht, Konferenzen und Verwaltung, ferner zweier Turnhallen steht südwestlich der bestehenden Anlage und definiert einen neuen Pausenplatz zwischen den beiden. Die Turnhallen sind halb versenkt angeordnet und treten als Sockelbau mit daraufliegenden Turnplätzen in Erscheinung. Eine massive, geschlossene Wand trennt die Erschliessungszone des leicht gebogenen Klassentraktes in feingliedriger Struktur. Durch ein Oberlichtdach fällt das Licht durch alle Geschosse der Korridorhalle bis auf das Turnhallenniveau hinunter.

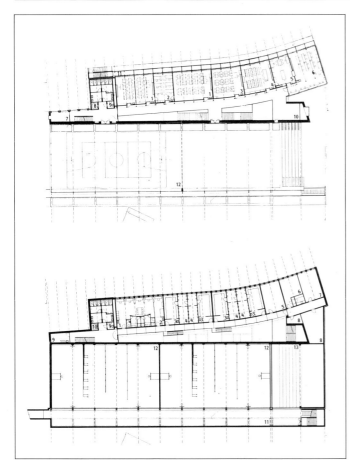
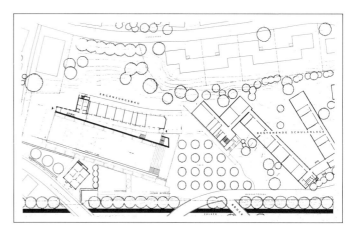

## Einfamilienhaus, Winterthur

Florenstrasse
1986-1987
Peter Märkli, Zürich

Längs zum Hang stehend, hat das Haus mit Bad zwei deutliche Bezüge: die Erschliessung erfolgt über einen Platz gegen Eingang und Garage (öffentliche Zone) und ist gegen die Stadt hin orientiert – im Gegensatz dazu die Wohnräume, intim, gegen die Landschaft. Eine platzartige Terasse wird begrenzt durch eine Hecke, welche ein Volumen bildet. Der kistenartige Balkon lässt das Haus nicht zweigeschossig erscheinen. An einem Punkt zwischen Bad und Wohnraum sind die Räume zusammengesteckt, treffen die Fassaden aufeinander und übereinander.

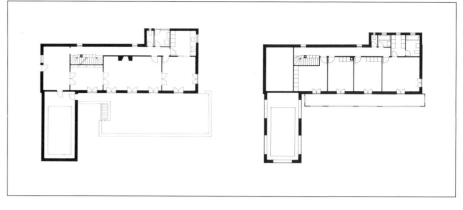

## Einfamilienhaus, Andelfingen

Im Einschlag
1984-1985
Daniel Kündig - Sabine Hubacher - Christoph Haerle - Daniel Bickel, Zürich

Die Stellung des länglichen Baukörpers, senkrecht zum Hang, seine Proportion und Ausrichtung, ergänzen die Struktur der älteren freistehenden Gebäude am Mühleberg und stellen so eine Beziehung zwischen Dorf und vereinzelten Häusern her.
Erschliessung und innerer Aufbau des Hauses folgen der Längsachse, entlang der Fallinie des Hangs. Eine Abfolge von Innen- und Aussenräumen entwickelt sich von hinten nach vorn, öffnet sich von Nord nach Süd, entlang dem Profil des Geländes. □

## Schulhaus, Eglisau

Steinboden
1977–1980
Ernst Gisel, Zürich
Mitarbeiter: Harry Moor
Örtl. Bauleitung: Werner Felix

Das neue Schulzentrum, senkrecht zum Rhein in die Böschungskante modelliert, ist Kontrapunkt zur Naturform einer ehemaligen Flusslandschaft. Mit dem Bau der Schule schaffte die Gemeinde aber auch gleichzeitig Räume für gesellschaftliche und kulturelle Veranstaltungen der erwachsenen Bevölkerung ohne besonderen Mehraufwand. Diese beiden Nutzungsbereiche wurden nicht unterschiedlich behandelt: beide Benutzergruppen – Kinder und Erwachsene – sind in den übergeordneten Rahmen eines gemeinsamen Organismus integriert. Der langgezogene Baukörper ist in eine dreibündige Anlage organisiert. Die Unterrichtsräume liegen gegen Osten und Westen und beziehen die unverbaubaren, freien Felder mit ein.
Fotos: Fritz Maurer, Peter Disch

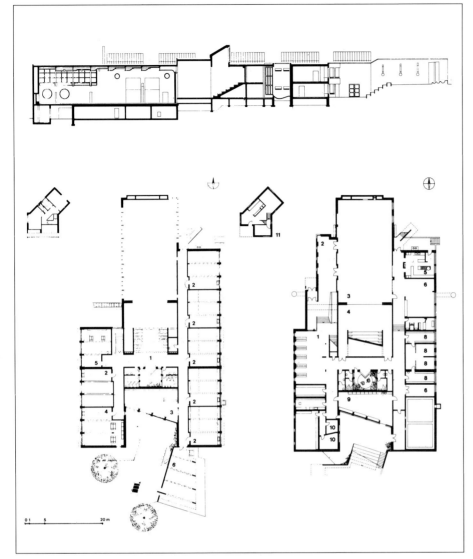

## Einfamilienhaus, Alten-Andelfingen
1981

Hermann Eppler – Luca Maraini, Baden

Unsere Einfamilienhäuser aus der Zeit vor diesem Projekt waren vom Konzept her immer Fragmente, Elemente einer imaginären grösseren Struktur. Eigentlich interessierte uns die Wohnsiedlung mehr als das einzelne Haus. Beim Haus in Alten haben wir diese Haltung verdrängt. Es ist als Ganzheit als Objekt konzipiert, seine Gestalt resultiert aus der Auseinandersetzung mit den Eigenarten des Bauherrn und mit dem Ort.

Das Faszinierende – bei jedem Entwurf Wiederkehrende: Wie ohne präzise Vorstellung zu Beginn, schrittweise, ein architektonisches Gebilde geschaffen wird. Wie aus der Interpretation des Ortes, aus Gesprächen mit dem Klienten ein räumlich-volumetrisches Gebilde zu entstehen beginnt – oft überraschend, oft antizipiert. □

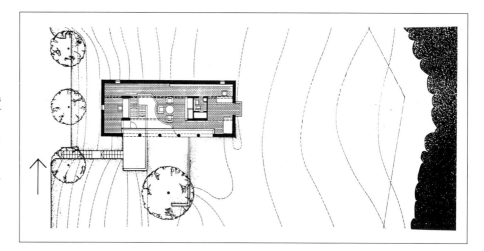

## Wohnhaus auf besteh. Garage, Eglisau
Hinterer Stadtberg
1984-1985

Marianne Burkhalter - Christian Sumi, Zürich

Das kleine Wohnhaus ist eine Erweiterung (Stöckli) zum Rebhaus, und steht auf einer in den siebziger Jahren gebauten Doppelgarage mit Nebenräumen. Der nach vorne abgestufte Schnitt der Garage wird zum entscheidenden Merkmal dieses Holzhauses:
– Parallel zum Hang, mit liegender Holzschalung verkleideter, hinterer Baukörper (dienende Räume).
– Pavillonartiger Wohn- und Schlafteil in nicht tragender Rahmenkonstruktion mit Sperrholzverkleidung ausgeführt.
– Auf Garageunterzug stehende Stahlstützenreihe (trägt das Dach).
– In Vertiefung eingelegter Bretterrost dient als Längsterrasse.
Der pergolaartige Stahlrahmen übergreift die Betonbrüstung. Er verbindet einerseits die bestehende Garage mit dem neuen Anbau und ordnet das Projekt in die Kulisse der Stickel des Rebhanges ein. □

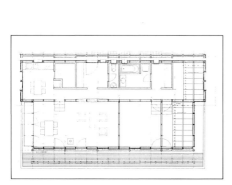

Nr. 71
1. Obergeschoss

## Umbau und Renovation zweier Altstadthäuser, Kaiserstuhl AG
Hauptstrasse 71-72
1988-1990
Marianne Burkhalter - Christian Sumi, Zürich

Ausgehend von einem Baulückenprojekt, welches vorerst am Widerstand der Bevölkerung gescheitert ist, sind die beiden, an die Baulücke grenzenden Häuser, in ihrem Ursprung auf das 13./14. Jahrhundert zu datieren und wurden mehrmals umgebaut.

Haus Nr. 71 (oben)
Wiederherstellung der einfachen, zweibündigen Typologie des 19. Jahrhunderts. Einbau eines neuen Treppenhauses (Beton Stahl) mit Nasszellen, Ausbau des Dachgeschosses.

Haus Nr. 72 (unten)
unter Denkmalschutz
Beibehaltung der grosszügigen Typologie des 17. Jahrhunderts. Einbau eines neuen Betonkerns (Stabilisation) mit angeschobener Küche. Denkmalpflegerische Rekonstruktion der grossen, durchgehenden Eingangshalle und des Festsaales im 3. OG.

Den beiden Umbauten gemeinsam ist das Arbeiten mit kastenartigen, bewusst «überzeichneten» Einbauten einerseits (Eingang DG-Wohnung und Garderoben im Haus Nr. 71, Küchenmöbel und Oblicht im Korridor im Haus Nr. 72) und die Längs- und Querdurchbrüche in den Grundrissen (div. Schiebetüren im Haus Nr. 71, neuer Korridor im Haus Nr. 72), welche eine Art Ausmessen und Abschreiten der Wohnung ermöglichen. Anderseits sind die Bauten jedoch differenziert, einfach und ökonomisch in Detaillierung und Charakter beim Haus Nr. 71, nobel und grosszügig beim Haus Nr. 72 (diverse Grautöne mit Primärfarben rot und blau gegenüber diversen Grautönen und der anspruchsvollen Kombination von einem hellgelb mit einem gediegenen dunkelrot). Ebenfalls in den Fassaden sind die Unterschiede ablesbar. □
Fotos: Heinrich Helfenstein, Zürich

 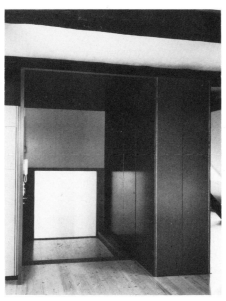

 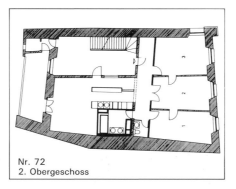

Nr. 72
2. Obergeschoss

## Velounterstand, Schaffhausen

Schulhaus «Gräfler», Stettmerstrasse
1989-1990

Markus Friedli - Gerhard Wittwer,
Schaffhausen
Bauleitung: P. Zimmermann

Die gesamte Konstruktion ist mit ebenen Elementen zusammengestellt, welche erst durch falten, wellen, knicken die auftretende Beanspruchung aufnehmen. Zwei Hauptelemente treten hervor: die mittleren Wände (Beton kobaltblau), welche durch das Ausweichen aus der Längsachse ein raumhaltiges System ergeben und das Dach mit den Stützen (Metall, silberfarbig und schwarz, rot). ☐
Fotos: Heinrich Helfenstein, Zürich

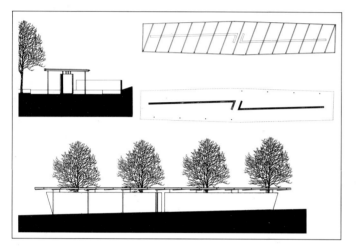

## Vereinsgebäude Freizeitanlage, Schaffhausen

«Dreispitz» Langackerstrasse
1989-1990 (in Ausführung)

Markus Friedli - Gerhard Wittwer,
Schaffhausen

Die Situation ist durch Freizeitwerkstatt und Turnhalle einerseits, sowie einem Waldstück und einer alten Kiesgrube andererseits bestimmt. Die dem Raumprogramm zugrundeliegende Zweiteilung findet einen klar ablesbaren Ausdruck: sechs vom Boden abgelöste Gruppenräume nach dem Prinzip der seriellen Addition und auf dem Terrain stehende Nebenräume nach dem System einer stetigen Teilung (irregulär). Beide Gebäudeteile besitzen ihre eigene Ausrichtung, verhalten sich jedoch komplementär zueinander. Die Konstruktion, demontierbar und veränderbar, ist in Holzleichtbauweise, die Wände innen weiss, aussen karminrot lasiert. ☐
Fotos: Heinrich Helfenstein, Zürich

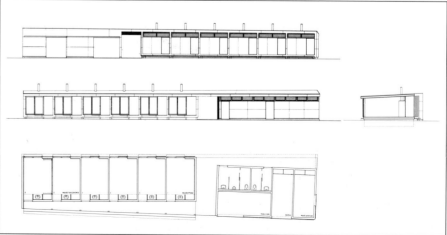

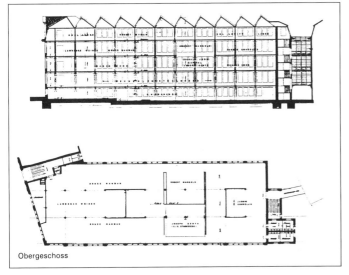
Obergeschoss

## Hallen für neue Kunst, Schaffhausen
Baumgartenstrasse 23
1983-1984
Urs Raussmüller, Schaffhausen
Bauliche Begleitung: Hochbauamt Stadt Schaffhausen

Umwandlung eines Industriebaues. Der für die «Hallen für neue Kunst» beanspruchte Trakt wurde durch Fritz + Eduard Locher 1911/12 errichtet. Im Innern überzeugt der streng sachliche Charakter. Stützen, Unterzüge und Deckenrippen sind klar lesbar. Die grosszügigen Fensterflächen entsprechen den ursprünglichen Anforderungen der Textilindustrie. Bauliches Konzept: Erstellen eines idealen architektonischen Rahmens für eine spezifische Auswahl räumlicher u. raumbezogener Kunstwerke.
Umbauarbeiten: Unterteilung der durchgehenden Geschosse in Raum-Einheiten: die eingezogenen Gipswände folgen dem Stützen-Raster. Deckendurchbruch für einen 2 Stockwerke hohen Raum (Beuys-Install.). Lichtinstallation (Fluoreszenzröhren). □
Fotos: Thomas Lugini, Zürich

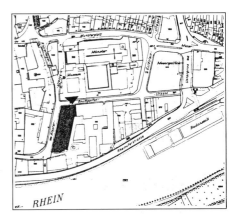

## Umbau Kantonalbank, Schaffhausen
Fronwagplatz
1982–1984
Allgemeine Entwurfsanstalt:
Trix und Robert Haussmann, Zürich
Mitarbeiter: Iris Niggli, Stefan Hofer

Bereits im 14. Jahrhundert war die sog. Herrenstube eine Trinkstube des Adels. Im Laufe der Jahrhunderte wurden verschiedene Umbauten und Eingriffe vorgenommen.
1934/35 wurde die Schaffhauser Kantonalbank eingebaut (Arch. C. Werner). Der neue Bankumbau bezieht sich wieder ganz auf die spätbarocke Fassadengestaltung. Aus der Fassaden-Mittelachse und den beiden schräg zur Fassade stehenden seitlichen Begrenzungen des Hauses wurde das einfache Gestaltungsprinzip abgeleitet: eine nicht parallel geführte und dadurch perspektivisch wirkende Raumteilung. Im ganzen Hause gibt es nur zwei Farben – Rosa und Grau – für Teppiche, Wände und Möbel.
Fotos: Rolf Wessendorf, Schaffhausen

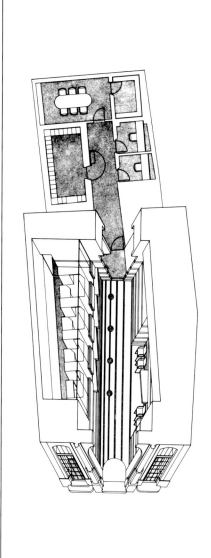

# HINWEIS: ZUR AUSFÜHRUNG VORGESEHENE PROJEKTE

## Musikpavillon, Winterthur

Stadtgarten
1988 Projekt
1991 Realisation

Arnold Amsler, Vrendli Amsler, Wintherthur
Mitarbeit: Silke Hopf

Durch die Aufhebung der Merkurstrasse und den Bau einer Parkgarage ist eine städtebaulich unbefriedigende Situation entstanden, welche durch den Bau des Musikpavillons verbessert werden sollte. Dieser über der Garagen-Einfahrt stehende Pavillon ist als Leichtbau in Stahl konstruiert (ausgesteifte Stahlwinkelträger mit auskragendem Faltwerk aus Stahlblech, Rückwand geschuppte Glaselemente).

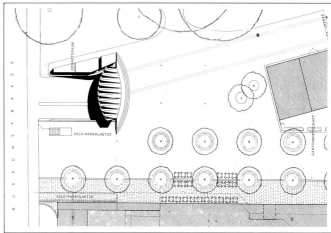

## Überbauung Sidi-Areal, Winterthur

St. Gallerstrasse / Palmstrasse / Pflanzschulstrasse
1987-1990 Projekt
Realisation noch unbestimmt

A.D.P. Architektur Design Planung, Zürich

Das Projekt strebt durch masstäblich sorgfältiges Eingehen auf die jeweils anschliessenden Bebauungen ein dichtes Verweben der Neubauten mit dem bestehenden Wohn- und Gewerbequartier an. Vielfältige Wohnungstypen reagieren auf die jeweiligen Lagequalitäten auf dem Grundstück.
(Wettbewerb)

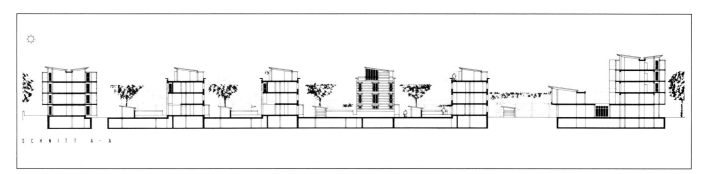

# 9  REGION OSTSCHWEIZ

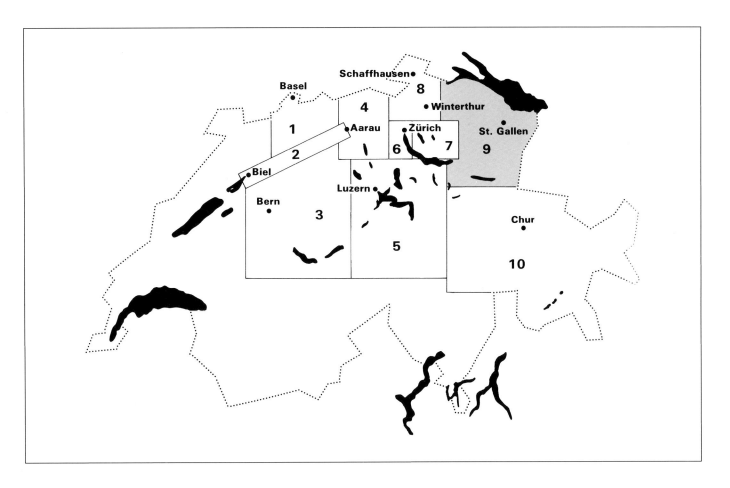

**In dieser Region sind Bauten von folgenden Architekten dargestellt:**

**Peter + Jörg Quarella**
– Seehotel, Steckborn
– Künstler-Atelier, Ermatingen TG
– Einfamilienhaus, St. Gallen
– Wohnüberbauung «im Russen», St. Gallen
– Atelierhaus, St. Gallen

**René Antoniol - Kurt Huber**
– Kunstmuseum Kartause Ittingen, Warth
– Studentenkapelle, Gossau

**Bollhalder + Eberle**
– Gewerbebau, St. Gallen

**Jürg Niggli - Markus Zbinden**
– Primarschule, Abtwil

**Armin Benz - Martin Engeler**
– Primarschulhaus «Chräzeren», St. Gallen

**Heinrich Graf**
– Sporthalle Kreuzbleiche, St. Gallen

**Marcel Ferrier**
– Erweiterung Natur- und Kunstmuseum, Stadtpark St. Gallen

**Karl und Walter Kuster**
– Schulpavillon Oberzil, St. Gallen

**Von Euw - Hauser - Prim - Peter**
– Doppelwohnhaus, St. Gallen

**Bruno Bossart**
– Doppeleinfamilienhaus, St. Gallen
– Erkeranbau, Ebnat-Kappel SG

**Hubert Bischoff**
– Wohnhaus, Heiden AR

**Ernst Gisel**
– Kantonalbank, Herisau

**Werner Binotto**
– Gartenpavillon, Altstätten SG

## Seehotel, Steckborn TG
Feldbach
1982-1986
Peter und Jörg Quarella, St. Gallen

Die Baugeschichte der Feldbach-Halbinsel am Untersee waren wichtige Vorzeichen für die Projektierung. Von der ehemaligen Klosteranlage steht heute noch das Refektoriumsgebäude.
Die neuen Baukörper des Hotels und die Geometrie der Gartenanlage markieren die ehemalige Gesamtsituation. Bei der architektonischen Gestaltung der Gebäudeteile und der Gartenanlage wird versucht, mit heutigen Mitteln die historische Situation neu zu interpretieren. □
Fotos: E. Schär, St. Gallen

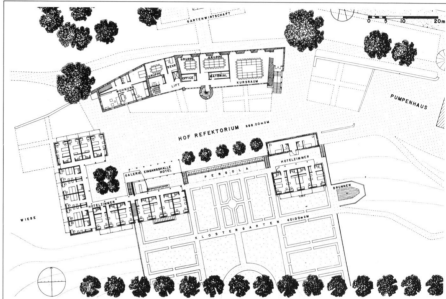

## Kunstmuseum, Warth-Frauenfeld
Kartause Ittingen
1979-1983
René Antoniol — Kurt Huber, Frauenfeld

Im Konzept der «Revitalisierung» der Kartause wird dem Thurgauischen Kunstmuseum der nördl. Flügel des wiederzuerstellenden Kreuzganges mit 7 Klausen und zwei Gewölbekeller zugewiesen. Die Neubauten der Klausen hatten sich in den Volumina an der historischen Substanz zu orientieren. Die Analyse der bestehenden Bauten zeigte eine streng geometrische Systematik in Grund- und Aufriss, welche für die Neubauten nur z. T. übernommen werden konnte. Die räumliche Einfachheit wiederholt sich in der Konstruktion. Gesamthaft sollen die Räume den Ansprüchen eines Museums gerecht werden (Gliederung, Ambiente, Beleuchtung, Sicherheit) während Haltung und Materialwahl die Eingriffe ins 20. Jhdt. datierbar machen. ☐

 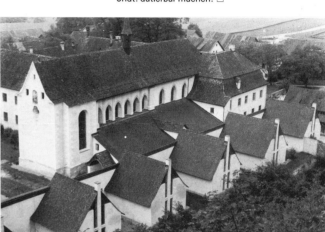

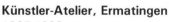

## Künstler-Atelier, Ermatingen
1987-1988
Peter und Jörg Quarella, St. Gallen
Mitarbeit: Christoph Wengen

Das containerartige, in einem Fabrikareal gelegene Haus, ist als Anbau einer alten Wagen-Remise deklariert. Der Stahlskelettbau ist innen mit Betonsteinen ausgefacht, aussen mit Aluminiumblech verkleidet. Die zweigeschossige räumlich-architektonische Stimmung wird nebst der Lichtführung (Shed-Oberlichter) durch sichtbare Konstruktionsteile geprägt. ☐
Fotos: Ernst Schär, St. Gallen

## Studentenkapelle, Gossau

Gymnasium Friedberg
1985-1987

René Antoniol - Kurt Huber, Frauenfeld
Mitarbeit: Th. Hasler, P. Sutter

Der dreigeschossige, zylindrische Bau (mit Saal, Oratorium, Kapelle) besetzt den Übergang der Hügelkuppe zum steilabfallenden Südhang. Er öffnet sich mit seiner bestimmenden Symmetrieachse sowohl zum Dorfe und zur Säntiskette wie auch zum zentralen Platz. Er versteht sich im Ensemble der bestehenden Mittelschulen an diesem Platz in mehrfacher Hinsicht als freie «Gegenstimme». Als geglücktes Experiment kann die noch in der Planungsphase begonnene Zusammenarbeit mit den Künstlern bezeichnet werden (Beurteilung und Bewertung von Materialwahl, Behandlung, Farbkonzept usw., G. Wizemann, St. Gallen; Hp. von Ah, Ebikon). ☐

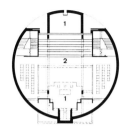
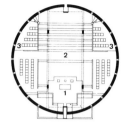
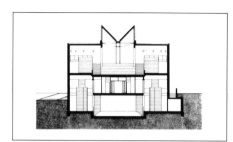

## Gewerbebau, St. Gallen

Geissbergstrasse
1986-1988

Bollhalder - Eberle, St. Gallen
Projektleiter: H. Rüdlinger

Mit dem Bau dieser Schreinerei wurde versucht, mit heutigen Mitteln an die fast vergessene Tradition anzuknüpfen, welche im 19. jahrhundert repräsentative Industriebauten entstanden liess, als zeichen wirtschaftlicher Blüte (z.B. Stickereiindustrie). Einfache Materialien prägen das Gesicht des Hauses, das sich in die beiden Bereiche Produktion und Büro aufteilen lässt.
Wellblech als Gestaltungsmittel der sich öffnenden Fassade, Sichtmauerwerk als Schale und ein langgezogenes Flugdach geben dem Bürobau seinen Charakter. Angelehnt ist der mit Holzplatten verkleidete Skelettbau der Schreinerei mit Sheddächern und Oberlichtern. ☐

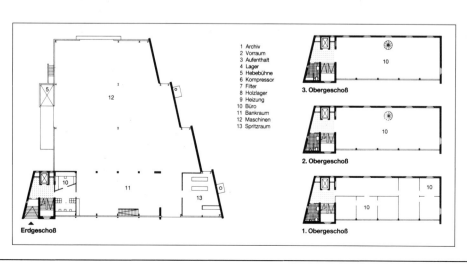

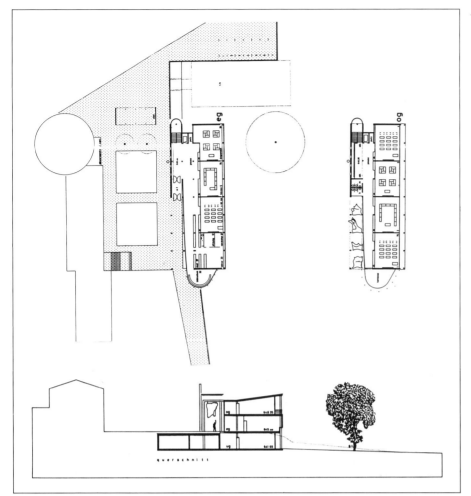

## Primarschulanlage, Abtwil

Grund
1986-1990
Jürg Niggli - Markus Zbinden,
St. Gallen

Abtwil erlebt einen massiven, strukturellen Wandel. Der neue Schultrakt nimmt Bezug zum alten Dorfkern und bildet mit der Turnhalle (noch nicht ausgeführt) und dem alten Schulgebäude einen gemeinsamen Schul- und Pausenhof. Die grosse bestehende Esche wird von den Neubauten gefasst und gibt der Anlage einen einprägsamen Charakter. Die einfache Grundstruktur und der differenzierte Ausdruck einzelner Teile, wie Eingangs- und Bibliotheksbereiche, geben der Anlage einen vielgestaltigen Erlebnisbereich. Die Gebäudeteile sind innen und aussen in weiss gehalten. ☐
Projekt aus Wettbewerb hervorgegangen.
Fotos: Roland Stucky

## Primarschulhaus Chräzeren, St. Gallen

1986-1990

Armin Benz - Martin Engeler, St. Gallen

Das Primarschulhaus ist in einen fächerförmig zur Hauptbesonnung hin ausgerichteten Schultrakt (dreigeschossig) und einem freistehenden, zur Hälfte ins Erdreich abgesenkten Turnhallentrakt aufgegliedert. Dazwischen liegt der Pausenhof, umgrenzt mit der gedeckten Pausenhalle und dem nordseitigen Abschluss zum Veloständer. Der massiv mit Sichtstein gemauerte Schulbau öffnet sich mit der filigran in Stahl ausgebildeten Klassenzimmerfassade zur Naturlandschaft der Obstgärten. Erschliessungstrakt und Turnhalle sind mit einer Bretterfassade verkleidet als Bezug zu den umliegenden Bauernhäusern.
Projekt aus Wettbewerb hervorgegangen.

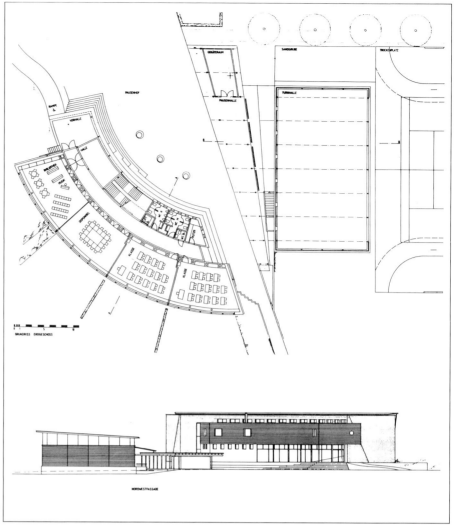

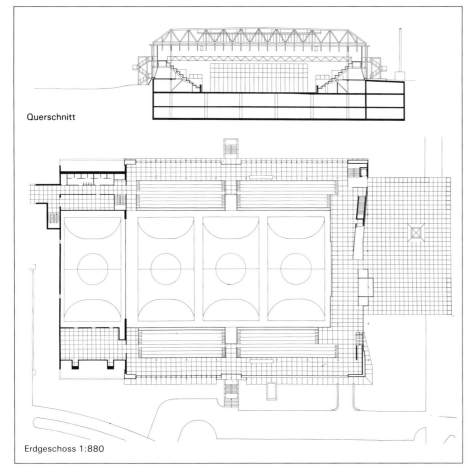

Querschnitt

Erdgeschoss 1:880

## Sporthalle, St. Gallen
Kreuzbleiche
Wettbewerb 1979
1982–1984

Heinrich Graf, St. Gallen
Mitarbeiter: Heinz Studer, Ronald Szypura, Josef Strasky Bauleitung: Peter Pfister

Situation: Die grossflächige Allmend Kreuzbleiche ist als wichtiger Erholungsraum freigehalten.
Baukörper: Abtiefung der Spielfläche ergibt niedrigen Baukörper gegen Allmend. Einzelturnhalle begrünt ergibt kürzeren Hauptbaukörper.
Raumkonzept: 3. u. 2. UG: Garagen, 1. UG: Sporthalle (Spielfläche) mit 2500–3500 Plätzen, in 3 Turnhallen unterteilbar für Schulturnen. EG: Eingangshalle, Pausenhallen mit räumlichem Bezug zu 1. UG, Gang Garderoben und Geräteraum (Durchblick, Tageslichteinfall). 1. OG: Cafeteria. □
Fotos: Andreas Hilty, St. Gallen

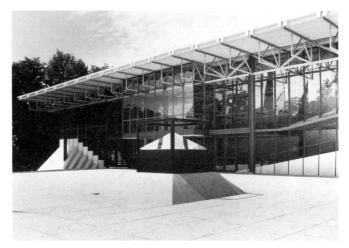

## Erweiterung Natur- und Kunstmuseum, St. Gallen

Stadtpark St. Gallen
1981-86

Marcel Ferrier, St. Gallen
Mitarbeiter: Christof Simmler, Adrian Sommer

Die Erweiterung des «Alten» Museums von J. C. Kunkler 1877 erbaut ist das Resultat eines Wettbewerbes. Die Erweiterungsbauten nehmen die typologische Ordnung des Museums auf und definieren die wesentlichen Komponenten der Situation im Uebergang von Quartier und Park. Im Schnittpunkt von Gebäude- und Strassenachse liegt das gemauerte Kamin. Als Gebäudeteil des unterirdischen Kulturgütermagazines dient es der Entlüftung, □

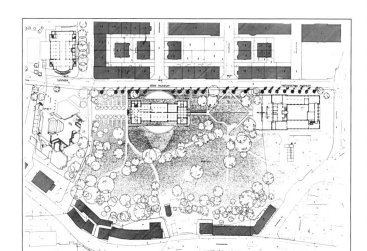

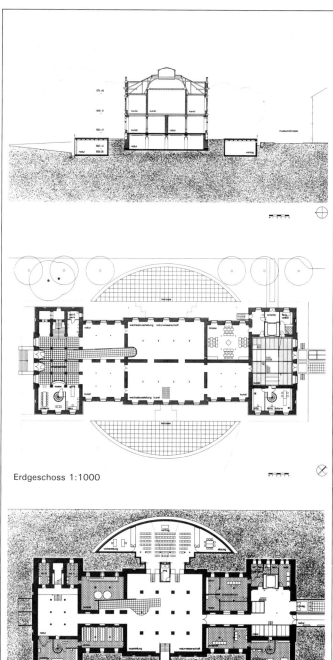

Erdgeschoss 1:1000

Untergeschoss

## Schulpavillon, St. Gallen
Oberzil, Brauerstrasse
1982-1983
Karl und Walter Kuster, St. Gallen

Der Schulpavillon mit 4 Klassenzimmern und Nebenräumen für die Unterstufe befindet sich auf einem parkartigen Gelände mit altem Baumbestand am östlichen Stadtrand von St. Gallen — eine Insel in einem von neuen Wohn— und Industriebauten geprägten Gebiet. Das pavillonartige, eingeschossige Gebäude wurde in Holzbauweise erstellt und ist mit einer schuppenartigen Fassadenschalung verkleidet. Der Zugang führt über ein vom Terrain abgehobenes überdachtes Podium. Der Bau musste mit äusserst günstigen Baukosten realisiert werden. □

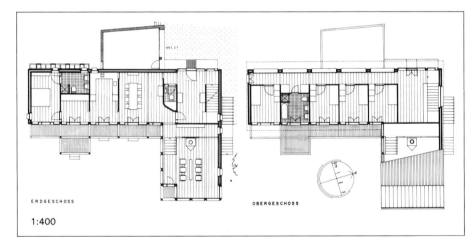

## Einfamilienhaus, St. Gallen
Gugghaldenstrasse 5
1979-1980
Peter und Jörg Quarella, St. Gallen

Das Haus für eine Familie liegt am Ostrand der Stadt in einem sich rasch entwickelnden Wohngebiet. Die zwei Geschosse des Hauses sind unterteilt in Wohn— und Schlafräume.
Der konstruktive innere Aufbau und die Südfassade mit ihrer vorgestellten Terrasse sind aus Holz, gestrichen. Die restlichen Fassadenteile wurden massiv, in Zweischalenmauerwerk, aussen sichtbar ausgeführt. □
Fotos: H. Helfenstein, Zürich

## Wohnüberbauung, St. Gallen
«im Russen» Sonnmattstrasse
1982-1985

Architektengemeinschaft:
Peter und Jörg Quarella - Markus Bollhalder
und August Eberle, St. Gallen

Das Grundstück liegt vor der Sitterbrücke, am westlichen Eingang der Stadt. Der Südhang wird durch die drei Baukörper und deren Aussenräume terrassiert. Die verschiedenen Niveaus sind durch Rampen und Treppen miteinander verbunden. Es entstehen kommunikative Spiel— und Freiräume. Die beiden oberen Bauten bilden mit ihren Duplex-Wohnungen den Rückgrat und sind von der Zürcherstrasse abgewandt. Die beiden Enden sind als Kopfbauten ausgebildet und enthalten Etagenwohnungen. Der untere Bau ist vorgerückt und schliesst den zentralen Spielplatz ab. Die obere Begrenzung der Anlage bilden, als zur Zürcherstrasse, die Gartenmauer in Kalkstein mit vorgestellten Schuppen und Nutzgärten. Grosszügige, verglaste Treppenhäuser Laubengänge und Veranden ergänzen das Wohnungsangebot. Die Nord-Ost- und Westfassaden sind mit farbigen Eternitwaben, die Südfassaden mit weissgestrichener Holzschalung verkleidet. Die Sockelgeschosse sind in Kalksandstein gemauert. □
Fotos: E. Schär, St. Gallen; P. Disch

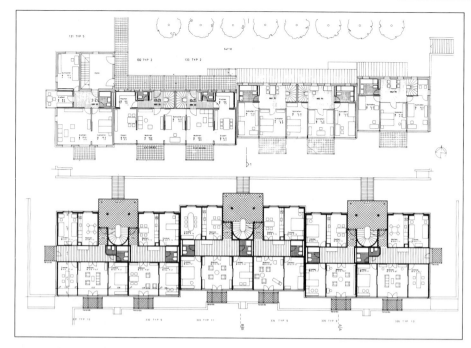

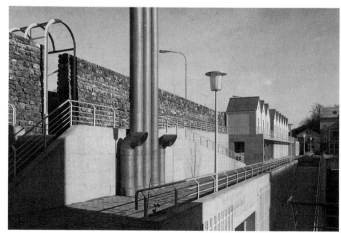

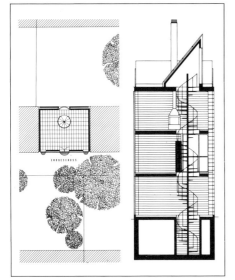
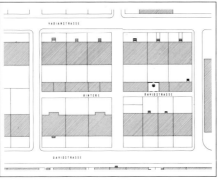

## Atelierhaus, St. Gallen

Hintere Davidstrasse
1988-1989

Peter und Jörg Quarella, St. Gallen
Mitarbeit: Francesco Bartomeoli

Das 30 m² grosse Grundstück liegt im Hinterhof eines Strassengevierts des Leonhardquartiers (19. Jahrh.). Die 3 Geschosse sind als Einraumzimmer ausgebildet und durch eine Wendeltreppe verbunden. Das in einer Reihe liegende Gebäude hat entsprechend seiner Lage differenziert ausgebildete Fassaden. □
Fotos: Ernst Schär, St. Gallen

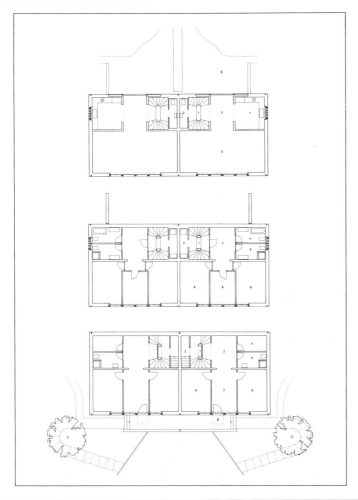

## Doppelwohnhaus, St. Gallen

Wartmannstrasse 8
1988-1990

Walter von Euw - Erwin Hauser -
Rolf Prim - Christian Peter, St. Gallen

Die vertikale Konzeption des Hauses ist massgeblich durch die Hanglage bestimmt: Die Topografie sollte weiterhin spürbar bleiben (Verzicht auf Stützmauern). Zusammen mit der Südorientierung, der Aussicht auf die Stadt ergab sich die Verteilung der Wohn- und Schlafbereiche: Das Wohngeschoss auf dem höchst möglichen Nivau mit offener Grundrissgestaltung mit Bezug zu Garten und Aussicht. Darunter das Schlaf- und Eingangsgeschoss talseitig orientiert. □

## Doppel-Einfamilienhaus, St. Gallen

Tanneichenstrasse 6
1981-1984

Bruno Bossart, St. Gallen
Mitarbeiter: Michael Schläpfer

Idee des Entwurfes: Kein Bezug und keine Anpassung an das neu entstandene Quartier mit dem fragwürdigen «architektonischen Geschmack». Daher wurde nach einer introvertierten Lösung gesucht — durch die Nord-Südstellung des Hauses und die Querlage zum Hang entstand ein Gartenhof. Ueber den Hof wird das Haus denn auch erschlossen, die Loggia ist nicht nur Aussenraumelement — sondern auch Eingang. Das Haus steht auf einem Kiesplateau auf der Wiese, ähnlich einem Floss im Wasser ...
Das Haus hat eine Hauptfassade mit Loggia und Eingang — sie ist blau gestrichen, die 3 Nebenfassaden sind weiss. □

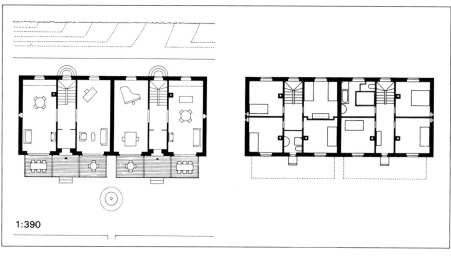

1:390

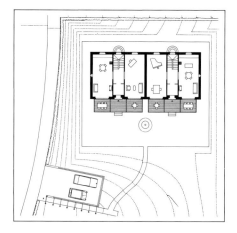

## Wohnhaus, Heiden AR

1983-1984

Hubert Bischoff, St. Margrethen

Das Gebäude — unmittelbar an das klassizistische Dorfzentrum von Heiden angrenzend — bezieht sich auf die Bauart Heidens, ist aber entsprechend einer heutigen Auffassung umgesetzt. Auf dem abgetreppten Sockelgeschoss in Beton, das auf die Geländekante reagiert, ist eine verschalte Holzkonstruktion aufgebaut. (Fassadenfarbe gelb, Fenster weiss). □

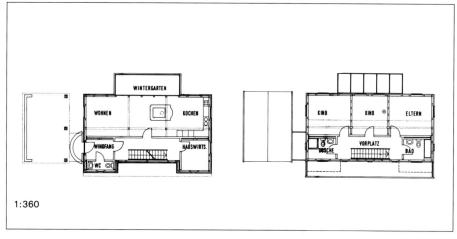

1:360

### Kantonalbank, Herisau AR
Am Obstmarkt
1977-1984
Ernst Gisel, Zürich
Mitarbeiter: Peter Meyer
Bauleitung: R. Cremer + W. Schlaf

Neubau an Stelle von zwei alten Häusern am Obstmarkt. Die Fassaden übernehmen in übertragener Weise die masstäbliche Struktur und den Charakter der bestehenden historischen Bauten des Appenzellerlandes. Die senkrechten tragenden Stützen sind mit Kupfer verkleidet. Dieses Material patiniert durch das Einwirken des Klimas sehr rasch, wird matt und dunkler. In Gegensatz dazu patiniert das Blei in umgekehrtem Sinne, es wird heller und lehnt sich in seiner Farbigkeit an die Fassaden verschindelter Häuser an.
Einen wesentlichen Bestandteil der Fassaden bilden die Klebedächer, die wiederum an historische traditionelle Formen erinnern. Diese Klebedächer bilden vor allem Schutz für die Fenster und überdecken auf natürliche Weise die Storen. □
Georg Gisel; Gäbi Lutz, Teufen

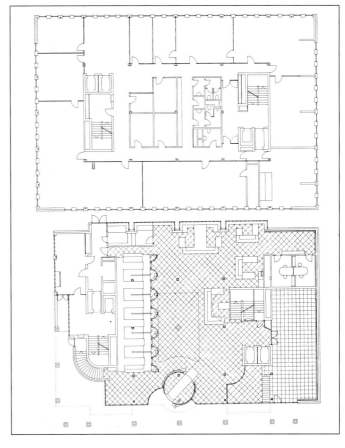

## Gartenpavillon, Altstätten SG
Im Rhodsguet
1983-1984
Werner Binotto, Lüchingen

Der Pavillion ist eine Art Schauspieler in der Rolle eines Hauses. Er steht in diesem Sinne in einer romantischen Tradition des 19. Jahrhunderts. Sein Gerüst ist zur Hauptsache mit Gittern verkleidet oder bewachsen, die Leere dazwischen ist das Zentrum des Gartens. □

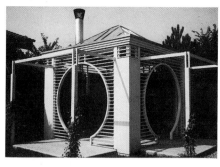

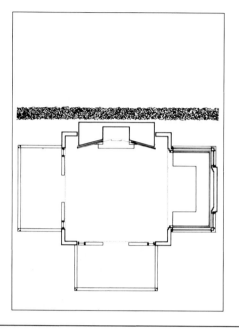

## Erkeranbau, Ebnat-Kappel SG
Rohrgartenstrasse 67
1982
Bruno Bossart, St. Gallen
Mitarbeiterin: Eva Keller

In der sehr kleinen, nur 6 m² grossen Küche war kein Platz zum Essen. Also bestellte der Bauherr einen Erker, der zwar nicht per Post zugestellt, aber doch vorfabriziert mit dem Lastwagenkran ans Haus der Jahrhundertwende «angehängt» wurde. So sind beim Erker Bezüge zu dieser Zeit — dem Jugendstil — spürbar: Ornamente an der Dachbalustrade, durchdrungenes Kreiselement in der Mitte und im Innern, Nischen und Rücksprünge als optische Raumerweiterung.

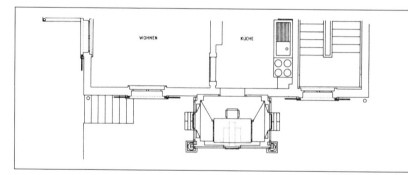

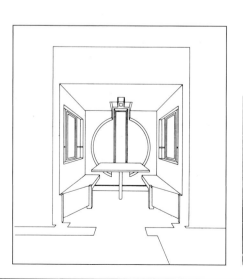

## HINWEIS: ZUR AUSFÜHRUNG VORGESEHENE PROJEKTE

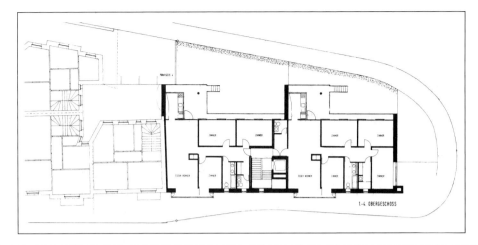

### Wohnaus, St. Gallen
Oberstrasse
1989 Projekt
Realisation in Vorbereitung

Ueli Marbach - Arthur Rüegg, Zürich
Bissegger und Bissegger, St. Gallen

Fortsetzung der geschlossenen Bebauung. Gegen die nordseitige Aussicht grosse Verglasungen mit nur seitlichen Lüftungsflügeln zur Lösung des Lärmproblems. Gegen Süden offene Fassade mit grosser Veranda als Sommerzimmer konzipiert.

### Landesgalerie Vorarlberg, Bregenz (A)
1989-1990 Projekt
Realisation in Vorbereitung

Peter Zumthor, Haldenstein
Mitarbeit: A. Hagmann, D. Jüngling, M. Liesch

Das Projekt stellt eine «prototypische» Lösung in einer städtebaulich und landschaftlich spezifischen Situation dar (im Kontext mit solitären Bauten, vor der Altstadt, an Uferlinie). Die annähernd quadratische Grundform entwickelt sich als Stappelung von sechs gleichwertigen Geschossen mit besonderer Lichtführung (schichtenartiges Vorkragen der Fassadenelemente). Das unterste Geschoss ist als Bezug zum konstruktiven Pfahlbau vom Boden abgehoben.
(Wettbewerb)

### Schulanlage, Lustenau (A)
1988-1989 Projekt
1990-1992 Realisation

Peter und Jörg Quarella, St. Gallen

In die bestehende, architektonisch qualitätsvolle Volksschule aus den 60er Jahren werden im Sinne einer Ergänzung des typologischen Grundmusters, die neue Hauptschule und die Sporthalle eingefügt. Der dreigeschossige Klassentrakt – als Rückgrat die zweigeschossige Aula mit Werkentrakt – folgt mit seiner radialen Ausrichtung dem Verlauf des Grindelkanals, dem natürlichen Geländeabschluss der Gesamtanlage.
(Wettbewerb)

# 10 REGION GLARUS – GRAUBÜNDEN

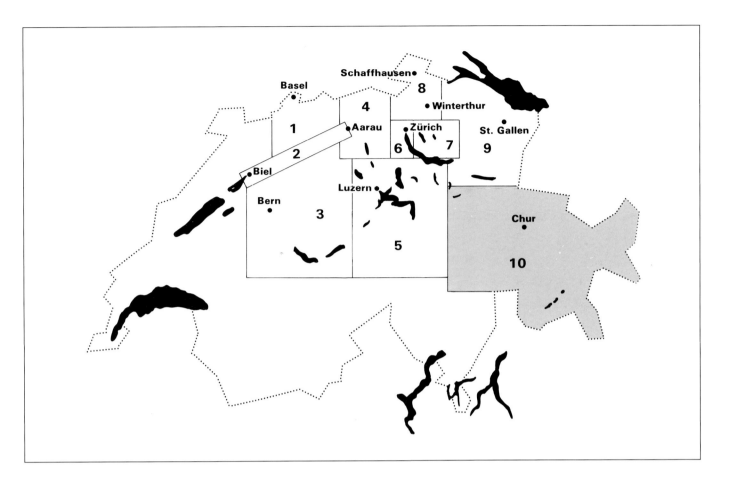

In dieser Region sind Bauten von folgenden Architekten dargestellt:

**Kaspar Marti**
– Bäckerei, Engi GL

**Roland Leu**
– Verwaltungsgebäude Kantonspolizei, Glarus

**Peter Märkli**
– Wohnhaus, Sargans SG
– Wohnhaus, Trübbach SG

**Robert Obrist - Partner**
– Schulhauserweiterung Mehrzweckhalle, Untervaz GR
– Frauenschule, Chur

**Valentin Bearth - Andrea Deplazes**
– Wohnhaus, Malans
– Schulanlage, Alvaschein

**Peter Zumthor**
– Doppelhaus, Haldenstein
– Atelier-Gebäude, Haldenstein
– Schutzbauten «Welschdörfli», Chur
– Mehrzweckgebäude, Malix
– Kreisschule, Churwalden
– Kapelle, Sogn Benedetg

**P. Calonder - Ruch + Hüsler - P. Zumthor**
– Bündner Kunstmuseum, Chur

**Isa Sturm - Urs Wolf**
– Einstellhalle, Domat-Ems

**Willi E. Christen**
– Alpbetrieb, Morissen

**Prosperi Gianoli**
– Kirchgemeindezentrum, Poschiavo
– Geschäfts- und Wohnhaus, Poschiavo

**Hans-Jörg Ruch - Urs Hüsler**
– Hotel, Sils-Maria
– Umbau Bankgebäude, St. Moritz

**Renato Maurizio**
– Bauernhof, Plaun da Lej, Sils i. E.
– Stall-Umbau, Vicosoprano GR

## Bäckerei, Engi GL
1983
Kaspar Marti, Engi
Mitarbeiter: Jacques Hauser

Diese gewerblich-industrielle Bäckrei/Konditorei mit ca. zehn Arbeitsplätzen steht in einem Villagarten, mitten im Dorf, baulich den Dorfplatz abgrenzend. Fragen des Masstabes, der Ausgestaltung der Details und der Wahl der Materialien wurden wichtig, immer auch ausgehend von der Grundhaltung, auf allen Stufen der Entstehung, den Bauherrn und die Handwerker teilhaben zu lassen. □

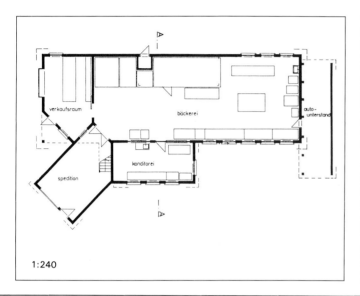
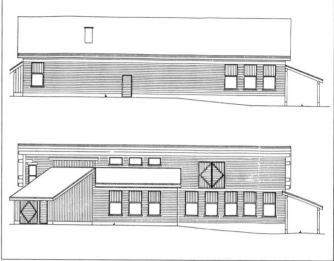

## Verwaltungsgebäude Kantonspolizei Glarus
1981-1982
Roland Leu, Feldmeilen
Mitarbeiter: Pius Bieri, Bruno Argenti

Das aus dem Jahre 1863 stammende Herrschaftshaus mit Mercierpark im Zentrum von Glarus ist nach alten Plänen renoviert und mit den modernen Ansprüchen der Glarner Kantonspolizei zum Verwaltungsgebäude umgestaltet worden. Interessante Aufgabe: Neubau des alten Gartenhauses, Neugestaltung für Verkehrsabteilung der Polizei: Alt-Neu-Inszenierung. □
Fotos: L. Degonda, Studio Hug, Glarus

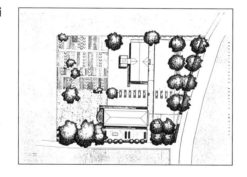

## Mehrfamilien-Wohnhaus, Sargans SG
1985-1986
Peter Märkli, Zürich

Ein rechteckiges Volumen ist aufgeteilt in drei Wohngeschosse, verbunden mit einem zentralen Treppenhaus. Das Erdgeschoss ist Eingangsbereich mit Autogaragen und Nebenräumen (Sockel). Die Wohnräume mit grossen Glasfeldern öffnen sich auf einen loggiaartigen Raum, dessen rythmisch geordnete Fassadenstruktur in jedem Stockwerk verschiedene Teilung aufweist. Die Schlafräume, introvertiert und mit nur kleinen Öffnungen versehen, liegen an den drei geschlossen Fassaden.

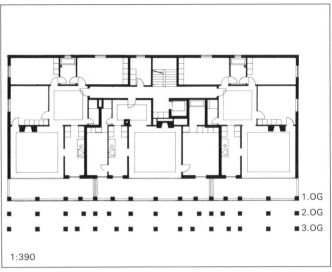

1:390

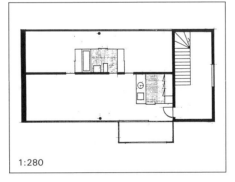

1:280

## Wohnhaus, Trübbach SG
1988-1989
Peter Märkli, Zürich

In einem banalen Wohnquartier in der Randzone des Dorfes steht das Haus in Nord-Süd-Orientierung mit einer Dimension (7 × 15 m) die sich aus allen Grenzabständen des Grundstückes ergab. Ein Treppenhaus erschliesst drei mal drei Stockwerkswohnungen. Konstruktion: Betonmauern, Holzständerbau mit Sperrholzplatten verkleidet, Dacheindeckung in Metall.

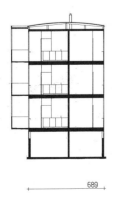

689

257

## Mehrzweckhalle und Schulhaus-Erweiterung, Untervaz
1983-1984
Robert Obrist und Partner, St. Moritz/Bad Ragaz

Die bestehende winkelförmige Schulanlage wird mit 2 südseits vorgelagerten Bauten so ergänzt, dass ein gemeinsamer Pausenhof entsteht. Die Ausnützung der schwachen Hanglage bringt eine Eingliederung des grossen Volumens Mehrzweckhalle. Das Schulhaus als «Lichtzylinder» strahlt mit seiner vollflächig verglasten Rundfassade in den Grünraum. Unter der Rampe durch sind die beiden Trakte verbunden. ☐

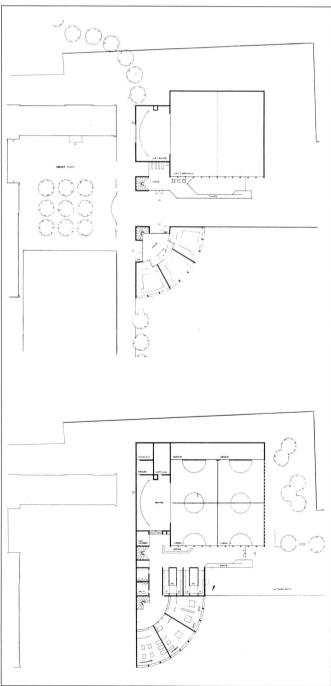

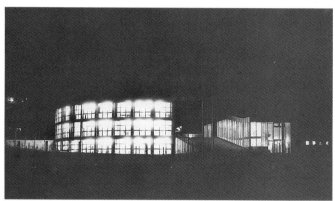

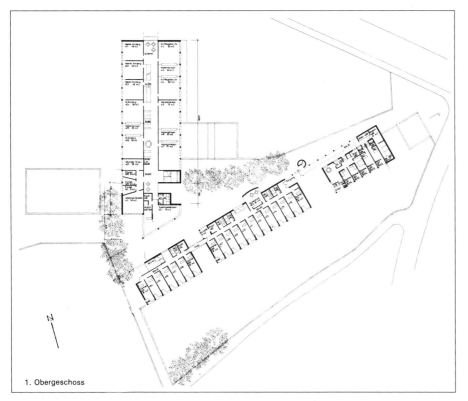

1. Obergeschoss

## Frauenschule, Chur
Kantengut
1977–1982
Robert Obrist und Partner,
St. Moritz

Zwischen Berg und Rhein bildete sich eine grosse, mit Rüfen durchzogene Schutthalde. Weide-, Acker- und Rebland wurden mit Flurmauern umgrenzt. Das Projekt übernimmt diese vorgezeichneten Linien. Die Kuben der Gebäude liegen an der Gasse wie Felsblöcke in der Rüfe. Zwei Haupttrakte – langgestrecktes Wohnheim und abgewinkelter Schultrakt mit vorgelagerter Turnhalle – sind einander gegenübergestellt. Der Zugang erfolgt von der Bergseite und führt entlang der «Mauer» des Wohnheims hinab zur Schule und öffnet sich zum Tale. Dieser Weg wird bereichert durch eine Wassertreppe und Bassin gleich Geschiebe und Rinnsal der ursprünglichen Landschaft.

Das Konstruktionsmaterial ist vorwiegend Beton. Die Raumgruppen sind: Schule, Mehrzweckgebäude, Turnhalle, Wohnheim-Mensa, Personalwohnungen.

## Wohnhaus, Malans GR

Mostgasse
1988-1989

Valentin Bearth - Andrea Deplazes, Chur

Mitarbeit: Susi Kipfmüller

Das Haus steht in einem kleinen Obstbungert am Rande des Dorfkerns. Seitwärts wird es flankiert von einem weiten, offenen Feld mit vereinzelten Obstbäumen, einem Weinberg und Pflanzgärten. Die Architektur dieses dörflichen Hinterlandes ist geprägt von hölzernen Schuppen, und einer Schreinerwerkstatt. Die ungehobelten Lärchenbretterfassaden des Hauses vermitteln eine hölzige Sperrigkeit: die Idee einer «Gebrauchsarchitektur» am Übergang vom Dorf zum Land, Haus und Bungert werden als Ganzheit Teil davon. □
Fotos: Christian Kerez, Zürich

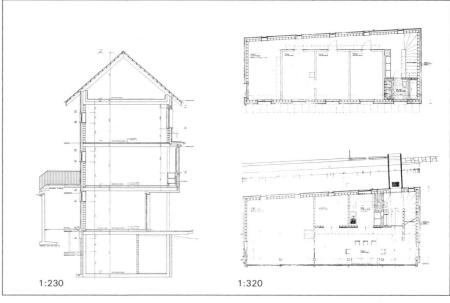

1:230    1:320

## Doppelhaus, Haldenstein

Peter Zumthor, Haldenstein
1981-1983

Am äussersten Rand der Geländeterrasse über dem Rhein gelegen ist das Haus als Dorfabschluss angelegt. Die Mittelachse des zum Dorf geöffneten Wohnhofes und des vorgelagerten Wirtschaftshofes mit Stall, bezieht sich auf einen Fussweg.
Haustyp: zwei L-förmige Gebäudeflügel umschliessen den gemeinsamen Wohnhof. Die umliegenden Räume sind im unteren Wohnstock nach innen auf den Hof, im oberen Schlafstock nach aussen in die Landschaft gerichtet. □

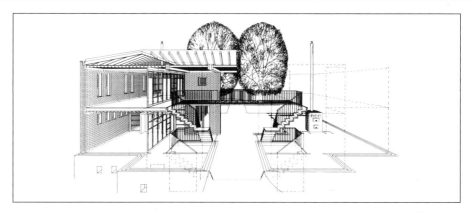

## Ateliergebäude, Haldenstein
Süsswinkel
1985-1986
Peter Zumthor, Haldenstein
Mitarbeit: J. Conzett

Ateliergebäude (des Architekten) im Dorfkern von Haldenstein mit Gartensaal (EG), Zeichnungssaal (OG) und Archivräumen im Keller, in den oberirdischen Geschossen als Holzskelettbau konstruiert. Die Holzbauweise lehnt sich an die ebenfalls in Holz konstruierten gewerblichen Bauten des Dorfes an, ist in der Erscheinungsform aber als objektartiger Holzkörper gestaltet und mit einer vorgehängten Fassadenschicht aus Lärchenholzstäben in der Art eines Möbels verfeinert. Die Südfront, ausgerichtet auf den Ziergarten mit dem Hain aus Kirschbäumen, ist geöffnet und durch eine vorgestellte Laube verschattet. Im Innern trennt eine freigestellte, über drei Geschosse reichende «Arbeitswand» die schmale Erschliessungszone mit dem Treppenlauf im Norden von den Sälen im Süden. Die Bemalung der Innenwände stammt vom Künstler Matias Spescha.
Fotos: Francesca Giovanelli, Redaktion

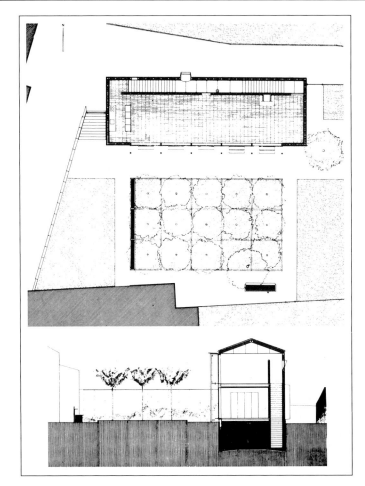
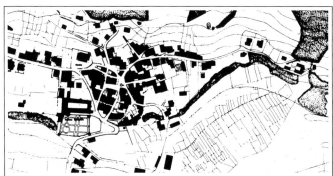

## Schutzbauten für römische Funde, Chur
Welschdörfli
1986
Peter Zumthor, Haldenstein
Mitarbeit: Reto Schaufelbühl, Jürg Buchli

Schutzbauten für zwei im Fundamentbereich erhaltene römische Gebäude und einen dritten, nurmehr als Eckfragment sichtbaren römischen Bau. Die neuen Schutzhüllen über den archäologischen Funden sind als eine Art abstrakte Rekonstruktion der römischen Volumina konzipiert: Ein leichtes, licht- und luftdurchlässiges Wandgerüst aus Holzlamellen folgt präzis den römischen Aussenmauern und lässt damit verpackungsartige Körper entstehen, die die Lage der römischen Gebäude im heutigen Stadtbild sichtbar machen. In den Hüllen entstehen Innenräume, die auf die römischen Innenräume verweisen.
Die Behandlung der Zugänge thematisiert das Verhältnis von Gegenwart und Geschichte: Die römischen Eingänge, fassbar in vorspringenden Mauerteilen, sind mit guckkastenartigen Körpern verschalt, die Einblick aber keinen Zugang mehr gewähren. Den Zutritt vermittelt eine moderne Stahlpassarelle, die die Körper in einer erhöhten, ahistorischen Beobachtungssituation durchmisst. Auf diesem Weg tritt man durch dunkle Verbindungstunnel von Raumeinheit zu Raumeinheit und über Treppen hinab auf das Grabungsniveau, den römischen Boden. Den römischen Mauerzügen sind schwarze Tücher hinterlegt. Schwarze Oblichtkörper lassen ein mildes Zenitallicht eindringen.
Fotos: Fonti Anhorn, Malans

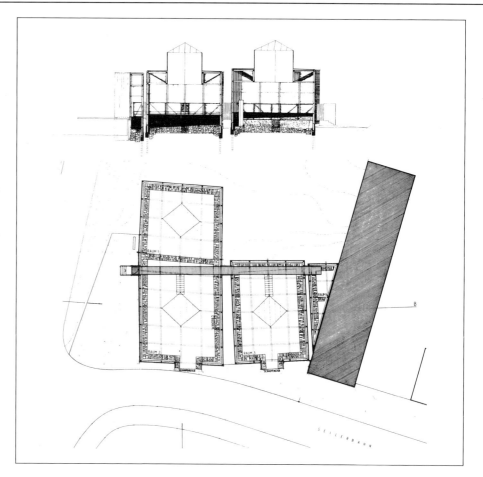

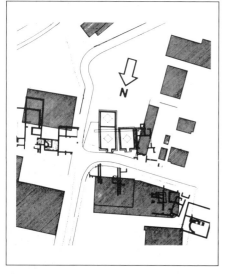

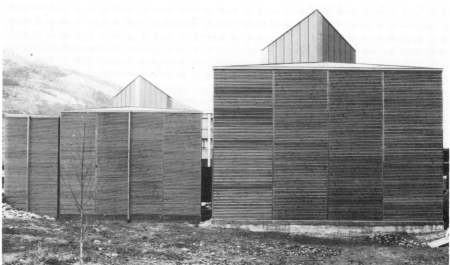

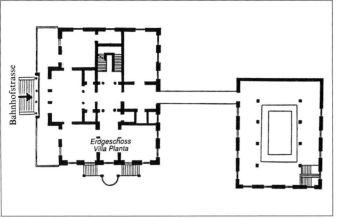

## Renovation und Umbau Bündner Kunstmuseum, Chur
Postplatz
1982-1990

Peter Calonder, Fürstenau
Ruch-Hüsler, St. Moritz
Peter Zumthor, Haldenstein
Mitarbeit: A. Hagmann, D. Jüngling, M. Liesch

Die Räumlichkeiten der spätklassizistischen Villa Planta (1876) und der dahinter stehende etwas schwerfällige sog. Sulser-Bau (1929) wurden für das Kunstmuseum sanft renoviert und restauriert. Die eigentlichen Eingriffe beschränken sich auf das Vestibül und die verbindende Passerelle, mit der vorwiegenden Verwendung von Holz.
Fotos: Matthias Ackermann, Basel

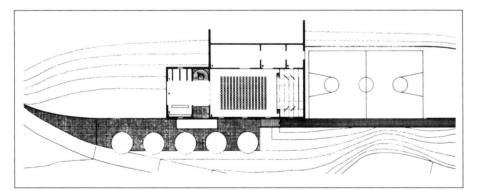

## Mehrzweckgebäude, Malix
Pazonia
1981-1986

Peter Zumthor, Haldenstein
Mitarbeiter: Jürg Conzett, Valentin Bearth

Beim ausgeführten Projekt handelt es sich um eine stark überarbeitete Fassung des Wettbewerbprojektes von 1981. Das heute übliche Programm eines Mehrzweckgebäudes ist in einem einzigen, klar geschnittenen Baukörper zusammengefasst, der in seiner Haltung an die erste Generation von Schul— und Gemeindehäusern, die in den Bündnerdörfer entstanden, erinnern soll.

## Kreisschule, Churwalden
Witi
1979-1983
Peter Zumthor, Haldenstein
Mitarbeiter: Jürg Conzett

Die Erweiterung der Schulanlage erfolgte auf Grund eines städtebaulich inspirierten Grundmusters. Die Schulgemeinschaft, die einzelnen Stufen (Primar- Real— und Sekundarschule), die Klassen— und Gruppengemeinschaften verfügen über klar definierte Bauten, Innen— und Aussenräume.
Im Kern der Anlage steht das alte Schulhaus von 1959. Die Beziehung der neuen Anlage zum gegebenen Ort ist fassbar in der Abfolge von Bauten und Platzterrassen, die die Neigung des grossen Schuttkegels des Wititobels, auf dem das Schulhaus steht, nachzeichnet.
Der Querschnitt der Klassentrakte ist aus dem Hangprofil entwickelt; dies im Hinblick auf eine pädagogische sinnvolle Behausung der Klasseneinheiten: jede Klasse arbeitet unter ihrem eigenen Dach, neben ihr liegt der eigene Aussenhof und Garten, unter ihr — eine Treppe tiefer — ihr Gruppenarbeitsraum, der offen an den Korridor des Traktes anschliesst. □

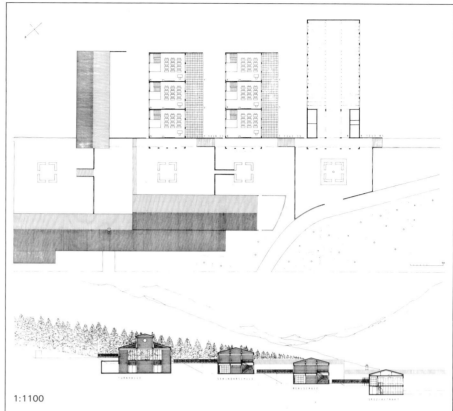

1:1100

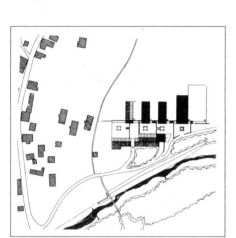

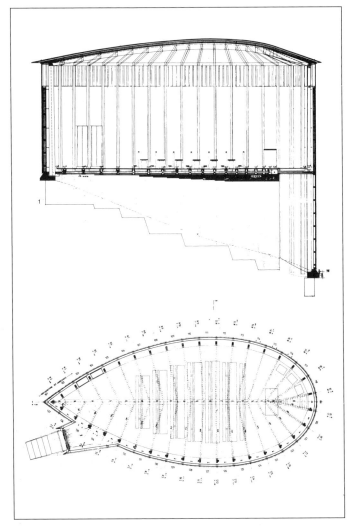

## Kapelle, Sogn Benedetg
oberhalb Somvix/Sumvitg
1988
Peter Zumthor, Annalisa Zumthor, Haldenstein
Mitarbeit: R. Schaufelbühl, V. Bearth

Die neue Kapelle wächst aus der Tradition einer historischen Ordnung heraus, welche auch viele Ortsbilder in der Surselvas prägen. In einem Punkt verlässt sie die Tradition: die Kapelle ist aus Holz gebaut. Sie wird im Licht der Sonne dunkel werden, schwarz im Süden, silbergrau im Norden, wie die alten Bauernhäuser. Die blattartige oder tropfenförmige Grundform beruht auf einer klaren geometrischen Ordnung. Die bergende Raumform, abgehoben vom Gelände erinnert an ein sich in Bewegung befindliches Boot. Im Innern erscheint die Einheit von Dach und Stützen als grosser Baldachin, abgelöst die silberne Wand, erhellt durch das von oben einfallende Licht und vermittelt die Stimmung des Raumes.
Fotos: Daniel Schönbächler, Disentis
Heinrich Helfenstein, Zürich

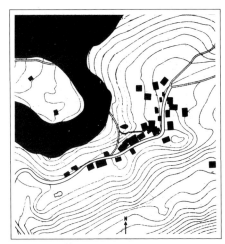

## Einstellhalle, Domat/Ems
Plarenga 2
1988
Isa Stürm - Urs Wolf, Zürich

Östlich von Domat/Ems, am Fusse eines bewaldeten Gesteinschuttkegels, scheint der Baukörper als Monolith aus dem Gelände herauszusteigen - in der Art wie die Tumahügel in der hiesigen Landschaft präsent sind. Ein neuer künstlicher «Naturstein» aus Beton mit Kies aus dem Rhein und Kalk vom Calanda. Durch das direkte Eingehen auf die örtliche Topografie, das Baumaterial und die Dimension ist die Halle verwandt mit Ingenieurbauten (Galerien, Stützmauern, Brücken, Tunnelportalen). □

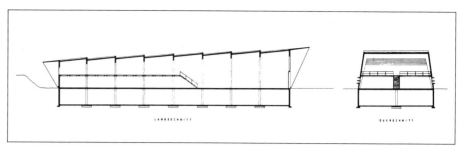

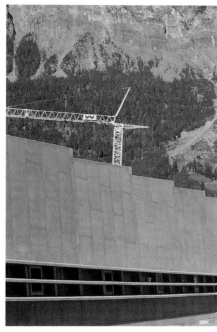

## Schulanlage - Alvaschein GR
1988-1991 (in Ausführung)
Valentin Bearth - Andrea Deplazes, Chur
Mitarbeit: Daniel Ladner

Das auf einer Berghangterrasse nahe der Lenzerheide gelegene Alvaschein ist ein Y-förmiges Strassendorf. Knappe Platzverhältnisse zwingen dazu, die neue Schule ausserhalb des Dorfzentrums zu situieren. Der Diskrepanz der Bauaufgabe und des Bauplatzes galt das primäre Interesse: der klar erkennbare architektonische Ausdruck der «Dorfschule» sollte durch ein zweites Bild — dem eines «Gehöftes» als Thematisierung der Randlage — überlagert werden. Die Anlage ist in zwei Baukörper unterteilt: das Schulhaus, von weit sichtbar mit seiner abstrahierten Fassade aufgelöst in ein Holzgitter; die Halle im Hintergrund mit einer neuartigen Binderkonstruktion und in Holztafelbauweise (gleich einem Festzelt auf der Wiese vor dem Dorf).
Foto: Reto Führer, Chur

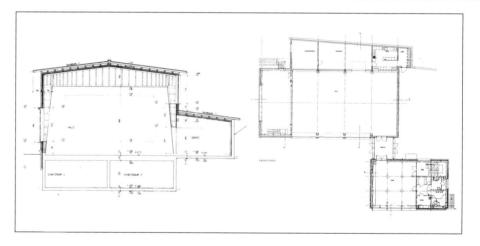

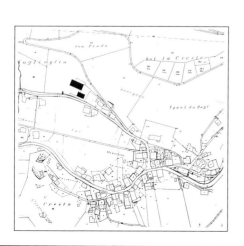

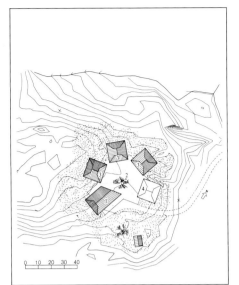
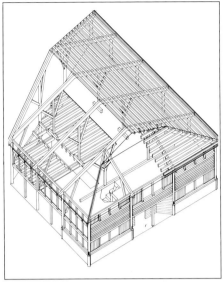

## Alpbetrieb, Morissen

«Sogn Carli»
1979-1980 (1. Etappe)
Willi E. Christen, Zürich

1978 veranstaltete der Kt. Graubünden mit dem Eidg. Meliorationsamt einen schweiz Wettbewerb. Erwartet wurden neue Impulse für den rationellen Bau und Betrieb grosser Alpbetriebe und ausserdem Baulösungen, welche sich gut in die alpine Landschaft eingliedern.
Im Gegensatz zu den herkömmlichen Alpstallungen mit Anbindehaltung, basiert das Projekt auf der Freilaufhaltung der ca. 150 Milchkühe.

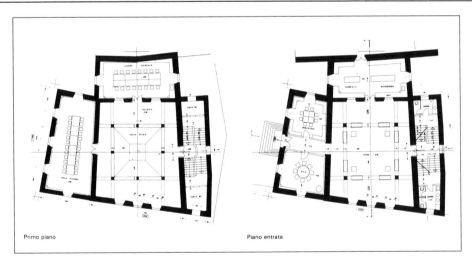

## Kirchgemeinde-Zentrum, Poschiavo GR

1983-1985

Prospero Gianoli, Poschiavo
Livio Vacchini, Locarno

Die Kirchgemeinde von Poschiavo hat sich zur Anregerin eines kleinen Kulturzentrums gemacht, das der Bevölkerung ermöglicht, sich bei jeder Tageszeit zu treffen. Alles bewegt sich um das Foyer, das den zentralen Raum des Komplexes bildet. Vom alten verwahrlosten Haus hat man einzig die Volumetrie belassen und seinen Zusammenhang mit den umliegenden und angrenzenden Häuser, welche eine einzige und unzertrennliche architektonische Einheit bilden. □

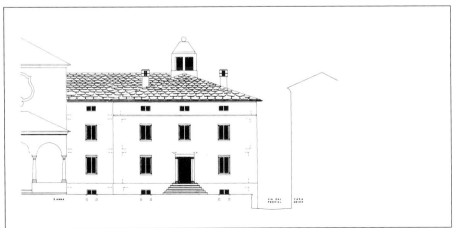
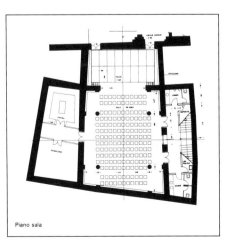

## Geschäfts- und Wohnhaus, Poschiavo

«Motrice»
1979-1982
Prospero Gianoli, Poschiavo

Die Auftraggeber präsentierten ein Programm von idealen Arbeits und Wohnräumen, welche auf einer ca. 20 m breiten Fassade dargestellt werden mussten.
Ich wählte den 1.20 Modul, um die dreidimensionale Struktur aller Räume zu organisieren.
Alle Räume sind in der Vertikalen sowie in der Horizontalen miteinander verbunden, und drücken somit eine familiäre Arbeits und Wohnungsweise aus.
Der Laubengang und das Wirtshaus bilden das Herz des Hauses, wo man diskutiert, den Verkehr und die Umgebung beobachtet und die Morgensonne geniesst. □

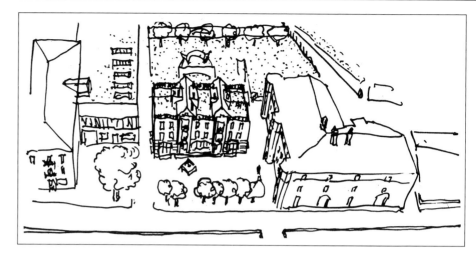

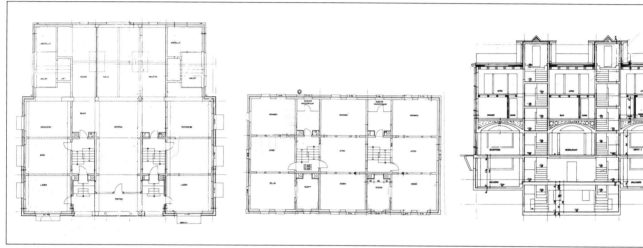

## Hotel, Sils-Maria

«Schweizerhof»
1983-1984
Hans-Jörg Ruch + Urs Hüsler, St. Moritz
Mitarbeiter: U. Müller

Nachdem sich eine Sanierung des bestehenden Hotels aus der Jahrhundertwende als unrentabel erwies, wurde 1983 der bestehende Bau abgerissen und der neue Schweizerhof im sogenannten Hofstattrecht erbaut. Bei der Neuprojektierung wurde nicht nur kopiert, sondern aufgrund des neuen Raumprogramms das Konzept vereinfacht und neu interpretiert. Die Formen sind strenger und klarer, die Silhouette noch prägnanter geworden. Auf falsch verstandene Heimatstilelemente wurde bewusst verzichtet. Die filigrane Balkonkonstruktion aus Stahl und das dem Hotel angegliederte Solbad mit grossem Wintergarten wollen klare Architekturbeiträge unserer Zeit sein. □
Fotos: H. Eberhöfer, St. Moritz

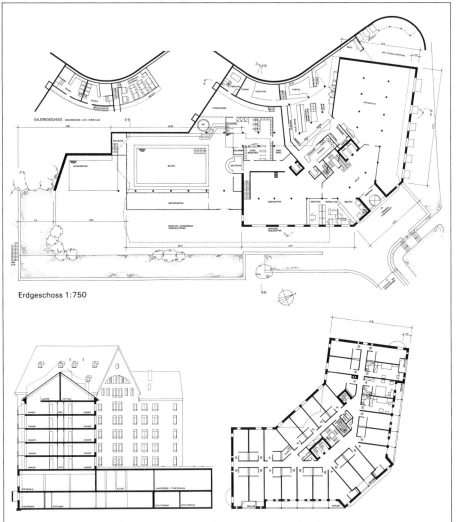

Erdgeschoss 1:750

Vor Neubau

## Umbau Bankgebäude, St. Moritz
Via Maistra 9
1986-1988
Hansjörg Ruch - Urs Hüsler, St. Moritz

Das 1898 erstellte und seit 1919 von der SVB belegte Gebäude steht an einer städtebaulich wichtigen Lage im Zentrum. Ein Neubau war infolge baugesetzlichen Schwierigkeiten nicht möglich. Die allseitig eingeengte Grundriss-Situation erlaubte keine Ausdehnung der kundenbezogenen Räume in der Horizontalen. Die Lösung wurde deshalb im Schnitt gesucht: eine vertikale Öffnung im Zentrum des Gebäudes – gleich einer Innenhofsituation – bildet den wichtigsten Eingriff, die primäre Richtung. Natürliches Licht in wechselhafter Intensität dringt bis ins Erdgeschoss (Höhe 20 m) und öffnet die Schalterhalle bis ins oberste Bürogeschoss. Das neue «Einbausystem» hebt sich deutlich ab von der bestehenden polygonalen Schale des Altbaus.
Der in New York lebende Engadiner Not Vital schuf ein Objekt, eine «Urform» auf einem Stab, welches dem zentralen Hohlraum Orientierung und räumliche Steigerung verleiht.
Fotos: H. Eberhöfer, St. Moritz

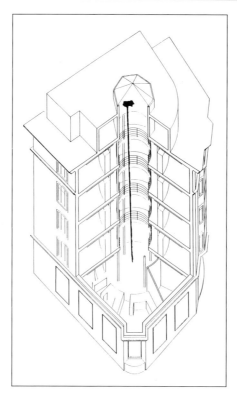

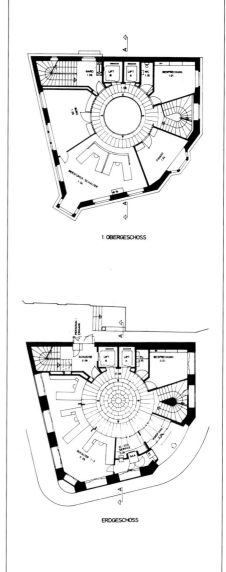

## Bauernhof, Sils-Plaun da Lej i.E.
1984-1985
Renato Maurizio, Maloja

Zwischen Sils und Maloja liegt der Bauernhof im Plaun da Lej, von wo man den Maiensäss Grevasalvas (landwirtsch. Boden) erreicht. Die baulichen Voraussetzungen an der Hanglage mit einer praktisch vertikalen Felswand wurde für den Betrieb und die Erschliessung der Ökonomiegebäude ausgenutzt. Der Stall wurde quer zum Hang über die Felswand gestellt. So entstanden drei Ebenen. Aufgegliedert ist der Hof ferner in Stall, Zwischenbau und Wohnhaus. □
Fotos: Helmut Eberhöfer, St. Moritz.

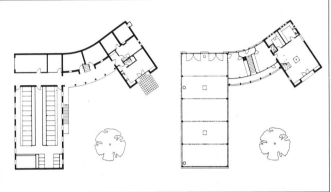

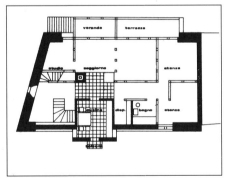

Vor Umbau

## Stall-Umbau, Vicosoprano
1982-1983
Renato Maurizio, Maloja

Der Doppel-Stall war seit mehreren Jahren verwahrlost. Die Wahl des Eingriffs bezieht sich auf Erhaltung und Umwandlung. Erhalten um die herkömmliche Identität und Typologie zu bewahren. Umwandeln, in bezug auf die neue Verwendung. Ich wollte eine ehrliche Metamorfose zeigen, indem das Alte und das Neue in einer klaren, widersprüchlichen Beziehung einander entgegengestellt werden. Mit dem Eingriff wollte ich dem Hause eine Fassade geben, eine Richtung in Beziehung zum Strassenraum. □

## HINWEIS: ZUR AUSFÜHRUNG VORGESEHENE PROJEKTE

### Evang. Alters- und Pflegeheim, Chur
1989 Projekt
Realisation bevorstehend
Peter Zumthor, Haldenstein

Die vorgeschlagene Situation zielt auf ein Konzept, welches die bestehende Bausubstanz des Pflegeheims durch Aufstockung und linearem Anbau verdichtet. Die Alterswohnungen werden in einem einfachen, 2-geschossigen Baukörper angeordnet.
(Wettbewerb)

### Kirchner-Museum, Davos
Promenade
1989 Projekt
1991-1992 Realisation
Annette Gigon - Mike Guyer, Zürich

Das Grundstück: ein kleiner Park an der Hauptstrasse in der Nachbarschaft eines mächtigen Grandhotels aus der Jahrhundertwende. Der Bau: vier zueinander gruppierte Ausstellungsräume bilden die introvertierten Kerne des Museums – die Orte, die nur der Kunst und ihrem Betrachter vorbehalten sind, belichtet von oben durch Glasdecken getrennte «Lichträume». Eine gläserne Fassade umhüllt die Kuben des Museums entsprechend den verschiedenen Aufgaben: Klargas, geätztes Glas, mattiertes Rohglas.
(Wettbewerb)

# Architekten-Verzeichnis

**Achermann Bruno**
1953 — Studium HTL Luzern — seit 1981 gemeinsames Büro mit Max Germann

**ADP Architektur Design Planung**
siehe unter:
Walter Ramseier, Beatrice Liaskowski, Caspar Angst, Beat Jordi, Peter Hofmann

**Aellen Kurt**
1938 — Studium EPUL — seit 1968 Partner der «ARB Arbeitsgruppe» zusammen mit Franz Biffiger, Peter Keller und Thomas Keller — SIA

**Alder Michael**
1940 — Lehre als Hochbauzeichner — Assistent an der ETHZ — seit 1968 eigenes Büro — 1970-72 Assistent bei Prof. Albert Camenzind ETHZ — seit 1972 Dozent für Architektur an der IBB — BSA SWB

**Alioth Max**
1930 — Lehre als Hochbauzeichner — seit 1967 gemeinsames Büro mit Urs Remund — BSA SWB

**Ammann Hans-Peter**
1933 — Studium ETHZ — seit 1961 eigenes Büro — seit 1965 Zusammenarbeit mit Peter Baumann in Luzern und Zug — BSA SIA SWB

**Ammann Tobias**
1944 — Lehre als Bauzeichner — Schule für Gestaltung Folkwang, Essen — seit 1974 Partner im Büro Dolf Schnebli + Tobias Ammann und Partner — 1969-1971 Assistent ETHZ — Gast. Prof. Syracuse University — BSA

**Amsler Arnold**
1942 — Studium ETHZ — seit 1976 eigenes Büro — BSA SIA

**Angst Caspar**
1952 — Studium ETHZ — seit 1984 eigenes Büro — seit 1987 gemeinsames Büro ADP mit Walter Ramseier, Beatrice Liaskowski, Beat Jordi, Peter Hofmann — 1981-1984 Assistent bei Prof. Studer ETHZ

**Antoniol René**
1934 — Studium ETHZ — seit 1969 gemeinsames Büro mit Kurt Huber — BSA SIA

**ARB Arbeitsgruppe**
Die ARB Arbeitsgruppe wurde 1968 durch die Architekten Kurt Aellen, Franz Biffiger, Urs Hettich, Daniel Reist und Bernhard Suter gegründet. Seit 1979 wird ARB durch die vier Partner Kurt Aellen, Franz Biffiger, Peter und Thomas Keller geleitet

**Atelier 5**
Gegründet von den Architekten: Erwin Fritz — Rolf Hesterberg — Hans Hostettler — Alfredo Pini — Niklaus Morgenthaler — seit 1955 Büro mit 12 Partnern: J. Blumer — A. du Fresne — R. Gentner — Ch. Heimgartner — R. Hesterberg — H. Hostettler — P. Lanini — A. Pini — D. Roy — B. Stebler — F. Thormann — C. Flückiger

**Baader Stefan**
1939 — Lehre als Hochbauzeichner — Studium ETHZ — seit 1978 gemeinsames Büro mit Peter Fierz in Basel — BSA SIA SWB

**Barth Alfons**
1913 — Lehre als Hochbauzeichner — Studium HTL Burgdorf — seit 1940 eigenes Büro — seit 1944 Bürogemeinschaft mit Hans Zaugg — 1962-74 Mitglied der Stadtplanungs-Kommission Zürich — BSA SIA GSMBA

**Bauart Architekten**
1987 Zusammenschluss von: Peter C. Jakob HTL SWB — Matthias Rindisbacher + Reto Baer HTL — seit 1988 neue Partner: Marco Ryter HTL und Willi Frei ETH SIA

**Baumann Andreas**
1953 — Studium ETHZ — seit 1981 gemeinsames Büro mit Wladimir Grossen

**Baumann Max**
1941 — Lehre als Bauzeichner — Studium ETH — seit 1973 gemeinsames Büro mit Georges J. Frey — Assistent bei Jean-Claude Steinegger ETHZ — BSA SIA

**Baumann Peter**
1938 — Studium ETHZ — seit 1965 Zusammenarbeit mit Hans-Peter Ammann — BSA SIA SWB

**Bearth Valentin**
1957 — Studium ETHZ — seit 1988 gemeinsames Büro mit Andrea Deplazes — 1988-1989 Lehrauftrag HTL Chur — SIA SWB

**Benz Armin**
1952 — Lehre als Hochbauzeichner — Studium HTL Winterthur — seit 1986 gemeinsames Büro mit Martin Engeler

**Bernath Kalmann**
1940 — Studium Kunstakademie Düsseldorf — seit 1970 gemeinsames Büro mit Carl Frei

**Bétrix Marie-Claude**
1953 — Studium ETHZ — seit 1976 Zusammenarbeit mit Eraldo Consolascio — 1979-1981 Zusammenarbeit mit Bruno Reichlin und Fabio Reinhart — 1980-1982 mit Bruno Reichlin — 1985-1989 Dozentin HTL Biel — BSA

**Bickel Daniel**
1958 — Studium ETHZ — seit 1984 gemeinsames Büro mit Daniel Kündig, Sabine Hubacher und Christoph Haerle

**Biffiger Franz**
1939 — Studium ETHZ — seit 1968 Partner der «ARB Arbeitsgruppe» zusammen mit Kurt Aellen, Peter Keller und Thomas Keller — BSA SIA SWB

**Binotto Werner**
1957 — Lehre als Bauzeichner Studium an der Kunstakademie Düsseldorf, seit 1984 an der Hochschule für angewandte Kunst, Wien

**Bischoff Hubert**
1942 — Lehre als Schreiner und Bauzeichner — Studium HTL Biel — seit 1979 eigenes Büro — BSA SWB

**Boesch Elisabeth**
1951 — Studium ETHZ — seit 1983 gemeinsames Büro mit Martin Boesch — SIA

**Boesch Martin**
1951 — Studium ETHZ — seit 1983 gemeinsames Büro mit Elisabeth Boesch — Assistent ETHZ — SIA

**Bollhalder Markus**
1954 — Lehre als Bauzeichner — Studium HTL Luzern und ETHZ — seit 1981 gemeinsames Büro mit August Eberle — SIA

**Bossart Bruno**
1950 — Lehre als Bauzeichner — Studium an der Kunstakademie Düsseldorf und Gesamthochschule Kassel — seit 1978 eigenes Büro — Vorstand Heimatschutz, Sektion Ostschweiz — BSA SIA SWB

**Botta Mario**
1943 — Lehre als Bauzeichner — Studium liceo artistico, Mailand und istituto universitario, Venedig — seit 1970 eigenes Büro — 1976/80/82 Gastdozent ETH Lausanne — 1984 Prof. ETH Lausanne, Gastdozent an Universitäten in USA, Brasilien, Japan, Spanien, u.a. — SIA

**Briner Reinhard**
1952 — Studium ETH — seit 1983 selbständig in Werkgruppe — 1983-84 Assistent bei Silvia Gmür ETHZ — SIA

**Bürgi Manuel**
1948 — Studium ETH — seit 1981 gemeinsames Büro mit Tony Matti und Silvio Ragaz — SIA

**Burkard Hannes**
1947 — Lehre als Hochbauzeichner — Studium HTL Brugg-Windisch — seit 1976 gemeinsames Büro mit Max Müller — SWB

**Burkard Urs**
1942 — Lehre als Hochbauzeichner — Studium HTL Winterthur — seit 1967 gemeinsames Büro mit Adrian Meyer und seit 1970 mit Max Steiger — 1967-70 Assistent bei Prof. W. Jaray ETHZ — Experte an HTL Muttenz und Winterthur — BSA SIA SWB

**Burkhalter Marianne**
1947 — Lehre als Bauzeichnerin — Fachhörerin ETHZ — Kunstschule Florenz — seit 1983 eigenes Büro — seit 1985 gemeinsam mit Christian Sumi — 1981 Assistentin bei Klaus Vogt — ETHZ — SWB

**Calatrava Santiago**
1951 — Studium Kunstgewerbeschule Valencia — Architekturstudium Polytechnische Hochschule Valencia — Nachdiplomstudium in Urbanistik — Bauingenieurstudium ETHZ — Assistent am Institut für Hochbautechnik — Assistent am Institut für Flugzeugstatik und Leichtbauweise — seit 1981 eigenes Büro

**Christen Willi F.**
1935 — Lehre als Hochbauzeichner — Studium HTL Burgdorf, ETHZ — seit 1965 eigenes Büro in Zürich — 1967-70 Zusammenarbeit mit R. Brosi und L. Flotron — BSA SIA SWB GSMBA

**Clemençon Pierre**
1939 — Studium Ingenieurschule Biel — seit 1973 Zusammenarbeit mit Edwin Rausser und Martin Ernst — BSA SIA SWB

**Consolascio Eraldo**
1948 — Studium ETHZ — seit 1976 Zusammenarbeit mit Marie-Claude Bétrix — 1974-1977 Assistent ETHZ — 1988-1990 Dozent ETHZ — BSA SIA

**Degelo Heinrich**
1957 — Lehre als Bauzeichner — Schule für Gestaltung, Basel — seit 1983 gemeinsames Büro mit Meinrad Morger und Gerard Prêtre

**Deplazes Andrea**
1960 — Studium ETHZ — seit 1988 gemeinsames Büro mit Valentin Bearth — 1989-1990 Lehrtätigkeit AT Chur — SIA SWB

**Diener + Diener Architekten**
Projektbearbeiter:
Andrea Baumgartner
Matthias Buser
Roger Diener (1950) Gastdozent ETH Lausanne 1987-1989
Jan Gebert
Lorenzo Gunegt
Dieter Righetti
Andréas Rüedi
Emil Rysler
Wolfgang Schett
Ursula Spitz

**Ducommun Markus**
1953 — Studium ETHZ — seit 1977 eigenes Büro — SIA

**Eberle August**
1954 — Lehre als Bauzeichner — Studium HTL Luzern und ETHZ — seit 1981 gemeinsames Büro mit Markus Bollhalder — SIA

**Eggstein Hans**
1930 — Studium ETHZ — seit 1961 eigenes Büro — 20 Jahre freie Zusammenarbeit mit Walter Rüssli — BSA SIA

**Egli Werner**
1943 — Lehre als Hochbauzeichner — seit 1973 gemeinsames Büro mit Hans Rohr — BSA SIA SWB

**Egli Willi**
1943 — Lehre als Bauzeichner — seit 1964 eigenes Büro — Mitglied Baukollegium Zürich, Dietikon, Meilen, Gestaltungsbeirat in Linz — BSA SIA

**Engeler Martin**
1950 — Lehre als Hochbauzeichner — Studium HTL — seit 1986 gemeinsames Büro mit Armin Benz

**Eppler Hermann**
1941 — Studium ETHZ — seit 1970 gemeinsames Büro mit Luca Maraini — Dozent HTL Winterthur — BSA SIA

**Eppler Lisi**
1951 — Studium ETHZ — seit 1980 eigenes Büro — seit 1982 zusammen mit Ruedi Eppler und Hans Furter

**Eppler Ruedi**
1951 — Studium ETHZ — seit 1980 eigenes Büro — seit 1982 zusammen mit Lisi Eppler und Hans Furter

**Ernst Martin**
1945 — Lehre als Bauzeichner — HTL Biel — seit 1984 Teilhaber im Büro Rausser-Clemençon-Ernst — Mitglied Berner Heimatschutz — SWB

**Erny Martin**
1950 — Studium ETHZ — selbständige Tätigkeit — seit 1981 Mitarbeiter im Büro Wilfrid und Katharina Steib

**Ferrier Marcel**
1951 — Studium Ingenieurschule St. Gallen, Ecole Nationale Superieure des Beaux-Arts Paris UPA — seit 1982 eigenes Büro in St. Gallen

**Fickert Axel**
1952 — Studium ETHZ — seit 1987 bei Burckhardt und Partner — 1980-1982 Assistent bei Prof. Schnebli und 1985-1987 bei Prof. Tesar ETHZ

**Fierz Peter**
1943 — Studium Cranbrook Academy of Art und Harvard University USA — seit 1978 gemeinsames Büro mit Stefan Baader in Basel — BSA SIA

**Fischer Architekten**
Gegründet 1929 von Wilhelm Fischer — Geschäftsleitung: Eugen O. Fischer, 1936 — Eugen Mannhart, 1940 — Architekten: Fred Baldes, 1937 — Pius Fleischmann, 1942 — Arnold Kenel, 1943 — Marcel Barth, 1947 — Alfred Leuppi, 1943 — Hanspeter Wesbonk, 1946

**Fosco Benno**
1940 — Studium ETHZ — seit 1970 gemeinsames Büro mit Jacqueline Fosco — seit 1973 Zusammenarbeit mit Klaus Vogt

**Fosco-Oppenheim Jacqueline**
1942 — Studium ETHZ — seit 1970 gemeinsames Büro mit Benno Fosco — seit 1973 Zusammenarbeit mit Klaus Vogt

**Frei Carl**
1941 — Studium Kunstakademie Düsseldorf — seit 1970 gemeinsames Büro mit Kalmann Bernath

**Frey Georges J.**
1938 — Studium ETH — seit 1973 gemeinsames Büro mit Max Baumann — Assistent bei Roland Gross ETHZ — BSA SIA

**Frey Michael**
1951 — Studium ETHZ — seit 1980 gemeinsames Büro mit Philipp Johner — SIA

**Friedli Markus**
1958 — Lehre als Hochbauzeichner — Studium HTL Burgdorf — Studium ETHZ — seit 1987 eigenes Büro mit Gerhard Wittwer — seit 1988 Assistent bei Prof. Flora Ruchat ETHZ

**Furrer Andreas**
1942 — Studium ETHZ — seit 1979 eigenes Büro — SIA

**Furter Hans**
1948 — Lehre als Hochbauzeichner — Studium HTL Brugg-Windisch — seit 1981 eigenes Büro — seit 1982 zusammen mit Lisi und Ruedi Eppler — SWB

**Gafner Heinz**
1951 – Studium HTL Burgdorf, ETHZ – seit 1980 eigenes Büro – seit 1981 gemeinsam mit Beat Kaufmann – Assistent ETHZ: 1980-81 bei Prof. Heinz Ronner, 1981-84 bei Prof. Ernst Studer ETHZ

**Geiser Frank**
1935 – Studium Hochschule für Gestaltung, Ulm – seit 1962 eigenes Büro – BSA SIA

**Germann Max**
1954 – Studium ETH – seit 1981 gemeinsames Büro mit Bruno Achermann – SIA

**Gianoli Prospero**
1945 – Lehre als Bauzeichner – Studium an der Kunstakademie Düsseldorf – seit 1979 eigenes Büro – SWB

**Gigon Annette**
1959 – Studium ETHZ – seit 1987 eigenes Büro – seit 1989 zusammen mit Mike Guyer – SIA

**Gisel Ernst**
1922 – Lehre als Hochbauzeichner – Kunstgewerbeschule Zürich – seit 1947 eigenes Büro – 1968-69 Dozent für Entwurf ETHZ – 1970-72 Dozent Universität Karlsruhe – BSA SIA BDA Akademie der Künste, Berlin

**Gmür Otti**
1932 – Lehre als Maschinenzeichner – Abendtechnikum Zürich – Akademie der schönen Künste in Wien – seit 1961 eigenes Büro in Architektengemeinschaft Gmür-Ineichen-Wildi – seit 1982 gemeinsames Büro mit Roman Lüscher und Hans Lauber – seit 1974 publizistische Tätigkeit – 1979-83 Assistent bei Prof. Dolf Schnebli ETHZ – SWB

**Gmür Silvia**
1939 – Studium ETHZ – seit 1973 eigenes Büro – 1983-85 Gastdozentin ETHZ – BSA SIA

**Gonthier Alain**
1948 – Lehre als Bauzeichner – seit 1982 eigenes Büro und seit 1986 zusammen mit Regina Gonthier – 1975-1977 Assistent ETHZ

**Gonthier Regina**
1949 – Studium in Art and Architecture Claremont, CA und ETHZ – 1981-1985 leitende Architektin bei Itten und Brechbühl – seit 1986 gemeinsames Büro mit Alain Gonthier – 1978-1979 Assistentin bei Prof. Schnebli ETHZ – 1987-1989 Lehrauftrag ETHZ – SIA

**Graf Benedikt**
1961 – Studium ETHZ – seit 1989 gemeinsames Büro mit Robert Stampfli und Silvia Stampfli-Marzaroli – Assistent bei Prof. Campi ETHZ – SIA

**Graf Heinrich**
1930 – Lehre als Bauzeichner – Studium HTL Winterthur – seit 1958 eigenes Büro – BSA

**Grossen Wladimir**
1955 – Studium ETHZ – seit 1981 gemeinsames Büro mit Andreas Baumann

**Gutmann Rolf**
1927 – Lehre als Bauzeichner – Studium HTL, ETHZ, seit 1956 gemeinsames Büro mit Felix Schwarz – seit 1968 Zusammenarbeit mit Frank Gloor und Hans Schüpbach – 1958-62 Assistent bei Prof. Alfred Roth und Lehrauftrag ETHZ – 1968-71 Gastprofessor ETHZ – CIAM, Team 10 – BSA SIA SWB

**Guyer Mike**
1958 – Studium ETHZ – seit 1987 eigenes Büro – seit 1989 zusammen mit Annette Gigon – Assistent bei Prof. Kollhoff ETHZ

**Haerle Christoph**
1958 – Bildhauerarbeiten – Studium ETHZ – seit 1984 gemeinsames Büro mit Daniel Kündig, Sabine Hubacher und Daniel Bickel

**Haller Fritz**
1924 – Lehre als Bauzeichner – seit 1949 eigenes Büro – 1966-71 Gastprofessor und Mitarbeiter am Bauforschungs-Institut von Conrad Wachsmann an der University of Southern California – 1974 Honorarprof. Universität Stuttgart – ordl. Professor in Karlsruhe – BSA

**Hauser Erwin**
1942 – Autodidakt – seit 1980 eigenes Büro – seit 1983 gemeinsames Büro mit Walter von Euw und Rolf Prim

**Haussmann Robert**
1931 – Studium in Zürich und Amsterdam – seit 1956 eigenes Büro – seit 1967 gemeinsam mit Trix Haussmann - 1979-81 Gastdozent für Architekturentwurf ETHZ – BSA SIA SWB

**Haussmann Trix**
1933 – Studium ETHZ – Nachdiplomstudium ORL, seit 1967 gemeinsames Büro mit Robert Haussmann – BSA SIA

**Hegnauer Roland**
1946 – Studium ETHZ – seit 1971 Mitarbeiter von Prof. J. Schader – seit 1986 gemeinsame Firma – SIA

**Herren Daniel**
1941 – Studium ETHZ – seit 1985 gemeinsames Büro mit Karl Damschen – Gründungsmitglied SCI ARC Vico Morcote – AIA SIA

**Herzog Jacques**
1950 – Studium ETHZ – seit 1977 gemeinsames Büro mit Pierre De Meuron in Basel – 1978-79 Assistent bei Prof. Dolf Schnebli ETHZ – 1983 Gastprofessor Cornell University N.Y. USA – BSA SIA

**Hofmann Peter**
1955 – Studium ETHZ – seit 1987 gemeinsames Büro ADP mit Walter Ramseier, Beatrice Liaskowski, Caspar Angst, Beat Jordi – SIA

**Hotz Theo**
1928 – Lehre als Bauzeichner – Autodidakt – Seit 1949 eigenes Büro – 1980-81 Gastdozent ETHZ – Mitglied der Sammlungskommission Kunsthaus Zürich – Mitglied des Baukollegium Zürich – BSA SIA

**Howald Hans**
1930-1987 – Lehre als Vermessungstechniker – Studium HTL Winterthur seit 1961 eigenes Büro – 1968 Entwurfsassistent ETHZ – 1978-1980 Gastdozent ETHZ – BSA SIA

**Hubacher Sabine**
1956 – Studium ETHZ – seit 1984 gemeinsames Büro mit Daniel Kündig, Christoph Haerle und Daniel Bickel

**Huber Kurt**
1943 – Lehre als Bauzeichner – Studium ETHZ – seit – 1969 gemeinsames Büro mit René Antoniol – BSA SIA

**Hunziker Walter**
1948 – Studium ETH – seit 1984 gemeinsames Büro mit Ueli Schweizer – 1978-1983 Assist. Prof. Syracuse Univ. NY

**Hunziker Werner**
1939 – Lehre als Bauzeichner – Kunstgewerbeschule – Fachhörer ETHZ – School of Art, London – 1980-81 Assistent ETHZ – BSA SWB

**Hüsler Urs**
1945 – Lehre als Hochbauzeichner – Studium am AT Zürich – 1977-1989 gemeinsames Büro mit Hans-Jörg Ruch – SWB

**Ineichen Hannes**
1933 – Lehre als Hochbauzeichner – Sommerakademie Salzburg – 1940-44 Zusammenarbeit mit Otti Gmür und Werner Wildi – seit 1975 eigenes Büro – SIA SWB

**Johner Philipp**
1950 – Studium ETHZ – seit 1980 gemeinsames Büro mit Michael Frey – SIA

**Jordi Beat**
1955 — Studium ETHZ — seit 1987 gemeinsames Büro ADP mit Walter Ramseier, Caspar Angst, Beatrice Liaskowski, Peter Hofmann — 1985-1989 Assistent bei Prof. Henz ETHZ

**Jörg Hansueli**
1940 — Studium ETH — seit 1980 gemeinsames Büro mit Martin Sturm — Lehrauftrag ETH — SIA

**Kaufmann Beat**
1954 — Studium ETHZ — seit 1979 eigenes Büro — seit 1981 gemeinsam mit Heinz Gafner — SIA

**Keller Peter**
1937 — Studium EPUL — seit 1979 Partner der «ARB Arbeitsgruppe» zusammen mit Kurt Aellen, Franz Biffiger und Thomas Keller-SIA

**Keller Thomas**
1940 — Studium ETHZ — seit 1979 Partner der «ARB Arbeitsgruppe» zusammen mit Kurt Aellen, Franz Biffiger und Peter Keller — SIA

**Kern Andreas**
1943 — Studium HTL — seit 1972 gemeinsames Büro mit Walter Meier — SIA SWB

**Kündig Daniel**
1956 — Studium ETHZ — seit 1984 gemeinsames Büro mit Sabine Hubacher, Christoph Haerle und Daniel Bickel

**Kuster Karl**
1939 — Lehre als Bauzeichner und Maurer — Baufachschule Wien — Akademie der Bildenden Künste, München — seit 1970 gemeinsames Büro mit Walter Kuster — BSA GSMBA

**Kuster Walter**
1939 — Lehre als Bauzeichner und Maurer — Baufachschule Wien — Akademie der Bildenden Künste, München — seit 1970 gemeinsames Büro mit Karl Kuster — BSA GSMBA

**Lauber Hans**
1944 — Lehre als Bauzeichner — HTL Luzern — seit 1982 gemeinsames Büro mit Roman Lüscher und Otti Gmür

**Leu Roland**
1938 — Studium ETHZ — seit 1968 eigenes Büro — 1968-72 Assistent bei Prof. Bernhard Hösli ETHZ — 1973-76 Gastdozent Cornell University, Ithaca N.Y. und Sommerschule Cornell, Locarno — 1983-84 Unterrichtstätigkeit in den USA — BSA SIA

**Liaskowski Beatrice**
1950 — Studium Royal College of Art, London — seit 1974 eigenes Büro — seit 1987 gemeinsames Büro ADP mit Walter Ramseier, Beat Jordi, Caspar Angst, Peter Hofmann

**Lüscher Markus**
1947 — Studium ETHZ — seit 1975 eigenes Büro in Lenzburg und Zürich mit Viktor Michel — Assistent bei Prof. H. Kramel ETHZ — SIA

**Lüscher Roman**
1941 — Lehre als Bauzeichner — Studium HTL Luzern — seit 1971 eigenes Büro — seit 1982 gemeinsames Büro mit Hans Lauber und Otti Gmür — 1969-1977 Assistent ETHZ: Prof. Heinz Ronner, J.C. Steinegger, Prof. Ernst Studer — 1969-1983 Lehraufträge: HTL Luzern, HTL Muttenz — BSA — SWB

**Maraini Luca**
1940 — Studium ETHZ — seit 1970 gemeinsames Büro mit Hermann Eppler — 1972-1984 Assistent bei Prof. Bernhard Hösli ETHZ — 1984-85 Lehrauftrag ETHZ — 1984 Gastdozent Washington University St. Louis — seit 1985 Dozent HTL Brugg-Windisch — BSA SIA

**Marbach Hans Ueli**
1941 — Studium ETHZ — seit 1971 gemeinsanes Büro mit Arthur Rüegg — 1974-1978 Assistent bei Prof. W. Custer und Prof. E. Studer ETHZ — BSA SIA

**Märkli Peter**
1953 — Studium ETHZ — seit 1978 eigenes Büro

**Marques Daniele**
1950 — Studium ETHZ — seit 1980 gemeinsames Büro mit Bruno Zurkirchen — 1981-84 Entwurfsassistent ETHZ — BSA SIA

**Marti Kaspar**
1954 — Studium ETH seit 1983 eigenes Büro — 1985 Assistent ETHZ — SIA

**Matti Tony**
1949 — Lehre als Hochbauzeichner — HTL — seit 1981 gemeinsames Büro mit Manuel Bürgi und Silvio Ragaz — SIA

**Maurizio Renato**
1949 — Lehre als Bauzeichner — Studium Abendtechnikum, Zürich — seit 1981 eigenes Büro

**Meier Felix**
1951 — Lehre als Maschinenzeichner — autodidaktische Weiterbildung — seit 1981 eigenes Büro — Mitglied SSES (Schweiz. Vereinigung für Sonnenenergie

**Meier Walter**
1943 — Studium HTL — seit 1972 gemeinsames Büro mit Andreas Kern — SIA SWB

**Meletta Armando**
1953 — Lehre als Maurer — Studium HTL und ETH — seit 1981 gemeinsames Büro mit Ernst Strebel und Josef Zangger — SIA

**Metron Architekten AG**
Architektengruppe gegründet 1965, jeder Bau wird von einem oder mehreren Mitarbeitern bearbeitet

**De Meuron Pierre**
1950 — Studium ETHZ — seit 1977 gemeinsames Büro mit Jacques Herzog — BSA SIA

**Meyer Adrian**
1942 — Lehre als Hochbauzeichner — Studium HTL Winterthur — seit 1967 gemeinsames Büro mit Urs Burkard und seit 1970 mit Max Steiger — BSA SIA SWB

**Michel Viktor**
1945 — Studium ETHZ — seit 1975 eigenes Büro in Lenzburg und Zürich mit Markus Lüscher — SIA

**Morger Meinrad**
1959 — Studium HTL — seit 1987 eigenes Büro — seit 1989 gemeinsames Büro mit Gerard Prêtre und Heinrich Degelo — 1987-1989 Assistent bei Prof. Studer ETHZ — 1989-1990 Lehrauftrag SfG Basel — SIA

**Mühlethaler Rolf**
1946 — Studium HTL — seit 1985 eigenes Büro — BSA SIA

**Müller Jean-Pierre**
1941 — Studium ETHZ — seit 1980 eigenes Büro — seit 1973 Lehrauftrag Ingenieurschule, Bern — seit 1989 Lehrauftrag HTL Fribourg — 1983-1986 Obmann SWB — BSA SIA SWB

**Müller Max**
1947 — Lehre als Hochbauzeichner — Studium HTL Brugg-Windisch — seit 1976 gemeinsames Büro mit Hannes Burkard — SWB

**Niggli Jürg**
1956 — Lehre als Hochbauzeichner — Studium HTL Winterthur — seit 1988 gemeinsames Büro mit Markus Zbinden

**Obrist Robert**
1937 — Studium ATZ, ORL — seit 1963 eigenes Büro — 1983-84 Assistent bei Prof. Henz ETHZ — BSA SWB BSP GSMBA

**Oppliger Mathias**
1958 — Studium ETHZ — seit 1988 eigenes Büro und Zusammenarbeit mit Andreas Scheiwiller

**Oswald Franz**
1938 — Studium ETHZ, Cornell University, Ithaca N.Y. — seit 1974 eigenes Büro — Professor für Architektur + Entwurf ETHZ — BSA SIA

**Prêtre Gerard**
1959 — Studium HTL — Akademie der Bildenden Künste, Wien — seit 1983 gemeinsames Büro mit Meinrad Morger und Heinrich Degelo (bis 1990) — 1987-1989 Assistent bei Prof. Studer ETHZ

**Prim Rolf**
1955 — Studium ETHZ — seit 1982 eigenes Büro — seit 1983 gemeinsames Büro mit Erwin Hauser und Walter von Euw — seit 1990 Lehrauftrag AT St. Gallen — SIA SWB

**Quarella Jörg**
1952 — Lehre als Bauzeichner — seit 1979 gemeinsames Büro mit Peter Quarella — seit 1984 Assistent bei Prof. Dolf Schnebli ETHZ — BSA SWB

**Quarella Peter**
1945 — Lehre als Bauzeichner — Studium ETHZ und 1978-79 ISR Roma — seit 1979 gemeinsames Büro mit Jörg Quarella — 1974-78 Assistent bei Prof. Dolf Schnebli ETHZ — 1981-82 Gastdozent in Syracuse USA — 1984 Gastdozent in Florenz — BSA SIA SWB

**Ragaz Silvio**
1948 — Studium ETH — seit 1981 gemeinsames Büro mit Tony Matti und Manuel Bürgi — SIA

**Ramseier Walter**
1942 — Studium HTL Winterthur — seit 1981 eigenes Büro — seit 1987 gemeinsames Büro ADP mit Beat Jordi, Caspar Angst. Beatrice Liaskowski, Peter Hofmann — 1984-1988 Assistent bei Prof. Kramel ETHZ — 1988 visiting prof. Washington University St. Louis USA

**Rausser Edwin**
1925 — Studium ETHZ — seit 1954 eigenes Büro — seit 1937 zusammen mit Pierre Clémençon und Martin Ernst — BSA SIA SWB

**Rausser Magdalena**
1940 — Studium ETHZ — seit 1972 eigenes Büro — seit 1977 Zusammenarbeit mit Jürg Zulauf — SIA SWB

**Raussmüller Urs**
1940 — Ausbildung als Künstler — verantwortlicher Leiter der Sammlung Crex — Ausstellungsmacher — Berater für Kulturfragen, Initiant und Leiter der Ausstellungshalle «InK» in Zürich (bis 1981)

**Remund Urs**
1928 — Studium ETH — seit 1967 gemeinsames Büro mit Max Alioth — BSA SIA SWB

**Rinderknecht Heinz**
1949 — Studium HTL Brugg-Windisch — seit 1981 eigenes Büro mit Partner Robert Ziltener — SWB

**Rohr Hans**
1945 — Lehre als Hochbauzeichner — seit 1973 gemeinsames Büro mit Werner Egli — 1973 Assistent ETHZ — BSA SIA SWB

**Romero Franz**
1951 — Lehre als Hochbauzeichner, Studium Technikum Winterthur und ETHZ — seit 1986 eigenes Büro — seit 1986 Zusammenarbeit mit Markus Schaefle — Assistenz bei Heinz Tesar ETHZ 1985-1987 — SIA, BSA

**Roost Andrea**
1942 — Studium ETHZ — seit 1973 eigenes Büro — BSA SIA SWB

**Ruch Hans-Jörg**
1946 — Studium ETHZ — Master am Renselare Polytech. Inst. (RPI) N.Y. — 1977-1989 gemeinsames Büro mit Urs Hüsler — seit 1990 Alleininhaber — SIA SWB

**Rüegg Arthur**
1942 — Studium ETHZ — seit 1971 gemeinsames Büro mit Hans Ueli Marbach — 1974-1979 Assistent bei Prof. Dolf Schnebli ETHZ — 1979 visiting critic, Syracuse University NY — 1984, 1985/1986 Lehrauftrag ETHZ — 1991 ordent. Professor ETHZ — BSA SIA

**Rüssli Walter**
1932 — Lehre als Hochbauzeichner — Studium HTL Winterthur — Akademie der Bildenden Künste. München — seit 1964 eigenes Büro — 20 Jahre freie Zusammenarbeit mit Hans Eggstein — BSA SIA SWB

**Schaefle Markus**
1953 — Studium ETHZ — seit 1985 eigenes Büro — seit 1986 Zusammenarbeit mit Franz Romero — Assistenz bei Theo Hotz 1981/82 und bei Dolf Schnebli 1985-1988 ETHZ — SIA

**Scheitlin Andi**
1952 — Studium ETHZ — seit 1985 gemeinsames Büro mit Marc Syfrig — SIA

**Scheiwiller Andreas**
1959 — Studium ETHZ — seit 1988 eigenes Büro und seit 1988 Zusammenarbeit mit Mathias Oppliger — SIA

**Scheuner Bruno**
1941 — Lehre als Bauzeichner — Studium an der Akademie der Bildenden Künste Wien — 1972 eigenes Büro — 1972-1978 Assistent bei Prof. B. Hoesli ETHZ — seit 1981 Dozent HTL Luzern — BSA SIA SWB

**Schibli Peter**
1939 — Studium ETHZ — seit 1975 eigenes Büro — seit 1984 gemeinsames Büro mit Hans Zaugg

**Schlup Max**
1917 — Studium ETHZ — seit 1948 eigenes Büro — BSA SIA SWB

**Schmidlin Stefan**
1958 — Studium ETHZ — seit 1989 gemeinsames Büro mit Dieter Zulauf — SIA

**Schmocker Fritz**
1938 — Lehre als Bauzeichner — Kunstgewerbeschule Zürich — seit 1970 eigenes Büro

**Schnebli Dolf**
1928 — Studium ETHZ und Harvard University — seit 1958 eigenes Büro — 1969 Lehrauftrag ETHZ — 1964-1972 Gastdozent an den Universitäten: Harvard, Berkely, St. Louis — seit 1971 Professor ETHZ — BSA

**Schwarz Felix**
1917 — Studium ETHZ — seit 1956 gemeinsames Büro mit Rolf Gutmann — seit 1968 Zusammenarbeit mit Frank Gloor und Hans Schüpbach — 1972 Gastprofessor Universität Genf — 1974-76 Gastprofessor ETHZ — Mitglied CIAM — BSA SIA

**Schwarz Fritz**
1930 — Studium ETHZ — seit 1953 eigenes Büro — seit 1976 Gastdozent Virginia Polytechnic Institute USA — BSA SIA SWB

**Schweizer Ueli**
1944 — Lehre als Bauzeichner — seit 1984 gemeinsames Büro mit Walter Hunziker — 1976-1984 Assistent ETHZ

**Senn Rainer**
1932 — Lehre als Bauzeichner — seit 1956 eigenes Büro — 1973 Gründung der Genossenschaft Archico — 1971-1984 Lehrtätigkeit an der Schule für Gestaltung, Basel — 1971-1973 Gastdozent mit Dr. Lucius Burckhardt ETHZ — BSA SWB

**Spühler Martin**
1942 — Studium an der Akademie der Bildenden Künste, Wien — seit 1978 eigenes Büro — 1985 Lehrauftrag ETHZ — SIA

**Stahel Christian**
1947 — Studium HTL Windisch — seit 1980 gemeinsames Büro mit Carlo Tognola und von 1983-1989 mit Dieter Zulauf — 1976-81 Assistent HTL Muttenz — seit 1980 Lehrauftrag für Konstruktion Gewerbeschule Brugg — SWB

**Stampfli Robert**
1957 — Studium ETHZ — seit 1989 gemeinsames Büro mit Benedikt Graf und Silvia Stampfli-Marzaroli — SIA

**Stampfli-Marzaroli Silvia**
1961 — Studium ETHZ — seit 1989 gemeinsames Büro mit Robert Stampfli und Benedikt Graf — Assistentin bei Prof. Campi ETHZ — SIA

**Stauber Alfred**
1943-1982 — Studium in Wien — Assistent bei Prof. Franz Oswald ETHZ — 1980 Mitinitiant der Werkgruppe

**Steib Katharina**
Studium ETH — seit 1957 eigenes Büro zusammen — mit Wilfrid Steib — BSA SIA

**Steib Wilfrid**
1931 — Studium ETH — seit 1957 eigenes Büro zusammen mit Katharina Steib — BSA SIA

**Steinegger Elisabeth**
1933 — Studium ETHZ — seit 1963 gemeinsames Büro mit Jean-Claude Steinegger — Gastprofessorin in USA — BSA SIA

**Steinegger Jean-Claude**
1930 — Studium ETHZ — seit 1963 gemeinsames Büro mit Elisabeth Steinegger — 1980 — 1983 Redaktor Werk — Gastprofessor ETHZ und in USA — BSA SIA

**Steiger Max**
1942 — Lehre als Hochbauzeichner — Studium HTL Winterthur — seit 1970 gemeinsames Büro mit Urs Burkard und Adrian Meyer — 1970-1971 Assistent Prof. Werner Jaray ETHZ — BSA SIA SWB

**Strebel Ernst**
1949 — Lehre als Hochbauzeichner — Studium HTL und ETHZ — seit 1981 gemeinsames Büro mit Armando Meletta und Josef Zangger — 1981 Assistent bei A.M. Vogt ETHZ — ab 1982 wissenschaftl. Mitarbeiter GTA SIA

**Stürm Isa**
1958 — Studium ETHZ — seit 1988 gemeinsames Büro mit Urs Wolf — SIA

**Sturm Martin**
1944 — Studium ETH — seit 1980 gemeinsames Büro mit Hansueli Jörg — SIA

**Sumi Christian**
1950 — Studium ETHZ — seit 1985 gemeinsames Büro mit Marianne Burkhalter — wissenschaftlicher Mitarbeiter am GTA — 1984-1987 Assistent Prof. Reichlin ETH Lausanne

**Syfrig Marc**
1952 — Studium ETHZ — Seit 1985 gemeinsames Büro mit Andi Scheitlin — 1984-1986 Assistent bei Prof. Schnebli ETHZ — SIA

**Tognola Carlo**
1942 — Studium HTL Winterthur — seit 1980 gemeinsames Büro mit Christian Stahel und von 1983-1989 mit Dieter Zulauf — 1968-1972 Assistent bei Prof. W. Jaray ETHZ — seit 1974 Dozent für Entwurf und Konstruktion HTL Muttenz — SIA SWB

**Tropeano Ruggero**
1955 — Studium ETHZ — seit 1986 gemeinsames Büro — seit 1986 Zusammenarbeit mit Itten + Brechbühl AG — 1981-1986 Assistent bei Prof. D. Schnebli und 1987-1986 bei A. Rüegg ETHZ — SIA

**Vogt Klaus**
1938 Lehre als Bootsbauer — Studium an der Kunstgewerbeschule Zürich — 1966-70 Assistent bei Prof. Bernhard Hösli und 1971-76 bei Prof. Dolf Schnebli ETHZ — seit 1969 eigenes Büro — seit 1974 Dozent für Entwerfen und Gestalten an der Ingenieurschule beider Basel, Muttenz — 1981-83 Gastdozent ETHZ — seit 1973 Zusammenarbeit mit Jacqueline und Benno Fosco — BSA

**Von Euw Walter**
1941 — Autodidakt — seit 1980 eigenes Büro — seit 1985 gemeinsames Büro mit Erwin Hauser und Rolf Prim

**Wittwer Gerhard**
1957 — Lehre als Hochbauzeichner — Studium HTL Burgdorf — Studium ETHZ — seit 1987 eigenes Büro mit Markus Friedli

**Witzig Ulrich**
1946 — Studium an der Hochschule für Bildende Künste, Düsseldorf — seit 1974 Stadtbaumeister der Stadt Schaffhausen

**Wolf Urs**
1958 — Studium ETHZ — seit 1988 gemeinsames Büro mit Isa Stürm — SIA

**Zangger Josef**
1950 — Lehre als Hochbauzeichner — Studium HTL und ETH — seit 1981 gemeinsames Büro mit Armando Meletta und Ernst Strebel — SIA

**Zaugg Hans**
1913-1990 — Lehre als Hochbauzeichner — Studium HTL Burgdorf — seit 1942 eigenes Büro — seit 1942 Bürogemeinschaft mit Alfons Barth — seit 1984 gemeinsames Büro mit Peter Schibli — BSA SIA SWB

**Zbinden Markus**
1957 — Lehre als Hochbauzeichner — Studium HTL Winterthur — seit 1988 gemeinsames Büro mit Jürg Niggli

**Zbinden Ueli**
1945 — Studium ETHZ — 1977-1982 wechselnde Zusammenarbeit mit Jan Verwijnen — seit 1984 Alleininhaber — 1970-1983 Assistent bei Prof. R. Schaad ETHZ — seit 1983 Mitarbeit am GTA Zürich — SIA

**Zulauf Dieter**
1955 — Fachklasse für Innenarchitektur Kunstgewerbeschule — seit 1983 gemeinsames Büro mit Carlo Tognola und Christian Stahel - seit 1989 gemeinsames Büro mit Stefan Schmidlin — SWB

**Zumthor Peter**
1943 — Lehre als Möbelschreiner — Gestalterausbildung — Kunstgewerbeschule Basel — Studienaufenthalt in den USA (Pratt Inst. New York) — 1969-79 Bauberater und Inventarisator bei der Bündner Denkmalpflege — seit 1979 eigenes Büro — BSA SIA SWB

**Zurkirchen Bruno**
1948 — Studium ETHZ — seit 1980 gemeinsames Büro mit Daniele Marques — 1981-84 Entwurfsassistent ETHZ — BSA SIA

**Peter Disch**
1933 — Primar- und Mittelschulen in Olten — Lehre als Hochbauzeichner bei Hans Zaugg — Arbeit bei den Architekten Hans Leuzinger und Hans Zaugg — 1955-1959 Hochschule für Gestaltung Ulm bei Max Bill — 1959-1964 Arbeit bei den Architekten Max Bill, Werner M. Moser (HMS), Dolf Schnebli — Ab 1965 Zusammenarbeit mit Angelo Bianchi und selbständige Tätigkeit als Architekt im Tessin — 1971-1989 Redaktor der Tessiner Architektur-Zeitschrift «Rivista Tecnica» (Neuaufbau 1971) — 1976-1988 Gastprofessor am Virginia Polytechnic Institute, College of Architecture, USA
Mitglied SIA SWB

Publikationen:
«50 anni di architettura in Ticino 1930-1980»
Verlag Grassico SA Bellinzona 1981.
«Mario Botta, la ricerca recente 1980-1990»
Verlag ADV Lugano 1990.
«Architektur in der Deutschen Schweiz 1980-1990»
Verlag ADV Lugano 1991.
Weitere Publikationen in Vorbereitung

1. Auflage   Februar 1991

2. Auflage   September 1991

# TEXTES EN FRANÇAIS

## Courte introduction et retrospective incomplète

Peter Disch

En Suisse, de par les différentes régions linguistiques et culturelles, de par une tradition cosmopolite il y a toujours eu des tendances régionales. Pourtant un jeu d'alternance entre rejet et adoption a d'un côté favorisé la création de formes d'expression denses, et d'un autre côté, facilité la pénétration d'idées et d'influences étrangères.[1]
La Suisse est au centre de l'Europe, donc à un carrefour de cultures différentes. La réunion de trois régions linguistiques crée aussi des problèmes dans la recherche de l'identité propre de chacun. Ainsi le caractère et la production architecturale est en partie différent dans les régions respectives, mais l'on reconnaît aussi certaines influences réciproques. Au premier plan de l'intérêt et de la discussion sur l'architecture des quinze dernières années se trouvait incontestablement l'architecture au Tessin. Des noms comme ceux de Botta, Snozzi, Vacchini, Galfetti, pour ne nommer que quelques représentants, ont été et sont encore considérés dans toute l'Europe et outre-mer. Ils ont enseigné dans des écoles d'architecture et ont fait ainsi prévaloir leur influence. Ces confrontations se sont répercutées de manière critique sur la jeune génération en Suisse alémanique qui cherchait une voie propre entre l'architecture tessinoise (des «maîtres», car les héritiers sont dans leur ombre et il ne se dessine encore aucune indépendance de la nouvelle génération) et les expériences par rapport au désordre international et au désarroi du postmodernisme et du déconstructivisme.
Après les nombreuses publications sur l'architecture tessinoise des dernières années, il convient, il est même nécessaire, de montrer l'évolution la plus récente de l'architecture en Suisse alémanique (plus tard aussi celle de Suisse romande) où il a commencé à se former une nouvelle identité après la stagnation des années 60 et 70.
«Comme à peine ailleurs l'architecture suisse alémanique a été épargnée par les brusques polémiques des dix dernières années. Elle semble bien plus marquée par différentes études sur une subjectivité moderne (...)»[2]
L'enseignement d'Aldo Rossi à l'EPFZ (1972-1974/1976) – tous les auteurs de générations différentes dans cette publication en parlent – a eu une influence importante sur les étudiants de l'époque, ceux qui ont la quarantaine et qui construisent aujourd'hui. Ce qui fait leur force particulière, c'est que ce n'est pas l'architecture de Rossi qui a joué un rôle déterminant, mais ses théories, sa méthode de projet, l'*attitude* qui en découle.
Ainsi, il y a depuis quelques années en Suisse alémanique une architecture qui arrive à réaliser l'enseignement de l'«architettura razionale» dans ses propres conditions culturelles, dans ses types et images, comme l'écrit Martin Steinmann.[3] (Dans ce contexte, Miroslav Šik parle de la Tendenza suisse alémanique).[4]
En première ligne, c'est le typique qui intéresse, cela veut dire que des images typiques de la tradition architectonique et constructive; y compris le moderne, sont intégrés comme éléments durables. Ici, le rapport à l'histoire du moderne joue un rôle non négligeable, comme par exemple le rattachement au modernisme suisse des années avant et après guerre et des années 50 (Artaria, Schmidt, Haefli-Moser-Steiger, Roth, Engender, Bill et d'autres encore).
Martin Steinmann en tant que l'un des critiques d'architecture les plus compétents en Suisse traite dans son texte de l'évolution de l'architecture nouvelle en Suisse alémanique, de l'architecture «simple», «banale», de la signification des images en architecture, de la tradition «constructiviste», du weiterbauen (continuer à construire) la ville jusqu'à l'abstraction, du retour de moyens à leur forme la plus générale.

Dolf Schnebli et Luigi Snozzi, tous deux des architectes expérimentés qui ont eux-mêmes influencé la scène architecturale et le font encore, tous deux professeurs dans des écoles d'architecture (EPF) Zurich et Lausanne, interprètent aussi leur vision en tant qu'enseignants par rapport à l'état des choses. Pour terminer, Marcel Meili en tant que représentant de la jeune génération traite de l'aspect qui détermine la position actuelle.

Les paragraphes suivants veulent signaler quelques problèmes et quelques résultats qui ne sont pas l'objet des autres contributions, mais qui méritent qu'on les mentionne; ils appartiennent aussi à la scène de l'architecture de la décennie passée – de problèmes sous forme d'exemples qui ont une signification générale.

Zurich par exemple, en tant que la plus grande ville de Suisse, centre de commerce et d'industrie et siège d'hautes écoles, montre une image particulière dans son rapport avec l'architecture: d'un côté le manque de volonté de renouvellement, celui d'une sensibilité générale pour l'architecture de la part des mandants, et celui de solutions urbanistiques (Stadelhofen représente la rare exception). De l'autre côté, une activité intense dans la dimension intello-théorique. Est-ce peut-être ici que se trouvent les racines pour les évolutions à venir?

Le nouveau guide d'architecture pour la ville de Zurich (1980-1990)[5] qui compte 100 objets choisis «... de grandeur différente, mais non de qualité différente»(!) – comme l'écrivent eux-mêmes les éditeurs, affiche une attitude équivoque. «Cette définition de l'architecture, volontairement conçue de manière large, rend possible de montrer dans notre ville, qui dans les deux dernières décennies s'est rarement distinguée par son courage architectural ou même par son innovation, de montrer un nombre coquet d'objets dignes d'attention. Il est vrai qu'il s'est aussi glissé dans cette anthologie quelque architecture de troisième rang».[6] A l'avenir on devra de plus en plus se préoccuper de problèmes urbains envahissants.

Entretenir, conserver (pas transformer) est un grand commandement de l'entretien des monuments. Des bâtiments qui valent la peine d'être protégés sont vidés, privés de contenu et attribués à de nouveaux usages – ce qui reste, c'est la façade comme coulisse, comme attrape. L'unité est détruite.

On pourrait aussi désigner Zurich comme la ville des projets non réalisés, ou des chances manquées. On se souviendra par exemple des anciens concepts de trafic, des concours pour le nouveau théatre (J. Utzon), pour le nouvel opéra (W. Dunkel) et d'autres encore.
Le projet d'agrandissement de l'université Centre, au début des années 80, était un projet exceptionnel, conçu comme rare unité, d'un jeune architecte, Marcel Meili, un projet dont la volonté manifeste illustre une intention urbanistique. L'architecture, exposée par des moyens simples, *structurels* et une sensibilité subtile a été couronnée par le 1er prix, mais a été ensuite renversée par des intrigues opaques. Par la suite, rien n'a été réalisé...

Le concours pour le Papierwerdareal (Globus-Insel) dans une situation urbanistiquement sensible, au milieu de la ville au bord de la rivière: les projets les meilleurs et les plus innovateurs n'ont pas été pris en considération. On n'a rien construit du tout...

La région de la gare principale: une grande chance pour la ville – finalement une situation embrouillée, avec HB-sud-ouest, «Un non-sens sur les voies», un mensonge architectonique et contre la ville...[7]

En comparaison, à Lucerne, s'est formé un aménagement architectonique-urbanistique homogène et concis auquel ont collaboré beaucoup de jeunes architectes compétents. Mais d'un autre côté, dans cette ville aussi des projets remarquables pour des besoins culturels ont été enterrés sans trace après beaucoup de frais: le musée d'art de Kreis-Kreis-Schaad et le centre de la culture et des congrès de Nouvel-Cattani, Paris (1980)...

Il faut voir une mention positive dans la création de la galerie d'architecture Lucerne (1983) où avec beaucoup d'enthousiasme on montre des expositions qui trouvent un vif intérêt au-delà de la Suisse centrale.[8]

Bâle aussi – par tradition culturellement éclairée – planifie la région de la gare. Des concours concernant des tranches isolées offrent la possibilité de laisser se faire des projets d'architectes prédominants comme Herzog-de Meuron, Diener-Diener – et récemment aussi, l'américain Richard Meier pour la Banque Populaire.

Pour la nouvelle construction du pont Wettstein on a donné la préférence, après de longues hésitations, à un projet conservateur, typiquement d'ingénieurs par rapport à la proposition unique en son genre de Santiago Calatrava [9]... Pour rester à Bâle: en 1984 s'est ouvert le premier et l'unique musée d'architecture en Suisse, un événement important; une institution privée qui développe une activité variée.

D'un autre côté, Zurich est le siège des hautes écoles, de l'école d'architecture avec tradition (EPF), de l'université avec une chaire d'art moderne et contemporain: Stanislaus von Moos, fondateur et rédacteur de la revue d'architecture «archithèse» (1970-1980), repris par la suite par Martin Steinmann avec Irma Noseda, une revue avec une *attitude* nette et critique, culturelle. Cette rédaction a été soudainement jetée par-dessus bord et ainsi *cette* «archithèse» a sombré...

De nouvelles forces s'activent. De jeunes architectes de la même génération (nés vers 1950) ont des débats ensemble, sont assistants à l'EPF. Par des travaux et des intérêts communs, reliés par des biographies professionnelles semblables, ils fondent à Zurich le groupe Lynx [10] (1986): Max Bosshard, Marianne Burkhalter, Axel Fickert, Patrik Huber, Kaschka Knapkiewicz, Bernhard Klein, Christoph Luchsinger, Kurt Lustenberger, Marcel Meili, Franz Romero, Markus Schaefle, Sara Spiro, Christian Sumi, Ueli Zbinden. Ils ont sans doute déjà laissé des traces importantes. Ils s'occupent aujourd'hui de la réalisation de leurs premières constructions.

Ensuite, en 1987, (comme contre-réaction), un manifeste, sous la forme d'une exposition, échauffe les esprits: Miroslav Šik présente l'«architecture analogue».
Elle se comprend comme un contraste radical par rapport à l'architecture habituelle, courante, mais de l'autre côté, elle se comprend justement comme architecture de tous les jours, «comme art populaire authentique à la place d'un art pour inités».[11] A partir de modèles dont on ne fait pas une citation, on développe du nouveau, la référence d'image est une référence de contenu.

La même année s'ouvre le Forum d'architecture – un lieu d'exposition et de débat, une nécessité. Des mêmes cercles (Benedikt Loderer) vient la fondation d'une nouvelle revue de design, architecture et environnement: «Hochparterre», une publication paraissant mensuellement, un mélange de revue spécialisée et de journal – sa chance. Elle s'est aujourd'hui établie (et s'occupe malheureusement toujours moins d'architecture).[12]

L'influence et l'activité créative de professionnels compétents à des postes publiques, ainsi que la composition et la conscience de la responsabilité des jurys de concours est d'une importance grande et déterminante.[13]

Dans cet ordre d'idée, une décision récente est intéressante, et peut-être pas insignifiante pour l'avenir; le concours de la construction du Röntgenareal à Zurich, avec des logements, des bureaux et les espaces d'enseignement pour les CFF, une aire entre les voies et une structure de construction en îlot du 19ème siècle, située dans le quartier industriel. Architectes dans le jury: Arnold Amsler, Winterthour; Adrian Meyer, Baden; Alfredo Pini Atelier 5, Berne; Peter Zumthor, Coire, des chefs de file de l'architecture d'aujourd'hui. 65 jeunes architectes ont participé au concours: La position du jury était radicale – comme l'ont été de manière analogue les réactions qui ont suivi. Le premier prix des architectes Isa Stürm et Urs Wolf, Zurich, présente un modèle très clair de nouvel urbanisme. Pas de «Weiterbauen» (continuer à construire) de la structure existante (à cet endroit), mais au contraire un champ ouvert avec des constructions additives individuelles avec des espaces intermédiaires transparents et une tête de bâtiment pour bureau délimitant l'espace de la rue. L'architecture montre une position précise et actuelle. Une nouvelle chance pour Zurich...

Par cette ébauche des caractéristiques d'une évolution et par les textes suivants, on délimite ainsi le cadre général dans lequel se meut le choix des constructions pour cette publication. Chaque choix a des traits subjectifs. La compilation ne peut et ne veut pas être complète. Il manque sûrement quelques noms ou quelques constructions. L'évantail n'est pas large, pourtant assez large pour ne pas montrer que de l'architecture élitaire (252 constructions de 105 architectes – un chiffre étonnemment élevé!). Il y a des constructions, bien que d'auteurs jeunes, qui représentent un apport qualificatif à l'évolution de l'architecture la plus récente et qui posent des signes avec des premiers ouvrages, aussi bien présents que ceux des vieux maîtres (restés jeunes).
La séparation en régions géographiques a été faite en pensant à un guide d'architecture. Il faut ici remarquer certaines particularités des régions qui se rapportent moins aux influences régionales, mais qui continuent la ligne d'une architecture forte et caractérisant une région, respectivement d'architectes dont les «élèves» ont déjà commencé à construire. Certaines images et formes se retrouvent, dépassant le cadre des régions. La grandeur des bâtiments n'a pas d'importance. Ainsi on présente des architectes qui ont construit aussi bien de grands complexes d'habitation que de plus petites transformations de magasin ou des abris pour vélo. Ce sont pour la plupart des objets individuels, construits en périphérie de ville, de village. D'un autre côté, les relations de contenu et contextuelles ne sont que difficilement visibles dans la forme montrée. On fera la constatation positive qu'une grande partie des projets provient de concours, ce qui souligne l'importance de ce moyen qui offre la possibilité d'examiner et de vérifier de manière critique les contenus et les formes de l'architecture.

Le monde de l'économie s'est bien développé dans la dernière décennie. On a ainsi beaucoup construit. Mais les bâtiments présentés ne sont que la pointe de l'iceberg, une très petite partie de la masse construite globale. Pourtant, c'est cette très petite partie qui est représentative en première ligne pour un débat qualitatif sur la nouvelle architecture d'une région culturelle dont la création éveille certainement l'intérêt au-delà de ses frontières.
Dans ce sens la présente publication est une contribution destinée à tous ceux qui s'intéressent à l'architecture.

Traduction: Séverine Gueissaz

## Notes

1. Kenneth Frampton: *L'architecture moderne - une histoire critique*, Paris 1985
2. Marcel Meili: *Quelques constructions, beaucoup de plans*, (v. p. 22)
3. Martin Steinmann: *Architecture récente en Suisse alémanique*, (v. p. 11)
4. Miroslav Šik: *Inszenierung der 50er Jahre*, in *archithese* no 5, 1986
5. *Architektur in Zürich 1980-90*, édité par le Bauamt II de la Ville de Zurich.
   Une comparaison avec une publication de l'office cantonal de la construction de Bâle-Ville, *Bauten für Basel*, 1988 s'impose et parle d'elle-même.
   Carl Fingerhuth, architecte cantonal de Bâle-Ville écrit dans la préface: «Nous pensons que (...) deux conditions doivent être données. Il faut une attitude et il faut des actions. Nous aimerions décrire l'attitude au moyen de la culture de l'architecture et réunir les actions sous la politique architecturale.»
6. Roman Hollenstein: *Schöne neue Stadt*, in *Neue Zürcher Zeitung*, no 270, 20 novembre 1990
7. Luigi Snozzi: *Das Unding über den Geleisen*, conférence du 13 mai 1987 au musée des Beaux-arts de Zurich. «Ce projet (gare principale Sud-Ouest) aura de grandes conséquences pour la ville de Zurich. Et la ville de Zurich n'appartient pas seulement aux zurichois, elle est, comme toutes les villes du monde, une valeur universelle.»
   Aujourd'hui, et dans un proche avenir, s'impose un changement de structuration des installations de gare dans toute la Suisse, ce qui nécessite sans doute des solutions dans une relation urbaine restreinte et, par conséquent, offre aussi de nouvelles chances pour la transformation de la ville et son aspect futur. Des projets de concours qui ont été faits jusqu'à présent laissent apparaître des espoirs justifiés dans ce sens (p.e. Coire, Uster, Baden, entre autres).
8. Architekturgalerie Lucerne, Denkmalstrasse 5.
   Fondée et dirigée par une petite équipe: Toni Häfliger, Heinz Hüsler, Roman Lüscher, Heinz Wirz. Jusqu'à maintenant: 14 expositions individuelles sur l'architecture indigène et de l'étranger
9. Musée d'architecture de Bâle, Pfluggässlein 3. Dirigé par l'historienne d'art et ancienne rédactrice de la revue d'architecture *Werk, Bauen + Wohnen*, Ulrike Jehle-Schulte Strathaus. Organisation d'expositions, de conférences et édition de livres
10. Groupe d'architecture Lynx Zurich. Publication d'une double feuille pliée, *Hat Klarheit Perspektive*, juillet 1987, entre autres une prise de position critique par rapport à la «nouvelle» *archithese*
11. *Analoge Architektur*, édité par Miroslav Šik, 1987, Doubles feuilles en cassette. Exposition au Forum d'Architecture de Zurich (exposition itinérante). Les projets ont été conçus dans le cadre du programme de cours du Prof. Fabio Reinhart à l'EPF ou dans le cadre de concours plus importants.
12. *Hochparterre*, revue pour le design, l'architecture et l'environnement, publiée pour la première fois en novembre 1988, format 26 × 37 cm, rédaction en chef: Benedikt Loderer. (Loderer parlait depuis des années de l'idée de la fondation d'une revue nouvelle qui serait une sorte de «Blick» de l'architecture.
13. «Nous avons une époque analytique derrière nous. On a divisé les villes, à l'horizontale, à la verticale, et dans le temps. On a aussi pris le terme d'architecture dans un sens toujours plus étroit. Quand nous parlons de culture de l'architecture, nous entendons une attitude qui se rapporte en tant que tout à l'environnement amélioré dans lequel jouent les mêmes principes, en grand et en petit, pour un arrêt de tram et pour les principes urbains.»
   Carl Fingerhuth, architecte cantonal de Bâle-Ville dans la préface de «*Bauten für Basel*», v. note 5

# Architecture récente en Suisse alémanique

Martin Steinmann

Les développements qui sont liés à l'année 1968 ont amené beaucoup d'architectes à reprendre conscience de la base sociale de leur travail. Les architectes des années 20 avaient cru qu'ils pourraient être conforme à leur responsabilité envers la société au moyen d'un travail basé sur la technique, ainsi qu'il est dit dans «le manifeste de La Sarraz». Mais ils avaient du se rendre compte que cette voie était contrôlée par le capitalisme. La conséquence en fut le fonctionalisme de l'économie du bâtiment dans l'après-guerre contre lequel, la nouvelle – et politique – conscience à l'EPFZ s'insurgeait à la fin des années 60, cela sous la forme d'un examen de la construction de certaines cités au bord de Zurich: Göhnerswil.
Les réponses allèrent dans deux directions opposées: d'un côté le désir de pénétrer les différentes bases techniques et économiques, sociales et politiques, mais aussi sociologiques et biologiques entraînait la dissolution de l'architecture dans ces «autres» disciplines. A l'EPFZ, pendant un moment, on écrivit plus qu'on ne dessina. D'un autre côté, on était d'avis que l'architecture ne pouvait que reprendre les résultats de ces disciplines «étrangères», si elle était autonome et qu'elle se construisait sur elle-même. «L'architecture, ce sont les œuvres de l'architecture» phrase d'Aldo Rossi qui vint à point pour faire la synthèse de cette tendance. Mais, autonome ne veut pas dire que l'architecture est en-dehors de la société, cela veut dire qu'elle ne peut que la refléter avec ces moyens propres.

## Architettura razionale

Alors que d'un côté, en pensant au rationalisme de l'économie du bâtiment, on rejeta toute l'évolution depuis les années 20 – et par là on ne mena pas jusqu'au bout l'analyse des conditions historiques – de l'autre on se référa au rationalisme de ces années en tant qu'effort pour rendre visibles ces conditions par la forme. Mais cette référence était critique. Cela veut dire que le rationalisme avait été compris dans son historicité. Cela veut dire aussi que l'histoire – et la mémoire – sont devenues les bases de l'architecture: pas en tant que *dopo lavoro* mais comme moyen pour pouvoir travailler. A la place des projets qui, comme on disait, «développaient» les formes d'un lieu, sont apparus ceux qui derrière ces formes cherchaient les structures qui définissent le lieu: qui sont sa raison d'être et sa réalité. Le débat eut lieu en Italie, le mot *tendenza* exprimant que c'était un choix qui cherchait dans l'histoire les bases rationnelles de l'architecture comme bases de l'*architettura razionale*. Cette tendance qui a d'abord été transmise par les dessins et les descriptions des projets d'Aldo Rossi et après 1972 par son enseignement à l'EPFZ, cette tendance a eu un effet croissant en Suisse alémanique. Elle y rencontra un intérêt nouveau pour le rationalisme, surtout celui des cités du Neues Bauen en Allemagne, en Hollande et en Suisse. Les projets qui virent le jour à l'EPFZ à cette époque sont toutefois restés emprisonnés dans les formes de Rossi.
En Suisse italienne au contraire, les années 60 ont vu naître une architecture qui arrivait à associer les différentes formes de l'architecture rationnelle – surtout Le Corbusier – et l'architecture du lieu – les habitudes dont elle est l'expression. Le plus bel exemple en est probablement l'école à Riva San Vitale de Aurelio Galfetti, Flora Ruchat, Ivo Truempy (première partie 1962-64). En 1975, cette architecture a été présentée à Zurich pour la première fois dans son ensemble lors de l'exposition «Architecture récente au Tessin».[1] L'impact qu'elle eut bien au-delà de la Suisse fixa pour des années l'image de l'architecture rationnelle, bien que dès le début il se soit agit en Suisse italienne d'une

image aux bords flous. C'est pourquoi on ne parla pas de *tendenza* dans cette exposition.

### ... une question de nécessité

Pourquoi parler de cette évolution? Afin de la différencier de l'architecture en Suisse alémanique. L'architecture en Suisse italienne commence – entre autres – par Le Corbusier, comme par exemple aussi les projets d'Atelier 5 à Berne, mais elle évolue en relation avec ses propres conditions locales. Cette architecture ne peut pas être exportée. Ainsi le débat sur l'histoire tant qu'il était lié à certaines fomes ne menait à aucuns résultats utilisables. il devait d'abord se libérer des différents «cas» avec lesquels il s'était développé. Les architectes en Suisse alémanique devaient d'abord écrire leur histoire avant de s'y rapporter. (L'histoire n'est pas un amas inchangeable de faits; chaque époque les ordonne différemment et crée ainsi les faits de *son* histoire.)
Ce point est atteint depuis quelques années, il existe une architecture qui a pu concrétiser les enseignements de l'*architettura razionale* dans ses propres conditions culturelles: depuis quelques années l'architecture suisse alémanique s'est émancipée.

La redécouverte du Neues Bauen fut très importante. L'architecture du 20ème siècle était en 1968 encore perçue dans les limites étroites que Sigfried Giedion avait données dans sa mise en scène de quelques grands noms. Mais on avait justement oublié la ligne socio-politique, les cités à Berlin ou à Francfort, Taut, May, le «groupe May», Stam, Schmidt: ce que ce dernier – en tant que représentant le plus radical du Neues Bauen – avait provoqué en Suisse devenait à nouveau actuel: «construire, ce n'est pas de l'architecture, mais une question de nécessité...». La critique de la récupération du Neues Bauen par le capital aurait pu en 1968 se baser sur une tradition si elle l'avait connue: celle des idées du réalisme (Neue Sachlichkeit).

Cette tradition a beaucoup à faire avec l'essence de la Suisse alémanique. Même s'il est difficile d'employer ce mot, il est indiscutable que l'évolution sociale détermine l'évolution de la nature d'une société – ou que sa nature produit une évolution sociale. Dans ce sens le caractère pratique du protestantisme est une marque générale de la Suisse alémanique – un caractère pratique qui, selon Max Weber, détermine aussi dans le capitalisme l'action économique. Atelier 5 est dans son réalisme – le mot s'entend ici dans son sens pragmatique – typique de ce caractère. Ses membres ne parlent pas volontiers de questions de forme mais limitent le discours sur l'architecture aux questions pratiques. C'est encore l'attitude de Neues Bauen, une attitude qui se méfie de la théorie et qui s'en tient plus volontiers à la chose = *res*. Même Bernhard Hoesli, le professeur le plus important à l'EPFZ dans les années 60 jouait souvent pendant les cours au «paysan».

Il voulait ainsi ramener l'architecture à la nécessité: «si quelqu'un veut construire une écurie pour son cochon ...» Cette orientation où l'architecture satisfait les besoins élémentaires par des moyens élémentaires n'obéit qu'en partie à des raison matérielles. Elle est aussi l'expression de l'espoir de trouver ou de retrouver dans la nécessité les raisons d'une architecture rationnelle — ou mieux: vraie.

### La raison de la forme

Dans ce sens, le chemin que Michael Adler trace avec ses projets renvoie à la maison d'Adam, c'est-à-dire à la maison à laquelle on peut rapporter, selon les rationalistes du 18ème siècle, toutes les expériences de l'architecture (à la maison comme elle apparaît dans les dessins des enfants, ou p.e. la maison qu'Alder a construite à Itingen, 1983-84). Mais ce chemin est difficile: le simple et le banal, directement l'un à côté de l'autre.

Cet effort en vue d'une architecture élémentaire est souvent lié à des recherches sur des maisons simples, de paysans et d'ouvriers. Hoesli a montré de tels exemples dans ses cours et Alder a pendant des années relevé avec ses étudiants des granges dans les Alpes du sud. L'attention ne se porte pas sur la forme du bâtiment, mais sur sa construction. Elle n'est pas romantique – au sens du débat des années 70 pour qui les nouvelles constructions au centre du village de Muttenz étaient le modèle – au contraire, elle est réaliste. Elle se rapporte à ce que Loos désignait par l'expression «la raison de la forme», pas la forme.

Dans son architecture, Alder pousse la limitation plus loin que la nécessité matérielle, alors que plusieurs architectes pour qui la critique de l'économie du bâtiment est à la base de leur travail refusaient une architecture qui ne se limite pas à cette nécessité: la nécessité en tant qu'esthétique. Les cités que, par exemple, la Metron a construites dans les années 70 (dans lesquelles elle réalisait les soucis des années 60: participation, modification selon les besoins, etc.), devaient gagner leur forme à partir de la nécessité. Par la suite, cette idée a conduit à un no man's land quand les murs-fenêtre ont été remplacés, pour des raisons d'isolation, par des fenêtres «trou dans le mur» dont la forme et la taille n'étaient pas données par la structure. «Cela nous oblige à reprendre dans le projet la notion en partie refoulée de Gestaltung», écrivent deux architectes de la Metron à propos de nouvelles cités.[2] Cela demande un rapport conscient à la forme et plus loin à la signification, car si la nécessité ne peut s'exprimer «d'elle-même» elle doit alors – aussi longtemps que l'architecture y tient en tant que valeur esthétique – être transmise par une esthétique de la nécessité. (Dans ce sens, le classicisme modeste de la bourgeoise du début du 19ème siècle était aussi une telle esthétique qui rendait visible l'éthique de la bourgeoise naissante).

Alder récuse fermement dans ses constructions les allusions à des exemples historiques; si pourtant elles ressemblaient à ces exemples, ce serait là la conséquence d'une pensée similaire, et non d'une pensée qui tend à la similitude. Mais il est difficile d'échapper à l'histoire. Elle forme aussi notre pensée. Nous faisons des expériences avec des bâtiments qui en conséquence deviennent la forme de notre expérience, et avec la forme, nous pouvons mettre en jeu l'expérience en tant que signification. Dans une description de la cité que Dolf Schnebli a construite à Würenlingen en 1984-87, il se réfère expressément à l'habitat des années 20. Mais cette référence n'est pas seulement la conséquence d'un problème posé de la même manière; elle est recherchée en tant que partie d'un monde d'images qui comprend les cités de ces années, mais aussi les maisons ouvrières (Kosthäuser),[3] les baraques sur les chantiers, dans les montagnes, les cités des années 40 ... En fait il s'agit du monde des images qui rend visible la tradition de la nécessité.

### L'architecture «simple» et «banale»

L'attention pour cette architecture sans nom a un deuxième côté. En 1980, j'ai essayé de caractériser l'architecture qui s'esquissait en Suisse alémanique par les mots «simple» et «banal».[4] Par le second, j'entendais une architecture qui se réfère aux signes de la banalité. Elle part de Venturi mais donne une tournure critique à ses idées. Il ne s'agissait pas de repérer les signes de manière simple, ni dans un sens populiste; il s'agissait d'une répétition différente, d'une répétition qui produit la différence: le résultat doit être au même moment la chose et la critique de la chose. Il est vrai que cette architecture «banale» n'eut que peu d'effet en dehors du débat théorique. On peut comprendre ainsi la maison bleue de Jacques Herzog & Pierre de Meuron (1979-80), mais un autre aspect des objets banals que ces architectes emploient: des panneaux en bois, des planches en béton, de l'eternit ... semble plus important, à savoir le pouvoir qu'ont ces objets d'éveiller en nous des états d'âme, justement parce qu'ils ne sont pas codés dans leur signification.[5] Il faudra revenir sur cette supposition.

Par ses références au neues Bauen, l'architecture en Suisse alémanique se place dans la continuité d'une tradition déterminée. Cependant, cela signifie un changement essentiel dans «la raison de la forme»: les associations que cette architecture éveille en nous sont une partie même des raisons de la forme. Cela veut dire que par les formes des années 20 on transmet aussi les idées d'autrefois, et que pour les transmettre on se sert des formes du rationalisme. Ces formes se développent d'une simple «conséquence» – comme cela avait encore été le cas dans l'enseignement du fonctionnalisme tardif – pour devenir un langage avec lequel les significations se laissent «dire».

Pour faire cela, les architectes se réfèrent moins à l'architecture du Neues Bauen – Roger Diener est une exception – qu'à l'architecture que l'on peut désigner par le nom d'une revue qui est parue dans les années 30 «weiterbauen...» – continuer à construire. A l'époque on a construit des maisons en bois, un matériau qui se prête bien à la standardisation, la fabrication d'éléments à l'atelier et le montage à sec sur le chantier.[6] Continuer à construire désigne donc le fait de tenir aux idées du Neues Bauen – concernant la rationalisation de la construction – dans les conditions de crise. Ce qui intéresse dans cette architecture, c'est la possibilité d'atteindre un certain effet par la manière dont le matériau simple est utilisé (par exemple le bois ou l'eternit). Dans ce débat sur l'histoire récente, on considère aussi l'architecture d'après la deuxième guerre mondiale.

Mais il ne s'agit pas de reconstruire l'un ou l'autre des langages, à l'exception d'une rénovation comme c'est le cas de la cité Zurich-Neubühl de 1928-31,[7] ni de l'architecture «blanche» des années 20, ni de l'architecture de bois des années 30, ni d'une autre architecture que l'on pourrait compter dans la tradition du rationalisme. Il s'agit beaucoup plus d'étudier une conception du projet qui met en relation dialectique la construction, la forme et la signification. Ainsi, la petite maison à Eglisau de Marianne Burkhalter (1984-85) combine différentes manières de construire avec du bois pour caractériser les deux parties de cette maison. Et aussi l'aspect de la signification fait place peu à peu à une autre recherche, la recherche de la dimension sensible des manières de construire, en dehors de toutes allusions historiques. C'est celle-ci qui conditionne tout particulièrement l'architecture de Peter Zumthor.

**La ville en morceaux**
Pour le débat sur la ville – et sur l'histoire qui se matérialise dans la ville – l'enseignement d'Aldo Rossi a été important – ainsi que ce que l'on a appris de la description de ses projets. C'est un débat dans lequel invention et représentation scientifique se relient comme dans cette image de Canaletto qui est devenu le point de départ d'un projet qui détermine la réalité de manière analogue. Cette image[8] représente des bâtiments construits ou non d'Andreas Palladio dans une ville qui nous est familière même si elle n'existe pas ailleurs que dans notre tête (ce qu'André Malraux appelle un *musée imaginaire*). Un tel procédé désigne la possibilité de continuer à construire la ville et d'utiliser l'histoire comme matériel de conception sans tomber dans l'historicisme.

Le complexe d'habitation de la Hammerstrasse que Roger Diener avec Lorenz Guetg, Dieter Righetti et Wolfgang Schett a construit en 1979-81 illustre cette conception. Il suit le type de construction en îlot comme c'est couramment le cas dans ce quartier du tournant du siècle. Des éléments de l'ancienne maison locative avec un socle marqué déterminent la rue en tant qu'espace urbain. La cour au contraire est déterminée, en tant qu'«espace de Siedlung», par des éléments qui appartiennent à l'immeuble locatif du Neues Bauen.[9] Les architectes combinent diverses images pour mettre le complexe d'habitation en relation avec l'histoire, mais aussi la mémoire individuelle. Ainsi, les images échappent à la fixation d'une seule signification. Les vérandas renvoient aussi aux cours des quartiers bourgeois autour de 1850 à Bâle et ailleurs et les images se condensent de la manière dont Rossi décrira plus tard ses propres œuvres dans son *autobiografia scientifica*: la manière d'une «recherche du temps perdu».

A cette architecture qui travaille avec les images de l'architecture de la ville il faut aussi ajouter le complexe d'habitation d'Ueli Marbach et Arthur Rüegg à Zurich (1979-84). Il représente d'un côté une prise de position pour la «ville de pierre», et d'un autre côté, il montre par la mise en relation de codes opposés ce que veut dire continuer à construire cette ville – dans des conditions toutes différentes: Par sa décoration, la façade correspond aux habitudes de la fin du 19ème siècle; mais pourtant les espaces d'habitation ne sont pas sur rue, mais sur cour; sur rue, on trouve les espaces servants. Ainsi, par le déplacement de la typologie et de la morphologie de la maison locative urbaine, on thématise les ruptures dans l'histoire de la ville.

**Le tout difficile**
De tels exemples reflètent la constatation que l'architecture ne peut pas prendre une forme autrement qu'en rapport avec les choses qui sont données. Ce serait cependant une abstraction que de ramener ces choses à un tout, «elles existent en tant que réalités les unes à côtés des autres», dit Siza des parties de la ville, et «j'essaie de les réunir sans cacher leur réalité».[10] C'est seulement de cette manière que l'architecture de la ville peut satisfaire une expérience dans laquelle s'interpénètrent les images les plus différentes présentes ou absentes (mais qui sont présentes dans notre *musée imaginaire*). Ainsi Roger Diener, dans son second complexe d'habitation à Bâle (1981-85), se rapporte à des objets très différents: maison d'habitation des années 20, immeubles de bureaux des années 60, dépôts, et autres, et quand on fait le tour de ce complexe construit dans une ancienne zone industrielle, les différents morceaux se mettent ensemble comme dans un caleidoscope et forment toujours de nouvelles images.

Mais der images qui disent toujours la même chose: ville. La phrase de Pierre-Alain Croset comme quoi – cela vaut aussi pour Diener et Herzog-de meuron – les bâlois retirent du contexte de la ville des références d'un «mauvais goût», n'est pas tout à fait à rejeter.[11] Nous dirions plutôt des références de l'architecture ordinaire moderne, comme elle s'est faite dans les années 50 et encore dans les années 60, d'une qualité remarquable. Dans d'autres cas, il faut aussi

remarquer que c'est justement cette architecture moderne «de série B» qui livre les images pour le projet: La perception de ces constructions n'étant pas figée dans les nombreux ouvrages présentant l'«architecture du 20ème siècle», leurs images s'adaptent plus facilement à nos intentions.
La réunion de choses différentes ne veut pas dire que le tout – en tant qu'idée – n'existe plus, mais plutôt qu'il s'agit du tout «difficile» dont parle Venturi. L'architecture de Daniele Marques et Bruno Zurkirchen apparaît dans une large mesure comme une réflexion sur cette conception. Pour leur maison à Meggen (1984-85) les architectes se sont basés sur le «vivre selon ses moyens» de l'architecture de série B. Ses formes se réalisent avec d'autres moyens que ceux qui sont à la base des formes de l'architecture moderne. Ainsi, Marques et Zurkichen rassemblent dans cette maison les conditions divergentes des données du programme de la construction, du lieu et du règlement des constructions (ce qui n'est certainement pas la même chose que le lieu, justement là où le règlement de la construction se rapporte à lui), cela dans un langage dans lequel l'architecture moderne des années 50 s'est elle-même approprié de nouvelles formes.[12]
Dans une discussion publique sur la conception du projet, Michael Alder a dit qu'il investissait 90% de son travail pour l'idée. Cela veut dire que celle-ci anticipe sur le matériau, sur le traitement de ce matériau etc. Au contraire, chez Marques et Zurkirchen l'idée ne prend une forme précise qu'en relation avec la décision sur le matériau. C'est pourquoi ils retournent les chiffres d'Alder de manière polémique et en disant qu'ils n'utilisent que 10% du travail pour l'idée. «Nous sommes pour le matériau qui apporte la décision juste [...] Nous ne connaissons pas ces décisions quand nous commençons. Le projet ne représente pas l'épanouissement mécanique de quelque chose qui est donné dès le début.»[13] Avec ce «quelque chose», ils veulent justement dire l'idée. Dans ce sens, leur manière de concevoir un projet est pragmatique – à la différence de la manière dogmatique de certains autres qui essaient d'arracher un tout simple à notre «culture en morceaux».

### blanc – gris – argenté
L'architecture simple que l'on peut aussi appeler grise – à cause de son usage courant de la brique calcaire – ainsi que l'architecture blanche (en particulier celle de Roger Diener), appartiennent à la tradition moderne et respectivement moderniste, bien que dans le premier cas on prenne en considération surtout les moments éthiques et dans le deuxième cas les moments esthétiques. Comme troisième architecture de cette tradition, on peut ajouter l'architecture «constructiviste» que l'on peut nommer architecture argentée à cause de sa préférence pour l'aluminium. (Ainsi tous les domaines de la tradition moderne sont d'un côté différenciés et d'un autre leur parenté est mise à jour par leur désignation par des non-couleurs.)
Dans une exposition Heinrich Klotz a déclaré que cette architecture constructiviste ou néoconstructiviste était la suite du moderne. Selon lui, on ne pourrait parler de «vrai moderne» que si l'architecture rend visible ses bases constructivistes. Cet avis oppose de manière polémique le constructivisme des années 20 au rationalisme. A notre époque, il n'y aurait que le constructivisme qui soit en position de se renouveler, la construction n'ayant pas seulement des fonctions primaires, mais aussi des fonctions secondaires (au sens d'Umberto Eco): «fonctions narratives», comme les appelle Klotz, respectivement fonctions de signe.[14]

Dans l'architecture en Suisse alémanique, c'est surtout Theo Hotz qui représente cette tendance.
Ce n'est cependant pas l'ensemble de la construction qui, dans cette tendance, est soumis à ces conditions de signification. Le «constructivisme» se limite à la construction des façades. Il est obtenu des fonctions primaires (p.e. régulation de la lumière) et il utilise des moyens techniques (comme les lamelles) pour atteindre des effets architectoniques: un jeu d'ombre et de lumière, de transparence et d'opacité, de fixe et de mouvant ... Pour ce faire on emploie des formes qui par les liens dont elles sont issues renforcent les associations de légèreté ou de mobilité. Ce sont les références à la construction d'avions et de véhicule. Il faudrait encore en parler.
Cette architecture – comme celle des modernes – tire ses signes de la construction d'ingénieur. Les porteurs d'expression du moderne étaient les parties constructives de premier ordre comme les poteaux et les dalles; ici au contraire, ce sont ceux de second ordre. «Ainsi la construction BUBU parle un langage d'usage, mais pas de la nécessité nue» écrivent Bruno Jenni et Irma Noseda à propos de la construction de Hotz (1983-85).[15] De plus elle est rendue étrange (verfremdet) afin de porter l'attention sur les *moyens* de son expression. Pour cette poétisation du langage d'usage, le détail a une grande importance.
Il y a là quelque chose de typiquement suisse; par contre ce qui n'est pas du tout suisse c'est la légèreté, l'élégance qui sont aussi là. Cela se produit tout au plus dans quelques usines: je pense à la halle que Hans Fischli a construite en 1953 à Horgen pour l'entreprise Feller SA, ou dans l'architecture plus récente à la halle construite en 1979-81 à Cortaillod par Marie-Claude Bétrix, Eraldo Consolascio, Bruno Reichlin et Patrick Huber. Je pourrais aussi signaler les usines standardisées de Fritz Haller. Mais ses constructions sont précises d'une autre manière: tout ce qui n'est pas nécessaire – ce qui ne fait pas partie de la chose – est éliminé. Elles désignent le dernier rapprochement de la construction – en tant qu'essence – et de la forme, mais aussi le moment où cette construction arrête de parler. La solution simple et générale vers laquelle Haller tend dans une construction qui peut englober toutes les installations ne permet aucun discours autre qu'un discours justement général. Par rapport à cela, l'architecture de Hotz semble se diriger vers la construction en tant qu'image (ce qui ne veut pas dire qu'elle devient un simple signe au sens de Venturi; elle garde sa base technique). C'est justement ce caractère imagé que lui reprochent les «soleurois».[16] Ils en oublient cependant les préoccupations toutes autres qui se réalisent dans ces façades voilées.

### techne
Gerhard Auer a récemment décrit le voile comme caractéristique du nouveau constructivisme. De toutes ses ruses – de faire comme s'il refusait au regard ce qu'il y a à voir, ou inversement: de faire semblant de donner à voir ce qu'il refuse au regard – celle-ci est la pire: «elle détruit son sujet. Le voile devient lui-même l'objet du désir».[17] On peut aussi le voir ainsi qu'il n'y a justement rien sur quoi le regard peut être dirigé. N'est-ce pas le cas pour beaucoup de constructions qui ne sont que des enveloppes? Je pense par exemple au dépôt d'Herzog et de Meuron à Laufon (1986-87), mais aussi à de nombreux immeubles de bureaux.
Par là on supprime la distinction entre une architecture «simple» et une architecture «technique», car l'architecture qui s'appuie sur le travail avec de «vieux» matériaux comme

la pierre ou le béton et le bois est arrivée dans ces dernières années elle-même à la poésie de ce travail. Il s'agit d'une poésie qui n'est pas la simple conséquence d'un travail bien fait. En elle, les raisons techniques et esthétiques convergent beaucoup plus dans la relation dialectique que les grecs entendaient par le mot «techne».[18]
Cette poétisation est notamment visible dans les dernières constructions de Peter Zumthor dans lesquelles la paroi est perméable à plusieurs degrés. Dans le bâtiment pour protéger les fouilles romaines à Coire, les parois sont formées de lamelles de bois par lesquelles la lumière pénètre à l'intérieur des espaces. Cette construction ressemble à des granges où le vent passe à travers les lattes pour garder le foin sec. Il est sûr que de telles constructions rurales sont une image qui est entrée dans le projet en tant qu'expérience de la protection (et aussi en tant qu'expérience de découvertes que l'on a faites, enfant, à l'intérieur sombre de ces granges). La paroi est au sens littéral un voile. Cela vaut aussi pour l'atelier de Peter Zumthor (1986) ou pour la maison à Bottmingen de Michael Alder (1988) où le regard peut pénétrer entre les lattes du revêtement.

**Images**
Depuis quelques années, le architectes parlent volontiers d'images pour expliquer leur travail. L'image semble être l'instance qui assure le rapport des décisions dans le projet après que le style ait perdu son fondement par la fragmentation de la société. (style – en tant que rapport interne – a abdiqué devant styling qui établit le rapport externe.)
«Nous nous occupons [...] de formes dans lesquelles un usage quotidien a déposé sa signification au cours du temps»[19] écrit Marcel Meili.
Mais ce sont justement ces significations déposées qui font des formes ce que je nomme images. Celles-ci incluent l'expérience que nous avons faite avec les formes – l'expérience d'un usage – compris de manière globale, d'un usage qui comprend également les fonctions premières et secondaires.
Dans ce sens, Zumthor a écrit que pendant un projet, il cherche dans sa tête des images qui sont justes, et qu'il essaie de les comprendre: de comprendre leur forme.[20]
Il ne s'agit pas ici des histoires qui sont rattachées à ces formes dans notre mémoire. Wim Wenders a parlé plusieurs fois du rapport entre images – ou plus généralement forme – et histoires, et de ce que les histoires sont un moyen pour trouver les images.[21] C'est là que réside aussi leur signification en architecture: elles donnent une forme aux objets. Par exemple l'église à Sogn Benedegt (1987-88) montre que les images se dérobent si l'on essaie de les comprendre comme référence immédiate. Elles s'embrouillent dans des contradictions qui ne se démêlent que quand on part de la réalité de la construction.
Le travail avec des images qui ne sont pas, ou en tout cas pas en premier lieu, utilisées à cause de leurs fonctions narratives, crée une liberté de projet derrière les images – une liberté qui ne se rapporte pas à la signification des images mais à l'effet: celui-ci apparaît – au sens de *poésie pure* – comme quelque chose de différent de la signification: les images seraient de simples matériaux comme les mots qui ont une signification de tous les jours (malheureusement, comme le regrette Paul Valéry) et qui justement par là peuvent avoir un effet tout différent de celui de la signification: l'effet en tant que forme qui ne disparaît pas dans la signification.

**Signes vides**
Cela semble contredire les projets de Jacques Herzog et Pierre de Meuron dans lesquels ils utilisent des formes très codées comme le sont par exemple les cloisons en planches de béton de la maison à Therwil (1985-86). Celles-ci renvoient au monde des baraques (comme on en trouve p.e. à Bâle sur le terrain de la gare). Le projet semble se situer dans une structure de forme et de signification donnée. En vérité, il le fait en tant que parasite: il décompose cette structure par l'«absurdité» notoire qu'il crée; il met en crise le code des planches de béton (un code de notre expérience). Comme cette forme peut signifier une fois une baraque et une autre fois quelque chose d'autre, elle se dérobe à l'obligation générale sémiologique.[22]
Le blocage du mécanisme qui transforme les formes courantes en significations, on le retrouve aussi dans le nouvel immeuble de bureaux de Roger Diener à Bâle (1986-89). Celui-ci met en jeu des idées qui en fait s'excluent. Pour justifier cette remarque en un mot: la couleur gris foncé du béton – obtenue par le mélange d'oxyde de fer – donne à la construction une expression de pauvreté correspondant à un quartier «derrière les voies» – ou plutôt: à notre expérience d'un tel quartier dont les murs sont teints par la poussière de rouille. C'était aussi la raison de cette coloration. Mais les fenêtres avec un large cadre en bronze contredisent cette expression. Dans leur couleur sombre les matériaux s'associent, mais dans leur valeur ils forment un contraste violent où il est finalement difficile de réunir les termes dans une dernière signification. Et c'est bien de cela qu'il s'agit: maintenir la signification en suspend.
Cette construction n'est pas banale. Montre-t-elle cependant les caractéristiques de la banalité ou ne se laisse-t-elle absolument pas saisir par cette idée – au sens de Venturi? S'agit-il d'une architecture qui ne cherche pas dans la banalité la présence de signes, mais au contraire leur absence? Ou mieux: la présence de signes vides?[23]
Pour revenir sur la maison en béton: la baraque n'est finalement pas importante en tant que signification, elle l'est en tant que forme. A la rigueur, l'expérience aide ici à voir plus précisément les conditions de la forme: ce qui en tant que forme la fait baraque. En d'autres mots: la réalité de l'image ne doit pas être recouverte: elle ne se trouve pas sous l'image. La réalité est l'image elle-même. La comprendre veut dire comprendre ce qui se passe à l'intérieur de l'image, ou ce qui ne s'y passe pas et non ce qui se passe à l'extérieur d'elle, pour m'approprier une phrase de Ernst Jandl.

**Abstraction**
Le postmodernisme désigne une dissolution de la réalité: une construction est «là», aussi longtemps qu'elle renvoie à quelque chose d'autre qui n'est pas «là». Nous nous trouvons dans une salle de miroirs dans laquelle les objets et les images se mélangent de plus en plus, et les images deviennent la réalité des objets. C'est un phénomène général de notre temps que Jean Baudrillard a décrit avec une grand netteté comme étant l'évaporation de la réalité. L'évolution de Herzog & de Meuron, de Diener et d'autres est à prendre comme une aspiration à abandonner cette fonction référentielle de l'image. Leurs projets «quittent [...] le domaine de l'image en direction d'une abstraction englobante», comme l'écrit Meili avec un regard sur ses propres projets. (La phrase qui suit rappelle quelqu'un qui dans une cave parle contre sa propre peur: «cette entreprise est [...] moins ahistorique qu'on pourrait le penser»; – contre la peur des reproches de manque d'historicité).

Il semble que c'est une caractéristique de l'architecture suisse alémanique que les images n'abandonnent pas la relation avec la «réalité du chantier», mais qu'au contraire elles s'y trouvent justifiées: elles ne deviendront pas de simples signes qui déterminent par exemple l'architecture de certains «réalistes» américains. C'est précisément cette réalité du chantier qui est soumise à une abstraction. Les moyens employés renvoient à leur forme la plus générale afin de devenir eux-mêmes l'objet de l'architecture comme chez Mondrian les couleurs jaune, bleu, rouge, les surfaces blanches et noires... Cette architecture est une *architecture parlante* dès lors qu'elle parle *d'elle-même*, de son essence (technique). En outre il ne faut pas s'étonner que la réalité apparemment non construite d'objets banals se trouve au premier plan d'un projet qu'elle construit maintenant – sur un autre niveau.

D'une autre manière cela est aussi valable pour l'art minimal qui montre des objets qui sont banals, par exemple des plaques de fer le long des murs (Donald Judd: *Galvanized Iron Wall*, 1974) ou dans un champ (Carle Andre: *Cataract*, 1980) ce qui nous oblige ainsi à nous engager dans ces objets, à nous engager dans *l'effet* de ces objets...

Je suis persuadé que le débat sur l'architecture doit se poser de telles questions: des questions de signes en tant que formes, pas en tant que signification: des questions de signes vides.

Et l'historicité? – Il faut la chercher dans l'expérience du spectateur: les sens sont, Karl Marx l'a déjà dit, une œuvre de l'Histoire. L'art minimal – le mot est à prendre ici dans un sens très large – ne se pose pas différemment cette question: «Le spectateur fait une expérience dont l'objet est l'expérience elle-même ou le mode d'expérience», comme l'écrit Germano Celant. □

Traduction: Séverine Gueissaz.

**Notes:**

1. v. Thomas Boga, Martin Steinmann: Tendenzen – Neuere Architektur im Tessin, catalogue de l'exposition à l'EPF, Zurich 1975
2. Felix Kuhn, Toni Fässler: Neuere Entwicklungen im Siedlungsbau der Metron, in *architese*, H.2, 1985, p. 18-32
3. Kosthäuser = non usuel en Suisse alémanique pour désigner des maisons ouvrières appartenant à l'usine; c.f. Martin Steinmann: Die Kosthäuser, in *architese*, H.5., p. 48-52
4. v. Martin Steinmann: Von «einfacher» und «gewöhnlicher» Architektur, in *architese*, H.1, 1980, p. 8-13
5. v. Martin Steinmann: Haus in Oberwil BL, Architekten Jacques Herzog und Pierre de Meuron, in *architese*, H.1, 1982, p. 30-31
6. v. Jean Bingesser: Die Tradition des Neuen Bauens, Introduction au reprint de *weiterbauen* ..., Zurich 1977, p. V-XIX
7. Cette rénovation a été effectuée par Ueli Marbach et Arthur Rüegg; v. *Werk, Bauen + Wohnen*, H.5, 1984, p. 40-47
8. Le tableau, peint en 1755-59 est décrit comme «Capriccio avec la basilique de Vincenza, le projet pour le pont Rialto à Venise et une partie du Palazzo Chiericatti à Vincenza»
9. *Werk, Bauen + Wohnen*, H.12, 1981, p. 36-43
10. Alvaro Siza im Gespräch, in *Architecture, Mouvement, Continuité*, H.1, 1984
11. Pierre-Alain Croset: Das Privileg, zu bauen, in *architese*, H.1, 1986, p. 3-8
12. v. Martin Steinmann: Mit Blick auf die zweite Moderne, in *architese*, H.5, 1985
13. Marques & Zurkirchen Arbeiten 1980-1990, catalogue de l'exposition à Zurich 1990, p. 14-21
14. Heinrich Klotz: Vision der Moderne, Munich 1986; il s'agit d'un livre qui est paru en relation avec l'exposition mentionnée
15. Bruno Jenni et Irma Noseda: Licht zum Arbeiten ..., in *architese*, H.4, 1986, p. 49-56
16. Ainsi nomme-t-on les architectes qui continuent dans leurs ouvrages la recherche de Mies van de Rohe sur l'expression purement constructive; à part Haller, font aussi partie des «soleurois»: Barth, Zaugg et Fueg
17. Gerhard Auer: Begehrlicher Blick ...; in *Daidalos*, H.33, 1989, p. 36-53
18. v. Partituren und Bilder – Architektonische Arbeiten aus dem Atelier Peter Zumthor 1985-1988, Lucerne, 1989
19. Marcel Meili: Ein paar Bauten, viele Pläne, in *Werk, Bauen + Wohnen*, H.12, 1989, p. 26-31
20. Peter Zumthor: Eine Anschauung der Dinge, in *Werk, Bauen + Wohnen*, H.10, 1987, p. 34-42
21. v. divers textes in Wim Wenders: Die Logik der Bilder, Francfort 1988
22. v. Martin Steinmann: Die Form der Baracke – Zum Haus Voegtlin, in *Werk, Bauen + Wohnen*, H.10, 1987, p. 50-57. Sur l'œuvre des architectes v. Herzog & de Meuron: Architektur Denkform, Bâle 1988
23. v. Martin Steinmann: Le sens du banal – Un immeuble de bureaux de Diener & Diener à Bâle, in *Faces*, H.13, 1989, p. 6-11

# Architecture des années 80 en Suisse alémanique

Dolf Schnebli

Depuis plusieurs années, la Rivista Tecnica a le mérite, par ses publications d'ouvrages au Tessin, d'aiguiser le sens de la qualité en architecture.
Je considère que le terme d'«architecture tessinoise» a été créé par les observateurs et par les réalisateurs de manière peut-être trop rapide et trop irréfléchie comme l'effet secondaire d'un but principal. J'apprécie beaucoup qu'un tessinois d'adoption, ancien membre de la rédaction de la «Rivista Tecnica», Peter Disch, entreprenne aussi maintenant de montrer à nos collègues tessinois que l'on fait de l'architecture en Suisse alémanique.
Dans l'article «L'Unità e la Diversità» Flora Ruchat Roncati et Paolo Fumagalli (Parametro n. 140, ottobre 1985) montrent comment l'architecture en Suisse est prise dans les événements internationaux mais transformée par les données régionales, si différentes. Dans mon travail personnel, j'ai expérimenté de manière vécue la différence qu'il y a à considérer quelque chose de l'intérieur ou de l'extérieur. Quand je travaille au Tessin, les tessinois me considèrent comme suisse alémanique, en Suisse alémanique on me considère volontiers comme tessinois, en Italie, je suis un Architetto Svizzero et aux USA strictement personne ne s'intéresse au lieu d'origine, là-bas j'étais simplement «Architect».
Je trouve donc qu'il est juste de ne pas parler d'architecture suisse alémanique, mais au contraire d'architecture en Suisse alémanique. Je verrais d'un bon œil que dans un avenir pas trop éloigné la Rivista présente aussi la nouvelle architecture en Suisse romande. Ce n'est qu'en considérant la création dans les trois aires linguistiques que l'on reconnaîtrait de manière imagée l'«unité et la différence» qui caractérise le paysage politique de la Suisse. Avant la dernière guerre, la nouvelle architecture faisait partie d'un mouvement en Europe centrale. Elle paraissait peut-être unitaire aux spectateurs contemporains bien que dès le tout début elle ait poussé à partir de racines très différentes. «La construction utilitaire moderne» d'Adolf Behne montrait déjà en 1923 au moins deux de ces racines.
Les événements en architecture ne furent pas aidés par le fait que les signes extérieurs comme la forme du toit devinrent des valeurs politiques. Celui qui construisait un toit en pente était classé comme politiquement régressif, au contraire celui qui construisait un toit plat était politiquement progressif. Cette simplification rendait impossible toute critique raisonnable de l'architecture. La Suisse alémanique s'installa dans une position de défense en hérisson et commença à se référer à elle-même – ce qui, à mon avis, est toujours dangereux.
Sans surestimer l'influence de l'école, je pense que l'EPF a été très influencée par cette stratégie du hérisson pratiquée par la Suisse après la mort de Salvisberg. Je n'aimerais pas parler des deux écoles d'architecture en Suisse romande car, à mon avis, leur influence sur les événements en Suisse alémanique était plutôt réduite à l'époque, et c'est peut-être dommage.
L'enseignement des projets à l'EPFZ était marqué par trois personnalités: Friedrich Hess, William Dunkel et Hans Hofmann. On ne peut pas examiner ici quelle fut l'impact de cet enseignement sur l'architecture en Suisse, ce seraient des thèmes pour des historiens. De mon expérience proprement personnelle, je peux dire comment j'ai ressenti cet enseignement d'abord comme étudiant puis comme architecte praticien.
En tant qu'étudiant, cet enseignement m'obligea à chercher moi-même où je devais m'orienter dans la pensée sur l'architecture. Des branches de base comme la statique, les mathématiques, mais surtout les discussions avec quelques étudiants et, de là, les idées développées et travaillées puis transformées dans les travaux de semestre me donnèrent le bagage nécessaire pour être à la fois utile dans le travail pratique d'un bureau d'architecture et pour continuer à me former. En tant qu'architecte praticien indépendant je me trouvais un peu à l'écart. A quelques exceptions près, je ressentais comme accidentelle l'architecture construite par des architectes qui étaient passés par la même école que moi.
A l'époque L'EPFZ changeait. Au Tessin, je rencontrais de jeunes collègues qui étudiaient chez Rino Tami, moi-même j'étais pendant une année, à côté de mon activité professionnelle, assistant à temps partiel chez Werner Moser dont j'avais fait la connaissance un an plus tôt à Harvard. Bientôt arrivèrent dans notre bureau à Agno les premiers stagiaires qui avaient suivi le cours de base chez Bernhard Hoesli ou qui étudiaient chez Alfred Roth.
La discussion sur l'architecture commençait à s'ouvrir sur ce qui se passait aux Etats-Unis, en Angleterre, mais aussi en Italie, et cela devenait perceptible à l'école. Ernst Gisel, qui n'étudia jamais à l'EPF, posa ses premiers jalons d'abord comme architecte puis bientôt comme jury dans les concours. Pourtant la plus grande partie de la pratique, qui commençait à l'époque à tourner à plein régime était gérée par des architectes du hasard. C'est bien via les USA et l'Allemagne qu'on s'opposa à ce genre de construction, en la questionnant par des arguments sociologiques. Le débats de l'époque entre Casabella et Architectural Review qui se apportaient la continuité du moderne furent à peine remarqués en Suisse alémanique. Je me demande souvent ce que le collègue XY de Zurich pouvait bien penser quand il voyait, lors d'un «shopping» à Milan, le «Torre Velasca» nouvellement bâti.
Comme jeune architecte j'ai vu comment les ingénieurs des transports apprenaient l'urbanisme aux architectes, comment ils furent remplacés par les propagateurs de systèmes de construction, comment ceux-ci furent doublés à leur tour par les sociologues.
Devenant plus âgé je commençais à sentir le pouvoir des personnes dont les monuments historiques mais qui sont déjà, de leur côté, dans une situation difficile par rapport aux physiciens de la construction. L'ouverture mentionnée plus haut de l'école de Zurich préparait une nouvelle génération. Depuis que j'enseigne moi-même à l'EPFZ, depuis le début des années 70, j'ai toujours pu compter sur la collaboration d'assistants qui venaient de cette école et qui étaient loin de l'architecture du hasard.
Depuis qu'en 1972 Aldo Rossi a été invité au département d'architecture, des professeurs invités en provenance de l'aire culturelle de langue italienne ont suivi. Je crois que cela a aidé à renforcer, aussi en Suisse alémanique, les débats autour de l'architecture en tant que discipline. La génération qui a diplômé à la fin des années 60 et pendant les années 70 travaille depuis quelques années.
L'architecture en Suisse alémanique se modifie.
Ici et là les politiciens et les financiers commencent aussi à comprendre.
Je suis d'avis que l'ouverture de l'école à Zurich fut un bon début. J'espère que la division en deux parties de l'EPF en Zurich et Lausanne aidera aussi à répendre en Suisse alémanique l'influence de l'aire culturelle de langue française. Je suis convaincu que la Suisse en tant que construction politique ne peut avoir de sens que si la réflexion intellectuelle sur la pensée des deux autres aires culturelles stimule notre esprit.
Les contributions à l'architecture des années 80 en Suisse alémanique montrées dans la présente publication ont été choisies en collaboration avec des collègues plus jeunes. Je

## Compromis intelligents

Luigi Snozzi

Une décenie et demie après la parution du catalogue appartenant déjà à l'histoire de Steinmann et Boga pour l'exposition «nouvelles tendences au Tessin» à l'EPFZ qui concentra l'intérêt de la critique suisse et internationale sur ce qu'on appelle l'«Ecole Tessinoise» et qui marqua, après les années de haute conjoncture, la renaissance de l'architecture en Suisse, la presse spécialisée commence maintenant à s'intéresser à l'évolution de l'architecture en Suisse alémanique et en Suisse romande.
Cette publication des éditions de la «Rivista Tecnica», dirigée par Peter Disch, un catalogue et un guide de l'architecture dans les différentes régions de Suisse alémanique et des Grisons comble une grande lacune et offre aux architectes et à tous ceux qui s'intéressent à ce domaine une documentation de la production la plus récente de l'autre côté des Alpes. Les quelques reflexions personnelles qui suivent profitent de cette publication pour essayer d'analyser la situation.
Le genre de cette documentation, un large éventail de plus de 200 œuvres reposant sur des «critères de qualité» nécessairement subjectifs, leur subdivision en régions, le grand nombre d'architectes et de bureaux représentés ayant des positions extrêmement différentes (cet éventail va, pour ne citer que le plus connus de Gisel, Haller, Atelier 5, Groupe Metron en passant par Hotz, Diener à Herzog-de Meuron, Marques-Zurkirchen, Alder, Zumthor, Consolascio-Betrix), ce genre m'empêche de procéder, dans le cadre prévu, à une appréciation détaillée des différentes contributions. Je dois donc me limiter à quelques réflexions d'ordre général.
C'est à un moment où l'on formule de nouvelles théories sur l'architecture – je me réfère par exemple au «Régionalisme critique» de Frampton – dans le cadre de la structure géographique, politique et culturelle de la Suisse, qu'une comparaison de son architecture selon les régions s'impose, afin d'examiner les limites et les perspectives des différentes influences régionales. Il est clair qu'une telle approche devrait demander un choix des œuvres selon des critères différents de ceux de ce catalogue. Sans cette base, un processus de comparaison courrait le danger de retomber dans des positions régressives d'un nationalisme manifeste ou pire encore dans un provincialisme borné. Comme je veux ici surtout traiter des apports de la nouvelle génération, un renvoi à la situation des écoles d'architecture est inévitable. En même temps, j'aimerais mentionner le cadre politico-culturel dans lequel les architectes doivent travailler: un pays de l'«opulence», de la «paix sociale», et de la tranquilité «politique». De telles conditions ne sont certainement pas les plus propices à l'épanouissement d'un esprit critique; au contraire, elles l'endorment plutôt.
La situation économique avantageuse et la fréquente mise en place de concours d'architecture pour des bâtiments publiques et privés permet aussi à la jeune génération de formuler ses idées sans trop de difficultés. Par rapport à la situation dans beaucoup de pays voisins, je pense surtout à l'Italie où une forte majorité des étudiants en architecture reste exclue de la pratique, c'est un grand privilège. C'est justement pourquoi je pense que les architectes en Suisse doivent assumer une responsabilité politico-culturelle plus grande. Ce climat général se reflète naturellement aussi dans l'école – je me réfère ici spécialement au département d'architecture de l'EPFZ, à sa tradition pragmatique – en tout premier lieu le projet – qui a trop longtemps relégué au second plan la discussion théorique au profit d'un «professionalisme d'artiste».
La conséquence de cette orientation fut que les grands débats eurent et ont toujours lieu dans des universités étrangères – je me réfère à nouveau à la situation en Italie

---

crois que la plupart vécurent l'EPFZ après son ouverture. C'est certainement une préoccupation de notre école de maintenir l'ouverture, mais il ne faut pas oublier qu'en Suisse alémanique nous pouvons aussi créér à partir de racines fortes. Je pense aussi à la tradition de l'école d'architecture, à l'EPF elle-même. Il me semble que ses composantes les plus importantes et les plus continues sont que dans la technique de la construction on a toujours transmis des bases solides. Je ne crois pas qu'il y puisse ou qu'il doive y avoir une «architecture suisse alémanique», mais j'ai l'espoir justifié que l'on fera encore beaucoup de bonne architecture en Suisse alémanique. □

Traduction: Séverine Gueissaz

dans les années 60 où l'on a débattu des différents problèmes traitant du rapport entre politique et culture, des questions de la ville historique, de l'autonomie de l'architecture, du rapport entre projet et enseignement etc. problèmes que les hautes écoles suisse n'ont fait qu'effleurer. C'est dans ce contexte qu'il faut voir le succès d'Aldo Rossi et des différents professeurs tessinois qui l'ont suivi. En effet, pour la première fois un professeur proposa un enseignement qui reposait sur un projet d'architecture précis: sur ce qu'on a appelé la «tendance» et qui était soutenue par une théorie d'architecture précise et explicable; cette théorie était en contradiction évidente avec la conception professionaliste de l'école et se rapportait clairement à un nouveau système de valeurs cohérent qui était attaché à la réalité politique et sociale.

A ce moment, en la personne de Paul Hofer, la figure de l'historien, dont la place a été jusqu'alors marginale, fut fortement revalorisée.

Même si ce n'est qu'un pur hasard, il me semble assez typique que le départ d'Aldo Rossi, qui a marqué l'évolution architectonique de la Suisse, ait eu lieu en même temps que le transfert du département d'architecture du superbe et prestigieux bâtiment de Gottfried Semper dans la ville pour les bâtisses anonymes au Hönggerberg, à l'extérieur de la ville. Dans ces circonstances, le signe d'un début de processus d'involution me semble se concrétiser et il aura des conséquences au niveau de l'architecture véritable. Aussi n'est-ce pas un hasard que ce soient justement les architectes les plus intéressants du nord de la Suisse qui ont été en contact avec l'enseignement d'Aldo Rossi et les professeurs invités qui l'ont suivi.

J'aimerais ici surtout souligner le rôle que les collaborateurs de Rossi ont joué et jouent encore parce qu'ils travaillent pour la plupart au nord des Alpes: je pense surtout à Reinhart, Reichlin et Consolascio qui sont les véritables maillons de transmission des nouvelles pratiques et techniques de projet: pour les nouveaux diplômés, ils sont devenus des points de référence. Je cite en exemple les architetctes comme Diener et Schett, Herzog et de Meuron qui sont certainement parmi les plus intéressants, même si leurs positions sont assez différentes. Dans cette période, un renouveau de la critique d'architecture s'est mis en place, ceci dans le cadre de la nouvelle revue «Archithèse» et de l'institut pour l'histoire et la théorie d'architecture.

Après le départ de Rossi son apport a été relativisé et, dans un certain sens, on est retourné au statut ante quo. La tentative amorcée de relier ainsi le problème du rapport architecture – ville, de rationaliser l'enseignement à l'intérieur d'un projet d'architecture exact, cette tentative est à nouveau abandonnée au profit d'un projet plus ou moins brillant, d'une qualité constructive supérieure et ayant un reste de sens artistique. Le «professionalisme» facilement masqué reprend à nouveau le dessus.

Mon opinion peut paraître trop sévère, mais selon moi quelques indices parlent en sa faveur: ainsi par exemple, dans les travaux de diplôme des dernières années, le manque presque total de travail libre au profit d'une donnée officielle du problème qui n'est pas favorable à la volonté d'expérimentation et de recherche des jeunes architectes. Le contenu du débat publié dans la revue «Werk, Bauen + Wohnen» qui traite de la situation du département d'architecture me semble aussi symptomatique. Ainsi des professeurs de tendance différente, je dirais même de tendance opposée, se réunirent pour opposer un front commun à Reinhart qui est, dans le contexte actuel, un des seuls à développer, sur les traces de Rossi, un enseignement cohérent, relié à son propre projet d'architecture.

L'état des choses à l'intérieur de l'école ne va rester sans conséquence pour les nouvelles générations; il ne va pas non plus se limiter à la seule région de la Suisse alémanique, mais également toucher d'autres groupes, comme probablement les étudiants tessinois.

L'efficacité de l'enseignement de Rossi se lit clairement dans les meilleurs résultats de la production architecturale du nord des Alpes. Il faut souligner ici que les architectes ne se laissèrent pas, comme c'est souvent le cas, entraîner dans une imitation superficielle du langage architectural de Rossi; ils ont bien plus sérieusement réfléchi à la nouvelle réalité architectonique sur la base des théories et des approches du projet nouvelles et ils ont ainsi trouvé avec succès un nouveau chemin. Dans ce sens, la tentative de se rattacher à certaines valeurs qui ont marqué la première époque de l'après-guerre alors que des architectes significatifs étaient actifs (entre autres Salvisberg qui a essayé par ses œuvres de transmettre par un compromis intelligent l'architecture avant-gardiste de l'époque moderne à une bourgeoisie locale), cette tentative me semble intéressante. Celui qui réfléchit sérieusement à l'architecture des années 50 peut sans doute ainsi approfondir les connaissances spécifiques de son propre champ d'investigation pour une nouvelle intervention urbaine possible. Selon les considérations précédentes, il apparaît cependant que l'intérêt pour cette architecture court le danger de tomber dans une relation purement formelle à cause d'une reprise acritique et directe d'éléments constructifs, de matériaux etc. Témoin certains bâtiments qui sont professionnellement sans reproche, montrant des solutions de détail assez réussies et qui présentent des reprises plus ou moins voilées et adroites de certains bâtiments d'un passé pas si éloigné; cependant ils ne restent qu'une fin en soi, sans aucun rapport structurel avec la ville. Une architecture assez conformiste que tous acceptent volontiers; juste avec assez d'apparence artistique pour se distinguer de la production habituelle. De cette manière on codifie le statut quo en acceptant passivement le bien-être trouvé précédemment. Ainsi on trahit notre rôle le plus important en tant qu'intellectuels, qui est plus important que celui des professionalistes et des artistes. Max Frisch, dans son discours à l'occasion de son 70ème anniversaire à Soleure, appela les intellectuels à une nouvelle renaissance, fustigea la lourde responsabilité de notre pays dans la situation internationale et invita à la résistance, sans quoi la fin de l'histoire de l'humanité serait inéluctable.

Aussi longtemps que l'école se fermera à la réalité politique et sociale, aussi longtemps qu'elle essaiera d'éviter les conflits en empêchant les expériences, et aussi longtemps que les architectes continueront à ne parler qu'entre eux et ne prendront pas conscience de leur rôle en tant qu'intellectuels, je ne verrai pas de raison d'espérer dans notre domaine; pourtant cette remarque dépasse les frontières étroites d'une seule région, mais concerne toute la Suisse, et aussi le Tessin. □

Traduction: Séverine Gueissaz

Repérage de la situation actuelle de la jeune architecture suisse alémanique

## Peu de réalisations, beaucoup de plans

Marcel Meili

Il transparaît bien plus de l'essence d'un objet au moment où il est négligemment jeté, que lors de sa première apparition sous la forme d'un produit neuf à la destination précise, écrit Roland Barthes. Plusieurs de nos projets conçus dans les années 1980 ne sont peut-être qu'une vague paraphrase de cette hypothèse. En fait, nous sommes à la recherche d'une sorte de «vérité de l'usage», que nous pressentons intuitivement dans le voisinage de la fonctionnalité et de la consommation mais qui nous interpelle pourtant aussi à l'antipode complet de ces représentations de la valeur. Ce n'est donc pas tellement l'optimisation des modes d'utilisation du bâti qui retient notre attention que le processus de dépôt et de sédimentation des significations dans les formes tel qu'il résulte de la répétition inlassable des usages quotidiens. Ces significations sont envisagées bien sûr en dehors de la sphère dans laquelle, sous couvert de philanthropie, certains architectes voudraient inscrire définitivement le mode d'emploi «correct» de l'environnement construit. Elles nous incitent à explorer les territoires interdits où l'usage trivial et la consommation distraite de l'architecture rendent presque ridicules les projets pleins de bonnes intentions: zones industrielles, banlieues, tissus pavillonnaires provisoires.

Je pense que cet intérêt est en relation étroite avec l'influence exercée sur nous, dans les années 1970, par la présence d'Aldo Rossi et des Tessinois à l'EPF de Zurich. Après une première période d'imitations scolaires, les difficultés d'une transposition des catégories rationalistes dans le contexte culturel suisse alémanique ne tardent pas à se manifester. Au delà des fenêtres carrées et des «portici», les thèses de Rossi nous incitent, parmi d'autres choses, à entreprendre une archéologie rigoureuse de notre propre situation. La «mémoire collective», la «ville», le «type», toute la chaîne de ces idées énigmatiques doit recevoir un contenu adéquat à la situation locale. L'enjeu consiste à opposer à l'ennui et à l'abstraction des dogmes tardo-modernes, à toutes les téléologies sociales ou techniques, une architecture susceptible d'incarner des significations culturelles de portée plus générale. Un recentrement du projet autour des problèmes de la forme nous paraît receler quelques chances de succès, à condition d'y intégrer une compréhension plus globale des multiples modalités de son «usage». Ce point constitue un motif essentiel de notre attitude critique à l'égard de l'idéologie moderne du projet.

Nos incursions dans le monde du banal et de la quotidienneté sont d'abord une quête de significations collectives. Ces recherches, qui s'effectuent dans un contexte d'éclatement des mythologies nationales et des ordonnances territoriales, tentent de recueillir les traces d'une identité dans la mobilité affairée de notre culture actuelle. Nous sommes guidés d'emblée par l'intuition que les éléments d'une telle identité sont moins à recueillir dans une éventuelle tradition typologique de l'architecture que dans le tissu d'activités coutumières sécrété par les modes de vie actuels en Suisse. Le caractère non urbain de nos agglomérations, la modernité sans histoire de nos institutions providentielles, leur rationalité routinière, toutes ces expériences font obstacle au pathos historique du rationalisme italien. Nous nous sentons ainsi une plus grande affinité avec sa notion d'«ambiente» (l'ambiance, le milieu ambiant) qu'avec celle de «tipo» (le type). Notre problématique n'est pas marquée par la reconstruction du lieu ou la réparation urbaine, mais bien par l'objectif d'expliciter les images et les atmosphères porteuses d'un caractère général, «typique».

Nos projets sont élaborés à partir d'un important substrat de recherches iconographiques, qui visent à cerner ces images particulières dans lesquelles se reflète un usage courant et non spectaculaire des objets architecturaux. Cet ensemble de figures nous sert en quelque sorte de constante morphologique; nous y reconnaissons l'expression anonyme, mais non moins spécifique, de notre tradition. Ces images fournissent une sorte de cadre scénographique ou de trame dramatique à la formulation du thème du projet. Ainsi, le projet pour le «Klösterliareal» à Berne (ill. 1) thématise toute l'ambivalence du rapport social à la ville tel qu'on l'observe dans la pratique contemporaine courante. Les auteurs proposent d'implanter en bordure du cliché touristique que représente aujourd'hui la «Vieille ville de Berne» une construction hôtelière dont les dimensions rompent complètement avec l'échelle de l'environnement immédiat et la tranquillité de ses espaces. En recourant à des associations qui évoquent l'architecture hôtelière alpine et les grands aménagements provisoires des stations de montagne, le projet fournit une interprétation précise de la topographie escarpée du site local qui réussit quasi à convoquer aux portes de la capitale touristique bernoise toute la présence de son arrière pays. Les moyens stylistiques et les modes constructifs sons sans équivoque: ils racontent un morceau de Suisse que chacun connaît et peut reconnaître au-dela de l'effet de décontextualisation obtenu au niveau des volumes et des espaces. De nombreux projets de cette époque sont inspirés par un réflexe fondamentalement antimoderne qui se manifeste surtout dans la mise en œuvre mimétique des matériaux, si ce n'est dans les sources figuratives. Ces projets sensibilisent le regard pour les architectures dissimulées dans l'ombre des monuments modernes et élargissent le champ de la perception à ces domaines où la Suisse contemporaine puise ses traits les plus caractéristiques: les ouvrages de l'infrastructure routière, les constructions touristiques et industrielles, les ouvrages de génie civil du XIX$^{ème}$ siècle. Il s'agit souvent d'images impures, de regards jetés sur des édifices maladroitement bricolés ou sur les produits grotesques d'un certain pragmatisme constructif qui procède au jour le jour. Tous ces projets partagent un intérêt commun pour une certaine expressivité figurative: on s'attache à faire parler le matériel symbolique de l'architecture suisse depuis la révolution industrielle. Certes, il y a de toute évidence dans ces travaux un moment pittoresque et un goût de la narration évocatrice et sentimentale, quand bien même ce sont justement la dureté et la rudesse des matériaux dégradés et des paysages délaissés de la périphérie qui leur servent de support. Au-delà des affinités particulières, ces approches poursuivent des objectifs de portée générale. La démarche vise à prévenir une nouvelle dissociation des différents niveaux d'abstraction du projet, que ce soit en termes de typologie, de rationalité constructive ou de style. L'univers figuratif qui sert de substrat à ces projets rend ces différents aspects indissociablement solidaires. Ces projets communiquent moins un message dérivé d'une conception de base autosuffisante et homogène, qu'une interprétation globale du programme constructif sous la forme d'un scénario. Par un tel procédé, ces projets se démarquent radicalement des rituels académiques de légitimation qui gagnent dangereusement du terrain chez nous aussi: logique de l'histoire, reconstruction du lieu, conformité typologique. Rien d'étonnant qu'en prenant le risque de mettre en suspens ces figures triviales de la rationalité, les projets de la jeune tendance s'exposent le plus souvent à des jugements sévères dans les concours. Dans le cas de la Bourse de Zurich-Selnau (ill. 2), c'est précisément au moment où le projet s'efforce de formuler un message fort mais pluriel qu'il se heurte à la critique. En disposant un volume isolé au milieu d'une séquence d'édifices collectifs du XIXème siècle, cette proposition génère des espaces extérieurs ambivalents qui ne coïncident ni avec le type de la «rue corridor» ni avec celui de la place (qui n'existe de toute manière pas à Zurich...); c'est plutôt l'expressivité austère de l'architecture des halles et des stades qui prévaut ici: une image symbolique, sans doute, mais sûrement pas une image de représentation pour la Bourse de Zurich.

**Eléments combinatoires et manipulations**
Dans ces projets, le thème figuratif ne sert pas uniquement à contrôler l'expression de la façade: il englobe tout le dispositif structurel des édifices. Avec une intention ouvertement subversive et encombrante, les rendus de projet enveloppent volontiers leurs représentations dans une sorte de réalisme photographique qui inclut la texture des matériaux et l'atmosphère des espaces et va jusqu'à faire participer l'usager lui-même, à titre d'acteur dans l'événement scénique, pour cerner le plus possible le monde d'habitude corrélatif de l'objet. Si le registre de ces images continue à nous intéresser, nous n'en ressentons pas moins un malaise croissant à l'égard de ce mode de narration symbolique tendanciellement totalisateur.
La Suisse comme diorama du profane: l'insistance et l'univocité de nos images finit par entrer en contradiction avec un caractère fondamental de notre environnement culturel. Si l'on se réfère à la manière un peu bougonne de s'exprimer, chez nous, on doit bien constater que le pathos symbolique et métaphorique n'est vraiment pas un trait distinctif de notre langage. Les signes les plus manifestes véhiculent toujours avec eux un monde de significations allusives, de connotations sous-jacentes, d'évidences tues. Cette mentalité de l'expression voilée reste presque hors d'atteinte de nos récits architectoniques.
Les recherches historiques sur la Nouvelle architecture en Suisse conduites par quelques uns de nos collègues nous procurent un accès privilégié à cet univers. Là aussi, et de façon tout à fait caractéristique, ce ne sont pas Mies ou Le Corbusier qui sont au centre de l'attention, mais la reconstitution presque sans lacune de notre propre tradition depuis les années 1930 jusque dans l'après-guerre. Du point de vue de la méthode, les apports positivistes, qui concourent à la sauvegarde des sources avec un zèle quasi archivistique, et les éléments d'approche sémiologique, qui visent plus spécialement la reconstruction du système de signification du langage architectural moderne, coexistent en bonne complémentarité. Ces essais d'application de modèles sémiologiques revêtent pour nous un intérêt particulier dans la mesure où ils tendent à mettre en évidence une sorte de caractère dialectal de la tradition du projet moderne dans notre pays. Lorsqu'on se penche sur les moments plus analytiques et abtraits de cette tradition locale du projet, on réussit à mettre en évidence de façon tout à fait exemplaire le monde des valeurs qui reste latent dans les pratiques culturelles. Ces recherches historiques s'attachent en somme à recueillir ce double niveau de signification: d'une part, un lexique de figures de la composition architecturale et, d'autre part, les traits distinctifs d'une certaine mentalité. On repère la complémentarité de ces deux niveaux, par exemple, dans l'apparente nonchalance avec laquelle on maîtrise la corrélation entre l'espace et la lumière, le perfectionnisme que l'on voue au traitement des solutions constructives, dans le pragmatisme réservé aux exigences du programme, dans l'acception presque servile de l'idée de qualité du travail et du produit, qui s'exprime à travers une mise en œuvre sans prétention des ressources techniques, voire même un soucis presque mesquin des valeurs nationales.
La manière dont cette connaissance historique entre dans l'élaboration du projet peut paraître au premier coup d'oeil paradoxale. On commence par s'approprier, au cours d'une sorte de pillage iconographique, un certain nombre d'images qui font désormais partie du patrimoine commun de l'histoire, comme par exemple l'empirisme de Haefeli-Moser-Steiger ou les architectures de bois des années 1930. Mais tout comme dans l'architecture anonyme, l'usage qui est fait de ces signes n'est pas particulièrement marqué et les valeurs transmises demeurent générales. D'un autre côté, cependant, nos projets vouent un intérêt croissant à la réintégration de l'état d'esprit particulier des protagonistes de la modernité en Suisse. La tolérance critique d'un Salvisberg à l'égard de la médiocrité helvétique, l'anti-intellectualisme de Egender ou la froide discipline d'un Emil Roth, ce sont bien ces types de comportement qui nous permettent de faire le lien entre ce que nous percevons de la Suisse au niveau des images et notre propre tradition du projet moderne. Au-delà de leurs propositions stylistiques, ces architectes nous procurent une vision précise des marges d'expérimentation susceptibles d'être exploitées dans les conditions culturelles régnantes.
Ces deux pôles constitués par les aspects iconographiques et les données structurales du projet moderne permettent à tout un éventail de procédés intermédiaires de trouver un ancrage. Leur dénominateur commun tient en tout cas dans un intérêt partagé pour une mise à distance déterminée des références historiques dans le projet. Pour dire la même chose en d'autres termes: ce qui fait l'unité de ces différents procédés, c'est à chaque fois la façon dont ils se procurent le thème d'un projet propre en faisant éclater — avec des résultats différents — l'imitation.
Dans la maison mixte d'ateliers et de logements à Langnau (ill.3), les images puisées dans la tradition de l'architecture en bois ne procurent guère plus que l'enveloppe rhétorique facilement accessible d'un jeu de dérogations. Ces images assument en quelques sorte un rôle de catalyseur pour des variations expérimentales qui ont cependant pour objet effectif les qualités plastiques de la volumétrie et de l'espace. L'étirement accentué de l'espace principal ou l'implantation dans le terrain traduisent bien, sous des dehors de discrétion, une intention secrète de rupture du code. L'image elle-même subit à peine l'effet de ces distorsions. Au contraire: elle nous restitue quasi littéralement l'ingéniosité constructive d'un Fischli ou d'un Roth, analysée avec une méticulosité presque archéologique. Mais en procédant ainsi, cette stratégie de projet ne tarde pas à générer elle-même ses propres contradictions. Dans la mesure où l'évocation de ces modèles constructifs implique une mise en suspens de la technologie actuelle de la charpenterie, c'est l'ambition de rationalité même que ces systèmes entendaient incarner qui se trouve vidée de son contenu et «désavouée». Il reste à se demander si la pureté stylistique de l'image est vraiment nécessaire à la formulation des effets spatiaux et volumétriques explorés. La citation comme moyen de se procurer un espace de liberté inventive au revers des signes est un procédé récurrent. Un autre procédé consiste à transformer le statut de l'image elle-même. L'audace des rapprochements incongrus et la distance critique qui caractérisaient nos premiers choix de références excentriques réapparaissent dans la frabrique de Mönchaltorf (ill.4) non sans subir un certain glissement. Le traitement très «brut» du béton,

l'économie impitoyable des moyens architecturaux et leur stricte réduction au contrôle des proportions et des rapports l'ombre et de lumière ont pour effet, consciemment recherché, de neutraliser les renvois stylistiques. L'édifice renforce ainsi un climat de rigueur dépouillée qui renoue è un niveau abstrait avec la rudesse de certains courants de la tradition moderne. L'évidence et sa surenchère critique coexistent en toute immédiateté. Les aspirations du maître de l'ouvrage et la rationalité d'entreprise qui est la sienne subissent un dépassement dans la mesure où elles sont radicalisées formellement...

Une troisième attitude de projétation se propose de thématiser ces processus mêmes qui déstabilisent en permanence le statut des images. Dans le projet pour l'hôtel Habis-Royal près de la gare de Zurich (ill.10), les sources demeurent reconnaissables: un remake du XIX$^{ème}$ siècle et une baraque. L'intérêt se porte sur les opérations d'hybridation et de montage et sur leur effet de décontextualisation sémantique: on observe comment les images se heurtent. Ce n'est pas la fonction référentielle, narrative des différents éléments qui est ici au premier plan de l'attention, mais la violence du changement urbain tel qu'il se manifeste à travers le voisinage d'architectures hétéroclites, dans les césures maladroitement colmatées, dans les espaces résiduels et interstitiels en friche. Le bagage de l'expérience moderne influe moins, dans ce cas, sur le plan de la forme, que sur celui de l'attitude perceptive. Cette méthode de projétation mise sur une certaine diffusion de la visualité moderne telle qu'on la voit à l'œuvre, notamment, dans le cinéma, la photographie et la bande dessinée. Il s'agit d'un type de regard qui procède par synthèse de perceptions fragmentaires et multiplication des changements de perspective. L'objet conçu comme pôle de séquences perceptives toujours incomplètes et donc nécessairement infinies doit pouvoir se prêter à des opérations de montage toujours nouvelles au gré des changements de points de vue.

**Images évanescentes**
Nos projets plus récents se distinguent par une volonté de refréner le potentiel associatif de l'image. Les propositions les plus radicales abandonnent carrément le champ de la figuration en direction d'une abstraction généralisée. On a affaire ici à une modernité relativement dégagée du contexte culturel local. Cette attitude de projet est nourrie de l'étude historique des opérations de composition des Maîtres du Mouvement moderne – dans le sillon desquels elle se place. La liquidation de toute expérience éclectique et l'intérêt porté à l'espace, au volume, à la lumière et à la structure peut paraître vouloir répéter leur geste de repli sur les «valeurs essentielles» de l'architecture (ill.5). En fait, cette démarche est moins a-historique qu'on pourrait le supposer et porte sur des objectifs plus exactement centrés. Dans le projet pour l'ex-station ferrovière de Zurich-Selnau, on s'est efforcé d'approcher le point d'intersection où la progression dans l'approfondissement actuel de ces aspects essentiels de l'architecture rencontre nécessairement la mémoire de ces architectures précédentes sans lesquelles ces aspects ne se seraient jamais constitués comme objets de recherche. Cette conscience des liens indissociables qui unissent les aspects logiques et historiques de ces thèmes fondamentaux de la création architecturale fait toute la différence entre le projet et ses sources d'inspiration. Celui-ci opère avec la mémoire lucide d'un demi-siècle d'expérimentations modernes. Les significations que le temps a déposées dans ces témoignages architecturaux sont délibérément mises en œuvre en cours de projet.

On avance sur la corde raide: l'image, dans nos projets, a – ou avait – pour fonction de symboliser métaphoriquement l'activité du souvenir; plus précisément, nous nous sommes servis de ce support pour exprimer notre conviction de travailler bien plus en tant qu'héritiers d'une situation qu'en tant que précurseurs d'une situation nouvelle. Cette conviction n'a pas changé dans l'entre-temps. Mais le formalisme tapageur de la production architecturale contemporaine a fini par nous faire douter de la force persuasive des figures narratives. Par leur abondance même, les récits architecturaux se neutralisent mutuellement; l'abus des signes engendre un bruit non spécifique dans lequel le jugement critique paraît s'enliser: les préférences et les aversions ne réussissent plus à s'objectiver. Aucun espoir «de se faire tout de même comprendre» ne réussit à subsister sous la pression de ces conditions babyloniennes. Sans prophétiser la ville nouvelle d'avant-garde, le projet pour Selnau n'annonce pas non plus la réconciliation avec la ville existante. A l'image des «china towns», «modern town» prend part à l'existence de la ville sur le mode du fragment: un fragment qui jouit d'une certaine autonomie dans la mesure où ses occupants en partagent certaines aspirations, mais avec le soucis constant, par ailleurs, de veiller à ce que la confrontation muette des parties de la ville ne tourne pas au scandale...

On voit ainsi une sorte d'«héritage moderne» se profiler derrière les images. Cette longue trajectoire d'évaluation des ressources de l'image pour la projétation ne laisse peut-être subsister qu'un intérêt pour une reprise de ce qu'a été le XX$^{ème}$ siècle comme histoire et non comme programme. Les champs d'explorations nouvelles qui se trouvent ainsi ouverts n'ont plus que de vagues rapports entre eux. A titre de propositions pour un «art de la réception», leur dispersion exprime l'envergure de nos discussions actuelles.

Essayons d'y distinguer quelques foyers de convergence. Le repli sur des domaines de préoccupation directement liés à la pratique professionnelle fait porter l'expérimentation plutôt sur les procédés. Les conditions d'exercice de la projétation, aussi contraignantes soient-elles, servent de prétexte à repenser sans cesse les actes singuliers de la production architecturale en dehors des acceptions conventionelles, et ceci sans grands scrupules idéologiques. Ainsi, l'élégance géométrique du projet pour la «Kreuzplatz» à Zurich (ill.6) est à comprendre en rapport étroit avec les données urbanistiques complexes du site soumis au concours. Quelques alignements minimaux suffisent à donner une évidence aux contours aléatoires de l'aire d'intervention et à préparer ainsi le terrain pour le véritable thème de l'intervention: renforcement d'un ancien tracé de voirie, présence frontale sur la place, transitions spatiales fluides vers le parc. C'est dans la mobilité conceptuelle que présupposent de telles opérations qu'il faut aller chercher les traits maniéristes de l'expérimentation et la concentration de l'intérêt sur les ressources spécifiques du médium. La connaissance historique du corps des procédés de la projétation moderne met à la disposition de notre travail une sorte de palette de ready-mades méthodologiques. Souvent, le recours à ce savoir a lieu de manière arbitraire, voire presque anarchique. Parfois, ce ne sont plus que d'infimes manipulations, de petites dérogations à la marche codifiée des manières de faire, qui trahissent la présence d'une visée expérimentale dans la conventionnalité presque complète de la proposition (ill.7,8).

De telles intentions vont souvent de pair avec une certaine retenue stylistique pour ne pas parler d'ascèse. Mais ce rigorisme linguistique ne s'explique que partiellement par la volonté de mettre à nu le processus derrière le produit. Il n'en demeure pas moins un certain moralisme de la forme, dans lequel le dégoût de la préciosité et de l'originalité à tout prix s'allie à la fascination pour une immédiateté sans ambages du message. Le matériel formel, tel qu'il est mis en œuvre dans les projets pour Zurich-Binz (ill.9) ou pour Horgen (ill.11), est d'une discrétion qui atteint presque la limite de l'indifférence, le degré zéro de la valeur signifiante. Ce réflexe anti-symbolique fait bien-sûr partie de l'héritage moderne, mais il n'est pas seulement cela. Nous voyons dans ce traitement pragmatique des ressources architecturales un reflet adéquat du mode de se comporter à l'égard des objets physiques tel qu'il s'est codifié dans notre propre culture. En thématisant ces choses dans le projet, nous nous proposons de faire parler les valeurs implicitement présentes dans ces usages.

Peut-être existe-t-il tout de même un dénominateur commun de toutes ces perspectives de recherche: une volonté affirmée d'interpréter les conditions spécifiques d'effectuation de notre propre modernité. La Suisse a réussi comme aucun autre pays, semble-t-il, à transférer tout ce que les *modern times* recelaient de stimulant et de remuant dans la normalité du quotidien. Toute la duplicité de ce mode de vie, qui parvient sans cesse à restaurer l'étrange équilibre d'une capacité croissante d'agilité avec celle d'une placidité imperturbable, existe pour nous à deux niveaux: au niveau des circonstances que nous nous proposons d'interpréter, et au niveau de notre propre biographie.

**Post-scriptum**
Combien d'idées vieillissent avant même d'avoir été concrétisées dans un édifice, voire avant que les modes architecturales ne soient venues les réduire à l'état de bribes d'un discours incohérent! «Peu de réalisations, beaucoup de plans» est le manuscrit d'un exposé rédigé en 1987 sans la moindre ambition historiographique ni encyclopédique. Il s'inscrivait dans les échanges d'un cercle de jeunes architectes de Zurich et de Lucerne, qui se rassemblaient pour débattre et tirer une sorte de bilan des expériences communes effectuées dans le cours des études ou dans les débuts de la pratique professionnelle. Ce texte retrace avant tout la trajectoire d'idées recueillies à l'EPFZ dans les années 1970 à travers la didactique, entre autres, des enseignants tessinois, de van Eyck et de Rossi. Il rend compte de nos tentatives de transposition de ce bagage théorique dans le contexte suisse alémanique. Le temps écoulé permet d'accuser encore mieux les contours. Les travaux de cette période paraissent désormais appartenir à un débat nettement plus vaste, conduit également ailleurs et par d'autres. Parmi les traits communs qui caractérisent ces projets, il faut relever avant tout le fait qu'une minorité seulement ont débouché sur le chantier. Le début des années 1980 a été, dans la scène architecturale suisse alémanique, une période d'intense activité critique. Celle-ci s'est servie avant tout du langage parlé comme médium de la réflexion; un langage dont la terminologie s'est trouvée profondément modifiée. Plus que jamais, ce débat a évolué dans une sorte de ghetto du papier et du dessin. Ce ne sont pas les matériaux qui manquent si l'on voulait éditer une petite anthologie de ces idées jamais sorties du ghetto... Et pourtant toutes n'ont pas échoué par manque de maturité. Dix ans plus tard, la situation se trouve fortement modifiée. Plusieurs idées en germes dans les discussions d'alors ont entre temps trouvé la voie de leur réalisation construite ou existent à l'état de projets avancés. De nouveaux noms ont percé, dont les travaux ont acquis une certaine résonance non seulement comme produits, mais comme attitude de projétation. Et c'est sans doute grâce aux positions qu'ils illustrent que ces travaux ont pu susciter le débat et recueillir un écho au dehors de nos frontières. Cette résonance collective montre bien combien, au delà de leurs traits individuels, ces travaux partagent certaines ressemblances. Au bénéfice d'un climat privilégié par rapport à ce qu'on pouvait observer ailleurs ces dix dernières années, la jeune architecture suisse alémanique est restée à l'abri des violentes divisions polémiques. Celle-ci s'investit bien plus dans l'approche de ce qu'il nous faut appeler sommairement une subjectivité moderne, faute de pouvoir développer ce point dans ce cadre.

Ce qui importe plus ici est de noter combien la confrontation de plus en plus rude du travail avec ses conditions d'exercice extra-disciplinaires a provoqué un renforcement de la tendance à concevoir le projet comme instrument d'une critique morale à l'égard des pratiques culturelles locales: on continue avec ténacité à faire l'archéologie de la ville moderne déjà construite. Comme ailleurs, les architectes se voient de plus en plus confrontés avec une culture qui mesure la qualité architecturale avant tout à sa capacité de renouveler les images de marque que l'accélération de la croissance économique à la fois requiert et permet. L'«art», pour reprendre un terme clé du débat de ces dernières années, a sans doute une résonance équivoque. Dans notre cas, cette ambiguïté permet à l'architecture d'exister comme objet autonome de jouissance choisie.

La mention de quelques travaux récents et moins connus suffira à illustrer les modifications du climat. Ces projets partagent un même refus de l'anecdote et mettent à profit la marge de manœuvre ainsi gagnée, moins pour retrouver des spéculations formelles, que pour retrouver des propriétés originaires de la composition. Ceci a lieu en réaction à la trivialisation et au maniérisme croissant de l'architecture contemporaine. Peter Märkli parvient à une démonstration extrêmement convaincante des ressources d'une telle attitude de projet dans la maison construite pour abriter les reliefs et demi-figures du sculpteur Josephson (ill.12): une maison sans installations ni équipements, édifiée presque sans argent. Le dialogue avec les sculptures trouve un renfort dans la réduction des moyens à la paroi, à l'espace et à la lumière. La geste se veut polémique contre l'effet nivelant de la tendance actuelle à vouloir tout intégrer. Axel Fickert mène une recherche comparable à propos des standards de la construction d'immeubles de bureaux (ill.13). Le projet se faufile à travers les méandres des normes et des préjugés du calcul spéculatif et cherche l'architecture derrière les besoins. Il la trouve en radicalisant ces derniers. En bravant les figures typiques sur lesquelles s'appuie une certaine rationalité planificatrice, il applique une méthode dont la logique autonome en fait une rationalité exactement contraire.

En dépit des différences, on constate aujourd'hui chez quelques architectes de la jeune génération un intérêt pour des opérations qui visent à isoler le noyau essentiel d'un programme constructif, de manière à le recomposer différemment. Au cours de leur quête des conditions d'exposition les plus adéquates pour les toiles de Kirchner à Davos, Gigon et Guyer, assistés de Zaugg, retrouvent le type de la salle de musée du XIXème siècle (ill.14). Après en avoir décomposé les éléments, ils inventent un mode d'agrégation qui rompt complètement avec la hiérarchie traditionnelle du type et atteint à un équilibre presque parfait des espaces et des dégagements. Bräm et Wassmer appliquent même ce traitement avec un succès remarquable à des abris pour les usagers des transports publics, qui servent depuis un certain temps à la démonstration d'une mentalité d'ammeublement urbain du plus mauvais goût

(ill.15). Avec une certain rigueur les parties constructives
sont mises en tension avec les exigences fonctionnelles: un
vrai projet d'architecture et non un objet de design.
Ces exemples illustratifs n'ont aucune valeur anthologique.
Ils permettent plutôt de prolonger les développements de
l'exposé jusque dans le vif de la pratique contemporaine du
projet. Tout ce que nous avons vu s'élaborer en étroite
confrontation avec le contexte suisse tend aujourd'hui à
prendre un visage plus général et plus abstrait. Les
nombreux renvois aux acquis modernes tels que l'espace, le
volume plastique et la technique constructive, se présentent
souvent désormais dans un contexte plus mouvant. On
pourrait y voir comme un réflexe de fixation sur les valeurs
menacées d'une ère culturelle finissante. Il y a lieu de se
demander, en outre, si le caractère surréaliste qui est propre
à certains des meilleurs projets récents, appartient à l'ordre
de la représentation ou plutôt à celui des circonstances
représentées. □

Cet essai est le manuscrit d'un exposé présenté à Berlin dans le cadre de
l'académie internationale d'été en 1987. Le post-scriptum a été ajouté en
1990 pour cette publication.

Traduction: Sylvain Malfroy

## Remarques sur la sélection des objets et la composition des notices

La présentation des édifices répertoriés suit les critères
topographiques caractéristiques du guide d'architecture. On
a toutefois cherché dans la mesure du possible à regrouper
les ouvrages d'un même architecte en une unique séquence.

Seuls les projets réalisés – ou ceux dont la réalisation est en
cours, voire imminente – ont été pris en considération.

Un certain nombre de projets sont présentés de manière
abrégée à titre indicatif en raison de leur intérêt et de leur
réalisation prochaine.

En règle générale, les notices et les représentations se
rapportant aux objets catalogués ont été rédigées et
calibrées de la manière suivante:
– les édifices de grande et moyenne importance (en termes
de cubature) figurent sur une page; les programmes plus
petits (maisons familiales, etc.) occupent une demi page; les
opérations à caractère extensif et les grands complexes sont
publiés sur une page et demie ou deux pages. Les
exceptions faites à cette règle sont motivées soit par les
contraintes du parti graphique soit par l'abondance
particulière du matériel mis à disposition;

– tous les édifices sont désignés par leur localité et leur
adresse (rue ou quartier). Les éléments de datation se
rapportent au début de la projétation et à l'achèvement du
chantier;
– les noms mentionnés sont ceux des architectes
responsables.
Le bref commentaire accompagnant le matériel visuel est de
la rédaction, sauf dans les cas où le signe □ indique un
texte original des auteurs du projet, éventuellement modifié
dans sa longueur par la rédaction.
En fin de volume, un index des architectes donne quelques
renseignements biographiques généraux sur la «provenance»
et l'appartenance à une génération.
Les travaux préparatoires en vue de cette publication
remontent aux années 1985/86 (le titre primitif en était
«Architecture en Suisse alémanique vers 1980»). Des
circonstances imprévues en ont empêché la poursuite et
reporté la réalisation en 1990, non sans entraîner de
nombreux remaniements et compléments. Les inexactitudes
éventuelles – notamment dans les notices biographiques des
architectes – sont à attribuer à ces décalage, dans le
processus prolongé de gestation de l'ouvrage. P.D.

## TESTI IN ITALIANO

## Una breve introduzione e uno sguardo retrospettivo incompleto

Peter Disch

Nella Svizzera dei diversi ambiti linguistici e culturali e della tradizione cosmopolita, sono sempre esistite tendenze regionali. Se da un lato il gioco alterno fra rifiuto e accettazione ha stimolato la creazione di forme espressive concentrate, dall'altro, ha anche facilitato l'infiltrazione di influenze e di idee straniere.[1]. La Svizzera, inoltre, è collocata al centro dell'Europa, ossia in un punto di intersezione di diverse culture. D'altronde il compendio di tre regioni linguistiche e culturali origina anche problemi inerenti alla ricerca della propria identità da parte del singolo. Ne consegue che da un lato l'originalità e la produzione architettonica delle rispettive regioni risulta in parte diversa e differenziata e dall'altro sono riconoscibili determinati influssi reciproci. Al centro degli interessi e della discussione architettonica svizzera degli ultimi quindici anni c'è stata indubbiamente l'architettura in Ticino. Nomi come Botta, Snozzi, Campi, Galfetti, per citare solo alcuni esponenti, hanno goduto e vantano tuttora un considerevole rispetto in tutta Europa, nonché oltreoceano. Insegnano alle Scuole d'architettura, facendo così valere la loro influenza. Simili confronti hanno avuto i loro effetti critici anche sulla giovane generazione in Svizzera tedesca, intenta a cercare la propria strada fra l'architettura ticinese (intendendo per essa i «maestri», dato che la generazione successiva è rimasta nelle loro scie, senza essersi ancora distinta in virtù di una propria originalità e autonomia) e le esperienze con la confusione internazionale e le perplessità del postmodernismo e del decostruttivismo.

Dopo le numerose pubblicazioni sull'architettura ticinese degli ultimi anni risulta opportuno, anzi indispensabile, presentare gli sviluppi più recenti dell'architettura nella Svizzera tedesca (più tardi anche quelli della Svizzera francese), dove ha iniziato a formarsi una nuova identità dopo la stagnazione degli anni '60 e '70.
«Come difficilmente altrove l'architettura della Svizzera tedesca è stata risparmiata dalle accese polemiche degli ultimi dieci anni. Essa sembra coniata piuttosto dalle diverse analisi di una soggettività moderna, che non è il caso di descrivere in questa sede».[2]
L'insegnamento di Aldo Rossi al Politecnico zurighese (1972-1974/1976) – citato da tutti gli autori, peraltro di generazioni diverse, dei testi qui pubblicati – ha avuto un influsso determinante sugli studenti di allora, ovvero gli architetti quarantenni di oggi, i costruttori del presente. È importante evidenziare che non è stata tanto l'architettura di Rossi a svolgere il ruolo determinante, quanto le sue teorie, il suo metodo di progettazione e il conseguente *atteggiamento*. In Svizzera tedesca si è profilata infatti negli ultimi anni un'architettura che è stata capace di concretizzare l'insegnamento dell'«architettura razionale» in base alle proprie premesse culturali, ai propri tipi e alle proprie immagini, come scrive Martin Steinmann[3] (a questo proposito Miroslav Šik parla di Tendenza Svizzero-tedesca).[4]
L'attenzione è focalizzata innanzitutto sulla tipicità: le immagini tipiche della tradizione architettonica e costruttiva, Moderno compreso, vengono coinvolti e inclusi come elementi costanti. Il rapporto con la storia del moderno vi svolge un ruolo non indifferente, ad esempio nella ripresa del Moderno svizzero precedente e immediatamente successivo alla guerra, quello degli anni '50 (Artaria, Schmidt, Haefeli-Moser-Steiger, Roth, Egender, Bill, ecc.).
Nel suo testo Martin Steinmann, uno dei più competenti critici d'architettura in Svizzera, si occupa dello sviluppo dell'architettura recente in Svizzera tedesca, in particolare dell'architettura «semplice» e «comune», si confronta con il significato delle immagini nell'architettura, con la tradizione «costruttivista», con la continuazione della città fino all'astrazione, con il riconducimento dei mezzi alla loro forma più essenziale e generalizzata.
Dolf Schnebli e Luigi Snozzi, ambedue architetti con una solida esperienza, che hanno influenzato e continuano tuttora ad influenzare la scena architettonica, ambedue impegnati didatticamente ai Politecnici di Zurigo e Losanna, interpretano lo stato delle cose dal loro punto di vista, quindi anche in qualità di insegnanti. Infine, Marcel Meili espone il punto di vista della situazione, come rappresentante della generazione giovane.
I capoversi seguenti vogliono richiamare brevemente l'attenzione su alcuni problemi e su determinati avvenimenti non trattati esplicitamente negli altri contributi, degni tuttavia di un accenno, in quanto appartenenti anch'essi alla scena architettonica dell'ultimo decennio; problemi presentati in forma di esempi con valenza generale.

Zurigo, ad esempio, quale maggiore città svizzera, centro commerciale e industriale, oltre che sede universitaria, presenta una strana immagine della sua relazione con l'architettura: da un lato troviamo la deficienza di una volontà innovativa, di una generale sensibilità per l'architettura da parte dei committenti, così come di soluzioni urbanistiche (Stadelhofen rappresenta l'eccezione alla regola). Dall'altro lato notiamo invece un'attività creativa sul piano teorico-spirituale. Forse gli sviluppi futuri sono radicati proprio in questa dimensione?

La nuova guida dell'architettura della città di Zurigo (1980-1990)[5] con 100 oggetti scelti «...di svariate dimensioni ma non di diversa qualità» (!) – come scrivono gli stessi curatori, mostra un atteggiamento ambiguo. «Questa definizione intenzionalmente estesa dell'architettura permette di trovare un numero fiero di oggetti degni di nota nella nostra città, che negli ultimi due decenni si è distinta solo raramente per coraggio architettonico e ancora meno per spirito innovativo. Tuttavia in questa antologia si è infiltrato anche più di un esempio di architettura di terza categoria».[6] In futuro occorrerà più spesso porre al centro dell'attenzione i quesiti legati al contesto urbanistico, che vanno al di là del compito puntuale, del problema singolo.

Mantenere, conservare (non trasformare) è un alto comandamento per la cura dei monumenti storici. Edifici degni di tutela vengono sventrati, derubati del contenuto e adibiti a nuovi scopi – ciò che rimane è la facciata come finzione scenica, come falso. L'unità è distrutta.

Zurigo potrebbe essere designata anche come città dei progetti incompiuti o delle occasioni mancate. Si ricordano a titolo esemplare i concetti viari dei decenni passati, i concorsi per il nuovo Schauspielhaus (J. Utzon), per la nuova Opera (W. Dunkel). Il progetto per l'ampliamento della sede centrale dell'Università, all'inizio degli anni '80, rappresentava un progetto di insolita qualità, concepito come una rara unità, realizzato da un giovane architetto, Marcel Meili; un progetto la cui inequivocabile volontà documenta un'intenzione urbanistica. L'architettura, presentata con mezzi *strutturali* e con raffinata sensibilità era stata premiata con il primo rango, ma successivamente osteggiata e condannata all'insuccesso da ambigui intrighi. Di fatto, poi, non fu mai realizzato nulla...

Un altro esempio fallimentare: il concorso per il

«Papierwerdareal (Globus-Insel)» in un punto urbanistico sensibile, in mezzo alla città, lungo il fiume: i progetti migliori e maggiormente innovativi non furono presi in considerazione. Concretamente non fu realizzato assolutamente nulla...

La zona della stazione centrale: una grande occasione per la città – in realtà una situazione sprecata e mancata, con il «HB-Südwest» ovvero «l'assurdità sopra i binari»: una bugia architettonica e un progetto *contro* la città...[7]
Lucerna, al contrario, ha saputo affermarsi: con la nuova stazione è nato infatti, in uno spazio di tempo ridotto, un complesso unitario e significativo dal punto di vista architettonico-urbanistico, a cui hanno partecipato anche molti architetti giovani e competenti. D'altronde anche per questa città non mancano i progetti eccezionali di edifici a scopo culturale, sotterrati senza tracce dopo un gran dispendio di mezzi: il museo d'arte di Kreis-Kreis-Schaad e il Centro di congressi e cultura di Jean Nouvel-Emmanuel Cattani (1990) ... Degna di nota è inoltre la fondazione della «Architekturgalerie Luzern» (Galleria d'architettura) (1983) dove vengono presentate con grande entusiasmo delle mostre che trovano un riscontro positivo anche oltre la Svizzera centrale.[8].

Anche Basilea – che per tradizione vanta una coscienza culturale più consolidata – sta progettando nella zona della stazione. I concorsi relativi a singole zone offrono la possibilità di creare dei progetti ad architetti preminenti quali Herzog & de Meuron e Diener-Diener – o recentemente, nel caso della Banca Popolare, addirittura all'americano Richard Meier.
Al contrario, per il rinnovamento della Wettsteinbrücke è stato privilegiato, dopo lunghe esitazioni, un tipico progetto da ingegnere, conservatore, a spese della proposta straordinaria di Santiago Calatrava...
Restando a Basilea: nel 1984 fu inaugurato il primo e unico museo di architettura in Svizzera; un evento importante; un'istituzione privata, che sviluppa un'attività polivalente.[9]

Non va dimenticato peraltro che Zurigo è sede universitaria del Politecnico (ETH), scuola di architettura con una tradizione e dell'Università con una cattedra per l'arte moderna e contemporanea, tenuta da Stanislaus von Moos, fondatore e redattore della rivista di architettura «archithese» (1970-1980), successivamente ripresa da Martin Steinmann e Irma Noseda; una rivista con un *atteggiamento* culturale critico di rara lucidità. Nel 1986 questa redazione fu repentinamente mandata allo sbaraglio, quindi *questa* «archithese» affondata... (Edizione A. Niggli, Teufen).

Nuove leve si stanno muovendo. I giovani architetti di una medesima generazione (nati attorno al 1950) si confrontano attivamente, sono assistenti al Politecnico. Legati da lavori e da interessi comuni, oppure da biografie professionali imparentate, hanno fondato a Zurigo il gruppo Lynx (1986):[10] Max Bosshard, Marianne Burkhalter, Axel Fickert, Patrick Huber, Kaschka Knapkiewicz, Bernhard Klein, Christoph Luchsinger, Kurt Lustenberger, Marcel Meili, Franz Romero, Markus Schaefle, Sara Spiro, Christian Sumi, Ueli Zbinden. Indubbiamente hanno già lasciato tracce importanti. Attualmente si stanno occupando della realizzazione dei loro primi edifici.

Successivamente, nel 1987 (quale contro-reazione) un manifesto, in forma di mostra, agita gli animi: Miroslav Šik presenta l'«Architettura analoga».

Questa vuole essere radicale rispetto all'architettura comune e corrente, ma d'altronde vuole essere intesa proprio come architettura quotidiana, «come autentica arte popolare invece di un'arte elitaria».[11]. A partire da immagini pre-esistenti viene creato qualcosa di nuovo: non si tratta di citazioni gratuite, in quanto la ripresa di un'immagine è da intendere come riferimento semantico.

Nello stesso anno (1987) fu inaugurato a Zurigo l'«Architektur-Forum»: una sede espositiva e un luogo di dibattito, una necessità. Dalla stessa cerchia di iniziatori (Benedikt Loderer) deriva inoltre la fondazione di una nuova rivista di design, architettura e ambiente: «Hochparterre», una pubblicazione mensile, una mistura fra rivista specializzata e giornale – la sua forza distintiva. Oggi può considerarsi ormai affermata (purtroppo si occupa sempre meno di architettura).[12]

L'influenza e l'attività creativa di professionisti competenti nell'ambito di cariche pubbliche, così come la costituzione e la coscienza della responsabilità delle giurie dei concorsi è di grande e decisiva importanza.[13]

In questo contesto risulta interessante uno degli esiti più recenti, probabilmente non indifferente per il prossimo futuro: si tratta del concorso per l'edificazione del «Röntgenareal» a Zurigo con appartamenti, edifici e locali professionali per le FFS, in una zona periferica situata fra un'area ferroviaria e un'articolazione architettonica a isolati orientati sulla strada risalenti al 19° secolo, nella regione industriale. La giuria comprendeva gli architetti: Arnold Amsler, Winterthur; Adrian Meyer, Baden; Alfredo Pini (Atelier 5), Berna; Peter Zumthor, Coira: tutti esponenti di primo piano dell'attuale scena architettonica. Il concorso si è avvalso della partecipazione di 65 giovani architetti. La presa di posizione della giuria è stata radicale, così come pure le reazioni conseguenti. Il progetto premiato con il primo rango degli architetti Isa Stürm e Urs Wolf, Zurigo presenta un nuovo modello urbanistico, molto chiaro. Non tanto una «continuazione architettonica» della struttura esistente (in questo luogo), ma un campo aperto con edifici singoli additivi con spazi di separazione trasparenti e un edificio di testa per uffici, che delimita il confine verso lo spazio stradale. L'architettura dimostra un atteggiamento preciso e attuale. Una nuova occasione per Zurigo...

Con questi accenni, appena abbozzati, alle caratteristiche di uno sviluppo e con i contributi dei testi successivi risulta circoscritto l'ambito generale in cui si muove la scelta degli edifici operata in questa pubblicazione. Ogni scelta possiede inevitabilmente tratti soggettivi. La presentazione non può né vuole essere completa. Sicuramente mancano alcuni nomi o edifici. L'arco non è teso su un campo estremamente vasto, ma comunque sufficientemente ampio per non essere limitato esclusivamente a un'architettura elitaria (252 progetti di 105 architetti – un numero sorprendentemente alto!). Si tratta di progetti che rappresentano un contributo qualitativo al più recente sviluppo dell'architettura, sono progetti che hanno inciso dei segni; gli autori giovani sono altrettanto presenti, in parte con opere prime, dei maestri (rimasti giovani).
L'articolazione secondo regioni geografiche è stata operata in funzione di una guida architettonica. Si possono quindi notare alcune particolarità inerenti alle singole regioni, che non sono legate tanto a influenze regionali, quanto piuttosto alle architetture forti, determinanti di una regione, rispettivamente ai loro architetti, i cui «allievi» hanno già

iniziato a costruire, rendendosi garanti di una certa
continuità. Determinate immagini e forme sono d'altronde
ripetutamente reperibili ben oltre i confini di una sola regione.
Le dimensioni di un progetto non hanno importanza.
Cosicché sono presentate forme di architettura che si
estendono da grosse edificazioni residenziali fino a piccole
ristrutturazioni di negozi o a tettoie per il posteggio di
biciclette. Si tratta prevalentemente di oggetti singoli,
costruiti nella periferia della città, del paese. D'altronde le
relazioni semantiche e contestuali delle forme presentate
risultano solo difficilmente decifrabili. Occorre inoltre
accennare in modo positivo alla costatazione che una grande
parte dei progetti proviene da concorsi, fatto che evidenzia
l'importanza di tale mezzo e che offre l'occasione per
verificare e analizzare criticamente i contenuti e le forme
dell'architettura.
Nel decennio trascorso l'economia si è sviluppata molto
bene. È stato costruito molto. I progetti qui presentati sono
soltanto la cosidetta punta dell'iceberg, una parte molto
esigua dell'intera massa costruita. Però è proprio questa
piccola parte che risulta essere rappresentativa per un
confronto qualitativo con l'architettura nuova di una regione
culturale, il cui operato desta sicuramente interesse anche
oltre i suoi confini.
È in questo senso che la presente pubblicazione, indirizzata a
tutti coloro che sono interessati all'architettura, vuole offrire
un valido contributo. □

Traduzione: Maddalena Disch

## Note

1 Kenneth Frampton, *Die Architektur der Moderne. Eine kritische Baugeschichte*, DVA, 1983 (p. 257)
2 Marcel Meili, *Alcuni progetti, molti piani* a p. 22 della presente pubblicazione.
3 Martin Steinmann, *Architettura recente nella Svizzera tedesca* a p. 10 della presente pubblicazione.
4 Miroslav Šik, *Inszenierungen der 50er Jahre*, in «archithese» 1986, no. 5.
5 *Architektur in Zürich 1980-1990*, edito dal Dipartimento Costruzioni II della città di Zurigo.
Si impone e si commenta da sé il confronto con una pubblicazione dell'Ufficio Tecnico Cantonale di Basilea-Città, *Bauten für Basel*, 1988. Nell'introduzione Carl Fingerhuth, architetto cantonale di Basilea-Città scrive: «Riteniamo che (...) due premesse debbano essere date. Ci vuole un atteggiamento e ci vogliono delle azioni. Circoscriviamo l'atteggiamento con cultura architettonica e riassumiamo le azioni nella politica architettonica».
6 Roman Hollenstein, «Schöne neue Stadt» in: *Neue Zürcher Zeitung*, no. 270, 20.11.1990.
7 Luigi Snozzi, *Das Unding über den Geleisen* (L'assurdo sopra i binari), conferenza del 13.5.1987 al Kunsthaus di Zurigo.
«Questo progetto (HB Süd-West) avrà conseguenze gravose per la città di Zurigo. E la città di Zurigo non appartiene solo ai zurighesi, ma è, come tutte le città del mondo, un valore universale». Oggi e nel prossimo futuro urge una risistemazione delle stazioni in tutta la Svizzera; un fatto che esige indubbiamente delle soluzioni all'interno di uno stretto riferimento urbanistico e che offre di conseguenza nuove occasioni per la ristrutturazione e la continuazione innovativa della città. I progetti dei concorsi sinora realizzati suscitano giustificate speranze in merito (ad esempio Coira, Uster, Baden, ecc.).
8 Architekturgalerie Luzern, Denkmalstrasse 5.
Fondata e diretta da un piccolo gruppo: Toni Häfliger, Heinz Hüsler, Roman Lüscher, Heinz Wirz. Finora sono state realizzate 14 esposizioni personali di architetti svizzeri e stranieri.
9 Architekturmuseum Basel, Pfluggässlein 3.
Diretto dalla storica dell'arte Ulrike Jehle-Schulte Strathaus, già redattrice della rivista d'architettura «Werk, Bauen + Wohnen».
Organizzazione di esposizioni e conferenze, pubblicazione di libri.
10 Lynx Architekturgruppe Zürich. Pubblicazione di un doppio pieghevole *Hat Klarheit Perspektive?* (La chiarezza ha una prospettiva?), luglio 1987, che comprende fra l'altro una presa di posizione critica verso la «nuova» «archithese».
11 *Analoge Architektur*, a cura di Miroslav Šik, 1987, fogli doppi in un cofanetto. Esposizione all'Architektur-Forum, Zurigo (esposizione itinerante). I progetti furono realizzati durante il Corso del Prof. Fabio Reinhart al Politecnico o nell'ambito di grossi concorsi.
12 *Hochparterre, Zeitschrift für Design, Architektur und Umwelt*, apparsa per la prima volta nel novembre 1988, formato 26 × 37 cm, direttore responsabile Benedikt Loderer. (Loderer parlava già da anni dell'idea di fondare una nuova rivista nel senso di una sorta di «Blick» dell'architettura).
13 «Abbiamo alle spalle un periodo analitico. Le città sono state sezionate, orizzontalmente, verticalmente e nel tempo. Anche il concetto di architettura è stato ristretto sempre di più. Quando parliamo di una cultura architettonica, intendiamo un atteggiamento, che si riferisce all'ambiente creato come ad un'unità, dove valgono gli stessi principi nel piccolo come nel grande, per la tettoia della fermata del tram come per i fondamenti urbanistici». Carl Fingerhuth, architetto cantonale di Basilea-Città nell'introduzione a *Bauten für Basel*, cfr. nota 5.

# Architettura recente nella Svizzera tedesca

Martin Steinmann

Per molti architetti il sessantotto ha segnato una rinnovata presa di coscienza circa i fondamenti sociali del lavoro. Gli architetti degli anni venti credevano di poter far fronte alle loro responsabilità nei confronti della società – sancite dalla «dichiarazione di La Sarraz» – con il sostegno della tecnica, dovettero tuttavia constatare che la via della tecnica era controllata dal capitalismo. Lo sbocco è stato il funzionalismo nell'economia edilizia del dopoguerra al quale si sono ribellate le nuove coscienze – politiche – all'ETH a partire dalla fine dagli anni sessanta, una ribellione che si è manifestata nella ricerca su determinate Siedlungen costruite ai margini della città di Zurigo: Göhnerswil.

Le risposte indicavano due linee di condotta opposte: da un lato il bisogno di far largo alle fondamentali esigenze della tecnica, dell'economia e della politica, alle esigenze sociali ma anche a quelle sociologiche e biologiche portò al dissolversi dell'architettura in queste «altre» discipline. Al politecnico per un certo periodo si scriveva invece di disegnare. D'altro canto c'era chi sosteneva che l'uso di queste discipline «estranee» all'architettura fosse giustificato solo nella misura in cui il riferimento ad esse non avesse intaccato l'autonomia dell'architettura stessa né l'indipendenza della *sua* evoluzione. «L'architettura, sono le architetture»; questa frase di Aldo Rossi, puntualizza la seconda posizione. Per l'architettura essere autonoma non significa necessariamente trovarsi al di fuori della società, significa piuttosto potersi rispecchiare in quest'ultima, ma solo con i *propri* mezzi.

## Architettura razionale

Mentre la prima posizione mirando al «razionalismo» dell'economia edilizia, condannava globalmente gli sviluppi dell'architettura a partire dagli anni venti – evitando così di condurre a fondo l'analisi della situazione storica –, la seconda faceva riferimento al razionalismo di quegli anni nel tentativo di rappresentare la situazione storica attraverso la forma. Il rapporto con il razionalismo non poteva tuttavia che essere critico; il razionalismo veniva cioè considerato nel suo cotesto storico; ovvero storia – e memoria – diventano i presupposti dell'architettura, non in quanto *dopo lavoro*, ma in qualità di strumenti indispensabili al lavoro stesso. A sostituire quei progetti che «sviluppavano», come si diceva allora, le forme di un luogo, ne subentravano altri che cercavano di individuare oltre alle forme le strutture che caratterizzano quel dato luogo: che ne sono il fondamento e la verità.

In Italia ci si è sempre confrontati di più con la storia, e il termine *tendenza* doveva designare in questo senso un rinnovato interesse per la storia e al tempo stesso una presa di posizione: bisognava cercare nella storia i presupposti razionali dell'architettura. Introdotta inizialmente dagli schizzi e dalle descrizioni progettuali di Aldo Rossi, questa tendenza prese sempre più piede nella Svizzera tedesca. Suscitò tra l'altro un rinnovato interesse per il razionalismo ed in particolare per le Siedlungen del Neues Bauen in Germania, in Olanda e in Svizzera. I progetti di quel periodo al politecnico di Zurigo rimanevano tuttavia ancorati alle forme rossiane.

Nella Svizzera italiana l'architettura degli anni '60 riusciva invece a mettere in relazione i diversi tipi di architettura razionale – ma soprattutto Le Corbusier – con l'architettura locale, con le abitudini di cui questa era espressione. L'esempio probabilmente più significativo da questo punto di vista sono le scuole di Riva San Vitale di Aurelio Galfetti, Flora Ruchat e Ivo Truempy (prima parte 1962-1964). I prodotti di queste nuove tendenze furono esposti al pubblico per la prima volta al politecnico di Zurigo in occasione dell'esposizione dal titolo «Tendenzen»; «Architettura recente in Ticino».[1] L'interesse che suscitò l'esposizione si spinse ben oltre i confini della Svizzera e improntò per anni l'immagine dell'architettura razionale, per quanto quell'immagine nella Svizzera italiana avesse fin dall'inizio contorni sfumati. Anche per questo nell'esposizione non ci si occupava di *tendenza*.

## ... una questione della necessità

Perché parlare degli sviluppi dell'architettura in Ticino? Per poterne considerare le differenze con la Svizzera tedesca. Se uno dei punti di riferimento fondamentali per l'architettura della Svizzera italiana è Le Corbusier, e se possiamo affermare la stessa cosa per i progettisti dell'Atelier 5 di Berna, dobbiamo anche aggiungere che in Ticino la nuova architettura si sviluppa in stretto rapporto con la situazione culturale locale.

Un modello archiettonico di questo genere non lo si può spedire al Nord. Così il confronto con la storia e con la città, dove la storia prende forma, fintanto che l'architettura rimane legata a determinati modelli, non porta ad alcun risultato utile. L'architettura della Svizzera tedesca doveva dapprima staccarsi da quel «caso», che le aveva permesso di svilupparsi. Gli architetti d'oltre Gottardo dovevano scrivere la loro storia, prima di poterví far riferimento. (Laddove per Storia non si intende un'accozzaglia di fatti inalterabili; ogni epoca conferisce a questi fatti un nuovo ordine e li trasforma in fatti della *propria* storia).

Questo risultato da qualche anno è stato raggiunto; da qualche anno esiste nella Svizzera tedesca un'architettura in grado di utilizzare le teorie dell'*architettura razionale* adattandole alle *proprie* tipologie e alle *proprie* immagini, da qualche anno l'architettura svizzera tedesca si è emancipata. In questo senso la riscoperta del Neues Bauen è stata di importanza fondamentale. L'architettura del XX secolo veniva recepita ancora nel 1968 entro i limiti che aveva fissato Sigfried Gidion sulla base di pochi grandi nomi. Proprio la linea socio-politica tuttavia era stata dimenticata: le Siedlungen a Berlino, o quelle della città a Francoforte, Taut May, il «gruppo May», Stam, Schmidt. Il significato del termine Bauen (costruire), così come lo aveva definito quest'ultimo, il rappresentante più radicale del Neues Bauen, divenne per la prima volta attuale: «costruire non è l'architettura, è una necessità». La critica allo sfruttamento del Neues Bauen da parte del capitale, nel 1968, avrebbe potuto rifarsi ad una tradizione se l'avesse conosciuta: alle immagini della *Sachlichkeit*.

Questa tradizione è molto vicina alla natura della Svizzera tedesca. Pur tenendo conto della spinosità del termine natura, non si può negare che l'evoluzione storica determini la natura della società e che proprio quest'ultima dia luogo a un'evoluzione storica. In questo senso la *Sachlichkeit* del protestantesimo improntò l'intera Svizzera tedesca, quella *Sachlichkeit* che, secondo Max Weber, stabilisce anche le basi dello sviluppo economico. L'Atelier 5, proprio per il suo realismo – il termine va inteso nel senso pragmatico che possiede qui – è una tipica espressione di questa natura. I membri dell'Atelier non parlano volentieri della forma. Quando discutono di architettura si attengono invece a questioni pratiche. È ancora l'atteggiamento del *Neues Bauen*, un atteggiamento diffidente nei confronti della teoria e che preferibilmente rimane ancorato alla *Sache* = *res*.

E anche Bernhard Hösli, l'insegnante più autorevole al politecnico di Zurigo negli anni sessanta, spesso nelle discussioni faceva il «contadino». Con questo suo atteggiamento voleva riportare l'architetto, a riflettere sui bisogni reali: «se uno vuole costruire una stalla per il suo maiale...». La propensione per un'architettura che soddisfi bisogni fondamentali con mezzi elementari ha in parte delle ragioni materiali. È espressione della speranza di trovare o ritrovare nei bisogni i fondamenti di una architettura razionale o meglio reale.

**Il fondamento della forma**
In questo senso la strada battuta da Michael Alder con i suoi progetti ci riporta alla casa di Adamo, vale a dire alla casa alla quale si lascia ricondurre, secondo gli architetti illuministi, ogni esperienza con l'architettura (alla casa come la disegnano, ad esempio, i bambini, ad esempio la casa di Itingen, 1983-84). Ma questa è una strada difficile: la distanza tra il semplice e il banale è quasi inesistente.
Al tentativo di tornare ad un'architettura elementare si accompagna spesso lo studio di semplici costruzioni contadine e operaie. Hösli, nel corso delle sue lezioni ha mostrato questi esempi e Alder con i suoi studenti rilevava i fienili a sud delle Alpi. Gi edifici peraltro non venivano considerati tanto per la loro forma, quanto per il modo in cui erano stati costruiti. La costruzione non intesa in senso romantico – nella logica del dibattito nato intorno al 1970, il cui modello erano i nuovi edifici nel nucleo di Muttenz – ma al contrario in senso realistico. Il punto di riferimento non è la forma, bensì ciò che Adolf Loos ha definito il «fondamento della forma».
Alder stesso nella sua produzione architettonica non si attiene ai limiti imposti dalla necessità materiale. Mentre molti architetti facevano della critica all'economia edilizia la base del loro lavoro e rifiutavano un'architettura che non si attenesse ai bisogni reali, l'architettura di Alder approdava, oltre ai bisogni, necessità intesa come estetica.
La forma delle Siedlungen che costruì ad esempio l'atelier Metron negli anni '70 (una risposta alle questioni sorte negli anni '60: partecipazione, flessibilità, ecc.) doveva risultare dai bisogni reali di chi le avrebbe abitate. Questa concezione in seguito ha dato luogo a prodotti senza carattere: per evitare il dispendio di calore le grandi vetrate venivano sostituite da finestre di tipo «trou dans le mur», la cui forma e dimensione non dipendevano più dalla struttura. «Questo ci costringe ad accogliere nella progettazione il concetto in parte rimosso di «Gestaltung», scrivono due architetti della Metron sulle sue nuove Siedlungen.[2]
È necessario stabilire un rapporto più cosciente con la forma e più ancora con il suo significato perché, ammesso che i bisogni non si esprimono «spontaneamente», dovranno subire – nella misura in cui l'architettura ne dipende come da un valore etico – la mediazione di un'estetica dei bisogni. (Analogamente il modesto classicismo borghese dell'inizio dell'800 lasciava trasparire l'etica della classe borghese in ascesa).
Alder respinge con fermezza, negli edifici da lui progettati riferimenti precisi alla storia; nel caso in cui le costruzioni dovessero somigliare ad altre più antiche, sarà in conseguenza di un analogo modo di pensare e non di un modo di pensare che miri all'analogia.
Ma è difficile sfuggire alla storia; è la storia che determina il nostro modo di pensare. L'esperienza ci permette di conoscere degli edifici, i quali a loro volta divengono la forma della nostra esperienza – e tramite la forma siamo in grado di rimetter in gioco le esperienze ovvero il loro significato. In una descrizione della sua Siedlung di Würenlingen Dolf Schnebli fa espressamente riferimento all'edilizia abitativa degli anni 20 e 30. D'altronde questa relazione non è semplicemente la conseguenza del compito che ci accingiamo a svolgere; aspiriamo ad essa individuandovi una parte di quel mondo di immagini che comprende le Siedlungen degli anni 20, ma anche le Kosthäuser,[3] le baracche dei cantieri di montagna, le Siedlungen degli anni 40... in breve un mondo di immagini che mette in luce la tradizione delle necessità.

**Architettura 'semplice' e architettura 'comune'**
L'interesse per questa architettura senza nome ha però un altro aspetto. Nel 1980 ho cercato di definire con i termini 'semplice' e 'comune' le posizioni che si delineano nella Svizzera tedesca.[4] Con il secondo termine intendevo definire un'architettura che attinge ai segni della quotidianità. Questo tentativo si sviluppa sulla base dei testi di Venturi, dando però di questi ultimi un'interpretazione critica. Non si trattava infatti di ripetere semplicemente quei segni, magari in senso populistico; si trattava invece di una *répétition différente*, di una ripetizione cioè che mettesse in evidenza la differenza: il risultato deve essere la cosa e nello stesso tempo la critica alla cosa stessa. Questa architettura 'comune' ebbe ripercussioni minime, salvo che nelle discussioni teoriche. Si può intendere in questo senso la casa blu di Jacques Herzog e Pierre de Meuron (1979-1980), più importante è però sottolineare un altro aspetto dei materiali comuni che questi architetti adoperano: tavole in legno, lastre di cemento, eternit ..., ovvero il potere che hanno questi oggetti di risvegliare un'atmosfera proprio perché non sono codificati nel loro significato.[5] Ritorneremo su questa ipotesi.
I riferimenti al *Neues Bauen* permettono all'architettura della Svizzera tedesca di collocarsi nella scia di una precisa tradizione. Il che non esclude tuttavia una fondamentale modifica nel «fondamento della forma»: le associazioni che risveglia sono parte di questo fondamento. Ciò significa estrapolare dalle forme degli anni '20 e le idee di allora per interpretarle e quindi mediarle tramite le forme del razionalismo. Queste forme si sono sviluppate a partire da una semplice «sequenza» – quali erano state ancora nelle lezioni del tardo funzionalismo – sino a trasformarsi in un linguaggio grazie al quale i significati si lasciano «dire».
In questo àmbito gli architetti non fanno tanto riferimento all'architettura del *Neues Bauen* – Roger Diener costituisce da questo punto di vista un'eccezione – quanto a quell'architettura che possiamo definire *Weiterbauen* servendoci del nome di una rivista degli anni Trenta. Allora si costruivano case in legno, un materiale che si presta alla standardizzazione, alla preparazione in officina dei diversi elementi e al *montage à sec* sul cantiere.[6] *Weiterbauen* significa perciò attenersi ai principi del *Neues Bauen* – sulla razionalizzazione del costruire – ma facendo i conti con una situazione di crisi. In questo genere di architettura infatti, è particolarmente interessante la possibilità di ottenere, grazie al modo in cui viene utilizzato il materiale semplice – oltre al legno l'eternit – un particolare tipo di espressione. Anche l'architettura, dopo la seconda guerra mondiale, è stata spinta a confrontarsi con la propria storia.
Ma nessuno si propone di ricostruire l'uno o l'altro linguaggio, salvo nel caso di una ristrutturazione come quella della Siedlung di Zurigo-Neubühl (1928-1931),[7] né l'architettura 'bianca' degli anni Venti, né l'architettura in legno degli anni Trenta, e neppure il genere architettonico che si richiama alla tradizione della *Sachlickeit*. In tutti questi linguaggi viene invece studiato un modo di progettare che collega in un rapporto dialettico la costruzione, la forma e il significato. Così la piccola casa di Eglisau di Marianne Burkhalter (1984-1985) unisce due diversi modi di costruire con il legno per caratterizzare le due parti della casa. E anche l'aspetto del significato fa posto via via a un altro tipo di ricerca – nel senso di *Recherche*–, la ricerca appunto

dell'aspetto sensibile di quelle modalità di costruzione che si collocano al di fuori dei riferimenti storici. Quest'ultimo caratterizza in particolare l'architettura di Peter Zumthor.

## La città a pezzi

Per confrontarsi con la città – e con la storia che si concretizza nella città – furono fondamentali le lezioni di Aldo Rossi, nonché ciò che si imparava ascoltandolo mentre illustrava i suoi progetti. È un discorso, quello di Rossi, nel quale alla rappresentazione scientifica si unisce l'invenzione, come in quel quadro di Canaletto che è diventato il punto di partenza di un modo di progettare che deriva la realtà per analogia. Quel quadro[8] raccoglie i progetti realizzati e non realizzati di Andrea Palladio in una città che ci è familiare pur esistendo soltanto nella nostra mente (che per André Malraux è un *musée imaginaire*). Un procedimento di questo genere indica la possibilità di continuare a costruire la città utilizzando la storia come materiale del progettare senza cadere nello storicismo.
Il complesso abitativo della Hammerstrasse a Basilea, costruito da Roger Diener, Laurence Guetg, Dieter Righetti e Wolfgang Schett nel 1979-1981 realizza questa idea. Si attiene cioè al genere della *Randbebauung*, tipico di questo quartiere di inizio secolo.
Elementi della casa d'affitto di un tempo, con lo zoccolo segnato, definiscono la strada come spazio cittadino. La corte, invece, viene destinata alla funzione di *Siedlungsraum*[9] *da elementi che appartengono alle case d'affitto del Neues Bauen*. Gli architetti collegano immagini diverse per stabilire una relazione tra il complesso abitativo e la storia, ma anche tra il complesso abitativo e la memoria di ciascuno di loro. Così si sottraggono a quelle immagini che vincolano il progetto a un *unico* significato. Le verande richiamano inoltre le corti dei quartieri borghesi di Basilea e di altre città sorte intorno al 1850, e le immagini si condensano proprio nel modo descritto più tardi da Rossi nella sua *Autobiografia scientifica* come *Recherche du temps perdu*.
A questa architettura che lavora con le immagini dell'architettura cittadina, appartiene anche il complesso abitativo di Ueli Marbach e Arthur Rüegg a Zurigo (1979-1984). Complesso che costituisce da un lato una presa di posizione in favore della «città di pietra», dall'altro, collegando tra loro codici diversi, mostra cosa significhi continuare a costruire questa città – in condizioni completamente diverse: nell'ornato la facciata rispecchia le consuetudini del tardo secolo XIX; i locali di abitazione non danno però sulla strada ma sulla corte, i locali di servizio danno sulla strada e sono riconoscibili a un secondo livello. Così dislocando tipologia e morfologia della casa d'affitto cittadina vengono tematizzate le fratture della storia della città.

## La difficile totalità

Questi esempi confermano la constatazione secondo cui l'architettura può appropriarsi di una forma soltanto tenendo conto del contesto dato. Sarebbe comunque un'astrazione voler ricondurre i singoli aspetti a una totalità. «Essi sussistono in quanto realtà a sé stanti, l'una accanto all'altra», dice Sizza delle diverse parti della città. «Io cerco di riunirle senza però nascondere la realtà.»[10] Soltanto in questo modo l'architettura urbana può rendere giustizia di un'esperienza nella quale interagiscono le immagini più diverse, presenti e assenti (presenti, tuttavia, anche queste ultime al nostro *musée imaginaire*). Così Roger Diener, nel secondo complesso abitativo di Basilea (1981-1985), si ricollega a esperienze molto diverse, le case d'abitazione degli anni Venti, i palazzi per uffici degli anni Sessanta, magazzini e altro, e quanto si passeggia intorno a questo complesso abitativo, situato su di una preesistente area industriale, i diversi pezzi si compongono in immagini sempre nuove, come in un caleidoscopio. Immagini però che dicono sempre la stessa cosa: città. È impossibile rifiutare completamente l'affermazione di Pierre-Alain Croset secondo cui i basilesi – oltre a Diener anche Herzog e de Meuron – mutuerebbero dal contesto cittadino soltanto suggestioni di «cattivo gusto».[11] O, diciamo, suggestioni dell'architettura comune tardomoderna, quella, peraltro di ottima qualità, realizzata negli anni Cinquanta e ancora in parte negli anni Sessanta. Anche in altri casi si può constatare che è proprio l'architettura di serie B a fornire le immagini alla progettazione: poiché la percezione di questi edifici non è vincolata al contesto iconografico dell'«architettura del secolo XX», quelle immagini si prestano più facilmente al nostro scopo. L'assemblaggio di cose diverse non significa però che la totalità – intesa come rappresentazione – non esiste, significa invece che ora abbiamo a che fare con la totalità «difficile» di cui parla Venturi. L'opera architettonica di Daniele Marques e Bruno Zurkirchen risulta particolarmente segnata dall'interesse che i due autori hanno sempre dimostrato per il concetto di totalità «difficile». In relazione alla casa Meggen (1984-1985) gli architetti hanno fatto riferimento al «*sich-nach-der-Deckestrecken*» dell'architettura di serie B. Questa realizza le sue forme con mezzi diversi da quelli che stanno alla base delle forme dell'architettura Moderna. Così Marques e Zurkirchen, nella casa citata, mettono in relazione i vincoli dell'incarico, il sito, il piano regolatore (che non coincide affatto con il sito proprio là dove vi si riferisce), elementi dunque contrastanti, in un linguaggio di cui l'architettura delle nuove generazioni, negli anni Cinquanta, si è appropriata dando luogo a nuove forme.[12]
In un dibattito pubblico sulla progettazione Michael Alder ha affermato che il novanta per cento del suo lavoro consiste nel trovare l'idea. Ciò significa che l'idea è preposta alle decisioni sui materiali, sull'elaborazione dei materiali e così via. Diversamente in Marques e Zurkirchen l'idea prende una forma precisa soltanto in relazione alle decisioni sui materiali. Essi utilizzano perciò, come dicono loro rovesciando polemicamente le percentuali di Alder, solo il dieci per cento del lavoro per trovare l'idea. «Siamo per il materiale che porta alle decisioni giuste [...]. Noi non conosciamo, quando iniziamo, le decisioni che prenderemo via via. Progettare non significa sviluppare meccanicamente qualcosa che è già presente fin dall'inizio.»[13] Con quel qualcosa intendono appunto l'idea. In questo senso il loro modo di progettare è pragmatico e si differenzia da quello dogmatico di altri che tentano di strappare alla nostra «cultura a pezzi» una totalità semplice.

## Bianco - grigio - argento

Sia l'architettura semplice – la quale per il frequente uso della pietra arenaria calacarea si può anche chiamare grigia –, che l'architettura bianca (in particolare quella di Diener), si possono annoverare tra le correnti nate dalla tradizione moderna o modernistica, della quale, nel primo caso, vengono ripresi soprattutto gli spunti etici, mentre nel secondo quelli estetici. Come terzo tipo di architettura all'interno di questa tradizione si aggiunge quella «costruttivista» che, data la sua predilezione per l'alluminio, possiamo chiamare architettura argento (così per un verso abbiamo distinto gli ambiti dell'architettura moderna, per l'altro, definendoli tramite dei non-colori, ne abbiamo messo in evidenza una particolare affinità.)

In un suo scritto Heinrich Klotz ha dichiarato che
l'architettura costruttivista, ovvero neo-costruttivista,
costituisce la prosecuzione del Movimento moderno. Ha
inoltre affermato che si può parlare di vera «architettura
moderna» soltanto laddove l'architettura mette in evidenza i
propri fondamenti costruttivi. Questa presa di posizione
contrappone polemicamente il costruttivismo degli anni Venti
al razionalismo. Nella nostra epoca soltanto il costruttivismo
sarebbe in grado di rinnovarsi, poiché la costruzione non ha
soltanto funzioni primarie, ma anche secondarie (nel senso
che Umberto Eco attribuisce a questi termini): «funzioni
narrative», come le chiama Klotz, e «funzioni-segno».[14]
Nell'architettura della Svizzera tedesca è soprattutto Theo
Hotz che rappresenta questa tendenza. Alle condizioni di una
tale segnicità non viene però sottoposta l'intera costruzione.
Si può parlare di «costruttivismo» solo in merito alla
costruzione delle facciate. Il costruttivismo viene ricavato
dalle funzioni primarie (regolazione della luce, ad esempio)
che utilizza mezzi tecnici (*brise-soleil*) per ottenere effetti
architettonici: un gioco di luci e ombre, trasparenze e
opacità, stasi e movimento ... Hotz utilizza così quelle forme
che, in virtù del contesto da cui hanno origine, accentuano le
asociazioni di mobilità e leggerezza. Il contesto è quello delle
costruzioni aeronautiche nonché di altri mezzi di
locomozione. Ma di tutto ciò si parlerà ancora.
Questa architettura – come quella moderna – mutua i suoi
segni dalle opere ingegneristiche. Il moderno si esprimeva in
elementi costruttivi di prim'ordine. Questa architettura
invece in elementi di second'ordine. «Così l'edificio BUBU
parla un linguaggio funzionale ma non il linguaggio della pura
necessità», scrivono Bruno Jenni e Irma Noseda di una
costruzione di Hotz (1983-1985).[15] Il linguaggio inoltre è
quasi straniato, nell'intento di guidare l'attenzione sui *mezzi*
che permettono di comunicare il messaggio. In questa
poetizzazione del linguaggio funzionale il dettaglio assume un
peso notevole. c'è qualcosa di tipicamente svizzero, preciso,
in questo atteggiamento architettonico: poco svizzero è
invece il taglio leggero, elegante, che certo non manca. Lo si
trova senz'altro in alcuni edifici industriali: penso ad esempio
ai capannoni di fabbrica che Hans Fischli ha costruito nel 1953
a Horgen per la Fellen AG, oppure, in tempi più recenti,
all'altro capannone costruito nel 1979-1981 da Marie-Claude
Bétrix, Eraldo Consolascio, Bruno Reichlin e Patrick Huber a
Cortaillod. Potrei citare inoltre gli edifici industriali di Fritz
Haller. Ma in questi ultimi emerge un'attenzione al dettaglio
di tipo diverso: tutto ciò che non è necessario – che non
appartiene immediatamente al contesto – viene eliminato.
Quegli edifici costituiscono il primo accostamento di
costruzione – intesa come essenza – e forma, ma
rappresentano anche il momento in cui la costruzione smette
di parlare. La soluzione semplice e generale che Haller
persegue nei suoi edifici, e che può accogliere in sé soluzioni
diverse, non consente che un giudizio generico. Di fronte a
queste tecniche di costruzione, l'architettura di Hotz sembra
orientarsi a intendere l'edificio come immagine (anche se non
è un puro segno, come in Venturi, ma conserva il suo
fondamento tecnico). Proprio questo carattere iconografico
gli viene rimproverato tra l'altro dai «Solothurner»,[16] i quali
tuttavia misconoscono i propositi diametralmente opposti
che vengono realizzati in quelle facciate dall'aspetto
«velato».

### Techne
Gerhard Auer ha recentemente descritto il velo come segno
distintivo del nuovo costruttivismo. Di tutti gli stratagemmi
messi in atto dal costruttivismo – fingere di voler sottrarre
allo sguardo ciò che invece si offre alla vista, o viceversa:
fingere di offrire alla vista ciò che si sottrae allo sguardo – il
più inaccettabile sarebbe il seguente: «Il costruttivismo
annulla il proprio soggetto. Il velo stesso diventa oggetto del
desiderio».[17] Questa affermazione si può intendere anche
così: non c'è assolutamente nulla su cui venga guidato lo
sguardo. Non si può forse dire lo stesso di molte altre
costruzioni? Penso ad esempio al magazzino di Herzog e de
Meuron a Laufen (1986-1987), ma anche a numerosi palazzi
per uffici.
In questo modo si annulla però la differenza tra architettura
«semplice» e «tecnica», perché l'architettura si appoggia a
materiali «vecchi», come la pietra o il cemento e il legno, ha
ostentato, negli ultimi anni ambizioni poetiche. Si tratta di
una poesia che non è semplicemente la conseguenza di un
lavoro ben fatto. Vi si mescolano piuttosto ragioni tecniche
ed estetiche in una relazione dialettica come quella intesa
dalla parola greca *techne*.[18]
Questa poetizzazione diventa particolarmente evidente nei
nuovi edifici di Peter Zumthor, dove la parete risulta
penetrabile per gradi diversi. Nella costruzione eretta a Coira
a protezione delle rovine romane nel 1986, le pareti sono
costituite da lamelle che lasciano penetrare la luce
all'interno. La costruzione assomiglia così ai fienili attraverso
le cui tavole passa il vento mantenendo secco il fieno. E
certamente questi edifici di campagna sono una delle
immagini la cui presenza più si impone nel progetto poiché
ne scaturisce un forte senso di protezione (ma ricordano
anche le scoperte fatte da bambini nella penombra dei
fienili). La parete è un velo in senso letterale. Questo vale
anche per l'atelier di Peter Zumthor (1986) o per la casa a
Bottmingen di Michael Alder (1988), dove, guardando
attraverso le tavole, si può penetrare con lo sguardo oltre il
travestimento.

### Immagini
Gli architetti, da qualche anno, parlano delle immagini per
spiegare il loro lavoro. L'immagine sembra essere l'istanza
che nel progetto assicura le relazioni tra le diverse decisioni,
dopo che lo stile, con la frammentazione della società, ha
perso il proprio fondamento (lo stile – inteso come relazione
interna – ha abdicato prima dello *styling*, che stabilisce le
relazioni esterne).
«Ci occupiamo di quelle forme [...] in cui l'uso quotidiano ha
depositato nel corso del tempo i suoi significati»[19] scrive
Marcel Meili. Proprio questi significati depositati, tuttavia,
trasformano le forme in quelle che io chiamo immagini.
Queste hanno in sé l'esperienza che noi abbiamo fatto con le
forme, l'esperienza di una sua utilizzazione – in senso esteso
– nella quale le funzioni di primo e secondo grado sono
presenti in ugual misura.
In questo senso Zumthor ha scritto che progettando cerca
nella propria testa delle immagini armoniose e che solo in un
secondo tempo tenta di comprenderle: di comprenderne la
forma.[20] Non si tratta di individuare i volti che sono collegati
nella sua memoria a quelle forme. Wim Wenders ha parlato
in diverse occasioni del rapporto tra le immagini – o più
genericamente tra le forme – e le storie, affermando tra
l'altro che le storie sono un mezzo per trovare le immagini.[21]
Questo è il loro significato anche nell'architettura: esse
danno una forma alle cose. In questo senso la chiesa di Sogn
Benedietg (1987-1988) mostra ad esempio che le immagini
falliscono quando si intenda come referenti immediati.
Esse creano delle contraddizioni che si sciolgono soltanto se
il punto di partenza è quello della realtà della costruzione.
Il lavoro con le immagini, se queste non vengono impiegate
in primo luogo per la loro funzione narrativa, genera, dietro le
immagini, la libertà del progettare – una libertà che non è

dovuta al significato delle immagini stesse, ma all'effetto che esse producono –. Questo, nel senso della *poesie pure*, sembra implicare diversi livelli di significato: le immagini sarebbero pura materia, come le parole di senso comune (purtroppo, come dice Paul Valery), materia che d'altra parte può avere un effetto diverso proprio per questa ragione, l'effetto inteso come forma che non si annulla nel significato.

### Segni vuoti
Quanto abbiamo detto finora sembra in contraddizione con i progetti di Jacques Herzog e Pierre de Meuron, nei quali vengono utilizzate forme fortemente codificate come gli assiti in cemento della casa di Therwil (1985-1986). Questi sono un chiaro riferimento al mondo delle baracche (quelle, ad esempio, che si trovano sul sedime della stazione ferroviaria di Basilea). Il progetto sembra conformarsi a una struttura formale e semantica data. In realtà la relazione che stabilisce è di tipo parassitario: il progetto disgrega questa struttura creando una evidente «assurdità»; mette in crisi il codice degli assiti in cemento (un codice familiare alla nostra esperienza). Non essendo più una connotazione tipica soltanto delle baracche, gli assiti si sottraggono al vincolo semiotico universalmente riconosciuto.[22] Nel nuovo palazzo per uffici di Roger Diener a Basilea (1986-1989) si assiste all'inibizione del meccanismo che trasforma continuamente le forme in significati. L'architetto mette in gioco dei concetti che, di fatto, si escludono reciprocamente. Una concreta riprova di questa constatazione è la seguente: il colore grigio scuro del cemento – ottenuto con l'aggiunta di ossido ferroso – conferisce alla costruzione quell'aspetto misero che troviamo nei quartieri «dietro i binari», o più precisamente che corrisponde alla nostra esperienza di questi quartieri, dove i muri hanno il colore della ruggine. Ed è appunto questa la ragione di tale colorazione. Con l'aspetto misero sono però in contrasto le finestre con i larghi serramenti in bronzo. I materiali concordano nella tonalità scura dei colori, mentre sono nettamente in contrasto per valore, e quindi difficilmente riconducibili a un'unica valenza sematica. Proprio questo è il punto: non bisogna vincolare la valenza semantica.[23]
Questo genere di costruzione non è comune. Si limita quindi a esibire le caratteristiche dell'architettura comune? O forse è impossibile comprenderla usando questo concetto – come lo intende Venturi – ? Si tratta forse di un'architettura che cerca nel luogo comune non la presenza ma l'assenza di determinati segni? O meglio ancora la presenza di segni vuoti?
Per ritornare ancora una volta alla casa in cemento: la baracca, in fin dei conti, non deve la sua importanza alla valenza semantica, ma *alla sua forma*. In altre parole, non si tratta di portare alla luce la realtà dell'immagine poiché essa non è più sotto l'immagine. La realtà è l'immagine stessa. Capirla significa capire ciò che accade o non accade al suo interno, e non ciò che accade al di fuori di essa, come direbbe Ernst Jandl.

### Astrazione
Il Postmodernismo definisce così la dissoluzione della realtà: un edificio è «presente» nella misura in cui rimanda a un'altra cosa che invece non è «presente». Ci troviamo in una stanza degli specchi dove gli oggetti e le immagini riflesse si confondono sempre più, e le immagini diventano la realtà degli oggetti. Si tratta di un fenomeno diffuso, nel nostro tempo, che Jean Baudrillard ha descritto con grande incisività definendolo 'sublimazione del reale'. L'evoluzione di Herzog & de Meuron, di Diener e di altri va intesa nel quadro dello sforzo compiuto per liberarsi della funzione citatoria delle immagini. I loro progetti «si allontanano dal campo delle immagini per immergersi nella completa astrazione», come scrive Meili riflettendo sui propri progetti (la frase che segue sembra quella di chi cerca di vincere la paura: «l'impresa è meno a-storica di quanto si possa supporre», la paura che gli si possa rimproverare un difetto di storicità).
D'altra parte il fatto di non rinunciare al rapporto con la «realtà del cantiere» per far posto alle immagini, utilizzando invece delle immagini che siano radicate in quella realtà, sembra essere un segno distintivo dell'architettura svizzero-tedesca; le immagini non diventano mai quei puri segni che caratterizzano, ad esempio, le architetture di certi «realisti» americani. È proprio la realtà del cantiere che viene sottoposta a un processo di astrazione. I mezzi vengono qui ricondotti alla loro forma più generale, così da diventare essi stessi oggetto dell'architettura, come in Mondrian i colori giallo, blu, rosso, le superfici bianche e nere, le linee di separazione ... Questa architettura è *architecture parlante* nella misura in cui *parla di se stessa,* della propria natura. Non bisogna perciò stupirsi se la realtà, apparentemente priva di forma, degli oggetti comuni si trova sullo sfondo di una attività di progettazione che soltanto a questo punto – su di un altro piano – prende forma.
Tutto ciò, pur diversamente, vale anche per l'arte minimalista, che espone gli oggetti comuni, per esempio lastre di ferro lungo le pareti (Donald Judd, *Galvanised Iron Wall,* 1974), oppure in mezzo a un prato (Carl Andre, *Cataract,* 1980), inducendo il pubblico ad abbandonarsi agli oggetti, all'*effetto* prodotto dagli oggetti.
Sono convinto che studiare l'architettura significhi porsi di fronte a questi problemi: quello del segno inteso come forma e non come valenza semantica, quello dei segni vuoti. E la storicità? Dobbiamo cercarla nell'esperienza di chi osserva: i sensi, lo diceva già Carlo Marx, sono il prodotto di un processo storico. L'arte minimalista – si intenda qui l'espressione in un'accezione più ampia – si pone il problema in modo analogo: «chi osserva fa un'esperienza il cui oggetto è l'esperienza stessa o il modo in cui essa si compie», come scrive Celant. □

### Note

1. v. Thomas Boga, Martin Steinmann: Tendenzen – Neuere Architektur im Tessin, catalogue de l'exposition à l'EPF, Zurich 1975
2. Felix Kuhn, Toni Fässler: Neuere Entwicklungen im Siedlungsbau der Metron, in *architese*, H.2, 1985, p. 18-32
3. Kosthäuser = non usuel en Suisse alémanique pour désigner des maisons ouvrières appartenant à l'usine; c.f. Martin Steinmann: Die Kosthäuser, in *architese*, H.5., p. 48-52
4. Martin Steinmamm, *Von «einfacher» und «gewöhnlicher» Architektur,* in «architese», 1980, 1, pp. 8-13.
5. Martin Steinmann, *Haus in Oberwil BL, Architekten Jaques Herzog und Pierre de Meuron,* in «architese», 1982, 1, pp. 30-1.
6. Jean Bingesser, *Die Tradition des Neuen Bauens,* introduzione al reprint di «Weiterbauen», Zurigo 1977, pp. V-XIX.
7. Questa opera di risanamento fu effettuata da Ueli Marbach e Arthur Rüegg; cfr. «Werk, Bauen + Wohnen», 1984, 5, pp. 40-7.
8. Il quadro, dipinto nel 1755-1759, viene descritto dal titolo «Capriccio con la basilica di Vicenza, il progetto per il ponte-Rialto di Venezia e una parte del Palazzo Chiericati di Vicenza».
9. «Werk, Bauen + Wohnen», 1981, 12, pp. 36-43.
10. *A colloquio con Alvaro Siza,* in «Architecture, Mouvement, Continuité», 1984, 1.
11. Pierre-Alain Croset, *Das Privileg zu bauen,* in «archithese», 1986, 1, pp. 3-8.

## Architettura nella Svizzera tedesca negli anni '80

Dolf Schnebli

Da lunghi anni è merito della Rivista Tecnica acuire, mediante le sue pubblicazioni in Ticino, il senso di qualità nell'architettura.
Considero un comprensibile effetto secondario dello scopo principale, il fatto che il concetto di «architettura ticinese», sia stato concepito in modo troppo affrettato e superficiale, sia da parte degli osservatori, sia da parte degli autori. Apprezzo molto che sia un «ticinese per scelta», già membro della redazione della Rivista Tecnica, Peter Disch, che si appresta ora a mostrare anche ai nostri colleghi ticinesi, che anche in Svizzera tedesca si crea architettura. Nell'articolo «L'Unità e la Diversità» Flora Ruchat Roncati e Paolo Fumagalli (Parametro n. 140, ottobre 1985) dimostrano come l'architettura svizzera si lasci sempre osservare come parte integrante dell'attività internazionale, determinata dalle contingenze regionali così diverse. Nella mia attività personale, ho vissuto da molto vicino che cosa sia la differenza tra un'osservazione operata dall'interno e una operata dall'esterno. Quando lavoro in Ticino, sono considerato dai ticinesi come svizzero tedesco, nella Svizzera tedesca mi si considera volentieri come ticinese, in Italia sono architetto svizzero e soltanto negli USA, dove nessuno si è preoccupato della provenienza, ero semplicemente «Architect».
Ritengo dunque corretto parlare non tanto di architettura svizzero tedesca, quanto piuttosto di architettura nella Svizzera tedesca. Con piacere guarderei al proposito della Rivista Tecnica di presentare, in un prossimo futuro, anche l'architettura recente della Svizzera francese.
Solo l'osservazione dell'operato nelle tre parti linguistiche visualizzerebbe «l'unità e la diversità» che determinano la Svizzera nel senso di struttura politica. Prima dell'ultima guerra la nuova architettura era parte di un movimento mitteleuropeo. All'osservatore dell'epoca appariva forse unitaria, malgrado fosse cresciuta sin dall'inizio da radici molto diverse.
Già nel 1923 «Der moderne Zweckbau» (Bauwelt Fundamente) di Adolph Behne mostrò almeno due di queste radici. Gli eventi politici in Europa hanno soffocato anche lo sviluppo culturale. L'attribuzione di valori politici a segni esteriori, quali la forma del tetto, non ha favorito gli avvenimenti nell'architettura. Chi costruiva un tetto a forte pendenza veniva definito politicamente regressivo, chi invece un tetto piano politicamente progressivo. Una tale semplificazione rendeva impossibile una critica d'architettura ragionevole. La Svizzera tedesca assunse la sua posizione da riccio e cominciò ad autodeterminarsi – cosa che a mio avviso è sempre disastrosa. Senza sopravvalutare l'influenza del Politecnico, ritengo che l'insegnamento al Politecnico, dopo la morte di Salvisberg, abbia subito una forte influenza di questa posizione da riccio della Svizzera. Non voglio parlare della facoltà di architettura all'Università di Ginevra, dato che il suo influsso sugli avvenimenti della Svizzera tedesca è stato ai tempi, purtroppo forse, piuttosto esiguo. Il corso di progettazione al Politecnico di Zurigo è stato determinato da tre personalità: Friedrich Hess, Wiliam Dunkel a Hans Hofmann. In questa sede non può essere analizzato quale influsso abbia avuto tale corso di progettazione sull'architettura in Svizzera, questo sarebbe un tema per uno storico. A partire dalla mia esperienza personale posso però dire come ho percepito tale influsso, dapprima come studente e in seguito come architetto praticante. Come studente, queste lezioni mi hanno costretto a cercare da solo un orientamento nel pensiero architettonico. Materie di base, quali statica, matematica, soprattutto però le discussioni con altri studenti ed i risultanti pensieri sviluppati ed elaborati, tradotti nel lavoro semestrale, mi hanno fornito i requisiti per potermi evolvere e al contempo rendermi utile nella pratica in uno studio d'architettura. Come architetto praticante indipendente, mi sono trovato in una posizione piuttosto marginale. Con rare eccezioni consideravo qualunquistica

---

12 Martin Steinmann, *Mit Blick auf die zweite Moderne*, in «archithese», 1985, 5.
13 *Marques & Zurkirchen Arbeiten 1980-1990*, Katalog der Ausstellung, Zürich 1990, pp. 14-21.
14 Heinrich Klotz, *Vision der moderne*, München 1986. Si tratta di un testo pubblicato in occasione dell'esposizione sopracitata.
15 Bruno Jenni e Irma Noseda, *Licht zum Arbeiten...*, in «archithese», 1986, 4, pp. 49-56.
16 Così vengono chiamati gli architetti che nelle loro opere proseguono la ricerca di una espressione costruttiva pura iniziata da Mies van den Rohe; oltre a Haller anche Barth e Zaugg nonché Füegg appartengono al gruppo dei «Solothurner».
17 Gerhard Auer, *Begehrlicher Blick...*, in «Daidalos», 1989, 33, pp. 36-53.
18 Cfr. *Partituren und Bilder* – Architektonisce Arbeiten aus dem Atelier Peter Zumthor 1985-1988, Luzern 1989.
19 Marcel Meili, *Ein paar Bauten, viele Pläne*, in «Werk, Bauen + Wohnen», 1989, 12, pp. 26-31.
20 Peter Zumthor, *Eine Anschauung der Dinge*, in «Werk, Bauen + Wohnen», 1987, 10, pp. 34-42.
21 Cfr. diversi testi in Wim Wenders, *Die Logik der Bilder*, Frankfurt 1988.
22 Cfr. Martin Steinemann, *Die Form der Baracke – Zum Haus Voegtlin*, in «Werk, Bauen, + Wohnen», 1987, 10, pp. 5057. Sull'opera degli architetti Herzog & de Meuron cfr. *Architektur Denkforn*, Basel 1988.
23 Cfr. Martin Steinmann, *Le sens du banal – Un immeuble du bureaux de Diener 8 Diener à Bâle*, in «Faces», 1989, 13, pp. 6-11.

## Intelligenti compromessi

Luigi Snozzi

l'architettura costruita dagli architetti, che avevano goduto del mio stesso insegnamento presso il Politecnico.
Il Politecnico di Zurigo si è trasformato proprio in quei tempi. In Ticino incontrai giovani colleghi, che studiavano da Rino Tami; io stesso ero, oltre alla mia attività professionale, assistente a tempo parziale durante un anno presso Werner Moser, che avevo conosciuto anni prima all'Università di Harvard.
Dopo poco arrivarono al nostro ufficio ad Agno i primi praticanti, che frequentavano il corso di base da Bernhard Hoesli o che studiavano da Alfred Roth.
Il discorso architettonico iniziava ad aprirsi; al Politecnico si prendeva coscienza di ciò che avveniva negli USA, in Inghilterra, ma anche di quanto succedeva in Italia. Ernst Gisel, che non aveva mai studiato al Politecnico, lasciò i suoi primi segni, dapprima come architetto, poi come membro della giuria nei concorsi di architettura. Tuttavia la maggior parte della pratica, con rare eccezioni, che ai tempi iniziava ad esordire, era opera di architetti qualunquisti. Via USA e Germania si contrapponevano al malessere edilizio interrogativi di argomentazione sociologica. Nella Svizzera tedesca i dibattiti di allora fra «Casabella» e «Architectural Review», a proposito della continuità del movimento moderno, venivano a malapena registrati. Spesso mi chiedo cosa poteva pensare il collega xy di Zurigo, quando, durante lo «shopping» a Milano, vedeva la «Torre Velasca» appena costruita. Da giovane architetto ho sperimentato come gli ingegneri del traffico insegnavano urbanistica agli architetti, come il loro potere veniva sostituito dai rappresentanti di sistemi edilizi, come questi venivano a loro volta sopraffatti dai sociologi. Maturando, cominciai a percepire il potere dei responsabili della protezione dei monumenti storici, che però a loro volta si trovavano gravemente confrontati con i fisici specialisti nell'edilizia. L'apertura della scuola di Zurigo, a cui ho accennato in precedenza, preparò una nuova generazione. Dagli inizi degli anni '70, da quando io stesso insegno al Politecnico, ho sempre potuto contare sulla collaborazione di assistenti, provenienti dal Politecnico, ai quali l'architettura qualunquistica era di gran lunga estranea.
Da quando nel 1972 Aldo Rossi fu invitato alla facoltà di architettura, quale docente ospite, si susseguirono docenti invitati dell'area culturale di lingua italiana. Credo che tutto ciò abbia contribuito a rafforzare anche nella Svizzera tedesca il dibattito sull'architettura come disciplina. La generazione diplomatasi agli inizi degli anni '60 e durante gli anni '70, lavora attivamente da parecchi anni. Anche nella Svizzera tedesca l'architettura si sta trasformando. Col tempo cominciano a rendersene conto anche i politici e i finanzieri. Intendo dire che l'apertura della scuola di Zurigo è stata un buon inizio. Spero, che la divisione del Politecnico nelle due sedi, quella di Zurigo e quella di Losanna, possa contribuire a diffondere anche nella Svizzera tedesca l'influenza dell'area culturale romanda.
Sono convinto che la Svizzera come costruzione politica può avere un senso solo se il dibattito intellettuale fra le diverse aree culturali stimola il nostro modo di pensare.
I contributi all'architettura della Svizzera tedesca degli anni '80 presentati in questa pubblicazione, sono stati scelti in collaborazione con giovani colleghi. Credo, che la maggior parte di loro abbia vissuto dopo il Politecnico la sua apertura. Il mantenimento di tale apertura è sicuramente un proposito della nostra scuola, senza tuttavia dimenticare, che anche nella Svizzera tedesca possiamo attingere da forti radici. Penso anche alla tradizione della scuola di architettura stessa, della quale mi pare, che la componente più importante e di maggiore continuità sia l'insistenza dell'insegnamento delle materie tecniche.
Non credo, che possa o debba esistere un'«architettura svizzero tedesca», ma ho fondate speranze, che anche nella Svizzera tedesca si crei ancora molta buona architettura. □

Traduzione: Maddalena Disch

Dopo una quindicina d'anni dalla pubblicazione dell'ormai storico catalogo «Neue Tendenzen im Tessin» edito dal Poli di Zurigo, curato da Steinmann e Ronner, che aveva focalizzato l'interesse della critica nazionale e internazionale sulla cosiddetta «scuola ticinese» e che aveva segnato il risveglio dell'architettura in Svizzera dopo gli anni del boom economico, la stampa specializzata comincia ad interessarsi agli sviluppi dell'architettura nella Svizzera tedesca e francese. Con questa pubblicazione dalla casa editrice della «Rivista Tecnica», curata da Peter Disch, un catalogo-guida delle opere di architettura nelle varie regioni della Svizzera tedesca, Grigioni compreso, colma una grossa lacuna e offre agli architetti e a tutti gli interessati alla disciplina un nuovo documento che riassume la più recente produzione d'oltralpe. Queste mie brevi riflessioni prendono lo spunto da questa pubblicazione per un tentativo d'analisi della situazione.
La natura stessa di essa, una vasta scelta di opere, oltre 200, basata su criteri di «qualità» forzatamente soggettivi, la suddivisione delle stesse per regioni, il grande numero di architetti e studi di architettura con posizioni estremamente diversificate, basti pensare che si va da Gisel, Atelier 5, Gruppo Metron, Hotz a Diener e Schett, Herzog e de Meuron, Marques-Zurkirchen, Alder, Zumthor, Consolascio e Betrix, tanto per citare alcuni tra i più conosciuti, rende praticamente impossibile nello spazio che mi è riservato, una valutazione puntuale dei vari apporti. Mi devo limitare perciò ad alcune considerazioni di ordine generale.
Proprio nel momento in cui vengono avanzate nuove teorie di architettura, mi riferisco tra l'altro a quella sul «regionalismo critico» di Frampton, ritengo che la Svizzera per la sua struttura geografica, politica e culturale, potrebbe legittimare un tentativo di confronto dell'architettura delle sue varie regioni, per verificare i limiti e le potenzialità dei vari influssi regionalistici. Tuttavia un approccio del genere esigerebbe una scelta di opere basata su criteri diversi da quelli che questo catalogo può fornirci. Senza un tale supporto un'operazione di confronto correrebbe il rischio di cadere su posizioni regressive di pretto nazionalismo o peggio di campanilismo provinciale. Dato che qui intendo occuparmi soprattutto dei contributi della nuova generazione è inevitabile un riferimento alla situazione della scuola di architettura. Insieme con essa voglio accennare al contesto politico culturale in cui gli architetti sono chiamati ad operare: il paese del «benessere», della «pace sociale», della «tranquillità politica». Un contesto del genere sicuramente non è il più idoneo per lo sviluppo dello spirito critico, anzi è piuttosto favorevole al suo assopimento.
La situazione economica favorevole, l'esteso uso del concorso di architettura per opere pubbliche e private permette anche agli architetti delle più nuove generazioni di esplicare senza troppa difficoltà la loro professione. Un grande privilegio dunque rispetto a molte altre situazioni di paesi vicini, penso in primo luogo all'Italia, che è negato alla stragrande maggioranza degli studenti di architettura. Proprio per questo ritengo che gli architetti svizzeri debbano assumersi un maggior grado di responsabilità politico-culturale. Questo clima generale si riflette forzatamente anche nella scuola, mi riferisco qui in particolare al Poli di Zurigo, la cui tradizione pragmatica, il progetto innanzitutto, ha relegato per troppo tempo in secondo piano il dibattito teorico a favore di un «professionalismo artistico».
Tale impostazione ha fatto sì che i grandi dibattiti che avvenivano e che avvengono nelle università straniere, mi riferisco in particolare a quella italiana attorno agli anni 60-70, sui vari problemi del rapporto tra la politica e la cultura, sui problemi della città storica, sui problemi dell'autonomia disciplinare, sul rapporto tra progetto e

didattica e via dicendo, hanno toccato solo marginalmente la scuola svizzera.
In questo contesto va visto il successo di Aldo Rossi e dei vari insegnanti ticinesi che l'hanno seguito. Infatti per la prima volta un insegnante proponeva una didattica basata su un preciso progetto di architettura, la cosiddetta «tendenza» suffragata da una precisa e dichiarata teoria di architettura, che era in netta opposizione ad una concezione professionalistica della scuola, e che era chiaramente riferita ad un nuovo sistema di valori coerente, che affondava le sue radici nella realtà politica e sociale.
In questo momento veniva rivalutata, nella persona di Paul Hofer, la figura dello storico, fino allora assai marginale. Anche se fu per un puro caso, mi sembra assai significativo che la partenza di Rossi da Zurigo, che ha lasciato un segno importante nello sviluppo dell'architettura in Svizzera, sia coinciso con la partenza della facoltà di architettura dalla prestigiosa sede di Semper nel centro cittadino alla periferia della città, nell'anonimo fabbricato di Hönggi. In questo fatto mi pare di poter ravvisare il segno dell'inizio di un processo di involuzione che avrà le sue ripercussioni sul piano dell'architettura reale.
Non è quindi un caso che proprio gli architetti più interessanti che operano oggi nella Svizzera interna, mi riferisco qui a quelli delle nuove generazioni, sono proprio quelli che hanno avuto un'esperienza diretta con l'insegnamento di Rossi e degli insegnanti di quel momento. In particolare vorrei qui sottolineare l'importanza che hanno avuto e che hanno tuttora, perché in gran parte operanti oltralpe, gli assistenti di Rossi: penso soprattutto a Reinhart, Reichlin, Consolascio, vere cinghie di trasmissione delle nuove teorie e della nuova pratica progettuale, che diventeranno punti di riferimento per i nuovi laureati: tra questi vorrei qui citare a titolo esemplificativo architetti come Diener e Schett, Herzog e de Meuron, sicuramente fra i più interessanti, anche se su posizioni assai diverse. Questo periodo è stato inoltre contrassegnato da uno sviluppo della critica architettonica, attraverso la nuova rivista Archithese e l'Istituto di storia e teoria della città.
Partito Rossi, il suo apporto viene relativizzato e si ritorna in un certo senso allo stato ante. Dal tentativo in atto di accentrare l'attenzione sul problema del rapporto architettura e città a quello di razionalizzare l'insegnamento all'interno di un preciso progetto di architettura si passa nuovamente al progetto più o meno brillante, con buone qualità costruttive e un pizzico di artisticità. Il «professionalismo» abilmente camuffato riprende il sopravvento.
Questa mia valutazione può sembrare estremamente severa, tuttavia essa mi sembra essere suffragata da qualche indizio, come ad esempio i lavori di diploma di questi ultimi anni, la quasi totale scomparsa di lavori su libera scelta da parte dello studente a favore di temi proposti dalla scuola, che indica un atteggiamento frenante rispetto alla sperimentazione e alla ricerca. Assai sintomatico di questa situazione mi è sembrato il contenuto del dibattito pubblicato da «Werk, Bauen und Wohnen» dedicato alla scuola di Zurigo dove vari insegnanti di diversa impostazione, anzi direi di posizioni quasi opposte, hanno assunto una posizione unanime nella critica verso Reinhart, uno dei pochi che nel contesto attuale della scuola tenti di portare avanti nel solco tracciato da Rossi una didatica estremamente coerente con il proprio progetto di architettura.
Questo stato di cose all'interno della scuola ha una sicura ripercussione sulle nuove generazioni che non si limita a quelle della regione della Svizzera tedesca ma coinvolge anche fasce più vaste di studenti, fra le quali sicuramente anche gli studenti ticinesi.

L'efficacia dell'insegnamento di Rossi è chiaramente leggibile nella migliore e recente produzione dell'architettura d'oltralpe. Si deve sottolineare come gli architetti non si siano lasciati intrappolare come troppo spesso accade da una ripresa epidermica del linguaggio di Rossi, ma sulla base delle nuove teorie e dei nuovi approcci al progetto si sono confrontati seriamente con la propria realtà architettonica, riuscendo a trovare una loro propria strada. In questo senso trovo interessante il tentativo di ricupero di certi valori insiti nell'architettura del primo dopoguerra in certe parti della Svizzera tedesca, dove operavano architetti di grande valore (come ad esempio Salvisberg), che attraverso le sue opere aveva tentato di mediare l'architettura dell'avanguardia del Movimento moderno per una borghesia locale attraverso un'operazione di «intelligente compromesso». Questo interesse verso gli anni 50, se da parte dei più preparati è sicuramente fonte di approfondimento per una conoscenza specifica del proprio territorio d'intervento per una possibile nuova proposta urbana, rischia nelle giovanissime generazioni, per i motivi soprammenzionati, di diventare un semplice riferimento formale, con la ripresa acritica e diretta di elementi costruttivi, materiali ecc. Ne fa stato una certa produzione di opere, professionalmente ineccepibili, con elaborazioni di dettaglio assai sofisticate, con ammiccamenti più o meno celati e abili a certe architetture di un passato non troppo lontano, che sono fini a se stesse e privi di qualsiasi rapporto strutturale con la città. Un'architettura assai conformista, ben accettata da tutti, ma con quel tanto di artistico da farla emergere senza violenza dalla produzione edilizia corrente. In questo modo si finisce con codificare lo status quo, con l'accettazione passiva di un preteso benessere.
Si tradisce così il nostro ruolo principale che è quello di intellettuali, prima ancora che di «professionisti» ed «artisti». Max Frisch, nel suo discorso per il 70° compleanno, tenuto a Soletta, faceva appello agli intellettuali per un nuovo illuminismo, e dopo aver stigmatizzato le gravi responsabilità del nostro paese rispetto alla situazione internazionale, faceva appello alla resistenza, senza la quale egli drammaticamente profetizzava la fine della storia umana. Fintanto che la scuola si apparta dalla realtà politica e sociale, fintanto che essa tenterà di evitare conflitti frenando i tentativi di sperimentazione, e fintanto che gli architetti continueranno solo a parlare fra di loro ed evitano di assumere il loro ruolo di intellettuali, non credo ci sia motivo di grande speranza per il nostro mestiere, ma questa osservazione va ben oltre i limiti ristretti di una regione della Svizzera, si estende in ogni caso a tutto il nostro paese, Ticino compreso. □

Testo originale

Considerazioni sulla situazione attuale della nuova architettura svizzero-tedesca
# Poche realizzazioni, molti progetti

Marcel Meili

Nel momento in cui si stende distrattamente un abbozzo, la realtà dell'oggetto viene alla luce molto meglio che non nella forma di un prodotto definito, con una precisa destinazione, scrive Roland Barthes. Molti dei nostri progetti nati intorno al 1980 non sono probabilmente che una sbiadita parafrasi di questa ipotesi. In effetti siamo alla ricerca di una sorta di «verità dell'uso» che supponiamo associata a una riflessione funzionale e, contemporaneamente, a un'interpretazione di segno opposto. Non ci preoccupiamo più infatti di perfezionare i modi d'impiego delle architetture, ma della forma in cui l'uso quotidiano ha sedimentato i propri significati. Significati che si trovano completamente al di fuori della sfera in cui alcuni architetti, che si considerano strateghi del benessere sociale, vorrebbero iscrivere l'impiego «corretto» dell'ambiente. Ci incitano a esplorare i terreni proibiti, dove l'uso triviale e il consumo distratto dell'architettura rendono quasi ridicoli i progetti pieni di buone intenzioni: zone industriali, periferie, tessuti urbani provvisori.

Credo che questo interesse sia strettamente correlato all'importanza che ha avuto per noi la presenza di Aldo Rossi e dei ticinesi al politecnico di Zurigo negli anni '70. Dopo un primo periodo di imitazioni scolastiche, le difficoltà di una trasposizione delle categorie razionalistiche nel contesto culturale svizzerotedesco non tardano a farsi sentire. Al di là delle finestre quadrate e dei portici, le tesi di Rossi ci stimolano, tra l'altro, a intraprendere un'operazione archeologica rigorosa sulla nostra peculiare situazione. La «memoria collettiva», la «città», la «tipologia», ciascuno di questi termini-chiave doveva acquisire un senso preciso in stretto rapporto con la tradizione locale. Alla noia e al cripticismo dei dogmi tardomoderni, come a tutte le teleologie sociali o tecniche bisognerebbe contrapporre un'architettura che abbia un significato culturale più generale. Imperniare i progetti sui problemi formali potrebbe avere un senso, così ci pare, soltanto se le nostre proposte sviluppassero, sulla questione dell'«uso» una sensibilità più ampia di quella dimostrata dai malvisti predecessori moderni...

In primo luogo le nostre incursioni nel mondo delle cose comuni e della quotidianità avvengono nell'ambito di una ricerca di valori collettivi. Una ricerca che si sviluppa in circostanze difficili (disgregazione di mitologie nazionali e di ordinamenti territoriali) e che si presenta come il tentativo di trovare, nel dinamismo eccessivo della nostra cultura, le tracce di un'identità. Fin dal principio siamo portati a credere che troveremo questa identità nel tessuto delle attività quotidiane più ricorrenti negli attuali modi di vita in Svizzera, piuttosto che nelle tipologie edilizie tradizionali. Il carattere non urbano delle nostre città, la modernità senza storia delle nostre istituzioni assistenziali, la loro razionalità ordinaria, tutte queste esperienze scavano un abisso tra noi e il pathos storico del razionalismo italiano. Noi sentiamo perciò una maggiore affinità con la sua nozione di *ambiente* piuttosto che con quella di *tipo*. La nostra problematica non è segnata dai problemi di ricostruzione del luogo o di riparazione del tessuto urbano, bensì dall'obbiettivo di esplicitare le immagini e le atmosfere che possiedono un carattere generale «tipico». I nostri progetti vengono elaborati a partire da un importante sostrato di ricerche iconografiche che mirano a scegliere quelle immagini particolari nelle quali si riflette un uso consueto, non spettacolare, delle architetture. Le utilizziamo come una sorta di costante morfologica, vi riconosciamo l'espressione anonima ma specifica della nostra tradizione. Le immagini forniscono una sorta di quadro scenografico o trama drammatica al tema del progetto. Nel progetto per il «Klösterliareal» (fig. 1) a Berna viene tematizzata tutta l'ambivalenza del rapporto sociale con la città così come lo si riscontra nella pratica contemporanea corrente.

Ii autori propongono che, in margine a quel luogo comune turistico che è diventata oggi la «città vecchia di Berna» si costruisca un albergo le cui dimensioni rompano completamente con la scala che vige negli immediati dintorni e con la quiete di quegli spazi. Ricorrendo ad associazioni che evocano l'edilizia alberghiera alpina e i grandi impianti provvisori dei luoghi turistici di montagna, il progetto fornisce un'interpretazione precisa della tipologia del sito, con la quale riesce, per così dire, a convogliare alle porte della capitale turistica bernese la presenza di tutto il paese retrostante. Gli strumenti stilistici e i modi di costruire sono privi di ambiguià: raccontano un pezzetto di Svizzera che ciascuno conosce e può riconoscere al di là dell'effetto decontestualizzante ottenuto sul piano dei volumi e degli spazi. Molti progetti di quell'epoca sono ispirati a un riflesso antimoderno che si manifesta non tanto nelle fonti iconografiche quanto nell'uso mimetico dei materiali. Questi progetti sensibilizzano lo sguardo permettendo di valorizzare le architetture cresciute all'ombra dei monumenti dell'architettura moderna e ampliano il campo della percezione agli ambiti in cui la Svizzera contemporanea mostra i suoi aspetti più caratteristici: le opere dell'infrastruttura stradale, le costruzioni turistiche e industriali, le opere del genio civile del secolo XIX.

Spesso si tratta di immagini impure, spaccati su costruzioni maldestramente abboracciate o sui prodotti grotteschi di un certo pragmatismo costruttivo che procede alla giornata. Tutti questi progetti condividono l'interesse comune per una certa espressività figurativa: si tenta di far parlare il materiale simbolico dell'architettura svizzera dalla rivoluzione industriale in poi.

Naturalmente non si possono dimenticare, in questi lavori, i momenti pittoreschi o un gusto della narrazione evocatrice e sentimentale, anche qualora siano la rudezza dei materiali degradati e la durezza dei paesaggi desolati della periferia e fare da sfondo. Al di là dei gusti personali, questi accostamenti perseguono degli obiettivi di portata generale. Il procedimento mira a prevenire una ulteriore dissociazione dei diversi livelli di astrazione del progetto, in termini di tipologia, di razionalità costruttiva o di stile. L'universo figurativo che serve da substrato ai progetti rende indissociabilmente solidali questi diversi aspetti. Questi progetti non comunicano tanto un messaggio derivato da una concezione di base autosufficiente e omogenea, quanto un'interpretazione globale del programma costruttivo sottoforma di scenario. In questo modo i progetti si distinguono nettamente dai rituali argomentativi accademici che minacciano di diffondersi anche nel nostro paese: logica della storia, ricostruzione del luogo, conformità tipologica. Non c'è di che stupirsi se riprendendo queste figure triviali della razionalità gli architetti si espongono, nei concorsi, a giudizi particolarmente severi. Nel caso della borsa di Selnau (fig. 2) a Zurigo è proprio nel momento in cui il progetto si sforza di formulare un messaggio forte, ma su piani diversi, che viene criticato. Costituendo un volume isolato nel mezzo di una cintura di edifici del XIX secolo questa proposta genera degli spazi esterni ambivalenti che mai coincidono né con la tipologia della «rue Corridor» né con quella della piazza (che comunque a Zurigo non esiste...) è piuttosto l'espressività austera dei capannoni e degli stadi che prevale qui: un'immagine simbolica ma non certo un'immagine di rappresentanza per la borsa di Zurigo.

**Elementi combinatori e manipolazioni**
In questi progetti il tema figurativo non serve unicamente a controllare l'espressione della facciata ma comprende tutto il dispositivo strutturale degli edifici. Con intenti apertamente sovversivi e ingombranti, i progetti rivestono i propri messaggi di una sorta di realismo fotografico che include i materiali e l'atmosfera degli spazi e che giunge a far partecipare lo stesso utente, a titolo di attore, all'azione scenica, per cogliere al meglio il mondo delle abitudini relativo all'oggetto. Seppure il registro di queste immagini continua a interessarci, avvertiamo tuttavia un crescente disagio nei confronti di questo modo di raccontare simbolico e tendenzialmente totalizzante.
La Svizzera, diorama del profano: l'insistenza e l'univocità delle nostre immagini finisce per entrare in contraddizione con un carattere fondamentale della nostra cultura. Se teniamo conto del nostro modo di esprimerci un po' stentato dobbiamo necessariamente constatare che il pathos simbolico e metaforico non è davvero un tratto distintivo del nostro linguaggio. I segni più evidenti veicolano sempre, anch'essi, un mondo di significati allusivi, subliminali, di evidenze taciute, una mentalità del non detto che solo difficilmente può essere descritta dai nostri racconti architettonici.
Le ricerche sulla nuova architettura in Svizzera, condotte da alcuni nostri colleghi, ci offrono un accesso privilegiato a questo universo. È significativo che anche qui non vi siano né Mies né Le Corbusier al centro dell'attenzione, ma la ricostruzione, quasi senza lacune, della nostra tradizione degli anni Trenta al dopoguerra. Dal punto di vista del metodo prevalgono gli elementi positivistici, che concorrono a salvaguardare i materiali con uno zelo pressoché archivistico, e quelli semiologici che, più specificatamente, mirano alla ricostruzione del sistema di significati del linguaggio architettonico moderno. Questi tentativi di applicazione dei modelli semiologici riveste per un noi un interesse particolare nella misura in cui tendano a mettere in evidenza una sorta di carattere dialettale della moderna tradizione progettuale nel nostro paese. Queste ricerche storiche tentano dunque di mettere in luce il doppio livello di significato; da un lato un lessico ricco di figure della composizione architettonica, dall'altro i tratti di una certa mentalità; nell'apparente semplicità con cui viene regolata la relazione tra luce e spazio, l'acribia dedicata al trattamento delle soluzioni costruttive, il pragmatismo riservato alle esigenze del programma, il senso quasi servile dell'idea di qualità del lavoro e del prodotto che si esprime nella messa in opera senza pretese delle risorse tecniche, non senza il riflesso quasi meschino della cultura nazionale.
Il modo in cui queste conoscenze storiche entrano a far parte dell'elaborazione del progetto può quasi sembrare paradossale. Ci si comincia ad appropriare, in una sorta di scorreria iconografica, di un certo numero di immagini che fanno ormai parte del patrimonio storico comune come ad esempio l'empirismo di Haefeli-Moser-Steiger o le architetture in legno degli anni Trenta. Ma proprio come nell'architettura anonima l'uso che si fa di questi segni non è specifico e i valori trasmessi rimangono generali. D'altra parte, tuttavia, i nostri progetti dedicano un interesse crescente alla reinterpretazione della particolare mentalità del movimento Moderno in Svizzera. L'approccio critico di Salvisberg nei confronti della mediocrità elvetica, l'anti-intellettualismo di Egender e la fredda disciplina di Emil Roth, sono appunto i generi di comportamento che ci permettono di stabilire una relazione tra ciò che percepiamo della Svizzera sul piano delle immagini e la nostra peculiare tradizione moderna. Al di là delle proposte stilistiche quegli architetti ci procurano una visione precisa dei margini di sperimentazione che possono essere sfruttati nelle condizioni culturali esistenti.
Nella tensione tra i due poli costituiti dagli aspetti iconografici e da quelli strutturali del movimento moderno trova posto tutta una serie di procedimenti intermedi. In comune questi diversi modi di procedere hanno semmai l'interesse a definire, nel progetto, le distanze rispetto ai riferimenti storici, più ancora, a far scaturire il tema del progetto dal modo in cui si interrompe l'imitazione.
Nella casa d'abitazione di Langnau (fig. 3) le immagini tratte dalla tradizione dell'architettura in legno non sono altro che la cornice retorica facilmente comprensibile di un gioco di manipolazioni. Queste immagini assumono in un certo senso il ruolo di catalizzatori per le variazioni sperimentali il cui obiettivo è tuttavia il raggiungimento di una buona qualità plasica della volumetria e dello spazio.
Dietro una discrezione di facciata, l'allungamento accentuato del locale principale e la posizione nel terreno, tradiscono un segreto desiderio di rompere con il canone. L'immagine stessa subisce solo minimamente l'effetto di queste distorsioni. Viceversa ci restituisce quasi letteralmente l'ingegnosità costruttiva di un Fischli e di un Roth, analizzati con acribia quasi archeologica. Ma è procedendo in questo modo che la strategia progettuale non tarda a mettere in mostra le proprie contraddizioni. Nella misura in cui l'evocazione di questi modelli costruttivi implica un rifiuto della tecnologia attuale della carpenteria, le costruzioni stesse vengono per così dire «smentite». Non resta perciò che da chiedersi se e fino a che punto la formulazione degli effetti spaziali e volumetrici richieda ancora la purezza dell'immagine.
La citazione come mezzo per procurarsi uno spazio di libertà progettuale dietro i segni è una casa. Altro è modificare l'interpretazione stessa dell'immagine.
L'audacia e la distanza critica che si esprimevano un tempo nella scelta di accostamenti incongrui ricompaiono nella fabbrica di Mönchaltdorf (fig. 4) non senza un certo slittamento. L'uso brutale e sfrontato del cemento l'economia impietosa dei mezzi architettonici e la loro severa riduzione al controllo delle proporzioni e dei rapporti tra luci e ombre hanno quale effetto voluto quello di neutralizzare i riferimenti stilistici. L'edificio esaspera così un clima di rigorosa sobrietà che si ricollega, a livello astratto, alla sobrietà di certe correnti della tradizione moderna.
L'evidenza e il suo rilancio critico coesistono in piena immediatezza. Le aspirazioni del costruttore imprenditoriale subiscono un supramento nella misura in cui vengono formalmente radicalizzate...
Una terza linea progettuale si propone di tematizzare proprio quei procedimenti che destabilizzano costantemente lo statuto delle immagini. Nel progetto per l'albergo Habis-Royal vicino alla stazione di Zurigo (fig. 10) le fonti rimangono riconoscibili: un remake del XIX secolo e una baracca. L'interesse si sposta sulle operazioni di ibridazione e di montaggio nonché sul loro effetto di decontestualizzazione semantica; sul modo in cui si scontrano le immagini. Non è la funzione referenziale, narrativa, dei diversi elementi che si trova qui in primo piano, ma la brutalità delle modifiche apportate al paesaggio urbano, che si manifesta nell'accostamento di architetture eterogenee, nelle lacune maldestramente ricucite, negli spazi residui e interstiziali. Il bagaglio dell'esperienza moderna non influisce tanto, in questo caso, sul piano formale, quanto su quello dell'atteggiamento percettivo. Questo metodo di progettazione conta su un certa diffusione della visualità moderna, così come la vediamo all'opera nel cinema, nella

fotografia e nei cartoni animati. Si tratta di un tipo di sguardo che procede attraverso la sintesi di percezioni frammentarie e il continuo combiamento di prospettiva. L'oggetto inteso come polo di sequenze percettive sempre incomplete e quindi necessariamente infinite, deve potersi prestare a delle operazioni di montaggio sempre nuove, secondo il cambiamento del punto di vista.

## Immagini evanescenti

Il tentativo di frenare il potenziale associativo dell'immagine improntata la maggior parte dei nostri progetti più recenti. Le proposte più radicali abbandonano nettamente il campo della figurazione in direzione di un'astrazione generalizzata. Abbiamo a che fare, qui, con una modernità relativamente svincolata dal contesto culturale locale. Questo atteggiamento progettuale si nutre dello studio storico delle operazioni compositive dei Maestri del movimento Moderno nella cui scia esso si pone. La liquidazione di ogni esperienza didattica e l'interesse per lo spazio, per il volume, per la luce, per la struttura sembrano veder affermare il ripiegamento sui «valori essenziali» dell'architettura (fig 5). Di fatto questo modo di procedere è meno a-storico e più focalizzato su degli obiettivi di quanto si possa supporre. Nel progetto per l'ex-stazione ferroviaria di Zurigo-Selnau risulta evidente la volontà di avvicinarsi al punto d'intersezione tra l'attuale approfondimento di questi aspetti essenziali dell'architettura e la memoria delle architetture precedenti in assenza delle quali questi aspetti non si sarebbero mai costituiti come oggetti di ricerca. La coscienza del rapporto indissociabile che unisce gli aspetti logici e quelli storici dei temi fondamentali della creazione architettonica costituisce la differenza tra il progetto e le sue fonti. Il primo opera con la lucida memoria di cinquant'anni di sperimentazione moderna. I significati che il tempo ha depositato in queste testimonianze architettoniche vengono deliberatamente resi operanti nel corso della progettazione.

Si procede sulla corda: l'immagine nei nostri progetti ha – o aveva – la funzione di simbolizzare metaforicamente il ricordo, più precisamente ci siamo serviti di questo supporto per esprimere la convinzione che il nostro ruolo fosse quello di eredi e non di precursori. Questa convinzione non è cambiata nel frattempo. Ma il formalismo chiassoso della produzione architettonica contemporanea ha finito col farci dubitare della forza persuasiva delle figure narrative: per la loro stessa abbondanza i racconti architettonici si neutralizzano reciprocamente l'abuso di segni da luogo a un brusio indistinto in cui le preferenze e le avversioni della critica non riescono più a obiettivarsi. Le speranze «di potersi ancora comprendere» si sono dissolte alla luce di queste circostanze babiloniche. Senza profetizzare la nuova città d'avanguardia, il progetto per Selnau non annuncia neppure la riconciliazione con la città esistente. Come «China town» la «modern town» prende parte all'esistenza della città sottoforma di frammento: un frammento che gode di una certa autonomia nella misura in cui i suoi occupanti ne condividono determinate aspirazioni, ma con la costante preoccupazione, d'altra parte, di non lasciare che il muto confronto tra le diverse parti della città si trasformi in scandalo...

Dietro le immagini vediamo così profilarsi una sorta di «eredità moderna». Questo lungo percorso atto a definire quali siano le risorse che l'immagine offre alla progettazione non lascia probabilmente sussistere che un vago interesse per la ripresa di ciò che è stato il XX° secolo inteso in senso storico e non programmatico. I nuovi campi di sperimentazione che si aprono in questo modo non hanno più che dei vaghi rapporti tra loro. A titolo di proposta per un'«arte della recezione», la loro dispersione esprime la portata delle nostre discussioni attuali.

Cerchiamo di mettere in evidenza alcuni punti di convergenza. Il ripiegarsi delle preoccupazioni su campi direttamente collegati alla pratica professionale fa spostare la sperimentazione piuttosto sul metodo. Le condizioni di esercizio della progettazione, per quanto costrittive, sono pretesti che stimolano a ripensare costantemente i singoli atti della produzione architettonica al di fuori delle eccezioni convenzionali, e tutto questo senza eccessivi scrupoli ideologici. Così l'eleganza geometrica del progetto per la «Kreuzplatz» a Zurigo (fig. 6) va considerata in stretto rapporto con i complessi dati urbanistici del sito sottoposto al concorso. Qualche minimo allineamento è sufficiente per mettere in evidenza i limiti aleatori dell'area d'intervento e a preparare così il terreno al tema vero e proprio: rafforzamento di un antico tracciato stradale, presenza frontale sulla piazza, transizioni spaziali fluide verso il parco. È nella mobilità concettuale, presupposto imprescindibile di operazioni come queste, che risultano evidenti i tratti manieristici della sperimentazione nonché la crescente concentrazione dell'interesse sulle risorse specifiche del mezzo. La conoscenza storica sui moderni procedimenti di progettazione mette a disposizione del nostro lavoro una sorta di catalogo di *ready-mades* metodologici. Spesso il ricorso a questo sapere ha luogo in modo arbitrario, quando non addirittura anarchico. Qualche volta non si tratta che di infime manipolazioni, minime deroghe all'andamento codificato dei modi di fare che tradiscono un intento sperimentale nella convenzionalità quasi totale della proposta (figg. 7, 8).

Queste intenzioni spesso vanno di pari passo con un certo pudore stilistico per non dire con l'ascesi. Ma il rigore non si può spiegare che parzialmente con la volontà di mettere a nudo il processo dietro il prodotto. Alla fine rimane comunque un certo moralismo della forma nel quale il disgusto per la preziosità e per l'originalità a qualsiasi costo si accompagna al fascino della brusca immediatezza del messaggio. Il materiale formale che viene reso operante nei progetti per Zurigo—Binz (fig. 9) o per Horgen (fig. 11), è di una discrezione che quasi raggiunge il limite dell'indifferenza, il grado zero del valore significante. Questo riflesso antisimbolico fà senz'altro parte anch'esso dell'eredità moderna, ma non è solo questo. Nel carattere pragmatico di questi materiali architettonici individuiamo un riflesso adeguato del nostro comportamento nei confronti degli oggetti fisici, quale si è codificato all'interno della nostra cultura. Tematizzando tutto ciò nel progetto, ci proponiamo di far parlare i valori implicitamente presenti in quest'uso. Forse esiste comunque un denominatore comune di queste prospettive di ricerca: una volontà affermata d'interpretare le condizioni specifiche di effettuazione della nostra modernità. La Svizzera è riuscita come nessun altro paese, sembra, a trasferire tutto ciò che vi è di stimolante e mutevole nei nostri tempi moderni nella normalità del quotidiano. Tutta l'ambiguità di questo modo di vivere, che costantemente restaura lo strano equilibrio tra una crescente agilità e una placidità imperturbabile, esiste per noi a due livelli: a livello delle circostanze che ci proponiamo di interpretare e a livello della nostra biografia.

## Post-Scriptum

Quante idee invecchiano prima ancora di essere state realizzate in un edificio o prima che i modi architettonici non le abbiano ridotte a frammenti di un discorso incoerente? «Poche realizzazioni, molti progetti» è il titolo di una relazione scritta nel 1987 senza la minima ambizione storica né enciclopedica. S'iscriveva nel dibattito avvenuto in un circolo di giovani architetti di Zurigo e Lucerna che si riunivano con l'intenzione di trarre una sorta di bilancio delle esperienze comuni effettuate nel corso degli studi e agli inizi della pratica professionale. Questo testo ripercorre in primo luogo la traiettoria delle idee raccolte al Politecnico negli anni settanta attraverso la didattica, tra l'altro quello degli insegnanti ticinesi, di von Eyck e di Rossi. Rende conto dei nostri tentativi di trasferire questo bagaglio teorico nel contesto svizzero tedesco. Il tempo trascorso permette di delineare meglio i contorni.

I lavori eseguiti in quel periodo sembrano ormai appartenere a un dibattito molto più ampio, sorto anche altrove portato avanti da altri. Tra gli elementi comuni che caratterizzano questi progetti, bisogna innanzitutto rilevare il fatto che soltanto una minoranza di essi ha avuto uno sbocco concreto sul cantiere.

L'inizio degli anni ottanta, in campo architettonico, è stato per la Svizzera tedesca un periodo di intensa attività critica. Questa si è servita innanzitutto del linguaggio parlato come strumento per la riflessione; un linguaggio la cui terminologia si è ritrovata poi profondamente modificata. Più che mai questo dibattito si è trasformato in una sorta di ghetto della certa e del disegno. Volendo pubblicare una piccola antologia delle idee che non sono mai uscite dal ghetto non mancano certo i materiali, e non tutte le idee sono fallite per immaturità. Dieci anni più tardi la situazione è molto cambiata. Alcune delle idee nate nelle discussioni di allora sono state realizzate o esistono allo stadio di progetti avanzati. Si sono imposti nuovi nomi, i progetti di queste persone hanno acquisito una certa risonanza non solo come prodotti ma anche per la linea che rappresentano, e proprio grazie alle posizioni in cui si riconoscono questi progetti hanno potuto suscitare il dibattito e raccogliere echi anche al di fuori delle nostre frontiere. Questa risonanza collettiva dimostra come, al di là dei tratti individuali, tali lavori abbiano poi numerosi elementi in comune. Grazie a un clima privilegiato rispetto a quello che si poteva osservare altrove in questi ultimi dieci anni, la giovane architettura svizzero tedesca è stata risparmiata dalle violente polemiche. Si dedicava invece a quella che, non potendoci soffermare su questo punto, chiameremo qui sommariamente soggettività moderna.

Più importante è notare quanto il confronto sempre più duro tra il lavoro e le sue condizioni di esercizio extradisciplinare ha provocato un rafforzamento della tendenza a concepire il progetto come strumento di una critica morale nei confronti delle pratiche culturali locali: si continua con tenacia a fare dell'archeologia nella città moderna già costruita. Come altrove gli architetti si vedono sempre più confrontati con una cultura che misura la qualità architettonica in primo luogo in rapporto alla sua capacità di rinnovare le immagini di prestigio che l'accelerazione della crescita economica richiede e nello stesso tempo permette. La parola «arte» per riprendere un termine chiave del dibattito degli ultimi anni, ha senz'altro una risonanza equivoca. Nel nostro caso questa ambiguità permette all'architettura di esistere come oggetto autonomo di godimento selezionato.

La menzione di qualche lavoro recente e meno conosciuto dovrà bastare a illustrare il cambiamento di clima avvenuto negli ultimi anni. Tali progetti hanno in comune il rifiuto nei confronti dell'aneddotica e mettono a profitto il margine di manovra così conquistato non tanto per delle speculazioni formali, quanto per ritrovare le qualità originali della composizione. Questo è avvenuto come reazione alla trivializzazione e al crescente manierismo dell'architettura contemporanea. Peter Märkli giunge a una dimostrazione estremamente convincente delle risorse di un simile comportamento progettuale nella casa costruita per custodire i plastici e i mezzi busti dello scultore Josephson (fig. 12): una casa senza attrezzature e senza arredamento, che ha comportato uno scarsissimo impegno finanziario. Il dialogo con le sculture è favorito dal fatto che gli elementi disponibili erano unicamente le pareti, lo spazio, la luce: un gesto polemico nei confronti della tendenza attuale a servirsi di qualsiasi cosa sortendo effetti di appiattimento. Axel Fickert conduce una ricerca simile sugli standard della costruzione di immobili per ufficio (fig. 13). Il progetto penetra nei meandri delle norme e dei pregiudizi del calcolo speculativo e cerca l'architettura dietro i bisogni. La trova radicalizzando questi ultimi. Sfidando le figure tipiche sulle quali poggia una certa razionalità pianificatrice, applica un metodo la cui logica autonoma ne rovescia completamente la razionalità.

Pur con tutte le differenze oggi si constata in alcuni architetti della giovane generazione un generale interesse per certe operazioni che mirano a isolare il nucleo centrale di un programma costruttivo per poi recuperarlo diversamente. Nel corso della loro ricerca mirante a stabilire le condizioni ottimali di esposizione per le tele di Kirchner a Davos, Gigon e Guyer con l'assistenza di Zaugg, hanno ritrovato la tipologia della sala del museo del XIX secolo (fig. 14). Dopo averne scomposto gli elementi, inventano un modo di aggregazione che rompe completamente con la gerarchia tradizionale del genere e raggiunge un equilibrio quasi perfetto degli spazi e del disimpegni. Braun e Wassmer applicano anche loro questo metodo con notevole successo a delle pensiline per gli utenti dei trasporti pubblici, un genere che da qualche tempo è la peggiore espressione del cattivo gusto nell'arredo urbano (fig. 15). La parti costruttive e le esigenze funzionali vengono fatte interagire con un certo rigore: un vero progetto architettonico e non un'opera di design.

Anche questi esempi non hanno alcun valore antologico. Permettono invece di sviluppare la relazione fin nel vivo della pratica contemporanea del progetto. Tutto ciò che abbiamo visto svilupparsi, in stretto rapporto con il contesto svizzero, oggi tende ad aquisire un volto più generale, più astratto. I numerosi riferimenti alle moderne conquiste quali lo spazio, il volume plastico e la tecnica costruttiva, si presentano ormai spesso in un contesto più fluido. Vi si potrebbe scorgere un riflesso della fissazione sui valori minacciati di un'era culturale che sta per finire. Ci si può chiedere, inoltre, se il carattere surrealista, proprio di alcuni dei migliori progetti recenti, appartenga all'ordine della rappresentazione o non piuttosto a quello delle circostanze rappresentate. □

Questo saggio è il manoscritto di una relazione presentata a Berlino nel quadro dell'Accademia internazionale d'estate del 1987. Il post-scriptum è stato aggiunto nel 1990 per la presente pubblicazione.

Traduzione: Anna Ruchat

N.d.T.: La traduzione dal tedesco di questo articolo si è avvalsa della versione francese di Silvain Malfroy, nella quale diversi passi sono sviluppati e ampliati rispetto alla stesura originaria.

## Indicazioni in merito alla presentazione dei progetti

I progetti sono ordinati secondo regioni geografiche in funzione di una guida architettonica, dove i progetti di uno stesso architetto sono, a seconda delle possibilità, raggruppati.

Fondamentalmente vengono presentati solo progetti realizzati; sono inoltre inclusi i progetti che si trovano attualmente in fase di realizzazione o la cui realizzazione è imminente.

Come «accenni» vengono presentati, in forma ridotta, progetti di prossima realizzazione, la cui importanza è degna di nota.

I progetti sono generalmente presentati secondo lo schema seguente: i progetti di dimensioni grandi e medie a piena pagina, quelli piccoli (case unifamiliari, ecc.) su una mezza pagina, edificazioni o complessi di vasta estensione su una pagina e mezza o su due pagine. Le eccezioni a questa regola risultano dal concetto grafico e dal materiale disponibile.

Per tutte le costruzioni è indicata la località e la strada o il quartiere. Le indicazioni temporali sono riferite all'anno di progettazione, rispettivamente a quello della realizzazione terminata. I nomi citati corrispondono all'(agli) architetto(i) responsabile(i). I testi che accompagnano i progetti sono stati realizzati come segue:
- se designati con □: testo dell'architetto, originale o brevemente rielaborato dalla redazione
- senza indicazione: testo della redazione.

L'elenco degli architetti collocato alla fine della pubblicazione suggerisce qualche punto di riferimento in merito alla «provenienza» e alla generazione degli architetti.

La preparazione di questa pubblicazione risale all'anno 1985/1986 (titolo originale: «Architettura nella Svizzera tedesca attorno al 1980»), ha dovuto essere interrotta per ragioni diverse ed è stata ripresa, rielaborata e completata nel 1990. Eventuali imprecisazioni, in particolare nell'elenco degli architetti, sono determinate da questo processo di elaborazione discontinuo. P.D.

Die übersetzten Texte auf den grauen Seiten
sind auf Wiederverwertungspapier gedruckt

Les textes traduits sur les pages grises
sont imprimés sur papier recyclé

I testi tradotti sulle pagine grige
sono stampati su carta riciclata